suhrkamp taschenbuch
wissenschaft 1456

Lenk diskutiert philosophische, psychologische und anthropologische Ansätze der Kreativitätstheorien: von der zweiseitigen zur vielfachen Verbindung von Ideen aus grundverschiedenen Bereichen, von künstlerischer Inspiration und Imagination bis zu philosophischen Prozessdeutungen und zur Anwendung der Chaostheorien der Kunst. Schöpferische Metaphernbildung, Kreativspiele und die »kreative« Naturdynamik der Evolutionsprozesse erhellen teils auch das menschliche Schaffen. Als neue Einsicht entwickelt der Verfasser, dass das Aufsteigen zu höheren Schichten (Metaschichten) der Deutung für das »Metastufenwesen Mensch« kreative Alternativen eröffnet und schöpferische Potenzen wecken kann. Hans Lenk hat im Suhrkamp Verlag u. a. veröffentlicht: *Zur Sozialphilosophie der Technik, Zwischen Sozialpsychologie und Sozialphilosophie, Zwischen Wissenschaft und Ethik, Interpretationskonstrukte, Philosophie und Interpretation, Von Deutungen zu Wertungen, Interpretation und Realität, Schemaspiele, Zwischen Wissenschaftstheorie und Sozialwissenschaft, Kritik der kleinen Vernunft, Konkrete Humanität.*

Hans Lenk
Kreative Aufstiege

Zur Philosophie und Psychologie
der Kreativität

Suhrkamp

Die Deutsche Bibliothek – CIP-Einheitsaufnahme
Ein Titeldatensatz für diese Publikation
ist bei Der Deutschen Bibliothek erhältlich

suhrkamp taschenbuch wissenschaft 1456
Erste Auflage 2000
© Suhrkamp Verlag Frankfurt am Main 2000
Suhrkamp Taschenbuch Verlag
Alle Rechte vorbehalten, insbesondere das der Übersetzung,
des öffentlichen Vortrags sowie der Übertragung
durch Rundfunk und Fernsehen, auch einzelner Teile.
Kein Teil dieses Werkes darf in irgendeiner Form
(durch Fotografie, Mikrofilm oder andere Verfahren)
ohne schriftliche Genehmigung des Verlages reproduziert
oder unter Verwendung elektronischer Systeme
verarbeitet, vervielfältigt oder verbreitet werden.
Druck: Nomos Verlagsgesellschaft, Baden-Baden
Printed in Germany
Umschlag nach Entwürfen von
Willy Fleckhaus und Rolf Staudt

1 2 3 4 5 6 – 05 04 03 02 01 00

Inhalt

Philosophie, Kreativität und das Metastufenwesen 7

Philosophieren als Überschreiten von Grenzen und
Übersteigen von Schichten 59

Zur Psychologie der Kreativität 76

Kreative Personen, Produkte und Prozesse 82
   Faktoren und Dimensionen der Kreativität 82
   Arten der Kreativität 107
   Lässt sich Kreativität durch Tests erfassen? 113
   Kreativität, Evolution und Geschichte(n) 123
   Simontons Permutations- und
   Konfigurationstheorie 128

Von der Kombinatorik zur Multiassoziation 138
   Kreative Funken und Funktionen 151

Flatternde Ideen – oder: Kreatives aber stiften die
Dichter 174

Künstlerische Wirklichkeiten durch Inspiration und
Imagination 204
   Dionysisches und Apollinisches 207
   Genialität und Dextraversion 212

Chaos und Kreativität 219
   Was besagt nun die Chaostheorie? 224
   Chaos in der Kunst 247

Über kreative Metaphern 269

Zu Kants Kreativitätsphilosophie 281

Kreativspiele 293

Kreative Naturdynamik 301

Kreativität als Grundprozess bei Whitehead 304

Paul Weiss' Dynamis-Theorie der menschlichen
Kreativität als Metaphysik des Herausragens 318

Kreataphern schaffen 329

Literatur 340

Philosophie, Kreativität und das Metastufenwesen

»Philosophie« und »Kreativität«: die beiden Ausdrücke der Kapitelüberschrift, die auch im Untertitel dieses Buches vorkommen, verweisen von vornherein auf eine gewisse Schwierigkeit, weil sie in verschiedener Weise aufeinander bezogen werden können: Die Formulierung könnte so verstanden werden, dass man Philosophieren als kreative Tätigkeit, als kreatives Philosophieren auffasst und sich fragt: Was kann bei dieser Disziplin, also der Philosophie, die meistens im Geruch steht, außerordentlich abstrakt zu sein, an Gesichtspunkten des kreativen Denkens auftreten? Kreativität, Kreieren im Abstrakten, in abstracto? Ein anderer Punkt, der nicht unmittelbar damit zusammenhängt, wohl aber damit verbunden werden muss, ist die Frage: Gibt es etwas wie eine Kreativität allgemein und eine philosophische Diskussion dieses Themas? Zum ersten Teil dieses Themas liegen viele Studien vor, wenn auch wenige den letzten Stand der Kreativitätsforschung in der Psychologie berücksichtigen. Zum zweiten Teilthema gibt es meines Wissens recht wenige philosophische Untersuchungen. Auch das wäre ein Punkt, den ich im Folgenden beachten und mit anderen Gesichtspunkten in Verbindung setzen möchte. Dabei wäre natürlich die Verbindung zur Tiefenpsychologie zu diskutieren: Kreativität in dieser Hinsicht ist ja – und war stets – ein besonders brisantes und zugleich etwas unklares Thema. Man erinnert sich an traditionelle Auffassungen – nämlich, dass etwas im Unterbewussten erst langsam reifen muss, dass es so etwas gibt wie eine Phase der Präparation und dann der Inkubation, eben eine Reifungszeit, und dass dann plötzlich eine Illumination eintritt, ein Einfall geschieht – gleichsam ein Gedankenblitz. Man muss dann versuchen, diesen aus- oder durchzuführen, also eine Phase der Ausführung dieser »Illumination« bzw. eine »Performation« durchlaufen, und schließlich findet sich eine Kontroll- oder Verifikationsphase, in der die Durchführung überprüft, bestätigt oder verworfen bzw. modifiziert wird. Das alles sind Ausdrücke, die in der klassischen psychologischen, pädagogischen und philosophischen Diskussion der Kreativität immer wieder benutzt worden sind. Sie sind natürlich philosophischen Ursprungs und müssen analysiert und »hinterfragt« werden. Psychologisch ist das Gesagte heute angesichts der psychologischen Kreativitätsforschung weitgehend problematisch geworden.

Dieser Band soll Anregungen bieten – und darin liegt auch schon das große Problem: Wir wollen nicht einen Stoff präsentieren, denn Philosophie ist nur insofern Stoff-Fach, als sie historisch vorgeht. Es wird ja immer darüber geklagt – mit gewissem Recht –, dass die Philosophie an den deutschen Universitäten eher museal geworden sei, abstrakt, uninteressant, weil sie nur noch ihre eigene Geschichte studiert oder sich auf formale Techniken beschränkt, aber eigentlich nichts Substantielles hervorbringt oder erbringt.

Philosophieren im eigentlichen, tiefen Sinne ist jedoch auch nicht – und das ist die nächste Schwierigkeit – ein monologisches Denken. In der Tradition – man denke an Sokrates, an die Platonischen Dialoge – war das Philosophieren *Gespräch*, es hatte dialogische Form. Ich glaube, dass das eine richtige und wichtige Einsicht ist. Nur ist das etwas, was eigentlich dem Wesen und der Institution eines niedergeschriebenen Textes widerspricht: Man kann darin allenfalls Anregungen zum Denken, zum Gespräch geben, indem man Argumente und Gegenargumente aufzeigt.

Philosophieren soll etwas mit Dialog und Kreativität zu tun haben. Der Philosophie geht es dabei einerseits zunächst um das Ganze, um die Fragen des ganzheitlichen Zusammenhangs der Welt, der Wirklichkeit – unter Einbeziehung der eigenen Person –, ja, überhaupt aller existentieller Fragen, die den Menschen angehen und den Menschen auch als einen solchen, als Person, als geistiges Wesen kennzeichnen. Das bedeutet schon, dass man beim Philosophieren über die klassischen Grenzen der Fächer hinausgehen muss: Der Philosoph – der Narr der Interdisziplinarität? Das Überschreiten der Fachgrenzen kann man eigentlich in der heutigen spezialistischen Wissenschaftsgesellschaft nur mit schlechtem Gewissen versuchen – zumal wenn man es in dogmatischer Absicht täte. Aber wenn man *fragt* und indem man permanent nachfragt, nachbohrt, lässt es sich mit verringertem schlechten Gewissen angehen.

Es ist eine klassische Auffassung in der Philosophie seit Sokrates, dass man, wenn man philosophiert, Fragen stellt und erörtert – unter dem Gesichtspunkt, dass man das A und O der Weisheit gerade noch nicht »mit Löffeln gegessen« hat. Unter dieser Perspektive sieht die Sache anders aus. Das setzt zwar einen beachtlichen Mut zum Dilettantismus voraus, weil man sich in die Gefilde anderer Disziplinen einmischen und mit anderen Experten ins Gespräch kommen muss und weil diese Experten natürlich sehr viel mehr über ihr Gebiet wissen als der fragende und diskutierende Philosoph, der sie nun »unverschämterweise« zu provozieren oder ins Gespräch zu ziehen versucht. Es ist eine wichtige Tradition der Philosophie, dass sie es erlaubt, über die Grenzen der einzelnen Fachgebiete hinauszufragen, hinauszugreifen. Doch muss man zwar mutig im Fragen sein, aber auch vorsichtig im Verbreiten eigener dogmatischer Antworten und im Beharren darauf. Besserwisserei ist eigentlich unphilosophisch. Ein Philosophieren mit erhobenem Zeigefinger ist Dozieren, wäre eben besserwisserisch – geradezu unseriös, indem der »Besserwissi« etwas sicher zu wissen vorgibt, was bestenfalls tentativ, vermutlich gilt. Man muss also Selbstkritik üben und beweisen. Philosophie ist ein sehr kritisches und selbstkritisches Geschäft und erfordert diese Selbstkritik – besonders wenn die Kritik durch den jeweiligen Diskussionspartner nicht direkt gegeben ist. Das wäre wahrlich vorzuziehen. Das Gespräch ist ja immer ein Gespräch zwischen Partnern, die gleichrangig sind und die beide kreativ dazu beitragen. Die Entwicklung der Philosophie als einer kreativen Deutungstätigkeit ist im Wesentlichen angemessener, doch keineswegs leichter, wenn sie in Dialogform stattfindet.

Der Mensch ist freilich das Wesen, das auf Gespräch, auf Dialog, auf Interaktion, auf wechselseitige Beteiligung angewiesen ist. Er wird ja traditionell definiert geradezu als das Wesen, das der Vernunft, der Rede fähig ist: Als »animal rationale« (»Zoon logon echon«) hat Aristoteles den Menschen definiert, also als das rationale, das vernünftige, das Vernunft besitzende, das vernunftgemäß denkende und handelnde und zugleich der Rede, der rechtfertigenden Rede fähige »Tier«. Doch man kann sagen, dass der erste Teil dieser Definition eine zu enge Beschreibung liefert. Erstens ist keineswegs alles das, was wir als besonders menschlich ansehen, unter dem Gesichtspunkt der Rationalität zu sehen. Oft ist das Gegenteil der Fall, wie jede(r) weiß. Die Psychologen sagen sogar, sie hätten mittlerweile empirisch nachgewiesen, dass der Mensch *kein* rationales Wesen sei. Daran ist viel Wahres.

Insbesondere seit Entdeckung des Unterbewussten, des Unbewussten und auch der Emotionen, der Affektgesteuertheit bis hin zur Hormongesteuertheit des Menschen – zumal auch des »testosterongedopten Männchens« (nach Hubert Markl) – ist klar, dass es schwierig ist mit der (umfassenden) Verwirklichung der Rationalität. Aber dennoch bilden nach wie vor die Vernunft und das vernunftmäßige Argumentieren, Diskutieren, Einsehen beziehungsweise das vernunftgemäße Handeln eine Leitnorm, eine Orientierungsnorm, ein Leitbild. Über Vernunft zu verfügen ist dann nicht mehr eine in jedem Falle einschlägige Wesensbeschreibung – zumal es sich um keine Wesensbeschreibung im naturwissenschaftlich-biologischen Sinne handelt –, sondern es ist eher eine *normative* Verpflichtung – ein ständiger Appell, dass die Menschen gehalten sind, sich den Normen des vernünftigen Umgangs miteinander zu unterstellen. Allenfalls kann man sagen, dass Menschen fähig sind, der Vernunft zu folgen, aber es ist nicht so, dass alles, was sie tun, gleichsam automatisch der Vernunft folgt.

Wir werden uns auch fragen müssen, was Vernunft überhaupt ist. Was ist in diesem Zusammenhang unter Vernunft zu verstehen? Ist sie ein kleiner Beobachter im Kopf, ein kleines Männchen oder Frauchen im Gehirn, das alles andere kontrolliert und steuert? So ist es sicherlich nicht.

Die moderne Gehirnforschung hat gezeigt, dass es beim Entstehen von Gedanken und insbesondere bei gedanklichen Abfolgen und Folgerungen sehr viel komplizierter zugeht, dass man sich das Gehirn eher als ein Arsenal von sehr vielen, geradezu unübersehbar vielen Zentren mit verschiedenen Funktionen vorstellen muss, die aber eine relativ gleichartige Zellstruktur haben. Das Bewusstsein kommt erst dann zustande, wenn verschiedene Entwürfe unterschiedlicher Areale gleichsam in Konkurrenz treten – und eine Version obsiegt. Es findet also eine Art »Darwinismus« im Schnellverfahren, eine Selektion von Ideen auf der neurobiologisch-physiologischen Ebene statt. Solches behauptet heute etwa eine Theorie von Edelman, der von einer »neuronalen Gruppenselektion«, sogar von »neuralem Darwinismus« spricht. Daniel Dennett zum Beispiel hat eine »Multiple-Entwürfe«-Theorie des Denkens (»multiple draft theory«) entwickelt, die darin besteht, dass in der Tat viele verschiedene Entwürfe darum konkurrieren, ob sie die Bühne des Bewusstseins erreichen. Auch das ist ein Problem: Was heißt »Bühne des Bewusstseins«? Das ist nur eine Metapher. Es gibt kein Areal im Gehirn, dessen Aktivierung das Eintreten eines Bewusstseinserlebnisses kennzeichnet, sondern es handelt sich um ein viel komplexeres, geradezu »chaotisches«[1] Zusammenspiel verschiedener neuronaler Vernetzungen, neuronaler Ensembles. Man muss heute sagen: Wir kennen zwar sehr viele Einzelheiten bei der Analyse neuronaler Prozesse, und wir verfügen inzwischen auch über gewisse *nichtinvasive* Methoden zum Beobachten des Gehirns in Aktion, aber man hat in der Tat nirgendwo im Gehirn ein Homunkuluswesen gefunden, welches das oberste Steuerungsorgan, die Central Processing Unit, ist. Es handelt sich um das ungeheuer komplexe Zusammenspiel eines nur nichtlinear beschreibbaren dynamischen und somit (teils) »chaotischen« Systems (s. Anm. 1). Dieses wird insbesondere gesteuert von Einflüssen der Affektivität, also der Emotionalität, der Stimmung, der Bewertung, der Anregungen und Reizungen – vorwiegend aus dem limbischen System. Vigilanz, Aufmerksamkeit, spielt eine große Rolle für die Bewertungsfunktion – (so)wie die Antriebsfunktion, damit überhaupt Bewusstsein, Denken usw. zustande kommen.

Der Mensch als Vernunftwesen der Tradition hat zumindest aber die Fähigkeit, Bewusstsein zu erfahren, zu erleben, in Bewusstheit(szuständen) zu existieren. Dies besagt die cartesianische Tradition, der zufolge das denkende Wesen als das eigentliche Kernwesen aufgefasst wird: *Ich denke, also bin ich* – das ist der berühmte Satz, der wörtlich so freilich bei Descartes nur an einer ganz versteckten Stelle vorkommt. Descartes setzt das denkende Wesen mit dem Ich gleich: *Cogitans sum*. Ich bin nur *als* denkendes Wesen – und insoweit ich denke, bin ich. Es wurde ihm vorgehalten, etwa von Lichtenberg, dass dies keineswegs logisch zwingend sei, dass man die Zuordnung des Ich und des Denkprozesses nicht einfach konstatieren kann. Schon psychologisch verhält es sich ja nicht so, dass ein Ich denkt und dann sich seiner vergewissert, sondern das Ich, Selbst, und das »Selbst«-Denken (Reflexion) sind Zuschreibungen, die wir im Nachhinein vornehmen. Faktisch ist es so, dass *Bewusstseinser-*

---

[1] Durchaus im modernen Sinne der Theorie des deterministischen Chaos, mit der charakteristischen sensitiven Abhängigkeit von minimalen Änderungen der Ausgangszustände.

lebnisse auftauchen, stattfinden. Die Zuordnung zum Ich ist eine sekundäre Konstruktion. Das Ich ist selbst ein Interpretationskonstrukt. Es muss prozessual gedacht werden, wie man seit der Psychologie des letzten Jahrhunderts, nach William James, weiß, aber das Ich ist doch in sich wie ein Vielfältiges. Es gibt unterschiedliche »Selbste«, und es – das Ich oder Selbst (sind beide noch zu unterscheiden?) – ist nur durch diese Deutung und die Zuordnung zu einem Körper oder Organismus in Aktion und in der zeitlichen Kontinuität als ein einheitliches zu verstehen. Lichtenberg sagte: »Es denkt!« wäre ein sehr viel besserer Gedanke als »Ich denke« oder »Das Ich denkt«, und das sei das Entscheidende. Ähnlich wie man sagt »Es blitzt«, ist auch das Auftreten von Bewusstseinserlebnissen nicht schon von einem personalen Handelnden ausgehend zu denken, sondern es taucht auf – und selbst das Selbst ist eine sekundäre Deutung. Eine Einsicht, die auch Nietzsche von Lichtenberg übernommen hat und die in vielerlei Varianten die erwähnten Theorien des »multimind«, der »multiple drafts« oder der neuronalen Gruppenselektion berührt. Man hat den Menschen also fälschlich als das (bloß) denkende Wesen charakterisiert. Das Merkmal ist zwar in gewissem Sinne wichtig, um dem Menschen bestimmte Charakteristika zuzuschreiben, aber es stellt keine allumfassende Charakterisierung des eigentlich Menschlichen dar – es ist weder ein im konkreten Einzelfall notwendiges noch ein ausreichendes Kennzeichnungsmerkmal – geschweige denn das einzige.

Das aber ist ein Problem – eine Frage der philosophischen Anthropologie: Wodurch können wir uns als Menschen in einer umfassenderen Weise verstehen, absetzen von den anderen Primaten oder anderen Tieren überhaupt? Man hatte versucht, den Werkzeuggebrauch des Menschen als das Charakteristikum herauszustellen; Benjamin Franklin hat das variiert, indem er gesagt hat, der Mensch ist nicht nur das Werkzeug gebrauchende, sondern das Werkzeuge herstellende Wesen. Das schien lange Zeit auch richtig zu sein, aber inzwischen ist deutlich gezeigt worden, dass dieses Merkmal nicht allein den Menschen auszeichnet. Nicht einmal das Verwenden von Werkzeugen zur Herstellung von Werkzeugen ist, wie sich kürzlich bei Schimpansen zeigte (Sugiyamas Forschungen in Kamerun), ein eindeutig menschliches Kennzeichen. Man hat von dem handelnden, dem sprechenden Wesen gesprochen usw. Es gibt eine ganze Liste von so genannten Anthropika (»Monopolen des Menschen«, wie Max Scheler sie auch nannte), die ihn, den Menschen, kennzeichnen sollen. (Die Übersicht, die in einer gesonderten Arbeit zur philosophischen Anthropologie näher behandelt werden soll, wird hier weitgehend unkommentiert wiedergegeben.)

Das Humanum (*Homo*, der Mensch): zum Teil notwendige und/oder hinreichende Merkmale

(Für Kreativität wichtige Merkmale werden durch *Kursivdruck* hervorgehoben.)

lateinische Bezeichnung	deutsche Übersetzung	Merkmal	eingeführt von
Homo habilis (F)	»geschickt« (Hominide, wohl erste Homo-Art)	Geschicklichkeit (ca. − 2,5 Mio. Jahre, Afrika, Kenia)	L. Leakey
Homo rudolfensis		ca. − 2,4 Mio. Jahre (1991 entdeckt in Malawi), Werkzeuge	Schrenk
Homo ergaster	»Werkzeuge herstellend«	ca. − 1,9 Mio. Jahre (»Turkana-Junge«, entdeckt 1984)	R. Leakey
Homo erectus (F)	»aufrecht«	aufrechter Gang, Zweibeinigkeit, »Langstreckenläufer« (ab ca. − 1,8 Mio. Jahre auch außerhalb von Afrika, Java [1891 entdeckt] Spanien, Kaukasus), Werkzeuge	Dubois
Homo antecessor	»Vorgänger«	ca. − 800 000 Jahre (1997 in Atapuerca, Spanien entdeckt)	

lateinische Bezeichnung	deutsche Übersetzung	Merkmal	eingeführt von
Homo (erectus) heidelbergensis		Mauer (1908 entdeckt), ca. – 600 000 bis – 200 000	Schoetensack
Homo steinheimensis		Steinheim a. d. Murr (1933 entdeckt), ca. – 250 000	Berckhemer
Homo neanderthalensis	Neandertaler	Neandertal, 1856 entdeckt, ca. – 250 000 bis ca. – 30 000	Fuhlrott
(archaischer) Homo sapiens	archaischer Mensch	noch etwas hypothetische Vorgängerart	
Homo sapiens sapiens	verständig, einsichtsvoll, wissend	Verstand, Vernunft, Vernunftwesen, Gedankenwesen	Linné, Standardbiologie
Animal saccos cibi (secum) ferens	Nahrungsbeutel tragend	das (einzige) eigens hergestellte Nahrungsbeutel mit sich führende Wesen	McGrew
Homo praedans et comportans (»praedator«)	beutemachend	»Beutemacher« (Jäger und Sammler)	
Homo iactans	forciert und gezielt werfend	»Werfermensch« (Steine, Wurfhölzer, Speer ...)	Sloterdijk
Homo »venator«, homo »systematice« et communi consilio venans	jagend, Jäger	Gruppenjäger, »Steinzeitjäger«	Morris, Tiger-Fox u. a.
Homo res simulatas venans	Symbol-, Ersatzobjektjäger	auch nach symbolischen und Ersatzobjekten jagend, z. B. Balljäger	Morris

lateinische Bezeichnung	deutsche Übersetzung	Merkmal	eingeführt von
Homo permanente sexualis	dauerhaft sexualisiert, sexuell erregbar	Dauersexualität des Menschen	Biologen, Ethnologen
Animal (diu) retardatum	(lange) unfertig, elternabhängig	»Frühgeburt«, »extrauterines Frühjahr«, biologische Retardation, lange Abhängigkeit von Eltern, »sekundärer Nesthocker«	Portmann u. a. Biologen
Animal rationale = *zoon logon echon (F)*	rational, vernünftig	Reflexionswesen, das Wesen, das *weiß*, Wissen »erfindet«	Aristoteles, Scheler, Nietzsche
Homo/animal rationabile	vernünftig zu machen	der Vernunft(entwicklung) fähig	Kant
Homo ratiocinans	Begründungen gebend, argumentierend	Gründesucher, Gründekonstrukteur	
Homo »causator«, causas petens et intelligens et causis utens	Ursachen benutzend und ursächlich deutend	»Ursachen-Tier«, »Ursachen-Bär«, »Ursachensucher«	Lichtenberg
Homo in classes redistribuens, »reclassificans«	umklassifizierend	»the (ever) re-classifying animal«, Klassifizierer par excellence	R. Tallis
Homo semper expliciter explicans	immer weiter erklärend	»the explicit animal«	Tallis
Homo »illuminatus«, ratione ductus	aufgeklärt	»homme éclaire«	Richelet, Condillac, Diderot

lateinische Bezeichnung	deutsche Übersetzung	Merkmal	eingeführt von
Homo sibi conscius, homo »subjectivus«	seiner selbst bewusst, Subjekt	Bewusstseinsimmanenz, Selbstbewußtsein, »Immanenz« des Subjekts »im eigenen Bewusstsein«, Subjektwesen, »Selbstverhältnis«, Selbsterkenntnis	Husserl, Plessner, Haeffner, (Descartes), (Kant) u. a.
Homo ego dicens	»ich«-sagend	das ich-sagende Wesen	
Homo »noosphaericus«, homo mentis particeps	Geistsphäre habend	»Geistwesen«, Noosphärenwesen	Teilhard de Chardin, (Scheler)
Homo (sensum) quaerens (et generans)	(nach Sinn) suchend, fragend, Sinn schaffend	»der ewige Sucher«, Sinnsucher, Sinnstifter, »Sinngebung des Sinnlosen«	Frankl, Simmel, Th. Lessing, Hengstenberg, Coreth, Tallis
Homo loquens (F)	sprechend, Sprache (»Logos« als »Rede«)	Sprachwesen, »Das ›Wort‹ definiert den Menschen«, »Sprachinstinkt«	Humboldt, Scheler, Chomsky, Pinker
Homo rhetoricus	rhetorisch präsentierend	Mensch als Rhetoriker	Kopperschmidt
Homo dialogiae, dialogicus	miteinander, zueinander redend	Dialogwesen	(seit Antike) Kuno Lorenz
Homo discursivus		Diskurswesen	Nennen
Homo loquax (F)	geschwätzig	überflüssiges Reden	Bergson

lateinische Bezeichnung	deutsche Übersetzung	Merkmal	eingeführt von
Homo nomina dans et tribuens	(be)nennend	Namen erfindend und gebend, verwendend	Humboldt
Homo signans et significans	zeichengebend	Zeichen und Symbole erfindend, benutzend: Zeichenwesen, Symbolwesen (»*animal symbolicum*«)	Peirce, Cassirer
Homo per signa in dialogis agens (Anthropos semiotikos kai pragmatikos)	durch, mit, in Zeichen handelnd	das semiotisch-pragmatische Dialogwesen: *Zeichen*handeln und Zeichen*handeln*	Kuno Lorenz
Homo grammaticus, syntacticus, *linguisticus* (F)	grammatisch, Sprachformen bewusst verwendend	Grammatik verwendend, doppelte Gliederung der Sprache, »distinktive« Sprachstruktur	Palmer, Chomsky, Pinker, Trabant
Homo »analysans« (anthropos analyon) et componens et integrans	untersuchend, zerlegend, Zusammenhang ermittelnd	Analysierer, (»resolutive Methode«), Synthetisierer, »Zusammenfüger«, (»kompositive Methode«)	(Galilei)
Homo configurans, (construens)	Muster erkennend, bildend	konstruierendes, ordnendes Wesen, Zusammenhänge entwerfend	
Homo destruens	zerstörend	Destruktions(trieb)wesen	Freud
Homo supervacanea petens et eorum indigens	Überflüssiges erstrebend und dessen bedürfend	dem Menschen ist das Überflüssige »notwendig« (nötig)	Ortega y Gasset

lateinische Bezeichnung	deutsche Übersetzung	Merkmal	eingeführt von
Homo supernaturalis	übernatürlich, geistgerichtet	Geistwesen, »Disponierung zum Geistträger«	Scheler
Homo automatos, »Homo ex machina«	»Maschinenmensch«, Maschine Mensch	»L'homme machine«, Mensch als Roboter	La Mettrie, Capek, (Steinbuch, O. Mußgnug)
Homo innaturalis, denaturatus	unnatürlich, denaturiert		
»*Homo natura*«, homo naturalis	natürlich	Mensch als (wiss. konstruierter) biologischer Organismus (und Gattung)	Nietzsche, Binswanger
Homo instinctu agitatus	instinktgetrieben	Instinktwesen	
Homo imitans, »*homo mimeticus*«	nachahmend	Nachahmer, Mimetiker (Mimesis-Wesen: »Mimesis ist eine conditio humana«)	Aristoteles, Helvétius, Greisch, Gebauer/Wulf
Homo »asceticus«, homo se constringens	asketisch, sich selbst begrenzend und disziplinierend	das sich versagende Wesen, »der Asket des Lebens«	Scheler, Nietzsche
Homo modestus sive modicus	sich mäßigend, maßvoll, besonnen	das besonnene oder der Besonnenheit und Bescheidung fähige Wesen	
Homo clemens	sanft(mütig)	der Sanftmut fähig	
Homo immodestus	maßlos, unersättlich, ungehorsam	das unmäßige Wesen, Übermaß erstrebend bzw. fordernd	Cardenal

lateinische Bezeichnung	deutsche Übersetzung	Merkmal	eingeführt von
Homo ambiguus, homo (semper) interim (essendi)	Zwischenwesen	zwischen »Drang« und »Geist«, zwischen Realität und Idee, Soll und Ist, zwischen Tier und Übermensch, zwischen Mensch und Tier, Engel und Teufel, Gott und Welt	Herder, Scheler, Nietzsche, Haecker, Pascal, Gogarten, Hazlitt
Homo »duplex«, homo fas nefasque persequens	Doppelwesen	ein »Schurke« und »Held«, Doppelgängerwesen – »beides zugleich«	M. L. King
Homo sibi alienatus	(selbst-)entfremdet	»Doppelgängertum«, Selbstentfremdung, Rollenspieler	Plessner
Homo demens (F)	verrückt	einziges Wesen mit Wahnideen, »Privileg des Menschen, reinen Unsinn glauben zu können«	Nietzsche, Morin, Lorenz
Animal degeneratum	das konstitutiv (erblich) kranke, entartete Tier	konstitutionell krank, degeneriert, »organischer Dilettantismus« – unspezifische Organanpassung	Nietzsche, Scheler
Homo se ipsum degenerans	sich selber degenerierend	Selbstdegeneration	
Homo inermis (F)	wehrlos unvollkommen	»Mängelwesen«, schutzlos, instinktverlassen (»der nackte Affe«)	Blumenbach, Herder, Scheler, Gehlen, Morris

lateinische Bezeichnung	deutsche Übersetzung	Merkmal	eingeführt von
Homo relationum	Relationen bildend und nutzend	Beziehungswesen	
Homo reciprocans	erwidernd	Wechselbeziehungswesen	R. Born
Homo imperfectus	unvollkommen	»Das Imperfekte schlechthin ist der Mensch«	Max Müller
Homo perfectum petens	vollkommenheitsorientiert	»Vollkommenes erstrebend, Fragment, das die Vollkommenheit (er)kennt	M. Kessel
Homo sciens, sciendi cupidus et indigens	wissend	Das nach Wissen strebende, das Wissens-Wesen	Aristoteles
Homo semper melius sciens	besser wissen (wollend)	als Unterart des Vorigen: Besserwisser	
Homo papyris sciens	Wissen auf Papier		
Homo silico sapiens	Wissen auf Siliziumbasis		W. H. Calvin
Homo insipiens (F), insciens	unwissend, aussichtslos oder -arm	Ungewissheit, Unverständigkeit	Ortega y Gasset
Homo interveniens	eingreifend, hinprojizierend, sich einmischend	das eingreifende, sich »einlassende«, »einbringende« Wesen	

lateinische Bezeichnung	deutsche Übersetzung	Merkmal	eingeführt von
Homo faber (F), homo instrumenta (instrumentis) faciens	Handwerker, Schmied	Schaffen und Gestalten, Werkzeugherstellung (»toolmaking animal«, Werkzeuggebrauch zur Werkzeugherstellung)	(Anaxagoras), Marx, Franklin, Bergson, Scheler, Frisch, Oakley, G. G. Simpson
Animal rotis fabricatis (artificialiter agitatis) utens	Räder verwendend	Das Wesen, das Räder herstellen und künstlich antreiben kann	
Homo nodos faciens	Knoten machend	Knotenknüpfer und -löser	Ficino
Homo retis, homo plexus et plectens	vernetzend	»Netzwesen Mensch«	Mußgnug
Homo »technicus«, »technologicus« (anthropos technites)	Techniker, Technologe	Technische Verfahren und Systeme »biologisch zur Naturbeherrschung gezwungen«	(u. a. Dessauer), Gehlen, Sachsse
Homo/animal metans et numerans	messend und zählend	das messende und zählende Wesen	Nikolaus von Kues
Homo experiens, homo experimenta agens	experimentierend	systematisch (und bewusst) Experimente planend und durchführend, Experimentier-Tier	
Homo agens	handelnd	Handlungswesen, »muss tun, um zu sein«	Gehlen, Plessner, Schütz

lateinische Bezeichnung	deutsche Übersetzung	Merkmal	eingeführt von
»Homo pictor« (F), homo »depictor«, imagines faciens imaginibusque fingens	Maler, Bilder bildend, schaffend, projizierend	Künstler, ästhetische Gestaltung, bildlich phantasierend, Abbilder als solche erkennend	Buytendijk, Klages, Plessner, Jonas, Kosslyn, Hacking
Homo symbolicus (F) (»animal symbolicum«) homo signa constituens et signis utens	Schaffer und Verwender von Symbolen (konventionalisierten Zeichen)	Herstellung, Deutung und Gebrauch von Symbolen, »symbolisch darstellende Funktion«, Schaffen von und mit Symbolen	(Peirce), Scheler, Cassirer
Homo mathematicus		Mensch – der Mathematiker, der abstrakte, präzise Modelle entwirft und anwendet	
Homo informator	informierend	Informationswesen, »Allkybernator«	Mußgnug
Homo mundos virtuales producens	virtuelle Welten schaffend	Cyberwelten schaffendes Wesen, »Cyber-Homo«, »Cyber sapiens«	Rack, Mußgnug
Homo nova petens, »neotenus«, rerum novarum cupidus	Neotenie, Neues anstrebend	Appetenzverhalten, Erforschung der Umgebung, Neugier, Informationserweiterungsstreben	Scheler, Ethologie, Biologie
Homo »scientificus«, »theoreticus«	wissenschaftlich, theoretisch	Wissenschaft, Theorie betreibend	(Tallis)
Homo inveniens et innovans, homo inventor	Neues schaffend, erfindend	Erfinder, »Erfindertier«	Sandvoss

lateinische Bezeichnung	deutsche Übersetzung	Merkmal	eingeführt von
Homo creator (F), Homo ingeniosus	Schöpfer	Schöpfertum und Kreativität, Phantasieüberschuss	Schiller, Scheler, Mühlmann
Homo semper (magis) procreans, producens	immer (weiter) schaffend	ein ständig »Schaffender«	Nietzsche, (J. Mohr)
Homo investigans, curiosus (F)	erforschend, neugierig	lebenslange Neugier, Wissenschaft und Forschung	Lorenz, Luck u. a.
»Homo Academicus« (non solo gallicus, sed etiam germanicus etc.)	akademisch	Unterart des Vorigen und des Homo oeconomicus (um wissenschaftliche Reputation als »symbolisches Kapital« konkurrierend) sowie des Homo »ahumoricus«, charakterisiert durch »die etwas trocken-phantasielose Strenge des »Klassifizierers unter den Klassifizierern« (s. o.)	Bourdieu
Homo obstupescens	staunend	»thaumazein«, der staunende Mensch (= zu philosophieren beginnender)	Platon, Aristoteles
Homo semper discens, semper se educans	immer (weiter) lernend	lebenslanges Lernen (éducation permanente)	u. a. Sachsse
Homo mentiens, mentiti capax	kann lügen	Lüge(n)tier, gezielte Verstellung, Selbsttäuschung	Pascal, Nietzsche
Homo simulationis	simulierend	»aufrichtiger Simulant«	Morin

lateinische Bezeichnung	deutsche Übersetzung	Merkmal	eingeführt von
»Animal ideologicum«, homo »ideologicus«, homo opinionibus nitens	ideologisch	Ideologien aufbauen, verbreitend, befolgend, zur Rechtfertigung benützend (»der ideologische Affe«)	Thieme
Animal illusionibus usus animae spiritusque utiens	Geist als Benutzerillusion [handschr.: Geist als Illusion, die benutzt wird]	Das Wesen, das Geist, Mentales und Seele als Benutzerillusion gebraucht	Kognitionswissenschaftler
Homo se cum ideis identificans	sich mit Ideen identifizierend	das sich mit abstrakten Idealen identifizierende, sich für diese engagierende Wesen	(Koestler)
Homo fingens	kann fingieren	Fiktionen-Wesen	
Homo »excentricus« (F), »expositus«	exzentrisch, in sich gespalten, exponiert	»exzentrische Positionalität«, »Exponiertheit«, konstitutionelle Gespaltenheit, Fähigkeit sich zu objektivieren, sich von sich selbst zu distanzieren, über sich selbst nachzudenken (»durch Sünde exzentrisch geworden und durch die Exzentrizität in Verwirrung geraten«)	Plessner, Scheler, (Brunner)
Animal improvisum, »improbabilissimum«	unwahrscheinlichstes Wesen	»Der Mensch das ›unwahrscheinlichste‹ Ergebnis der vitalen Evolution«	Scheler
Homo negantropicus	gegen Entropiezunahme wirkend	»der Negentrop schlechthin«	Morin, Kamper

lateinische Bezeichnung	deutsche Übersetzung	Merkmal	eingeführt von
Homo ludens (F)	spielend	Spiel	Schiller, Frobenius, Huizinga, Caillois
Homo praecipitans	»immer ungebändigt vorwärts stürmend«, immer voraneilend	»Der Mensch als Catilina des Lebens«, Hektomane	Scheler
Homo admodum immobilis	relativ immobil	zurückbleibend gegenüber der Technik, z. B. bezüglich Verkehr und Medien, Datenverarbeitung	Virilio, G. Anders
Homo dercernens, homo libre decernens	entscheidend, wählend	Freiheit der Wahl und Entscheidung, zur Freiheit verurteilt	Jaspers, Sartre
Homo se ipsum definiens et praedicans	sich selbst definierend und charakterisierend	»self-defining«, »self-predicating animal«	R. Tallis
Homo (inter)rogans, quaerens	fragend	Alleshinterfrager, Frage(n)-Tier	Lichtenberg, (Weischedel)
Homo dubitans	zweifelnd	Zweifler	
Homo questiones solvens	Probleme lösend	Problemlöser	Popper
Homo errans	irrend	»Irren ist menschlich«	

lateinische Bezeichnung	deutsche Übersetzung	Merkmal	eingeführt von
Homo coniecturas fingens	Hypothesen bildend, vermutend	»Hypothesentier«, Vermutungen bildend und benötigend	Popper
Homo providens, »*promethëicus*«	vorhersehend, vorausdenkend	Vorausdenker, Planer, (bewusst und individuell wie sozial) planendes Wesen, »Mensch als Prometheus«	(Gehlen)
Homo mentalis machinae Darvini	selektierend, planend	Bewusstsein als »Darwin-Machine«	W. H. Calvin
Homo (prae)curans, procurans	(be)sorgend, vorsorgend	Sorgenwesen, dem es um sein und der Seinigen Sein geht	Scheler, (Heidegger)
Homo sperans	hoffend	von Hoffnungen abhängig, geprägt; »Prinzip Hoffnung«	Bloch, (Sartre)
Homo utopiarum indigens	utopisch	auf Utopie(n) angewiesen, »utopisches Wesen«	Plessner
Homo promittens	versprechend	»Wesen der Versprechung«	M. Müller, Nietzsche, Marcel
Homo conans	versuchend	Versuche anstellend	
Homo audax, audens	kühn (entwerfend, entscheidend)	das (etwas und sich) wagende Wesen	Casanova, Freud
Homo (se) periclitans	riskant, riskiert, riskierend	das manche (objektive) Gefahren nicht erkennende, sich selber »riskierende« Wesen	Eibl-Eibesfeldt, Schriefers

lateinische Bezeichnung	deutsche Übersetzung	Merkmal	eingeführt von
Homo »existens«, homo se in discrimen vocans	existierend im emphatischen Sinne	Existieren i. S. d. Existenzphilosophie, »Existenz geht der Essenz voraus«, Existenz selber entwerfend und im Voraus er- oder aufschließend	Sartre, Heidegger
Homo timens	ängstlich	(existenzielle) Angst habend, über Furcht vor etwas hinaus, Angstwesen	Heidegger
Homo mortis memor	um den (eigenen) Tod wissend	Bewusstsein des Sterbenmüssens, »Memento mors«, »Vorlaufen zum Tode«	(Heidegger)
Homo mortuos (in sepulturam) humans	begrabend	seine Toten in Gräbern bestattend	Bataille
Homo maerens	trauernd	des (personalen) Trauerns fähig	
Homo lacrimans, plorans	weinend	des Weinens fähig	Plessner, Koestler
Homo ridens (F)	lachend	des Lachens fähig, Witz, »die lachende Bestie«	Millner, Plessner, Koestler, Hazlitt
Homo hilaritate et aequitate animi utens, homo »humoricus«	humorvoll	des Humors, der (gelassenen) Heiterkeit fähig	W. Busch, M. Twain
Homo subridens	lächelnd	Lächeln als eigentlich Menschliches	Plessner

lateinische Bezeichnung	deutsche Übersetzung	Merkmal	eingeführt von
Homo ironia utens, homo ironicus	ironisch	der Ironie fähig	(Sokrates)
Homo se ipsum irridens, se ipsum ironice tractans, homo »autoironicus«	selbstironisch	der Selbstironie fähig	
Homo metaphysicus, philosophans (F), »animal metaphysicum«, homo philosophicus	philosophierend	Metaphysik, »metaphysisches Bedürfnis«	Schopenhauer, Kant
Homo transcendens	(funktionell) übersteigend	konstitutioneller Transzendierer, das in Richtung Gott und Geist, *alles* Leben und sich selbst ... *transzendierende* Wesen (»transzendentales Wesen und Wesen der Transzendenz«)	Scheler, Keller, Skolimowski, Max Müller, Sandvoss
Homo immortalitatem quaerens, homo aeternus		Unsterblichkeit erstrebend, behauptend, ewigkeitsorientiert	indische Seelenwandlungslehren, Sokrates, Christentum
Homo coelestis	himmel-(suche)nd	den Himmel erstrebend	Christentum, Islam, Altägypten

lateinische Bezeichnung	deutsche Übersetzung	Merkmal	eingeführt von
Homo naturaliter religiosus (F), homo orans, homo numinosum petens	religiös, das Göttliche, Heilige suchend, »Theomorphismus«	Religion, »Gottsucher«, »das betende Tier«, der »theomorphe Einfall Gottes«	Hardy, Otto, Scheler, H. Hofner, G. Altner
Homo creatus	geschaffen	Geschöpf Gottes	Christentum
Homo imago/ simile Dei		Ebenbild Gottes	Bibel, Angelus Silesius
Homo contra Deum rebellans	abgefallen	abgefallener Engel, »beschränkter Gott«, »Tragödie Gottes«, »der luziferischen Haltung fähig«	Christentum, F. Schlegel, Morgenstern, Hengstenberg
Homo rite agens, homo rituum	rituell, kulturorientiert	Riten und (evtl. magische) Rituale sowie Kulte verwendend, Tabus beachtend, »Ritualist«	Kultur- und Sozialanthropologie, Merton, Douglas u. a., H. Hofner
Homo sacrificia agens	opfernd, entsühnend	(Sühne-)Opfer bringen	
Homo (rite) necans	rituell tötend	Opfertod	Burkert
Homo (rite) violentia utens	rituell gewalttätig	symbolisches Replay eines Chaos und einer Krise und Bewältigung dieser durch Opferung eines stellvertretenden rituellen »Sündenbocks«	Girard

lateinische Bezeichnung	deutsche Übersetzung	Merkmal	eingeführt von
Homo crudelis, violentus, »homo tortor«	folternd, brutal, »bestialisch«	des Folterns, einer nur menschlichen Bestialität fähig, »Bestie Mensch«, »das beste Raubtier«, »das grausamste Tier«, »Mörder und Sadisten«	Nietzsche, Fromm, Midgley
Homo furens	wütend	in Wut außer sich geraten	Sandvoss
Homo malignus, maleficus	bösartig	der Bösartigkeit und absolut böser Taten und Gesinnung fähig	
Homo moralis/ ethicus	Ethik, Moral	moralisches/ethisches Wesen, »Richtung zum Guten«	Scheler
Homo opportunitatibus moralibus abutens		der Doppelmoral fähige Wesen	
Homo virtutes petens et secundum virtutes et valores iudicans	wertend (urteilend), Werte anstrebend	Wertewesen, auf Höhersein des Wertes gerichtet	Scheler
Homo signis aestimans	symbolisch wertend	Werte-Wesen	Scheler
Homo aestheticus	ästhetisch, schönheitsorientiert	nach ästhetischen Werten urteilend und an solchen sich ausrichtend – zumal an Schönheit (»schönheitstrunkene Spinne«)	(Arp)
Homo artifex	künstlerisch	Künstlermensch: »Jeder Mensch ist ein Künstler«	(Beuys)

lateinische Bezeichnung	deutsche Übersetzung	Merkmal	eingeführt von
Homo poeta	dichterisch	»Jeder Mensch ist ein Dichter«	Musil
Homo musicus	musikalisch	Musik schaffend, genießend	
Homo »normativus«, praescriptis cohibitus	Normen setzend und befolgend, Rechte zu- und anerkennend bzw. übertretend	»von Normen gehemmt«	(Plessner)
Homo iudicans	urteilend	(stellungnehmend)	
Homo se ipsum aestimans et se ipsum incitans	selbstbewertend, selbstbeurteilend	Selbstbewertung, Selbstanforderungen	Plessner
Homo legis et iuris particeps	Rechte zu- und anerkennend	Gerechtigkeitswesen, Gesetzgeber und -befolger bzw. -übertreter	
Homo »responsabilis«, officia suscipiens	Verantwortung tragend	das verantwortungsfähige, verantwortliche Wesen	Jonas, Lenk
Homo conscientiae subditus	Gewissen habend und Selbstbewusstsein	dem Gewissen und Selbstbewusstsein, der Selbstbeurteilung nicht entfliehen könnend	Butler, Hengstenberg
Homo culpae, obnoxius	Schuldwesen	das einer Schuld fähige Wesen	Scheler
Homo peccator	sündig(end)	der Sünde fähiges (oder verfallendes) Wesen	Christentum (u. a. Brunner)

lateinische Bezeichnung	deutsche Übersetzung	Merkmal	eingeführt von
Homo pudicus	das sich schämende Wesen	sich schämend, beschämt werden könnend (»der sich nackt fühlende Affe«)	Scheler, Butler
Homo a progressibus suis abhorrens	»prometheische Scham«	beschämt durch die eigenen technischen Produkte	G. Anders
Homo obsoletus	Antiquiertheit	»Antiquiertheit des Menschen«, relativ zum technischen Fortschritt	G. Anders
Homo »patiens« (F), Homo aegritudinibus laborans, homo aegrotus	leidend	Erleiden und Deuten von Krankheiten	Frankl, Schipperges
Homo morbis fictis laborans, se ipso patiens	an sich, für sich selbst leidend	»das an sich selbst konstitutiv leidende Leben« bzw. konstitutionell kranke Wesen; das ewig unzufriedene Tier, Leider und Überwinder des Lebens schlechthin	Scheler, Max Müller
Homo miserens, misericordia affectus et utens	mitleidend	Mitleid, Mitleiden	(Schopenhauer)
Homo sui ipsius miserens	sich selbst bedauernd	Selbstbedauern, Selbst(be)mitleid(en)	
Homo tragicus	tragisch	»das tragische Tier« bzw. »Tragödie Gottes«, »Täter seiner Leiden selbst«	Morgenstern, Kretschmer

lateinische Bezeichnung	deutsche Übersetzung	Merkmal	eingeführt von
Homo »domesticus«, Homo se effeminans	Selbstdomestizierung	das sich selber verzärtelnde, sich »verhaustierende« Wesen (»Verhausschweinung« des Menschen)	Plessner, Lorenz
Homo se ipsum custodiens et gubernans	sich selbst steuernd, kontrollierend	Selbstbeherrschung, Selbstkontrolle	Butler
Homo secundariarum rerum indigens, cultum humanitatemque appetens	Höheres erstrebend	sekundäre, höhere Bedürfnisse und Werte	Plessner
Homo secundarias volitiones appetens et agens	sekundäre Volitionen und Wünsche	Wünsche wünschend, eigenen Willen wollend und gestaltend	H. Frankfurt
Homo sensus suos semper magis acuens	verfeinert empfindend	das sich ständig weiter sensibilisierende Wesen	Skolimowski
Homo artificiosus et mundum artificialem faciens	künstlich	das die Welt, sich selber (stets weiter) verkünstelnde Wesen	(Herder), fortschreitende Organtransplantatoren
Homo horologii	Uhrenwesen	künstlich zeiteinteilendes Wesen	
Homo se ipsum horologio excitans/ excitatus	(sich) aufwecken	planmäßig seine Schlafzeit einteilend	Mußgnug

lateinische Bezeichnung	deutsche Übersetzung	Merkmal	eingeführt von
Homo se ipsum determinans, (de)limitans	selbstbestimmend, selbstdeterminierend	das Selbstbestimmungswesen, das sein Schicksal gattungsmäßig wie individuell selbst gestalten kann und muss	
Homo se ipsum constituens	sich selbst erst machend, schaffend, entwickelnd	»Er muss sich zu dem, was er schon ist, erst machen«	Sartre, Plessner
Homo se ipsum varians, se ipsum transformans	sich selbst aktiv abändernd, sich selbst transformierend	die eigene Menschheitszukunft gestaltend, beeinflussend, »homo homini faber«, Selbstveränderung	Willms, Tallis
Homo fractalis (»fractalus« [?])	fraktal	der fraktal(isiert)e, »selbstähnliche« Mensch	C. Ginzburg
Homo »technotransformatus«, homo »cybermind«	durch neue Technologien (teil)verändert	körperinternes Interfacing (Schnittstellen) zwischen technischen Sensoren, Chips und Gehirn: »Cyber-Mind«	P. Schröder, Sterling, Mußgnug
Homo »gentechnologicus«, Homo naturam suam consulto mutans	kann (auch menschliche) Erbanlagen verändern	der (potentielle) Gentechnologe (der eigenen Art)	Genbiologie, Gentechnik
Homo »egoisticus geneticus«	genetischer Egoist	»egoistische Gene«, Mensch als Vehikel seines Genpools	Soziobiologen, Dawkins

lateinische Bezeichnung	deutsche Übersetzung	Merkmal	eingeführt von
Homo »competitor«, aemulator	konkurrieren	Überlebenskonkurrenz, Konkurrenzwesen, »homo homini lupus«	Hobbes
Homo bellicosus	kriegerisch	kriegerisches Wesen, Ethologie, Kriege führendes und anzettelndes Wesen	(Heraklit)
Homo semper se cum aliis comparans	sich vergleichen	sich ständig mit anderen vergleichend, sich messend	Homer (»Ilias«)
Homo hierarchicus	hierarchiebedürftig	Ein-, Unterordnung	L. Dumont
Homo ambitiosus	ehrgeizig, ambitioniert	nach Auszeichnung und Anerkennung strebend	Gerloff
Homo excellens	herausragend	Herausragen(wollen), »concern for excellence«	(P. Weiss), Homer
Homo per simulationem signaque aemulans	symbolisch, wetteifernd	Wetteifer, Wettkampfwesen (und »Des Menschen Wolf im Schafspelz«)	(Kästner)
Homo »sportivus«, homo corpore certans et excercens	sporttreibend	Sport, Wettkampf	
Homo »olympicus« sive »athleticus«, viribus suis semper procedens et aliis antecedens	immer höher leistend	Rekordwesen, Höchstleistung, »Citius, altius, fortius«, »concern for bodily excellence«	Coubertin, Didon, P. Weiss, Homer

lateinische Bezeichnung	deutsche Übersetzung	Merkmal	eingeführt von
»Homo semper major«, semper plus moliens	immer mehr wollend, Energieüberschuss	»überschreitendes Plus«, »Überschuss unfestgelegter ... Antriebskraft«, Informationshunger	(Schiller), (Spencer), (Nietzsche), Plessner, M. Meckel
»Homo performator«, »homo per formas et symbolis performans«, normis valoribusque res semper melius gerens	(immer besser) handelnd, auch durch Formen und symbolisch	Leistungswesen, »das leistende Wesen«, nach Güte-, Wertmaßstäben handelnd	Lenk
Homo oeconomicus (F)	wirtschaftend	Kosten-Nutzen-Rechner, Wirtschaft, Geld	McKenzie, Tullock
Homo »laborans« (F)	arbeitend, arbeiten müssend	»einziges Tier, das arbeiten muss«, Arbeit, Arbeitsteilung, Spezialisierung	Kant, Marx, Litt
Homo »producens«, conficiens et consumens	erzeugend *und* verbrauchend	Produzent *und* Konsument	de Saint-Exupéry
Homo »expertus«, homo singulorum tantum peritus	sich künstlich/ kulturell spezialisierend	Spezialisierungsfähigkeit und -druck, »sekundärer Spezialist«, Experte, »spezialisierter Möglichkeitssucher«	Scheler, (Mußgnug)
Homo »dilator«, aestimationem bonorum postponens	zurückstellend	»Güterwertung zurückstellend vor Sachverhaltswertung ...« (Reflexwertung)«, das sich selber vergessen könnende Wesen, »deferred gratification pattern«	Scheler, Soziologie

lateinische Bezeichnung	deutsche Übersetzung	Merkmal	eingeführt von
Homo politicus (F), homo »socialis«, ad societatem propensus	politisch, sozial	zoon politikon, animal sociale, gesellges Wesen, Normen, Recht, Gesetz, Institutionen	Aristoteles
Homo imperandi et potestatis cupidus	machtlüstern, mächtig	»Wille zur Macht«, »das mächtigste aller Lebewesen auf Erden«	Nietzsche, Dessauer
Homo rei publicae subditus	staatsgebunden	»Staatswesen«	(G. Diem)
Homo institutionis/ institutionum indigens	institution(alisierung)sbedürftig	Institutionenwesen	(Gehlen)
Homo »organisationis«, homo res administrans	organisierend	Managementwesen	Kierkegaard, Jaspers
Homo »burocraticus«	bürokratisch	das bürokratische (Un-)Wesen	
Homo socii (incl. sociae) indigens	des »Du« bedürftig	auf Mitmenschen angewiesen, »Du-Wesen«	Barth, Buber, Maurina u. a.
Homo comunicans	kommunizierend	das mit Partnern kommunizierende Wesen	Sandvoss
»Homo sociologicus« (F)	gesellschaftlich, rollengebunden	Menschenbild der Sozialwissenschaften, Rollen-Wesen, vielfältige Rollenkombination	Dahrendorf u. a.

lateinische Bezeichnung	deutsche Übersetzung	Merkmal	eingeführt von
Homo »publicus«, in publicum prodiens	öffentlichkeitsorientiert	nach Öffentlichkeit, öffentlicher Resonanz und Anerkennung strebend	
Homo ab originibus solutus	wurzellos	konstitutionelle Wurzellosigkeit des Menschen	Plessner
Homo cupiditates coercens sive removens	verdrängend	»Menschsein heißt von Normen gehemmt, Verdränger sein«	Freud, Plessner
Homo »compensator« et »supercompensator« imbecilitates (abunde) compensans	(Mängel) ausgleichend (und überkompensierend)	Kompensation (und Überkompensation)	Scheler, Marquard
Homo »protheticus«, adminiculis artificialibus se sustinens	technische, (auch medizintechnische, informationstechnische), pharmakologische, kulturelle Prothesen benutzend und benötigend	»Prothesenproteus«	Plessner, Transplantationsmedizin
Homo crapulae indigens	berauschungsbedürftig	»Rausch-Wesen«, Rausch, Drogen, Pharmazeutika benutzend und benötigend	
Homo »alcoholicus«	»alkoholisch«,	alkoholbedürftig oder -süchtig,	M. Twain
Homo fumans	rauchend	das Rauch inhalierende, schmauchende Wesen	

lateinische Bezeichnung	deutsche Übersetzung	Merkmal	eingeführt von
Homo »neuroticus«, animo aeger	neurotisch (seiner selbst) unsicher	Neurosen-Wesen	Freud, Tiefenpsychologie
Homo »sublimator« et »supersublimator«, animum ferum (bene) excolens	sublimierend und übersublimierend	Trieb-Sublimierung, »Übersublimierung«	Freud, Scheler
Homo absconditus	verborgen, unergründlich	das unergründliche, unausschöpfliche Wesen, »das unbekannte Wesen«	Plessner, Carrel
Homo/animal non definitus/definitum	nicht festgelegt	»das nicht festgestellte Tier«, biologische »Undefinierbarkeit«, »Idee des Menschen – keine fixe Bestimmung«	Nietzsche, Midgley
Homo flexibilis	flexibel	»elastischstes Lebewesen«	Scheler, Plessner
Homo inquietus	unruhig	»Wesen, das sich nie erholt, weil es sich verkörpern muss«, »unstillbare Unruhe«, »immer nach *anderer* Verwirklichung« drängend	Plessner
Homo se excolere studens	immer werdend, das (erst) werdende Wesen	»Werde, der du bist«, muss sich zu dem, was er *schon ist, erst machen*	Goethe, Plessner
»Homo viator«, terminos suos transgredi temptans	ständig auf dem Wege	stets noch in der Entwicklung, auf Gottsuche, »ein Wanderer«	Marcel, Herder

lateinische Bezeichnung	deutsche Übersetzung	Merkmal	eingeführt von
Homo navigans	seefahrend, stets navigierend	»Auf die Schiffe, ihr Philosophen!« Navigator, (auch übertragen) ins Ungewisse segelnd	Hupe, Meran (nach Nietzsche)
Homo vehiculis fabricatis utens	gebaute Fahrzeuge verwendend	das mit künstlichen Fahrzeugen reisende Wesen	
Homo »expressivus«, »se exprimens«, »externalisans«, homo operibus suis apparens	sich äußerlich ausdrückend	Auslegung in ein »Nicht-Ich«, in Äußeres, Werk usw.	Fichte, Plessner, Gehlen
Homo mundanus, urbanus	»weltoffen«	welterschließendes und weltgestaltendes sowie »weltoffenes« Wesen, »beschränkte Weltoffenheit«	Scheler, Plessner
Homo naturaliter »culturalis«, homo culturae indigens	kulturell	Kulturwesen (Kultur als »zweite Natur«)	Poseidonius, Plessner, Gehlen
»Homo culturalis progrediens«	sich und seine Erzeugnisse kulturell ständig fortentwickelnd	Durch eigenschöpferische Phantasie in »Provolution« aus sich selbst lebensverändernde kulturale Fortschritte und völlig Neues (»Leistungen«) erzeugend	W. Geist
Homo historicus	geschichtlich	Geschichtswesen	Historiker, Dilthey, Plessner, M. Smith u. a.

lateinische Bezeichnung	deutsche Übersetzung	Merkmal	eingeführt von
Homo finis sui ipsius	selbstzweckhaft	Selbstzweckwesen	Kant
Homo causa dignitatis suae	eigenwürdig	Menschenwürde, Würde an und in sich selbst	Menschenrechte, Grundrechte, Kant
Homo »individuum«, homo singularis	einzigartig, individuell	Individuum	Sokrates, Christentum, Romantiker, F. Schlegel, Humboldt, Nietzsche
Homo persona	persönlich	Person, Persönlichkeit zu sein, zu werden	Goethe, Schweitzer, Schwartländer
Homo humanus	wirklich (besonders) menschlich, menschenwürdig	Humanität (als Aufgabe), Mitmenschlichkeit, konkrete Humanität	Panaitios, Cicero, Herder, Schweitzer, Lenk
Homo (ad)iuvans	helfend	Helfer(in)	
Homo »caritatis«, saluti aliorum providens	fürsorglich und helfend	caritative Ziele, Altruismus	Christentum, (Brunner, Cardenal)
Homo »superogationis«, ubera bona largiens	der überschießenden Güte und Liebeswerke fähig		Bibel
Homo amans, »eroticus«	liebend, der Liebe fähig	(hohe) erotische Liebe	Platon

41

lateinische Bezeichnung	deutsche Übersetzung	Merkmal	eingeführt von
Homo voluptarius, libidinosus, cupiditatis cupidus	lustorientiert, »das Begehren begehrend«	Lustwesen, »unermüdlicher Lustsucher«, Glücksucher, mit »Metalust«-Streben	Casanova, Freud, Lacan
Homo ad odium pronus	hassend	das des Hasses, umfassenden Hassens fähige Wesen	
Homo »complexitatem reducens«, res difficiles perspicuas reddens	komplexitätsvermindernd, vereinfachend	Ordnungs- und Vereinfachungswesen, Komplexitätsreduzierung	Luhmann
Homo ad universalia spectans et generalisationem temptans	universalisierend, verallgemeinernd	Verallgemeinerungssucher	
Homo universalis	ganzheitlich, allseitig	Ganzheit(lichkeit)swesen, »L'homme total«	Mácha, Scheler, Mauss
Homo componens, integralis, »integrans«	Zusammenfassung aller analysierten Aspekte	»schöpferische Synthese aller Möglichkeiten des Lebens«	Scheler, Morin
Homo varius, (»multiplex«) »multidimensionalis«, pluralitatem quaerens	vielfältig, vieldimensional, Vielseitigkeit suchend	vielfältigstes Wesen, Vielfaltwesen, »pluralistisches Menschenbild«, Vielfaltsucher	Herder-Dorneich, Midgley, Tallis
Homo occasiones quaerens et petens	nach (weiteren) Möglichkeiten suchend	»Opportunitäten- und Chancensucher	

lateinische Bezeichnung	deutsche Übersetzung	Merkmal	eingeführt von
Homo omnia faciens/agens (»*omnifax*«)	alles nur Mögliche machend, herstellend	»Allesmacher«, »... soll/darf alles herstellen, was er kann«	(Teller)
Homo superandus	der zu überwindende	Ziel des Menschen ist der »Übermensch«	Nietzsche
Homo superbiae	hochmütig	Hybriswesen	Morin
Homo »cosmocentricus«, Homo mundanus	Repräsentant des Ganzen, Kosmopolit	»übernatürlicher Kosmozentriker«	Platon, Paracelsus, Scheler, Morin
Homo oecologicus	ökologisch orientiert (sein sollend)	Ökoverantwortlichkeit	Skolimowski, Meinberg
Homo comercii mutandi particeps	tauschend	Tauschwesen	Herder-Dorneich
Homo se testimoniis nitens et documentis utens	Scheine-Wesen	(symbolische Stellvertretung durch Scheine)	Herder-Dorneich
Homo »metaphoricus«	Metaphern, Gleichnisse nutzend	Metaphern-Tier	u. a. MacCormac
Homo creataphoricus	Kreataphernwesen	kreative Metaphern schaffend (s. S. 336, 338)	Lenk
Homo »metaphora«	ist selbst eine Metapher	»Der Mensch: Metapher«, Metapher seiner selbst	Novalis
Homo »caricatura«	karikierend	Karikatur seiner selbst	

lateinische Bezeichnung	deutsche Übersetzung	Merkmal	eingeführt von
Homo »reflectans«, homo res in se revolvens et referens	rückbezüglich denkend	Reflexitäten denkend und erzeugend (»schaffender Rückblick der Natur auf sich selbst«)	u. a. Frey, (F. Schlegel)
Homo »coreflectans«, se cum mundo (intelligibili) confundens	zusammen reflektierend sich entwickelnd	Denk- und Noosphärenbegegnung, -durchdringung und gemeinsame Noosphärenentwicklung	Teilhard de Chardin
Homo negans	neinsagend	»Neinsagenkönner«	u. a. Scheler
Homo se confutans	widerspruchsvoll	Widerspruchs-, Konfliktwesen, »das sich selbst widerlegende Wesen«	Pascal, Brunner, (M. Kessel)
Homo verbis rebellans	protestierend	der ewige, »sorgenvolle« Protestant	Scheler
Homo »revolutionis«, actionibus rebellans	revoltierend	»l'homme revolté« (Mensch in der Revolte)	(Rousseau), Camus
Homo »metareflectans«, homo cogitata cogitans	über Denken, Gedachtes denkend (in Schichten), metareflektierend	Reflexionen und Reflexivität reflektierend, (»Reflexwertung«), »Bewusstsein im Quadrat«	Scheler, (Teilhard de Chardin)
Homo explicatus	explizit machend, verstehend	»the explicit animal«, das alles explizit machende oder verstehende Wesen, die Fähigkeit des Explizitmachens als »Fähigkeit, Fähigkeiten zu machen«	Tallis

lateinische Bezeichnung	deutsche Übersetzung	Merkmal	eingeführt von
Homo »metarepraesentans«, homo repraesentata repraesentans	metarepräsentierend	Metarepräsentation	(Perner)
Homo interpretans	deutend	Deutungswesen	Nietzsche
Homo interpretata interpretans, »homo metainterpretans« (»superinterpretans« et »transinterpretans«) (»animal metasymbolicum«)	Deutungen wiederum deutend, metaschematisierend	Interpretations- und Symbolisierungsschichten, Metaschematisierungen, Metainterpretationen, Interpretationskonstrukte über Interpretationskonstrukte, das Metastufenwesen	Lenk

(Die mit »F« gekennzeichneten Charakterisierungen sind entnommen aus: Vollmer, Funkkolleg Der Mensch: Anthropologie heute, 1. Studienbrief, Tübingen 1992). (Ich danke Helmut und Albrecht Quack für Hilfen und Korrekturen bei einigen lateinischen Formulierungen.)

Man kann natürlich, wenn man vom Menschen als dem *Homo faber* spricht – was eine recht traditionelle Kennzeichnung ist –, ergänzend auch vom *Homo technicus* oder *Homo technologicus* sprechen. Dabei ist »technologicus« heutzutage vielleicht treffender, weil das Technologische gleichsam die systematisch umfassenderen, die technikwissenschaftlichen Verfahren mit einbezieht, welche die Technik, die älter ist als die Wissenschaft, heutzutage tatsächlich in einer verwissenschaftlichten Form zu vereinheitlichen trachtet. Das ist ein sehr interessantes Thema, das hier aber nicht weiter behandelt werden kann.

Eine weitere zu ergänzende Charakterisierung, die in Zusammenhang steht mit der im Folgenden noch häufiger zu erwähnenden Kennzeichnung des Schöpferischen, des Kreativen, ist diejenige des *Homo creator*. Ihm, dem kreativen Menschen, wird natürlich besonders das Schaffen von Neuem zugeschrieben: Das Ausgerichtetsein auf Neuigkeit wird in der Biologie, insbesondere auch in der Ethologie, der Verhaltensforschung, als die Neotenie des Menschen bezeichnet und ins Zentrum gestellt. Es meint die ständige Ausgerichtetheit auf Neues, auf neue Erfahrungen, Exploration der Umgebung; man spricht in der Verhaltensforschung vom Appetenzverhalten, vom explorativen Suchverhalten. Deswegen könnte man im Zusammenhang mit dem *Homo creator* schon als biologisches Merkmal ergänzen: *Homo nova petens (appetens)*, der Neues erstrebende Mensch. Oder eben in Anlehnung an den ethologischen Begriff »Neotenie«: *Homo neotenus*, das ist eine etwas verballhornte Wortbildung, die das biologische Ausgerichtetsein auf das Neue, auf Neuigkeit, auf Wandlung, auf Veränderung betont. Solches gilt aber nicht nur biologisch, sondern erst recht im Kulturellen. Und damit muss der Begriff über das Biologische hinaus ausgeweitet werden. Dies wiederum trifft auch im Zusammenhang mit dem technischen oder technologischen Menschen zu. Der Mensch versucht Neues zu schaffen, zu erfinden. Man könnte also von dem innovativen Menschen, *Homo innovans (innovare)*, sprechen – was natürlich voraussetzt, dass der Mensch wirklich in der Lage ist, auf Künftiges vorauszugreifen, dieses vorauszusehen, vorauszudenken. Das ist ein altes, antikes Motiv, nämlich das Motiv des Prometheus. Also: *Homo providens*, der Vorausschauende, Vorausdenkende oder – eben in Anspielung auf den griechischen Mythos – der *Homo promethëicus*. »Prometheisch« heißt ja »vorausdenkend«, während Epimetheus, der Bruder des Prometheus, der angeblich alles Üble über die Menschen gebracht hat, der »Hinterherdenker« ist, nicht nur der »*Nach*denkliche« (was ja heutzutage auch sehr nötig ist): Er ist der Hinterherdenkende, der immer nur *re*agiert.

Lichtenberg sprach vom Menschen als dem »Ursachen-Bär« oder »Ursachen-Tier« (J, 1826). Diese Charakterisierung müsste vielleicht noch ergänzt werden: Das nach Gründen und Zwecken suchende Tier; das ist auch eine Charakterisierung, die in der Tradition zuweilen vorkommt: *Homo ratiocinans*, der räsonierende, der durch Argumente begründende Mensch – Gründe und Begründungen müssen nicht nur Ursachen sein, sondern solche können auch Zwecke, Ziele oder Normen, Regeln, der Anspruch auf Verantwortlichkeit u. ä. sein. Ferner müsste es beim *Homo ethicus* oder *moralis* als Alternative auch heißen: *Homo normativus*. Der Mensch ist das der Normen fähige Wesen, das sich Normen unterstellt, nach Normen urteilt, sich selber und seine eigenen Handlungen beurteilt. (Das ist ja das wichtige performative Element der Kriterien und der Beurteilung unter dem Gesichtspunkt des leistenden Wesens.)

Die Charakterisierung des Menschen als des Wesens, das Verantwortung übernehmen kann, scheint mir besonders wichtig zu sein: Verantwortung ist ein spezifisch menschlicher Begriff. Wir neigen nicht dazu, Tieren Verantwortung zuzuschreiben, obwohl es Schäferhunde gegeben hat, die zum Tode verurteilt worden sind. (Aber üben nicht auch Schimpansen – zum Beispiel ihre Gestalt des Hordenpaschas – soziale Kontrollen aus, ziehen sie nicht auch Gruppenmitglieder gleichsam »zur Verantwortung«? Zumindest kommen beobachtbar Sanktionen vor!) Dass der Mensch nicht nur das Verantwortung tragende, sondern auch das sich an und nach Werten orientierende Wesen ist, ist sicherlich wichtig. Wobei Werte in diesem Zusammenhang zu verstehen sind als Werte, die sprachlich dargestellt, die bewusst aufgenommen und verstanden, planmäßig befolgt, im Handeln und Orientieren des Handelns *angewandt* werden (können) – und nicht nur als unterbewusste, im Verhalten indirekt erst aufscheinende Zielorientierungen auf bevorzugte Zustände hin, wie das bei Tieren der Fall ist: Auch ein Tier möchte nicht hungrig oder durstig bleiben und ist auf bestimmte Zielorientierungen – hier: Sättigung – hin ausgelegt. Diese Orientierungen könnte man geradezu »biologische Werte« nennen. Es sind jedoch die *nicht*biologischen Werte, die weitgehend charakteristisch für den Menschen sind. Die traditionellen Auffassungen in den Sozial- und Wirtschaftswissenschaften, wie der *homo oeconomicus*, *politicus*, *sociologicus*, sind natürlich Modellkonstrukte, die eine Rolle spielen, die aber in keiner Weise ausreichend sind, um alles zu umfassen, was man zur Darstellung des Menschen berücksichtigen muss. Der Mensch übersteigt prinzipiell jedes Rollenmodell, jede Reduktion auf eine Rolle. Marx und in der Folge viele andere haben den Menschen als das *arbeitende* Wesen verstanden, das die Natur bearbeiten muss, um überleben zu können, aber auch um sich selber gleichsam in einem Produkt einer Arbeit, in einem

Werk darstellen, »auslegen« zu können. Das ist eine Idee, die von Fichte stammt und weitgehend von der philosophischen Anthropologie übernommen wurde, zum Beispiel von Arnold Gehlen.

Das Entscheidende ist sicher, dass der Mensch nicht durch einen einzigen Zug allein charakterisiert werden kann. Das gilt, selbst wenn wir neuere Auffassungen hinzunehmen, wie etwa die von Odo Marquard, der den Menschen als den Kompensierenden verstanden wissen will, also als das Wesen, das Mängel ausgleichen kann. Der Mensch ist ja traditionell das Wesen, das im biologischen Kampf ums Überleben vergleichsweise viele Mängel aufweist: Er hat keine natürlichen Waffen, er hat nur seine Flexibilität, sein Gehirn, die Versatilität seiner Hände, seine Sprache, seine Möglichkeit, Symbole zu entwickeln, und ist dadurch – durch diese Kombination und deren Flexibilität und Fähigkeit zur Anpassung an die unterschiedlichsten Umwelten – den Tieren überlegen. Das ist ein weites Feld, die Geschichte einer langen Entwicklung. Doch auch diese Fähigkeit des Kompensierens, des Ausgleichens, des Überkompensierens geradezu ist nicht ausreichend. Nietzsche hat den Menschen als das noch »nicht festgestellte Tier« aufgefasst – im Doppelsinn: Einerseits ist noch nicht festgestellt, was das Wesen des Menschen ist, andererseits ist er auch nicht fixiert, sondern flexibel, vielfältig, das auf alle möglichen Variationen ausgreifende Wesen. Die *Flexibilität* ist also ein Charakteristikum des Menschen. Es ist das flexible, das flexibelste Wesen, das Möglichkeiten zum Wandel und die Fähigkeiten zur gelernten Anpassung hat.

Wichtig ist, dass alles dies koordiniert werden muss in einem Einheitszusammenhang, der auch ein menschliches Charakteristikum eigener Art ist: Der Mensch ist das auf *Ganzheitlichkeit* ausgerichtete und bedachte Wesen. Das gilt insbesondere in Bezug auf die traditionelle Charakterisierung, die bereits aus dem Altertum stammt – von Poseidonius –, die Kennzeichnung des Menschen als des *kulturellen Wesens*: *Homo culturalis*, ja, *homo culturans et cultus* (»culturus«). Wobei »Kultur« gleichsam verstanden wird als die zweite Natur des Menschen: Der Mensch lebt in einer künstlichen Natur, einer kulturgemachten, zweiten Welt. Auch hier müsste man näher umschreiben, wodurch eine solche Kulturbindung charakterisiert ist: Sie ist insbesondere dadurch gekennzeichnet, dass der Mensch nicht nur im Sinne von Normen handelt, also das ethische, das urteilende und stellungnehmende Wesen ist, wobei »urteilend« als sprachlich repräsentierend zu verstehen ist, sondern auch das handelnde Wesen, das vorsätzlich, planmäßig auf Ziel*strukturen* und -zustände hin handelt, das insbesondere Zielorientierung und Wertungen, Beurteilungen braucht, um überhaupt leben zu können, um einen Lebensplan machen zu können, um sein Leben *führen* zu können. Der Mensch ist kein Wesen, das nur vegetiert, sondern er muss sein Leben selbst in die Hand nehmen, er muss sein Leben *führen* – ein Gedanke, der insbesondere bei Plessner vorkommt. Alles das setzt voraus, dass der Mensch die Fähigkeit hat, über den Moment hinauszugreifen, er muss die Fähigkeit haben zu verallgemeinern, er muss Ordnung, Strukturierung, Reduzierung der Komplexität (Luhmann) leisten, um sich überhaupt orientieren zu können. Das ist ein zentraler Punkt, der eigentlich bisher zu wenig hervorgehoben worden ist.

Den letzten verbreitet bekannten Stand der Philosophischen Anthropologie scheint immer noch das Werk von Ernst Cassirer darzustellen: *Versuch über den Menschen* (von 1944, dt. 1961, 1990), in dem Cassirer den Menschen als das kulturelle Wesen spezifischer fasst als das *animal symbolicum*, das symbolische Tier, das Symbole verwendende Tier. Hier aber stocken wir, denn ist das Verwenden von Zeichen und Symbolen (konventionellen Zeichen) ausschließlich für den Menschen charakteristisch? Cassirer war wohl noch dieser Meinung. Er kannte zwar durchaus die Ergebnisse der Primatenforschung seiner Zeit (Yerkes, Yale-Zentrum), aber inzwischen hat sich gezeigt, dass auch Primaten und andere Tiere durchaus Symbole verwenden, sogar Ansätze zu einer kleinen Kultur entwickeln können. Man denke an das berühmte Makakenfräulein Imo in Japan, das nach den Forschungen von Kawai entdeckte, dass Kartoffeln besser schmecken, wenn man sie im Meerwasser wäscht; diese kulturelle Erfindung setzte sich dann auch in den nächsten angrenzenden Kolonien durch. – Die Verwendung von Symbolen ist bei Tieren ebenfalls durchaus vorhanden. Es gibt insbesondere bei Vogelarten die Erkennung des individuellen Partners anhand von Melodien, die *individuell*, aber auch geschlechtsspezifisch charakteristisch sind. *Individueller* Gesang ist symbolisch – was sonst?[2]

2 Neulich habe ich freilich gelesen, dass es bei einigen Vogelarten seltsam zugehen kann, wenn der Forscher eingreift: Wenn man einem Weibchen männliche Hormone (testosteronabhängige) spritzt, dann singt

Beim Werkzeuggebrauch hat sich, wie erwähnt, längst herausgestellt, dass auch Tiere dazu fähig sind. Die Schimpansen in Kamerum etwa sind, wie ein Japaner (Sugiyama) gerade herausgefunden hat, sogar in der Lage, Werkzeuge zu benutzen, um ihre Bohr- und Angelwerkzeuge herzustellen. Sie klopfen bei ihren Angelstöcken mit einem anderen Stock erst einmal das eine Ende breit. Sie benutzen also Werkzeuge, um Werkzeuge herzustellen, die sie dann übrigens auch in *unterschiedlicher* Funktion benutzen: den Angelstock etwa mit der spitzen Seite zum Anbohren und Ausbohren der Termitenstöcke, die breit geklopfte Seite zum Termitenangeln.

Das Angeführte zeigt freilich nur Ansätze auf, aber philosophisch-anthropologisch gesehen sind sie äußerst interessant, weil sie die traditionellen Auffassungen in vielen der angeführten anthropologischen Kennzeichnungen in Frage stellen, problematisch machen. Man kann nicht mehr sagen, der Mensch sei eindeutig dadurch charakterisiert, dass er das Werkzeug gebrauchende oder gar das Werkzeuge herstellende Wesen ist. Und es gibt auch »kulturelle« Unterschiede bei Tieren, zum Beispiel haben das Ehepaar Boesch und der US-Primatologe Wrangham festgestellt, dass die westafrikanischen Schimpansen offenbar intelligenter sind als die ostafrikanischen: Erstere haben viele Techniken der Werkzeugbenutzung, die im ostafrikanischen Bereich nicht vorhanden sind. Jedenfalls gibt es geographische Bereichsunterschiede und im Ansatz kulturelle Unterschiede.

Apropos das sprechende Wesen: Man hat gezeigt, dass Schimpansen zwar nicht differenziert vokalisch *sprechen* können, weil sie dazu aufgrund ihrer Kehlkopfkonstruktion anatomisch nicht in der Lage sind, aber sie können durchaus Analoges tun, wenn sie auf den Gebrauch von Symbolen dressiert sind; zum Beispiel können sie mit einer Art von Computer umgehen und Zeichen zusammensetzen – sogar zu Sätzen, sie können Sätze *neu* bilden und sinngemäß auf Situationen anwenden. Das ist vielfach gezeigt worden. All das ist natürlich qualitätsmäßig mit der Vielfalt der Variationsmöglichkeiten der menschlichen Sprache nicht vergleichbar, aber es zeigt, dass hier – außer in der Quantität, Vielfalt und Flexibilität – keine allzu großen grundsätzlichen

das Weibchen plötzlich die ›männlichen Gesänge‹. Das gibt doch sehr zu denken – auch uns, Menschen und zumal Männern.

Unterschiede vorhanden sind. Es sind keine Unterschiede, die verschiedene Welten bezeichnen würden.

Also ist auch die Cassirersche Formulierung vom Menschen als dem symbolischen Tier zu einfach und reicht nicht aus. Man muss hier, denke ich, eine neue Reflexivitätsstufe hinzunehmen. Ich glaube, dass man über Cassirers Ansatz hinausgelangen kann, indem man sagt, der Mensch ist eben das Wesen, das nicht nur in der Lage ist, Symbole zu verwenden, anzuwenden und zu verstehen, sondern dasjenige Wesen, das *seine eigenen Deutungen auf einer höheren Stufe wieder zum Gegenstand von Deutungen* machen kann; (nur) der Mensch kann seine Deutungen hinterfragen, er kann auf eine höhere Stufe der Darstellung steigen, er kann seine Deutungen wieder deuten, interpretieren. Er kann auf einer Leiter der Reflexionsstufen höher steigen – und zwar unbegrenzt. Insofern müsste man den Menschen als *das in Metastufungen denkende (denken könnende) Wesen* verstehen, das seine eigenen Deutungen wieder denkend vergegenständlichen, interpretieren und analysieren kann. Man könnte vom *Homo metasymbolicus* sprechen oder vom *Homo metainterpretans* oder *superinterpretans*. Dabei ist das Überschreiten von Schichten der Reflexion oder Interpretation in diesem höherstufigen Interpretieren eines, aber auch das Überschreiten von Grenzen in *derselben* Deutungsschicht ist ebenfalls charakteristisch. Man könnte den Menschen als das Wesen, das der höherstufigen Deutungen fähig ist und über Begrenzungen in *derselben* Schicht hinausgreifen kann, als das meta- und transinterpretierende Wesen verstehen. Das wäre eine Weiterführung von Cassirers Gedanken, die meines Erachtens überzeugend ist. Doch davon weiter unten mehr.

Zu Beginn der achtziger Jahre in dem Buch *Eigenleistung* (1983) hatte ich versucht, eine andere und spezifischere Auffassung des Menschen als des handelnden Wesens zu entwickeln – also über Gehlen hinauszugehen. Der Mensch als das handelnde, das rational planende Wesen – das war die These von Gehlen in den vierziger Jahren (anschließend an Plessner, auf den er sich vielfach bezog, den er aber nur selten zitierte). Doch auch dieses Merkmal reicht nicht aus, denn wenn man Handeln als zielorientiertes oder planungsmäßiges Verfolgen von Strategien auffasst, so können das viele Tierarten auch. Man kann den Primaten zum Beispiel auch das Bewusstsein nicht absprechen, das ist völlig klar. Es hat sich herausgestellt, dass die Schimpansen in der Lage sind, zu täuschen, jemanden in die Irre zu führen, insbesondere die Sexualkonkurrenten. Selbst Hunde und vor allem »schlaue« Ratten können recht gut Go/no-go-Diskriminationen in Labyrinth-Situationen geradezu schlussfolgernd (i. S. des *modus tollendo tollens* und des *modus ponens*) vornehmen. Alle diese Merkmale, die gleichsam traditionell als Charakteristikum des handelnden Wesens, nämlich des Menschen, galten, kommen – rudimentär, versteht sich – den Schimpansen auch zu. Jedoch ist es für den Menschen charakteristisch, dass er sein Handeln *unter* bestimmte *Kriterien des Erfolges* stellt und diese als Messung im Sinne einer mehr oder weniger erfolgreich durchgeführten, vollendeten Handlung auffasst, diese also nach Gütekriterien bewertet. Der symbolisch handelnde Mensch ist derjenige, der auch die Handlungen nach Kriterien der Güte, des Erfolgs, des Misserfolgs usw. bewertet. Er ist also nicht nur das handelnde Wesen, sondern er ist das bewertend handelnde oder beurteilend und (be)wertend handelnde Wesen, kurz: das *leistende* Wesen. *Leistung* ist ja eine Handlung, die unter bestimmten Gütekriterien beurteilt wird, deswegen habe ich in Andeutung auf den englischen, mehrdeutigen Ausdruck »performance« (lat. performare) vom *Homo performator* gesprochen. Das heißt, es ist der handelnde Mensch, der *durch* Formen, in Formen, *nach* Normen und Regeln handelt, aber auch solche (höherstufigen symbolischen, repräsentierenden) Formen benutzt, um die (seine und fremde) Handlungen und deren Erfolge zu bewerten. *Homo est animal per formas et de formis sive symbola symbolisque et (per) symbola symbolorum creans, interpretans, repraesentans et agens: kurz: Homo (meta)symbolicitur performans.* Die *Formen* spielen also auf verschiedenen Ebenen eine Rolle. Der Mensch ist das durch Formen, in Bezug auf Formen handelnde und wertende Wesen. In diesem Sinne könnte man sagen, er ist das leistende Wesen, das auf symbolische Handlungen angewiesen ist, er ist also das *symbolisch handelnde* und *leistende* und gleichzeitig, spezifischer, das *metainterpretierende* Wesen.

Wenn man das Gesagte zusammen nimmt, dann kann man die anderen Charakteristika einschließlich solcher Auszeichnungen wie den *Tausch*, das Tauschen im Sinne des wechselseitigen Güter- und Werteübertragens, als menschliche Gepflogenheit oder das Reflektieren und rückbezügliche Reflektieren auf höheren

Stufen oder das Verwenden von Dokumenten und Symbolen unter diese Merkmalskombination des Metainterpretierens, Bewertens, Leistens usw. unterordnen. Das alles sind Spezialfälle der letzteren Kombination. Auch die Aufgabe eines besonderen *ethischen* Verhaltens, die dem menschlichen Menschen, dem *Homo humanus* (das ist ein Ausdruck aus der Antike, von Cicero), obliegt, kann man leicht damit verbinden. Humanität als Aufgabe, als spezifisches Charakteristikum des Menschen müsste dann aber einer näheren Erläuterung zugeführt werden (Verf. 1998).

Wir hätten also insgesamt ein recht komplexes Bild, wie man den Menschen gleichsam *pluralistisch* kennzeichnen kann – und nur *so* kann man ihn kennzeichnen. Der Mensch ist das Wesen, das die Fähigkeit hat, symbolisches Denken, Erkennen und Handeln zu verbinden, und für das insbesondere die *Metastufenbildung*, das Reflektieren seiner eigenen Fähigkeiten, die Abstraktion und Reflexion sowie vielfältige Verbindungsfähigkeit charakteristisch ist. Als ein der Metastufenbildung fähiges (meta)symbolisches Wesen ist er darauf angewiesen, sein Interpretieren, seine Deutungen, sein Denken, sein Handeln immer wieder zum Gegenstand der Untersuchung zu machen, zu hinterfragen, zu problematisieren. Der Mensch ist das Wesen, das die Schichten der Stufenbildung von höherstufigen Theorien, Methodologien der Stufenbildung, höherstufigen Sprachformen immer wieder übersteigen kann – und zwar praktisch beliebig. Er ist das symbolisch transzendierende Wesen. Das heißt, er hat prinzipiell stets eine kumulative Möglichkeit des Aufsteigens. In seinen Deutungen kann er immer höhere Schichten aufsuchen. Er vermag zudem alle Schichten – bzw. besser: jede einzelne Schicht – wieder zu bezeichnen und zu überschreiten, zu übersteigen. Man könnte geradezu von einem »*interpretativen Aufstieg*« sprechen – in Analogie etwa zu der berühmten Formulierung von Quine, der vom semantischen Aufstieg spricht, dass man in der sprachanalytischen Philosophie statt der Verhaltensweisen die sprachlichen Beschreibungen der Verhaltensweisen untersucht.

Besonders wichtig ist – das sahen wir –, dass der Mensch das metainterpretierende und metaschematisierende Wesen ist, das heißt, dass der Mensch in der Lage ist, auf höheren Stufen seine eigenen Deutungen und Konstruktionen und Symbole oder symbolischen Deutungen wiederum zum Gegenstand einer Untersuchung zu machen, also in Schichten höher zu steigen, und eben symbolische Deutungen zu kreieren, zu schaffen, nachzuschaffen durch Verabredung, durch Konventionen zusammenzustellen und gleichsam normativ abzusichern oder zu erfinden, zunächst als Erfindung eines Einzelnen, die dann unter Umständen übernommen werden kann durch die Gemeinschaft. Platon (*Kratylos* 388 ff.) sprach schon über die Erfindung von Begriffen oder von Worten durch den *Onomatourgos*, den Wortschöpfer. Diese Funktion ist aber nicht nur auf Worte, sondern auch auf Ideen und Vorstellungen zu beziehen, heute würden wir von »Sprachschöpfern« oder »Trendsettern« sprechen, also von Menschen, die innovativ neue Veränderungen der Sprachformen einbringen usw.

Wenn wir versuchen, das Performative (*Homo per formas performans*) und das Symbolisch-Kreative mit dieser Metastufenbildung zusammenzuschließen, dann haben wir in gewisser Weise schon einen Übergang auf das oder eine differenzierte Umschreibung dessen, was man das Kreative beim Menschen nennen kann. Wir könnten beides schlagwortartig zusammenfassen, indem wir vom Menschen als dem *Homo symboliciter performans* sprechen, also dem Menschen, der auf symbolische Weise, durch Metasymbole handelt oder sich ausdrückt. *Homo est animal per formas et de formis et (sive) symbola symbolisque et (per) symbola symbolorum creans, interpretans, agens, repraesentans etc.* Der Mensch ist also das durch Formen und über Formen, durch Symbole und durch Symbolsymbole schaffende, interpretierende, handelnde, repräsentierende Wesen.

Das ist der Ansatzpunkt, den wir oben entwickelt hatten: Der Mensch handelt nicht nur durch Formen, denkt nicht nur in Formen, reflektiert nicht nur über Formen, sondern er ist das Wesen, das höherstufig wiederum über die Formen selber auch reflektiert: Er interpretiert und deutet nicht nur mittels Schemata, das heißt in Strukturmustern, die ihm zum Teil angeboren sind, sondern auch mit solchen, die er erst gebildet hat, die aktiviert, habitualisiert und stabilisiert worden sind – und schließlich interpretiert und kreiert er auch Schemata. Er ist das Wesen, das seine eigenen Schemata hinterfragt, seine Schematisierungen als solche deutet und analysiert. Das machen Tiere – auch die Schimpansen und andere Primaten – eben nicht! Dies ist ein Charakteristikum, das den Menschen *als* Menschen besonders auszeichnet: Er ist nicht nur das *Animal symbolicum*, als das ihn Cassirer zu definieren versucht hat, sondern eben das *Animal symbolicum symbolorum*, das Wesen, das Symbole über Symbole schichten kann, das metasymbolische, das metaschematisierende Wesen: *Homo metasymbolicus*. Er kann seine eigenen Schematisierungen und Symbolisierungen, seine Zeichenbildungen, Deutungen hinterfragen, zum Thema machen, selbst wieder auf einer höheren Stufe analysieren, interpretieren.

Es bleibt dabei zunächst offen, ob Symbole als Zeichen mit Bedeutung aufgrund einer Konvention in einer sozialen Gruppe zustande kommen, wie das normalerweise bei Sprachzeichen ist, oder ob Zeichen ihre Bedeutung unter Umständen auch schon aufgrund unserer biologischen Evolution haben – oder vielleicht gibt es sogar Mischformen. Jedenfalls hat sich der Sprachgebrauch ausgeprägt – und dem wollen wir auch hier folgen –, dass wir unter Symbolen konventionelle Zeichen verstehen, das heißt Zeichen, die auf Konventionen zurückgehen, seien es die Konventionen von Einzelnen, seien es solche von sozialen Gruppen, Kulturen oder Gesellschaften. Bei Symbolen werden konventionell die so genannten Referenten oder die Bedeutungen zugeordnet. Dagegen ist »Zeichen« der weitere Begriff, der auch nichtkonventionelle natürliche Zeichen, Anzeichen, umfasst. Eine dunkle Wolke ist kein Symbol für ein Gewitter; es ist nicht konventionell verabredet, sondern ein Anzeichen. Mit anderen Worten: der Zeichenbegriff ist ein allgemeinerer und weiterer, während der Symbolbegriff sich eben nur auf konventionalisierte Zeichen bezieht. (Dabei ist es durchaus möglich, dass es private Symbole gibt, die nicht gesellschaftlich-kulturell bekannt sind.)

Ich hatte schon darauf verwiesen, dass bei Tieren und Primaten durchaus Symbolverwendung vorhanden ist; es sind auch Ansätze zu einer rudimentären Kulturbildung gegeben, etwa im Werkzeuggebrauch. Aber bei Tieren, insbesondere bei Primaten oder auch bei Delphinen, gibt es nicht die Möglichkeit der metasprachlichen Vergegenständlichung ihrer eigenen Symbole und Zeichen. Sie machen die Symbole und Zeichen ihrerseits nicht selbst wieder zum Objekt einer neuen, höherstufigen Analyse. Sie analysieren nicht auf der Metastufe. Sie analysieren, verobjektivieren und versymbolisieren nicht wieder die Zeichen selber, selbst wenn sie in der Lage sind, ansatzweise auch Symbole zu verwenden. Die metasprachliche oder auf höhere Schichten gehende »Objektivierung« von Zeichen und Symbolen scheint also eine Variante zu sein, die für den Menschen charakteristisch ist. Das ist meines Erachtens recht wichtig. Das alles hängt durchaus damit zusammen, dass der Mensch auf neue Varianten ausgerichtet ist, dass er nicht nur biologisch konstitutionell neotenisch ist, sondern dass er eben gerade kreativ in seinen kulturellen Fähigkeiten auf die Bildung, Etablierung, Durchsetzung, Differenzierung neuer Arten von Zeichen und Symbolen ausgerichtet ist. Das gilt nicht nur in dem Sinne, dass er zur Bildung neuer und höherstufiger Symbole fähig ist, sondern auch derart, dass er darauf *angewiesen* ist. Er kann und muss also insbesondere Symbolisierungen, Zeichenrepräsentationen willkürlich und aufgrund von Entscheidungen variieren, anders gebrauchen, neu verwenden. Dieses scheint auch ein bestimmtes Merkmal der Kreativität des Menschen zu sein, das kennzeichnend ist. Er ist also in gewissem Sinne das *kreative Wesen*; er kann Gleichnisse verwenden, kann Metaphern bilden, kann sprachliche Beschreibungen indirekt verstehen, auf andere Bereiche übertragen u. ä. Das Verfahren ist fruchtbar. Es ist kulturell kreativ. Man könnte direkt sagen: Der Mensch ist das zur Metaphernbildung fähige Wesen. Metaphern spielen in unserer Sprache eine unglaublich große Rolle, und zwar keineswegs nur in der Literatur, wo sie ganz besonders im Vordergrund stehen und bewusst und zum Teil auch provokativ gewählt werden, sondern durchaus auch in der Naturwissenschaft. Eine Metaphernbildung liegt meistens am Grunde jeder Neubildung einer naturwissenschaftlichen Theorie.

Paul Feyerabend, der vor einiger Zeit verstorben ist, meinte: »Metaphysische Ideen« (und das kann man auf Metaphern ausweiten) »sind wissenschaftliche Theorien im Embryonalzustand.« Daran ist sicherlich einiges richtig, insbesondere wenn man weiß, dass große Entdeckungen vielfach aufgrund von Intuitionen zustande kamen. Man denke nicht nur an die gängigen Beispiele wie die Entdeckung des Benzolringes durch Kekulé, sondern auch an die Rolle der Intuition und der Gedanken-»Experimente« bei Einstein, der erklärtermaßen eigentlich immer von seinen Intuitionen zehrte, oft oder erst hinterher sich mühsam durch seine Assistenten ausrechnen und bestätigen (lassen) musste, was er intuitiv erkannt hatte. Es ist ganz klar, dass offensichtlich das Bilden von Bildern (meist im übertragenen Sinne, also von fiktiven »Bildern«, die nicht den Bildern gleichen, die der Maler malt) eine ganz besondere Rolle bei dieser Ausweitung der Symbole und der Symbolisierungen, der Erfindung neuer Schematisierungen im Erkenntnisprozess spielt. Das gilt genauso für die Wissenschaft wie – wo es ganz offensichtlich ist – für die Kunst. In der Kunst erscheint es noch als viel eingängiger und ist jedem vertraut, aber es gilt wesentlich durchaus auch für das schöpferische Handeln und Denken, also das repräsentierende Handeln und das intuitive Repräsentieren allgemein. Deswegen könnte man durchaus auch der Meinung sein, dass es generell(e) charakteristische Merkmale des Intuitiven und des Kreativen gibt.

Der Mensch ist also nicht nur das Wesen, das Symbole reflektierend benutzt, projiziert und variiert, sondern das dies auch auf *vielfältig verschiedene* Weise zu tun vermag – unter Verwendung von höherstufigen, neuartigen Symbolen –, wir könnten sagen: von Metasymbolen, Metaphern usw. Der Mensch hat also in gewissem Sinne die Fähigkeit zu einer Reflexion und natürlichen Repräsentation des bereits einmal Repräsentierten oder Dargestellten. Er kann auf höherer Stufe und auf höhere Stufen reflektieren. Er reflektiert sich (seine Modelle und Symbole) hinauf. Dabei bedient er sich der symbolischen Produkte und Konstrukte, aber er ist eben stets in der Lage, diese Produkte und Stufen permanent wieder zu überschreiten. Dieses reflektierende Überschreiten ist etwas ganz Wesentliches. Es ist auch ein wesentliches Moment für das kreative Philosophieren. Das reflektierende Überschreiten von Grenzen, Klassengrenzen, Mengengrenzen oder Abgrenzungen, Begriffsdimensionen in einer spezifischen Schicht beim Vergleichen von Arten ist eines, das Überschreiten von Schichten der Symbolbildung, also das Aufsteigen, ist ein anderes. Man muss also die Überschreitung von Art- oder (Gattungs-)Begriffsgrenzen in ein und derselben Schicht (beispielsweise bei der biologischen Artenbildung oder bei der im Alltag nachvollzogenen Artenbildung) von der Überschreitung von Schichtengrenzen im Sinne der Metastufenüberschreitung unterscheiden. Wir verwenden die Silben »meta«, die aus dem Griechischen kommen (vgl. »Metastufe«, »Metasprache«), jeweils für die Bezeichnung einer höherstufigen Interpretation oder Formenanwendung, obwohl »meta« im Griechischen schlicht auch »hinter« bedeutet, während das Lateinische »trans«[3] häufiger das Über-eine-Grenze-Hinausgehen bezeichnet, vorwiegend – jedenfalls wollen wir das hier so verstehen – bezogen auf das Überschreiten von Grenzen *derselben* Schicht. Das interpretierende Übergreifen von Schichten, das deutende Überschreiten im Sinne des interpretativen Aufsteigens soll durch das Wort »superinterpretieren« oder »metainterpretieren« bezeichnet werden. Das ist eine terminologische Verabredung, die man natürlich auch ganz anders treffen könnte. Beides, also das Überschreiten von Grenzen in ein und derselben Schicht und das Überschreiten von Schichtengrenzen, spielt für den Menschen, für das metasymbolische Wesen, und dessen Reflektieren eine ganz entscheidende Rolle. Der Mensch ist, wie wir sahen, das meta- oder superinterpretierende Wesen und auch das transinterpretierende Wesen – in diesem spezifischen, eben erläuterten Sinne. Er geht also nicht nur über die Grenzen einer Art in ein und derselben Schicht hinaus – fasst zum Beispiel die Walfische plötzlich nicht mehr als Fische auf, sondern unter bestimmten Gesichtspunkten, die den Biologen durchaus als notwendig erscheinen, als Säugetiere –, sondern er kann in einem »interpretativen Aufstieg« auch über die je einzelnen Metasprachen und -theorieschichten hinausgehen. Das metainterpretierende ist das symbolisch kreative Metastufen-Wesen. »Symbolisch« heißt hier auch »unter Einschluss der Metasymbole«: Das metasymbolisch transzendierende, die Gegenstände, die Symbole und Metasymbole (Symbole über Symbole) übersteigende Wesen ist jenes, das in diesem Sinne eine Art von Aufstieg, ein (super)interpretierendes Übersteigen (Transzendieren) und ein Transformieren seiner bisherigen Perspektiven leisten kann – und zwar nicht nur durch Umbildung von Grenzen in derselben Schicht, sondern auch durch Aufsteigen zu einer höheren Deutungsschicht.

---

[3] Außer beim »Transzendieren«, das ein Überschreiten von Schichtengrenzen oder Stufen bezeichnet, aber vorwiegend wegen des zweiten Wortteils, der an sich »steigen«, »aufsteigen« bedeutet.

Philosophieren als Überschreiten von Grenzen und Übersteigen von Schichten

Man könnte das Philosophieren, das in gewissem Sinne konstitutiv und kreativ ist, mit diesem Metainterpretieren, diesem »metasymbolischen Transzendieren«, identifizieren. Das kreative Philosophieren ist in diesem Sinne ein transzendierendes und superinterpretierendes Repräsentieren, ein schichtenübergreifendes Entwerfen. Es ist interpretativ aufsteigend, eben schichtenübergreifend metastufenbildend, wirkt in diesem Sinne aktiv, formativ, ist eben transformierend insofern, als es eine neue Schicht der Metastufenbildung, eine neue Symbolschicht eröffnet – und neue Metaphern ermöglicht, indem zum Beispiel neue Symbole oder Symbolkombinationen und Symbole für Symbole verwendet werden. Es erschließt sich eine Fruchtbarkeit der Metaphernbildung durch Gewinnung oder Bildung neuer Perspektiven, seien es Perspektiven auf höherer Ebene oder in derselben Schicht. Es handelt sich also nicht nur um ein transformierendes Philosophieren in Bezug auf Begriffsverwendungen derselben Schicht, sondern das Philosophieren ist selbst als ein kreatives metasymbolisierendes Transformieren aufzufassen, als ein Benutzen, bewusstes Einsetzen neuer Gesichtspunkte, höherstufiger Perspektiven, neuer Metaphern. Es lässt sich, wie gesagt, von höheren Deutungs- oder Reflexionsstufen sprechen, die man in einem interpretativen Aufstieg, das heißt unter Verwendung von höherstufigen Symbolen, Metasymbolen, erreicht. Dieses transzendierende Interpretieren und Metainterpretieren, ein »übersteigendes« Interpretieren und Konstituieren, stellt gleichsam ein konstruktives Bilden von Hypothesen und Entwürfen mit Selbstbezug dar und geht mit einer Rückwendung des Denkens auf sich selbst einher, wenn auch auf einer übergreifenden höheren Metastufe, von einer höheren Perspektive aus. Ein solches transzendierendes Reflektieren und Metareflektieren, ein Reflektieren über das Reflektieren und über die Reflexionen, ist ein metasymbolisches Transzendieren und Superinterpretieren in Permanenz. Die Bildung von Vielfalt, die Tendenz, überhaupt zu variieren und auch Symbolformen mehr oder minder systematisch abzuwandeln, die Variierbarkeit, die Freiheit der Gestaltung in den Symbolbildungen, in den Symbolisierungen über die Schichten hinaus, in Gestalt- und Musterbildungen ist kennzeichnend. Das bedeutet, es ist ein produktives, aktives und kreatives Gestaltenbilden. Es ergeben sich neue Kombinationen, Innovationen mit neuen Kombinationen der Symbole oder der Zuordnungen. Wichtig ist dabei auch die Produktion neuer Symbole durch die Intervention in eine bestimmte Schicht oder durch eine Schichtenüberhöhung. Neue Perspektiven werden eröffnet, alternative Sichtweisen beigebracht. Plurale Perspektiven werden entwickelt, andere Symbolarten eingeführt, die unter Umständen zu ganz neuen Möglichkeiten führen, wie zum Beispiel zu ganz neuen abstrakten oder quasiabstrakten sprachlichen oder bildlichen Repräsentationen von Zuständen und differenzierten Zuordnungen.

Man denke etwa an die symbolischen Notierungen der gregorianischen Noten oder überhaupt an die Entwicklung der Notenschrift; hier zeigt sich zum Beispiel, wie sich ganz neue Möglichkeiten der gegenseitigen Zuordnung und der Differenzierung durch die symbolische Repräsentation und die neuen Möglichkeiten der Notation ergeben haben. Oder ich erinnere an die Möglichkeit der mathematischen Symbole und deren Verwendung, die in eindrucksvoller, ja zunächst unvorstellbarer Weise ein ganzes Reich von Möglichkeiten pluraler Darstellungen aufgeschlossen hat, sozusagen eine ganz neue Welt zu entdecken gestattete. Man stelle sich vor: In der Antike war die Mathematik ja zunächst *ohne* Formeln entwickelt worden; man musste die mathematischen Beziehungen alle mit Worten und Sätzen beschreiben. Man hatte zwar einzelne Variablen, aber es gab nicht die Gleichungen und deren elegante und kurze nichtredundante Darstellungsmöglichkeit. Eine solche ist erst sehr viel später entwickelt worden und führte geradezu zu einer Explosion der Ausdrucksmöglichkeiten, also zu Fruchtbarkeit und »Kreativität«.

Solche Variationen von Symbolen und Notationen können in einer Gemeinschaft natürlich normiert, festgelegt, sozial und kulturell vermittelt werden, aber sie sind letztlich konventionell – gerade auch, wenn sie normiert und institutionalisiert werden. Selbst wenn der Lehrer dem Schüler, der falsch gerechnet hat, eine »Fünf« unter die Aufgabe schreibt, ändert das nichts an der grundsätzlichen Konventionalität. Man setzt sich ja auch, wenn man ein Wort oder einen Satz falsch benutzt oder gar ein Phonem falsch gebraucht, einer sozialen Kontrolle aus. Diese ist von der Gruppe oder Kultur vereinbart, normiert, institutionalisiert, fixiert worden. Dabei handelt es sich unter Umständen nicht nur um individuelle Abweichungen im Sinne eines bestimmten Sprech- oder Schreibstils. Auch hier ist die ganze Breite eines Spektrums von Möglichkeiten sowohl der Abweichungen und der Normierungen wie auch der zugeordneten Sanktionen möglich.

Der echte Künstler zeichnet sich häufig dadurch aus, dass er eine individuelle Variante in Gestalt eines dann eventuell später so genannten persönlichen Stils erzeugt, meist im Rahmen bestimmter vorgegebener Beurteilungsregeln, Bewertungen oder Traditionen. Das alles bewegt sich noch im Rahmen des spezifischen Bereichs oder Teilgebiets der Kunst – der besonderen künstlerischen Tätigkeit, die er ausgewählt hat und betreibt. Aber es bleibt doch eine beachtliche Spanne, und es eröffnet sich eine beachtliche Menge an Freiheitsmöglichkeiten.

Gelegentlich kommt es allerdings auch vor, dass diese Regeln von bestimmten Künstlern (früher sagte man, von *genialen* Künstlern) überschritten werden, geradezu absichtlich gebrochen werden und dass diese »Genies« an die Stelle der alten neue Regeln setzen. Das Schaffen neuer Werke geht gelegentlich gleichzeitig mit der Etablierung neuer Bewertungsregeln einher. Es ist ja bekanntlich die Definition, die Immanuel Kant in seiner *Kritik der Urteilskraft* (§ 46) für das Genie gegeben hat: Das Genie sei eben in der Lage, dem, was als naturgemäß erscheint, aber es nicht ist, neue Regeln vorzugeben: »*Genie* ist das Talent (Naturgabe), welches der Kunst die Regel gibt.« Das Etablieren, das Vorgeben, das Ausgestalten neuer Regeln ist also der Art nach mehr als die bloße individuelle Variierung im Rahmen einer vorgegebenen Regel – und das ist für Kant das eigentlich Kreative, ja, das Geniale, die »Originalität«, die musterbildend, beispielhaft (»exemplarisch«) wirkt, aber vom genialen Künstler selbst nicht beschrieben oder wissenschaftlich erklärt werden kann. Das Angedeutete ist natürlich eine kontroverse, besonders heute häufig angegriffene Auffassung des Genies und des Genialen. Diese Auffassung des Geniebegriffs (vgl. Schmidt I, II, 1985, ²1988) ist höchst umstritten, aber es ist in Kants Definition doch etwas richtig getroffen, selbst wenn das Überschreiten von Regeln heute oft provokativ »veranstaltet« wird und dann keineswegs »genial« genannt werden kann. Zum Teil ist es ja üblich oder gar charakteristisch geworden, die Neuigkeitssucht in der Kunst so weit zu treiben, dass etwas Neues um fast jeden Preis präsentiert werden muss, damit es und man als dessen Autor auffällt; und Auffallen ist heute scheinbar das Entscheidende in der Kunst, manchmal geradezu zwanghaft: Man möchte durch eine Vermischung bestimmter heterogener Bereiche auffallen, man »muss« anscheinend gewisse Grenzen demonstrativ überschreiten, bisherige künstlerische und gesellschaftliche Regeln brechen – und zwar möglichst demonstrativ. Wenn Renate Raspe Gedichte »oben ohne« vorliest, dann ist das etwas Besonderes, Auffallendes, aber es ist wohl nicht per se das Kennzeichen einer besonderen Genialität. Oder wenn eine Solistin ihre Stücke nackt spielt, dann ist das etwas, das zum Auffallen geeignet ist, aber vielleicht doch weniger das Aufstellen einer neuen Regel in der Kunst bedeutet. Hier werden konventionelle Regeln demonstrativ gebrochen, um in die Schlagzeilen zu kommen, was heutzutage (nach dem Ende der Schönheit in der Kunst) offenbar die *Conditio sine qua non* ist. Anders verhielt es sich durchaus mit Duchamps Präsentation eines Urinals oder der Beuys'schen Badewanne als eines Kunstwerks: Hier wurde eine Ausweitung der Interpretation geleistet durch die bewusste Einbeziehung eines Alltagsgegenstands in den Gegenstandsbereich der »Kunstobjekte«: Die Sonderpräsentation von etwas *als* Kunstobjekt macht es – so der neue generelle Interpretationsvorschlag, die neue allgemeine Perspektive – eben zum Kunstobjekt. Präsentation und Interpretation gehören essentiell zum Kunstbereich: Es ist eine neue Regel gewonnen – nicht der Produktion, sondern der Präsentation und Perspektive von Kunst als einem interpretationsabhängigen Bereich. (Die Übergänge sind fließend und konventionell: Vielleicht könnte, wenn dies gesellschaftlich akzeptiert werden sollte, auch das erwähnte Nacktsolo der Cellistin dereinst zu einer speziellen Kunstpräsentation avancieren.)

Die Fähigkeit, ganz neue Regeln und Formen, Sprachformen, Perspektiven, Deutungsmöglichkeiten, ganz neue Interpretationen und Metasymbolisierungen zu kreieren und zu entwickeln, ist prinzipiell und wesentlich mehr als die Neukombination von schon bekannten, vertrauten, vorhandenen oder irgendwie vorgegebenen Regeln. Es handelt sich um eine intellektuelle oder kreativ-schöpferische Mutation der Perspektiven der Beurteilung, nicht nur um eine Variation oder Kombination der Elemente, sondern um die Variation auch der Beurteilungsverfahren, der Regeln, denen das Kombinieren selber unterliegt oder denen die Beurteilung unterstellt wird. Die Regeln des Kombinierens, des Gestaltens, des kreativen Veränderns von Elementen in derselben Schicht werden abgewandelt, indem eine höhere reflexive Perspektive oder eine schöpferische Überformung eingebracht wird. (Neue Bewertungs- und Beurteilungsregeln bzw. -weisen bedeuten natürlich auch höherstufige Perspektivenänderungen.) Hier gibt es durchaus Ähnlichkeiten zur Mutation in der Biologie. Der Absprung vom klassischen kombinatorischen Variieren von bestimmten Möglichkeiten, die in ein und derselben Schicht und mit einer Formdimension gegeben sind, zu neuen Darstellungs- und Symbolverwendungsweisen ist in diesem Sinne das Verändern einer Tradition, eines Stils, einer ganzen Kunstrichtung. Das kann durch Aufstieg in eine neue Perspektive geschehen oder auch durch Ersetzung der traditionellen Regeln. Man denke an den Übergang von der Malerei auf einer Leinwand oder einer Fläche zu Collagen, die ins Dreidimensionale ausgreifen – was eine ganz neue Art der Darstellung und künstlerischen Objektkonstitution bedeutet und es auch gestattet, ganz neue Möglichkeiten zu entwickeln. Dass man in dieser Weise zu neuen Perspektiven, zu neuen Symbolformen, zu neuen Verwendungsweisen, zu neuen Arten der Beurteilung, zu neuen Metaregeln der Beurteilung kommt, das scheint ganz wesentlich und wichtig zu sein und ist mit der ausgeführten und bereits ausgemalten Möglichkeit der Erfindung von Symbolen über Symbole oder von Metasymbolen gemeint.

Darin scheint in der Tat etwas für den intellektuellen und künstlerisch Kreativen, für den neue Regeln etablierenden »Genius« Charakteristisches zu liegen. Es geht nicht nur um die gegenstandsvariierende Anwendung von *gegebenen* Mustern in einem fixierten Bereich, sondern um das Sprengen von Fixierungen, das Überschreiten von Grenzen und Schichten, also um kreatives Transzendieren und überhöhendes (schichtenübersteigendes) Metainterpretieren. Indem die Erweiterung von Mustern und von Möglichkeiten der Formvariationen, von Ordnungen und Gesetzmäßigkeiten der Muster selber, aber auch der Symbolerzeugungen – besonders über Metastufen hinweg – von Erzeugungspotenzen als Entdeckung und Gestaltung, als Erfahrung und Verkörperung, als Interpretation und Interaktion, als Innovation und Implementation verstanden wird, entwickelt sich die Möglichkeit der Bildung von überaus reicher Vielfalt. Man gewinnt den Pluralismus der Perspektiven, es eröffnen sich vielfältige Bezogenheiten, die sich aus diesen Möglichkeiten im Sinne neuer Freiräume, Spielräume ergibt. Das Schöpferische wird dadurch freigelegt oder jedenfalls multipliziert, dass man die Bildung neuer Regeln der Kombination, neue Beurteilungsmöglichkeiten, neue, auf höherer Stufe zu interpretierende Gesichtspunkte einbezieht. Man könnte die kantische Auffassung des schöpferischen Geistes auch in diesem Sinne interpretieren: Das Entwickeln, das Generieren neuer Regeln ist für das Schöpferische charakteristisch und insbesondere typisch (typen- und musterbildend, paradigmenaufschließend) für die Anwendung auf höherstufigen Schichten, also für die höheren Perspektiven.

All das soll und kann nun auch das Philosophieren interpretierend in Anspruch nehmen und analysieren. Niklas Luhmann hat einmal gesagt (FAZ, 10. 6. 1987), dass im Gegensatz zu dem traditionellen und überholten Geniebegriff oder Geniekult die Kreativität die Herabstimmung des Genialen auf die Möglichkeiten von jedermann sei. Man könnte sagen: Kreativität ist dann Pseudogenialität fürs Volk. Joseph Beuys hat dies bekanntlich variiert, indem er sagte: Jeder ist irgendwie ein Künstler und kann seine Tätigkeit unter künstlerischen Gesichtspunkten, unter diesem Gesichtspunkt der kreativen Variationen von Möglichkeiten ausüben. In pointierter Weise hat er sogar den Müllfahrer als Künstler bezeichnet, zumindest der Möglichkeit nach. Aber Beuys ist oft sehr anregend – und stets für stilbildende Provokationen, für neue Interpretationsregelbildungen gut. Im Stadtmuseum in Bonn, das eine Beuys-Abteilung besitzt, kommt ein »Objekt« vor, das philosophisch recht interessant ist – es besteht schlicht aus einer Karteikarte, die er in seinem Seminar beschrieben hat: »Wer nicht denken will, fliegt raus!« Besonders hat mich jedoch ein an die Wand gehängter offener Handlungsreisenden-Koffer beeindruckt, ausgeschlagen mit schwarzem Samt. Darin ist ein gut mit dem Samtschwarz kontrastierendes safrangelbes Reclam-Exemplar der *Kritik der reinen Vernunft* neben einer Maggiflasche befestigt – und darunter steht als Titel:

»Ich kenne kein Weekend«. Ich fand die Art der Ideenassoziation ebenso hervorragend wie die kontrastierende farbliche und auf wenige Evokationsgegenstände reduzierte Kombination, die gewisse Einstellungen, Überaktivismen und Statuseitelkeiten unserer Geltungserfolgsgesellschaft provokativ ironisiert und unterläuft. Ansonsten kann ich mit Beuys' Filzkunst nicht sehr viel an eigenem Kunstverständnis emphatisch verbinden. Ich schließe mich eher dem Oberkasseler Volksmund an, der über den Mitbürger Beuys auf die Frage: »Lieben Sie Beuys?« verlauten ließ: »Nee, girls!«

Es geht uns hier aber nicht nur darum, *dass* man reflektiert, sondern dass man gleichsam durch Reflexion auf das bisherige Reflektieren und das bislang Übliche reflektiert und dadurch eine neuartige Variante, eine neue philosophische Perspektive, eine neuere Schicht der Metainterpretation eröffnet. Dies illustriert, wie man Metareflexion als ein interpretierendes Aufsteigen über das Bisherige hinaus, gleichsam als Entdeckung eines neuen (höherstufigen) intellektuellen Kontinents versteht, was zum Beispiel Michel Serres in seinem freilich etwas präpotenten Wort gemeint hat: Als er gerade in die Académie Française gewählt worden war, wurde er gefragt, wer denn der größte Philosoph aller Zeiten gewesen sei, und er antwortete: »Christoph Columbus«. Es gehe (ausschließlich) darum, meinte er, dass man ein Abenteuer des Geistes eingeht, ein neues Land sucht, zu neuen Ufern aufbricht, zu einem neuen Kontinent kommen will, der noch nicht entdeckt ist, oder dass man auf den Weg gelangt, der noch nicht beschritten oder befahren wurde. Serres sagte in diesem Interview (in Rötzer 1987): »Solange man keinen neuen Kontinent entdeckt hat, ist man kein wahrer Philosoph, sondern ein Historiker oder Logiker, ein durchaus achtbarer Wissenschaftler, aber kein Philosoph.« Er fuhr dann fort: »*Das* ist Christoph Columbus.«

Das Beispiel muss man natürlich einschränken, relativieren, zurechtrücken: Columbus glaubte gar nicht, einen neuen Kontinent entdeckt zu haben, sondern er meinte nur, einen neuen Weg zu einem altbekannten Erdteil gefunden zu haben; er hatte schließlich, ohne dass er es wusste, einen neuen Kontinent wieder entdeckt. (Er wusste weder, *dass* es ein neuer Kontinent, noch, dass es bloß eine *Wieder*entdeckung war.) So ist das aber wohl meist mit den »Neuentdeckungen«: Beharrlichkeit, Besessenheit, eine Wunschvision paaren sich mit Schicksalszufällen, und das neu entdeckte Land oder auch der Weg dorthin sind oftmals gar nicht so neu – und das gilt wohl gerade auch für *intellektuelle* Kontinente. Den Seeweg, nämlich jenen um das von ihm so genannte Kap der Guten Hoffnung herum, hatte übrigens Bartholomeu Diaz im Prinzip schon vor Columbus entdeckt, nur wusste auch er nicht, *dass* dies der richtige Weg war, während Columbus fälschlich zu wissen glaubte, ihn entdeckt zu haben. Es ist schon etwas paradox mit dem Entdecken von Kontinenten und dem Beanspruchen von oder Beharren auf Prioritäten und Selbstzuschreibungen bei Entdeckungen. Und das wiederum gilt sicherlich *mutatis mutandis* auch für neue intellektuelle Perspektiven und Kontinente.

Vielleicht könnten wir allgemein sagen: Es ist charakteristisch für den Menschen und seine Exzentrizität (wie Plessner gesagt hat), für seine Fähigkeit, sich von sich selber zu distanzieren und sich selber und diese Selbstdistanzierung zu reflektieren, dass eine Spezialform, insbesondere eine philosophische Spezialform dieser Selbstdistanzierungsmöglichkeit eben im Aufsteigen zu einer anderen Schicht, einem anderen »Stratum«, besteht; man könnte als Spezialform hier so etwas sehen wie eine »*Exstratizität*«, das heißt eine aus der Schicht herausgehende Möglichkeit des Deutens und Interpretierens, um zu grundsätzlich neuen Gesichtspunkten zu kommen, zu einem geistigen neuen Kontinent aufzusteigen. Dieses ständige Über-sich-und-das-Bisherige-Hinaussein ist sicherlich auch ein anthropologisches Merkmal des Menschen. Wir haben, sagt der Anthropologe Keller (1974), auf die konstitutionelle Transzendenz des Menschen zu achten, darauf, dass er immer von seiner Konstitution her über das Bisherige hinausorientiert ist, dass er weitergehen, weitersteigen, übersteigen, eben: transzendieren möchte. Speziell die bisherige Anthropologie hat das immer nur funktionell gemeint; es ist aber auch als Stufentranszendenz zu sehen – eben »exstratizistisch«, im echten Sinne »*trans- oder superszendierend*«; und es ist symbolisch und metasymbolisch in dem erwähnten Sinne zu deuten, dass man das Gegebene und Erreichte dann symbolisch und metasymbolisierend, superinterpretierend zu transzendieren hat. Der Mensch ist von seiner Anlage und motorischen Mängelausstattung her auf das metasymbolisierende Transzendieren geradezu angewiesen, konstitutionell ausgerichtet auf das Übersteigen seiner bisherigen Möglichkeiten, Grenzen und Bereiche – durch Aufsteigen in höhere Schichten durch die Pluralisierung dieser Möglichkeiten, durch Vervielfachung der Deutungsschichten und durch die Möglichkeit, die verschiedenen neuartigen Gesichtspunkte reflektierend aufeinander zu beziehen.

Das gilt nun a fortiori gerade auch für das erwähnte Reflektieren und Metareflektieren des Philosophen. Man könnte sagen: Philosophieren ist kreatives, metasymbolisches und metasymbolisierendes Transzendieren auf Metastufen, das Weitersteigen, Weiterforschen, Weitersuchen, das stets vorangetriebene und weitertreibende Re-reflektieren – *ad infinitum*. Das höherstufige Symbolisieren war in der Philosophie auch traditionell durchaus als charakteristisch angesehen worden. Martin Heidegger hat zum Beispiel 1929 in seiner erst kürzlich veröffentlichten Vorlesung zur »Einführung in die Philosophie« das Philosophieren geradezu als »Transzendieren« definiert, als das Überschreiten von Grenzen, als Übersteigen, als »Überstieg«, als das ständige Weiterfragen. Wilhelm Weischedel, sein Schüler, hat aus dieser Tradition des fragenden Philosophierens sogar versucht, so etwas wie eine positive Verankerung herauszuholen, besser: einen Anker zu fixieren, indem er gesagt hat, Philosophieren ist »radikales Fragen«, immer und ständig weitertreibendes radikales Fragen, das seinerseits einen philosophischen Grundentschluss zu dieser Radikalität und zu diesem Fragen und ewigem Weiterfragen voraussetzt. Dieser Entschluss besteht in dem Vorsatz, alles in Frage zu stellen, alles zu hinterfragen. Weischedel landete geradezu bei einer Art von philosophischer (Über-)Theologie, wenn er »Gott« (den »Gott der Philosophen«, versteht sich) als das »Vonwoher der radikalen Fraglichkeit« auffasst. Er meint, die Verweisung des Menschen auf das ständige Fragen sei im Grunde der Hinweis auf das Göttliche im Menschen; das ewige Weitersuchen, die Existenzmöglichkeit des ständigen Fragens und Hinterfragens sei charakteristisch für das Philosophieren: Es müsse daher so etwas geben wie einen Ursprung, ein »Von-woher« dieser Fraglichkeit – und das sei letztlich der Fluchtpunkt, den der philosophische Gottesbegriff einnehme. Das scheint mir ein wenig zu inhaltsleer, zu abstrakt, zu formal gesehen zu sein. Ich glaube, dass Philosophie mehr ist als das manische ständige Weiterfragen, selbst wenn man das Fragen im Sinne eines solchen existentiellen Ansatzes, geradezu eines Existentials im Heideggerschen Sinne, versteht. Das ständige Fragen und radikale Verfraglichen[4] ist zweifellos etwas, das beim Philosophieren als ein methodisches Charakteristikum berücksichtigt werden muss, aber es reicht doch nicht zur Kennzeichnung des Menschen aus: Dieser muss und kann gestalten, nicht nur verfraglichen. Wir müssen über die

[4] Man kann freilich nicht die Radikalisierung der Verfraglichung im Sinne von Weischedel zu einer Scheinsicherung à la Münchhausen ausnutzen. Sie wird von ihm gleichsam als methodisch notwendig gesehen und zugleich als hinreichend auch zu einer Art von Sinnerzeugung; denn er denkt, dass im Grunde das Alles-und-Immerverfraglichen so etwas wie eine oder *die* philosophische Grundhaltung ist, die aber per se auch schon einen »Ursprung« der Fraglichkeit oder des Verfraglichenden, der zu verfraglichenden Quelle voraussetzte, und er nennt diesen Ausgangspunkt sogar »Gott«, meint natürlich den *philosophischen* Gottesbegriff. Ich glaube, dass sein Ansatz zu einer Überstilisierung der bloßen Attitüde der Verfraglichung führt, und sogar zu einer Art von philosophischem Heroismus.
Und so war es ja in der Existenzphilosophie. Das „Hineingehaltensein« und das Sichhineinhalten, das Sichoffenhalten für die Fraglichkeit oder das »Hineingehaltensein ins Nichts«, wie Heidegger sagte, ist im Grunde eine Art heroistischer Volte, die aus dieser grundsätzlichen Verfraglichung heraus geradezu zu einem fast perversen trotzigen »Trotzdem« heraufstilisiert wird. Und man könnte sagen, Heideggers Existenzialismus ist in diesem Sinne geradezu ein degeneratives Spätprodukt, das z. T. vielleicht – überpointiert ausgedrückt – von einem quasi autistischen Denken fast depressiver Art geprägt ist und eine Sinn-Not dokumentiert, die natürlich insbesondere in der Mitte der zwanziger Jahre, in der Zeit, zu der er sein Hauptwerk *Sein und Zeit* seinerzeit geschrieben hat, gegenwärtig war. Der »heroistische« Ansatz macht aus der Sinn-Not eine heroische Selbstpathetisierungstugend, die ihrerseits Raum läßt nicht nur für heroischen Nihilismus wie vorher schon bei Nietzsche, sondern auch für einen Herostratismus à la Mythos des 20. Jahrhunderts. Diese Philosophie ist also in gewissen Sinne eine Art von negativistischer Selbstüberhöhung, eine in sich selbst aufsteigende Selbstüberhebung. Sie ist eine Philosophie der Pose des »Helden des Seins«, der sich selber und seine Wichtigkeit dadurch stilisiert, dass er das »Dasein« immer wieder verfraglichend in den Mittelpunkt stellt. Es geht nur um das Sein des »Daseins«, also des »Seienden, dem es um sein Selbst geht«, wie Heidegger sagt. Es handelt sich aber im Grunde im Wesentlichen um einen Trick, nämlich den Trick, dass man die radikale Infragestellung von allem und das Sinnloswerden von allem zu einer heroistischen »Trotzdem«-Aufwallung pathetischer Art (aus)nutzt.

Fraglichkeit, über das Fragen, das ständige Hinterfragen hinaus auch konstruktive Entwürfe entwickeln. Es ist ähnlich wie bei der Heraushebung der Kritik im Kritischen Rationalismus Popper'scher Provenienz: Man kann sagen, das Fragen ist – ähnlich wie das Kritisieren – nicht genug.

Auch hier kann man eigentlich nicht ohne mutige *konstruktive* Entwürfe auskommen. Popper selber sagt das ja, dass wir »kühne Hypothesen« brauchen, um die Welt erkennen und erklären zu können. Wir können ohnehin nicht, so meint er, sichere Erkenntnis gewinnen, müssen also tentative Ansätze und erst recht mutig Entwürfe konstituieren, bilden, konstruieren: kühne Hypothesen, die uns nach der Konzeption freilich in gewisser Weise eine Überprüfung abverlangen. (Dabei ist eigentlich schon ein *konstruktives* Verfahren unterstellt worden: Kritik allein ist nicht genug, man braucht auch *inhaltlich*-konzeptive Konstruktionen.) Ebenso wenig wie man philosophieren auf das Fragen und Hinterfragen beschränken kann, kann man es auch auf die Kritik und das Kritisieren allein oder gar auf systematische argumentative Kritik allein einschränken. Diese ist zwar notwendig, aber nicht hinreichend für ein volles, vollinhaltliches, »vollblütiges« Philosophieren.

Zwar hat Heidegger mit seinem Wort vom Transzendieren und vom Philosophieren als Transzendieren insoweit recht, als Philosophieren in der Tat *auch* ständiges Weiterfragen, Weiterinterpretieren, Weiterreflektieren – ein transzendierendes Weitertätigsein, Weiterfragen – ist. Doch bleibt das Merkmal meines Erachtens bloß methodisch, zu formal. Philosophieren ist eher in dem angedeuteten Verständnis, wie wir es entwickelt haben, ein von Fragen veranlasstes und ständig weitergetriebenes Übersteigen auf höhere Schichten, auf neue Gesichtspunkte. (Auch das ist natürlich ein formal-methodischer Ansatz, der der tätigen, verfahrensgebundenen, aber diese Beschränkungen übersteigenden, letztlich inhaltlichen Ausfüllung bedarf.) Das Ausprobieren und Entwerfen neuer Perspektiven geschieht nicht bloß im Sinne des unablässigen, verfraglichenden Unterminierens von Fundamenten à la Weischedel oder des bloßen ständigen Weiterkritisierens à la Kritischer Rationalismus. Es ist kein L'art-pour-l'art-Spiel, sondern unter dem Aspekt des dynamischen Weiterbauens, Weiterentwerfens, Weiterkonstruierens, Weltkonstruierens inhaltlich, (gehalts)schöpferisch auszubauen.

Eine Philosophie im Sinne des Weiter- und Höher-Deutens, das dynamische Philosophieren ist also positiv als eine Art Strebung, eine Neues erforschende oder schaffende Aktivität und Reflexion zu verstehen, als ständig suchendes und versuchendes Hypothesenbilden. Das reflektierende Weiterbilden kann sich auf Seins-Metaphern beziehen oder auf Wurzelmetaphern (»root metaphors«) wie Stephen C. Pepper sagte, sowohl im deskriptiven wie auch im handlungsorientierten und normativen Sinne. Es geht also in dieser Auffassung um ein kreativ interpretierendes und kritisch konstruktives, aber eben immer weiterschreitendes metaphorisierendes, metasymbolisierendes konstruktives Transzendieren. Ein ewig bloß transzendierendes Verfraglichen oder bloßes Kritisieren wäre eben zu destruierend, pessimistisch – und Pessimismus ist ja der einzige Mist, auf dem nichts wächst. Auch dann nicht, wenn eine große heroistische Düngung durch tiefes Pathos und die raunende Tiefe der Terminologie stattfindet. Das Kritisieren und Verfraglichen ist also auf das Methodische und das Notwendige einzuschränken, aber es darf nicht verabsolutiert werden. Stattdessen müssen wir wieder ein eher positives, optimistisches, prometheisches, entwurfsfreudiges, handlungsermöglichendes, aufbauendes Philosophieren zu betreiben und zu initiieren versuchen. Nicht nur Zaudern und Zögern, nicht das cunctatorische Philosophieren, das heute oft Philosophierende – zumal analytische – auszeichnet, ist das Leitbild produktiv-kreativen Philosophierens. Insofern gilt es, eine Art von Gegenentwurf zu einer traditionellen Auffassung der Philosophie zu bilden – einen Ansatz, der sich gegen die Tradition des bloß kritisierenden und kalt-kritisch argumentierenden Begründens wendet, indem ein anderes Paradigma der Philosophie ebenfalls in den Vordergrund oder Mittelgrund gestellt werden muss, ohne dass das eine verleugnet wird: nämlich ein kreatives, schöpferisches Entwerfen, ein »Designer«-Philosophieren sozusagen, welches neue Entwürfe fordert und fördert. Man könnte von einem erneuerten schöpferischen Philosophieren gegenüber dem kalt-kritischen Argumentieren, Überprüfen und Verfraglichen sprechen, das natürlich nach wie vor als methodisches Instrument und Hintergrund auch wichtig und geradezu notwendig ist, aber eben nicht hinreichend für einen umfassenderen Begriff des offenen Philosophierens.

Selbst einer derjenigen, die die Philosophie in dem traditionellen Sinne der idealsprachlichen Begründung, der Sicherung, zunächst auf einen Höhepunkt getrieben haben, nämlich Wittgenstein in seiner frühen Phase, meinte später, dass man tiefe Philosophie, tiefe Fragen der Philosophie eigentlich »dichten« müsse. Was meint er damit? Wir müssen kreativ entwickeln, entwerfen, spekulieren, konstruktiv, rekonstruktiv deuten, um tiefe philosophische Probleme, die meistens so etwas wie einen Perspektivenwandel umfassen, überhaupt erreichen zu können. Die meisten dieser tiefen philosophischen Probleme, die Wittgenstein bekanntlich – und da war er sicherlich auf einer falschen Spur – abschaffen wollte, kann man eben nicht durch logische Ableitung allein beantworten. Wir könnten also im Philosophieren durchaus – auch in unserem Sinne des Philosophierens als eines kreativen Meta-Interpretierens – von einer nach oben unbeschränkten »Dichter-Skala« reden, die unter Umständen gar geistige und intellektuelle Erdbeben anzeigen oder gar auslösen mag. Und das Auslösen von Geistesbeben ist in der Philosophie häufiger vorgekommen. Wittgenstein selber hat das ja versucht und erreicht, auch wenn er eigentlich die philosophischen Probleme nicht ernst nahm, sondern abschaffen und die Philosophie nur auf das Beschreiben von Sprachgebräuchen zusammenstreichen wollte. Aber er war eben nicht konsequent und kohärent. Er widersprach mit der philosophischen Tätigkeit, in dem, was er philosophierend leistete, seinem eigenen Programm (wie ich bereits 1967 nachwies, vgl. Verf. 1973). Das ist nicht ungewöhnlich beim Philosophieren – und sogar bei großen Philosophen.

Wenn wir also das Philosophieren als den Horizont offener Interpretationsmöglichkeiten und als Versuch und Strategie des Aufsteigens zu höheren und abstrakteren Schichten oder zur Bildung neuer Perspektiven auffassen, als ein kreatives Transzendieren, Denken, Spekulieren, neukombinierendes Schematisieren, dann kann man vielleicht von einer Art quasi-poetischer, dichterischer oder poietischer, herstellender, machender, entwickelnder, entwerfender Charakteristik, Nuance oder Komponente des Philosophierens sprechen – unter dem Blickwinkel der erwähnten nach oben offenen Dichter-Skala, die man in diesem konstruktiv-entwerfenden Philosophieren sehen könnte. Es geht nämlich dann im Gegensatz zur traditionellen Sicherung durch Argumente und Letztbegründung im Wesentlichen doch bewusst und entschieden um *neue* Gesichtspunkte, um kreatives

Überschreiten von Grenzen und Schichten, um das Meta-Interpretieren und kreative Transzendieren, das ich erwähnt habe. Es scheint also auch für die Kreativität des Philosophierens das kennzeichnend zu sein, was für das Kreieren und das Kreative generell gilt und wichtig ist. Darauf möchte ich später noch ausführlicher zurückkommen – unter Berücksichtigung der neueren psychologischen und sozialpsychologischen Untersuchungen zur Kreativitätsforschung.

Zunächst einmal muss man vielleicht sagen, dass die Erweiterung von Mustern, Schemata, Konfigurationen und Darstellungsmöglichkeiten, von Formvariationen, von Ordnungen und Gesetzmäßigkeiten dieser Muster und von Symbolerzeugungen und deren Kombinationen, von Erzeugungspotenzen sich als Entdeckung und Gestaltung, als Erfahrung und Verkörperung von Erleben, als Interpretation und als Interaktion, als Zusammenspiel zwischen Entwürfen darstellt, aber sich natürlich auch zwischen Menschen kommunikativ »ereignet«, die diese Entwürfe entwickelt haben, gleichsam als geistige Innovation und intellektuelle Implementation. So kann sich ein Stil des Philosophierens entwickeln, der in der Tat das Vielfältige, eine Art von Pluralität und Pluralismus, eine Perspektivenvielfalt, neue Frei- und Spielräume in den Mittelpunkt stellt und in diesem Sinne etwas Schöpferisches »darstellen«, ja verwirklichen und entwickeln kann. Dazu gehört natürlich insbesondere auch das bereits erwähnte Bilden neuer Regeln, wie es Kant zum Beispiel als die charakteristische Eigenschaft des genialen Künstlers aufgefasst und definiert hat. (Und Denker sollten auch Künstler sein können: Kreatoren geistiger Entwürfe.) Das Generieren, das Erzeugen neuer Regeln ist eben für dieses Schöpferische charakteristisch, und das gilt natürlich keineswegs nur für Genies im traditionellen Sinne, sondern durchaus für die Kreativität allgemein. Dies zu sehen und zu berücksichtigen ist also zweifellos wichtig.

Ohnehin soll das Philosophieren, so die Mär von alters her, angeregt worden sein von dem Staunen. Das Staunen haben jedenfalls Platon (Theaet. 155 D) und Aristoteles (Met. I 2, 982 B 12) in den Vordergrund gestellt. Das Staunen galt als der Anfang der Philosophie. Das besagt ein Satz, der bei Platon vorkommt, meistens aber Aristoteles zugeschrieben wird. Hierin sind sich beide einig. Freilich kommt bei Platon, natürlich beim platonischen Sokrates, noch ein anderes Moment hinzu, das ich stärker in den Vordergrund stellen möchte, das mehr auch das Hauptkennzeichen der Kreativität generell zu sein scheint, nämlich das Moment der *Begeisterung*. Des Begeisterten Getragenseins von einer Idee, von einem Entwurf, von seinem Engagement. Das entwurfsfreudige, kreative, schöpferische Philosophieren in diesem Sinne muss natürlich ein engagiertes, enthusiasmiertes, ein begeistertes Philosophieren sein. Und nur Begeisterte können andere begeistern. Deswegen kann man vielleicht sagen – wir kommen also schon der psychologischen Kreativitätsforschung mit einigen Thesen näher –, dass in gewisser Weise die Begeisterung die Mutter der Kreativität ist – und natürlich insbesondere auch der Kreativität in der Philosophie.

Ein indisch-abendländischer Philosoph, der ein Buch über die *Rückkehr des Mythos* geschrieben hat, Pannikkar, hat bei einer Tagung der Weltakademie für Philosophie einmal gesagt, dass die Philosophie eigentlich weniger die Liebe zur Weisheit oder die Liebe der Weisheit sei, wie ja wörtlich die antike Deutung lautet, sondern Philosophieren und Philosophie seien eigentlich eher die Weisheit der Liebe: »*Philosophy is much more the wisdom of love than love of wisdom.*« »Enthusiasm included« – würde ich ergänzen. Und darin ist natürlich viel Wahres. Das gilt nicht nur für die Liebe zu einem anderen Menschen, zu anderen Menschen, zum Lebendigen, zur Welt, zum Universum schlechthin, sondern das gilt auch insbesondere – was in der Kreativitätsforschung in den Vordergrund gestellt wird – für die »Liebe« zu dem, was man sachlich tut.

Der bekannte psychologische Kreativitätsforscher E. Paul Torrance hat diese Idee der »Liebe« dessen, was man tut, in den Vordergrund gestellt, indem er sagte: »*The essence of creativity is being in love with what one is doing*« (1988, 68, Hervorh. v. H. L.). Also: »Das Wesen der Kreativität besteht darin, sich zu verlieben in das, was man tut.« Man sieht, die Parallelitäten liegen auf der Hand. Es ist in der Tat so, dass man sowohl beim Philosophieren als auch generell beim kreativen Tun von etwas – das gilt natürlich insbesondere für den Künstler – in dieser Weise Begeisterung, Liebe zur Sache, Objektbegeisterung, »Objektengagement« und »primäre«, »intrinsische Motivation«, wie manche Psychologen sagen, zu entwickeln hat bzw. eben haben muss – insbesondere wenn man etwas Außergewöhnliches leisten oder zustande bringen will. Es ist ein Kennzeichen der Kreativität, dass man durch harte Arbeit, durch große Sachkenntnis, aber eben auch durch eine besonders starke Innenmotivation sowie eine Sach- und Aufgaben-Begeisterung erst bestimmte kreative Produkte schaffen und neuartige Resultate schöpferisch erzielen kann. Insofern sollte man diese Gesichtspunkte auch für das Philosophieren wiederentdecken und forcieren, betonen, wenigstens anregen oder initiieren.

Vielleicht brauchen wir außer dem traditionellen Philosophenvogel, der Eule der Minerva, die nach Hegel ja in der Regel erst in der Abenddämmerung ihren Flug beginnt, einen anderen Leitbild-Vogel, der eher dieses Wiederauferstehen, die Möglichkeit dieser fruchtbaren Verlebendigung, Begeisterung und Verjüngung in den Mittelpunkt stellt. Erst kurz vor dem Ende der Geschichte scheint in der Dunkelheit des Geistes die Eule ihren Flug aufzunehmen, so meinen die Philosophen im Anschluss an Hegel. Erst in Krisenzeiten, in dunklen Zeiten kann die Philosophie sich erheben und gehört werden. Durch diese Deutung von Hegels Flug der Eule ist auch eine Art von Fehlauffassung des Philosophierens verbreitet worden. Der Flug der Eule verkam fast zum Fluch der Eule. Philosophie steht nicht erst am Ende der Geschichte der Menschheit, in der Dunkelheit, in Krisensituationen auf. Mir scheint, dass dieser heilige Philosophenvogel, der ja der Göttin Athene gewidmet ist, die ja die Göttin der Weisheit ist. Der Mythos nennt sie die »euleneugige Athene«, die eben den philosophischen Geist verkörpert, symbolisiert, dieser Philosophenvogel, sollte nicht abgesetzt, sondern müsste durch einen Zukunfts- oder Wiederauferstehungsvogel ergänzt werden. Und da gibt es im alten Ägypten den berühmten Vogel Phönix, den Feuervogel, der aus der Asche immer wieder sich verjüngend aufsteigt. So sagen jedenfalls Darstellungen, die man in Heliopolis gefunden hat. Dieser mythische Vogel Phönix soll alle 500 bis 1000 Jahre wiederkehren und stets die Menschen von neuem erfreuen. Er verbrannte sich immer, wenn er alt wurde – zu alt wurde –, auf einem Scheiterhaufen, um dann aus der Asche wieder steil aufzusteigen und freudig, verjüngt, wieder geboren in die Höhe zu fliegen. Daher das Motiv des Wiederaufsteigens – »wie Phönix aus der Asche«. Wir sollten vielleicht daran denken, dass der Vogel Phönix ein Orientierungsbild auch für unsere Situation in der Philosophie abgeben kann – neben der alten Eule der Athene, die erst in der Dämmerung ihren Flug beginnt und ein *Nacht*vogel ist. Nichts ist gegen nächtliche Eulen und gegen die Krisenphilosophie zu sagen, doch *neben* dem Nachtflug der Eule sollten der Tagflug und das Aufsteigen des philosophischen Phönix wieder betont angestrebt und möglichst (ver)wirklich(t) werden. Nicht nur »nachts« oder auf der Nachtseite der Existenz sollte Philosophieren stattfinden, sondern gerade auch am hellen Tag. Es muss auch eine Möglichkeit der Selbstverjüngung der Philosophie geben. »Nur was sich wandelt, lebt«, sagte Richard Wagner. Philosophie muss sich wandeln, wenn sie lebendig bleiben will. Sie muss sich immer wieder verlebendigen, selbst vitalisieren, selbst verjüngen. Sie müsste also diesem Strategem des Feuervogels Phönix folgen. Wir sollten ihn als einen zweiten Philosophenvogel küren.

Zur Psychologie der Kreativität

Wir sehen, dass die Problematik des kreativen Entwickelns und Entwerfens sowohl mit der Beschreibung und Funktion des Philosophierens zusammenhängt als auch mit der Entwicklung von kreativen Tätigkeiten in allen Bereichen. Wir wollen im Folgenden versuchen, das, was wir unter diesem Gesichtspunkt bisher erarbeitet haben, mit den Einsichten, Ergebnissen und bisherigen Erkenntnissen der so genannten Kreativitätsforschung bzw. der *Psychologie* der Kreativität zu verbinden. Ich denke, dass das möglich ist, und möchte hier ein wenig näher darauf eingehen, bevor wir dann zu Fragen des schöpferischen, entwurfsfreudigen Philosophierens und zu unterschiedlichen Ansätzen in dieser Richtung – zumal aus diesem Jahrhundert – zurückkommen, auch zu Ansätzen von Begriff und Benutzung der Idee der Kreativität in Bezug auf eine Weltdeutung. Da gibt es bekanntlich großartige Visionen – etwa von Alfred North Whitehead, der eine Philosophie, eine universale Naturphilosophie oder kosmische Philosophie der Kreativität entwickelt hat, wobei allerdings die Kreativität eher ontologisch als psychologisch verstanden wird, indem er im Gegensatz zu der traditionellen, etwa christlich-thomistischen Auffassung der Schöpfung aus dem Nichts so etwas wie eine grundsätzliche evolutiv-kreative Entwicklung eines dynamischen Universums als eine Grundlage des ontologischen Philosophierens ansetzt. Der Entwurf verbleibt natürlich nicht nur im Bereich des ontologischen Philosophierens, sondern überträgt sich auf das entsprechende Denken, das Repräsentieren und damit auf den Stil des Denkens und Philosophierens.

Zur Sozialpsychologie der Kreativität in der Psychologie hat Theresa M. Amabile 1983 ein interessantes Buch, *Social Psychology of Creativity*, geschrieben, das eine ganz einfache These entwickelt: Zunächst einmal definiert sie (ebd. 33) *Kreativität* in Bezug auf ein Produkt oder eine Antwort, zur Lösung einer Aufgabe, eines Problems. Die entsprechenden Aktivitäten oder Resultate sind in dem Maße kreativ, in dem sie erstens etwas »Neues« und »Angemessenes« zur Problemlösung beibringen, also neu, nützlich, korrekt oder wertvoll sind; und zweitens – und das ist ein ganz wesentlicher Punkt ihre These – eher *heuris-*

tisch als algorithmisch sind. Kreativität bezieht sich also stärker auf das Suchen nach neuen Möglichkeiten – dort, wo kein deduktiver Weg im Sinne einer logischen Ableitung oder einer logischen Determination vorgezeichnet ist. Amabile untersucht dann in vielerlei Bereichen Faktoren der Kreativität und kommt zu einer Drei-Faktoren-Theorie. (Es ist übrigens kennzeichnend, dass die meisten Psychologen Drei-Faktoren-Theorien entwickeln. Einige werde ich noch später erwähnen.) Diese Faktoren sind natürlich in gewissem Sinne Konstrukte – Interpretationskonstrukte würde ich sagen –, theoretische Konstrukte, die als Faktoren konzipiert werden und sich dann erst innerhalb der Theorie bewähren, indem sie in systematischen Zusammenhängen, in Gesetzen oder gesetzesähnlichen allgemeinen Trendaussagen vorkommen, die man dann in Tests usw. zu bestätigen versucht. Amabile unterscheidet (ebd., 68 ff.) die Faktoren: 1. bereichsrelevante Fähigkeiten (domain-relevant skills), die natürlich das Wissen über den entsprechenden Bereich der kreativen Tätigkeit umfassen, die technischen Verfahren und Fähigkeiten, die dabei notwendig sind, und natürlich auch ein spezielles bereichsspezifisches Talent. – 2. Den zweiten Faktor bilden dann die kreativitätsrelevanten Fähigkeiten, die allgemein für die Förderung von kreativen Tätigkeiten nötig sind; das hängt also zum Beispiel mit den erwähnten heuristischen Fähigkeiten zusammen. Dazu zählt nicht nur der angemessene kognitive Stil, also der Problemlösungs- und Entwurfsstil, sondern dazu gehören auch explizites Wissen oder wenigstens implizite Fähigkeiten zur Verwendung von heuristischen Strategien bei der Lösung, weil es sich ja gerade – das ist aus der Definition des kreativen Produktes abzuleiten – im Wesentlichen um neuartige Versuche handelt, nicht etwa um logische Deduktionsergebnisse und -folgerungen aus einem axiomatischen Ansatz, sondern eher um das Entwerfen neuer Axiome; das letztere kann man eben nicht durch Ableitung leisten. Dieses Entwerfen wäre etwas Kreatives. Und dazu gehört natürlich dann auch der entsprechende förderliche Arbeitsstil. Amabile glaubt, dass die Erfahrung bei der Ideenerzeugung, ein gewisses Training und natürlich bestimmte Personal- oder Persönlichkeitscharakteristiken, wie Begeisterungsfähigkeit, Motivation, Ausdauer, Beharrlichkeit, Arbeitskraft und Ähnliches, eine Rolle bei diesen kreativitätsrelevanten Fähigkeiten spielen. – 3. Besonders wichtig für die Kreativität ist der

Faktor der Motivation, der Sach- oder Aufgabenmotivation, der »task motivation«, wie Amabile sie nennt. Diese umfasst insbesondere die Einstellungen zu dem jeweiligen Arbeits- und Aufgabenbereich und auch gegenüber den gewählten oder anzugehenden Aufgaben selbst. Dazu gehört die Fähigkeit, die eigene Motivation auch zu erkennen, die eigenen Motive gleichsam zu reflektieren und einzusetzen, um diese Aufgabe selbst entsprechend verstehen zu können. All das hängt im Wesentlichen von einem besonderen Niveau der *intrinsischen* Motivation ab, also der Eigenmotivation in Bezug auf die Aufgabe. Somit muss hauptsächlich intern ein entsprechendes Motiv gegeben sein, das heißt, es wird im Wesentlichen der Akzent auf die Primärmotivation gelegt, nicht auf Sekundärmotivation, die durch Erfolge oder Belohnung oder Strafe bestimmt ist. Fähigkeiten, sich entsprechend zu konzentrieren, Ablenkungen und Beschränkungen zu vermeiden, und Ähnliches sind dabei natürlich wichtig. Amabile versuchte also, einen theoretischen Rahmen zu entwickeln; und sie kommt insbesondere für die empirische Arbeit zu einer expliziten These, die sie die »Hypothese der inneren Motivation« nennt (ebd., 91): »*Der intrinsisch motivierte Zustand ist förderlich für Kreativität, während der [bloß, H. L.] extrinsisch motivierte Zustand dafür schädlich ist.*« Es ist das Hauptergebnis ihres Buches und ihrer theoretischen wie empirischen Untersuchungen, dass die kreative Motivation intern und innerlich sein muss, also primär. Das, was ich »Begeisterung« oder »Sachbegeisterung« genannt habe, ist hier natürlich ganz besonders einschlägig. Amabile meint also, dass die »internal motivation hypothesis«, die Hypothese der inneren Motivation, als eine besondere Bedeutsamkeit des dritten Faktors, nämlich der Sach- und Aufgabenmotivation, herauszuheben ist – und in der Tat sprechen alle ihre empirischen Ergebnisse dafür, dass die Motivation für eine »Sache« und Aufgabe eine ganz entscheidende Rolle spielt. Es gilt entsprechend, dass man durch externe Belohnung nur weniger kreative Lösungen erreichen oder gar erzwingen kann als durch innere Eigenmotivation. Im Gegenteil: externe Belohnung – selbst wenn es sich um eine relativ hohe Belohnung oder gar Dauerbelohnung handelt – stört eher die Kreativität. Nur bei Aufgaben zum Beispiel von algorithmischer Form, also beim Aufgabenlösen im Sinne von bestimmten Strategien, die nun schrittweise abzuarbeiten sind, erhöht sich die Leistung

(»Kreativität«) mit der Belohnung. Aber die interne Orientierung, die intrinsische Motivation ist insbesondere bei kreativen Aufgaben des heuristischen Typs vorrangig – also dort, wo man unter Umständen die Probleme erst präzisieren und finden muss, wo man die Lösungswege selbst entwickeln, wo man sich zum Teil, vielleicht sogar überwiegend die Regeln erst selber geben muss. Das ist die Hauptthese, die von Amabile auch empirisch weitgehend bestätigt wird (ebd., 95 ff., 119 ff., 139 ff.).

Es gibt eine Reihe von Trainingsprogrammen, die Amabile (ebd., 190 ff.) kritisch analysiert. Bekannt ist das berühmte »Brainstorming«, von Osborn schon 1938 entwickelt, bei dem man versucht, in einer Gruppe Ideen besonders schnell zu produzieren, und sich »die Bälle« gegenseitig zuwirft, ohne sie zu beurteilen, also die Ideen fließen lässt, ohne sie zu kritisieren oder zu bewerten. Die Aufhebung oder die Zurückstellung der Bewertung, der Verzicht oder wenigstens der vorläufige Verzicht und die Zurückstellung von Beurteilungen ist also das Entscheidende beim Brainstorming. Nur leider ergibt sich empirisch keine sehr signifikante Erhöhung der Kreativitätswerte nach dem Brainstorming; nur die Ideengeneration ist quantitativ größer. – Dasselbe gilt für die berühmte Methode namens »Synectics« (von Gordon), die den systematischen Zugang zur Übertragung von Metaphern und Analogien auf andere Bereiche so zu nutzen versucht, dass das Gewöhnliche unter neue Blickwinkel gestellt, als fremd erlebt wird und das Fremde dann uns anzuverwandeln versucht, als »gewohnt« angesehen wird: »Make the familiar strange and the strange familiar« (ebd., 192) – das ist eines dieser Leitziele. Man soll persönliche Analogien aus den persönlichen Erfahrungen und den eigenen Tätigkeiten und Erlebnissen, direkte Analogien und symbolische Analogien entwickeln und eben Phantasieanalogien. Aber auch hier gibt es bisher keine systematischen Ergebnisse über die Effektivität dieser Synektik als Trainingsprogramm.

Dasselbe gilt für die meisten anderen Techniken mit Ausnahme gewisser Techniken, die in einer Art von Selbstüberzeugung oder Selbstsuggestion bestehen, etwa nach der berühmten Methode Coué in der Medizin: »Es geht mir immer besser.« Es gibt ein Programm der Selbstinstruktion durch Urteile über kreatives Verhalten (ebd., 192 f.), das von Meichenbaum 1975 entwickelt wurde. Dieses besteht darin, dass man sich in einer Gruppe oder auch allein klar wird über bestimmte mentale Fähigkeiten, dass man Vorstellungen bewusst darauf bezieht, Sätze dazu äußert und sich immer wieder einredet. Das sind dann zum Teil sehr triviale Sätze – etwa dass man Ideen ausarbeiten, verschiedene Analogien benutzen, das Problem in einem größeren Zusammenhang sehen soll (»size up the problem«); dass man etwas Neues versuchen soll, wenn man sich auf einem eingefahrenen Gleis befindet; dass man einmal verharren, warten, es »passieren lassen« soll (»Relax – just let it happen«); dass man Entspannungssituationen suchen, träumen, sich Tagträumen hingeben soll und Ähnliches. Hinsichtlich seiner Einstellung und seiner eigenen Persönlichkeit sollte man sich einreden, von den ganz üblichen oder den Binsenwahrheiten wegzugehen, um sich gedanklich frei bewegen zu können, oder, ganz besonders trickreich: »Think of something no one else will think of.« (Es fragt sich natürlich, wie man wissen kann, dass niemand anders das gerade denkt oder gar denken kann.) Ferner: »If you can push yourself you can be creative.« »Quantität hilft Qualität auszubrüten!« »Versuche interne Blockierungen loszuwerden, verzögere das Urteilen!« Das sind ähnliche Empfehlungen wie beim Brainstorming. Als wichtig gilt auch: »Kümmere dich nicht darum, was andere denken«; »verlasse dich auf deine eigenen Entwicklungen!« Das klingt in der Tat alles recht gewöhnlich, zum Teil geradezu trivial: Es gilt negative Statements zurückzuhalten, sozusagen positives Denken im kreativen Versuchsprozess oder in einer Versuchsphase zu initiieren und zu aktivieren. Das Interessante ist nur, dass die Versuchspersonen, die in solchen Trainingsgruppen mitmachten, gewisse signifikante Zunahmen an Originalität und Flexibilität aufwiesen – in den Standardtests der Kreativität allerdings. Dieses Training scheint die einzige Methode zu sein, die hinsichtlich der Kreativitätsförderung irgendeinen Erfolg zeitigt.

Aber man muss natürlich auch hier kritisch bleiben, denn es ist ähnlich wie beim Intelligenztest und den entsprechenden Trainings: Man erreicht durch das Training, dass man die Tests, die ja immer nach demselben Muster ablaufen, besser beherrscht und damit auch besser abschneidet. Ein recht bekanntes Beispiel sind die Leistungsmotivationstests von Atkinson und David McClelland. Beide hatten einen tiefenpsychologischen Test, den so genannten »Thematischen Apperzeptionstest«, für das Leistungsmotiv aufgestellt – und nach den entsprechenden Forschungen auch Trainingskurse im so genannten Harvard-Training für Unternehmermotivation durchgeführt. Man hat dabei festgestellt, dass die Leistungsmotivwerte (die man durch bestimmte projektive Tests, die zum Beispiel dem Rorschachtest ähneln, messen kann), nach solchen Trainingserfahrungen erheblich zunahmen. Was aber *auch* wuchs, war das Risikoverhalten der so »trainierten« Unternehmer. Die Leistungsfähigeren (nur Risikobereiteren?) gingen häufiger in Konkurs. Die Ergebnisse derartiger Trainings sind also mit Skepsis zu betrachten.

Das gilt insbesondere, wenn man zu einem so relativ einfachen Ergebnis wie Amabile in Bezug auf die intrinsische Motivation gelangt – ein Ergebnis, von dem man sagen kann, das habe man eigentlich schon vorher gewusst: dass die interne Motivation, also die Begeisterung an der Sache, das Entscheidende ist – nicht nur für die Gewinnung kreativer Resultate oder Werte überhaupt, sondern auch für die Steigerung von Kreativität – und dass äußere Belohnung oder Tadel und Strafe eher hindern, eigentlich fast kontraproduktiv ist für die Kreativität bei heuristisch-intuitiven Kreativitätsanforderungen sind.

Kreative Personen, Produkte und Prozesse

Faktoren und Dimensionen der Kreativität

Wie ich schon andeutete, scheinen die meisten psychologischen Ansätze Drei-Faktoren- oder Drei-Topoi-Ansätze zu sein: so jener von Robert Sternberg, der selber auch Tests entwickelt und lange über Kreativität gearbeitet hat; oder der von David Feldman – Amabile habe ich schon genannt. Ferner wären hier zu nennen der Philosoph Perkins sowie der berühmte ungarische Emigrant Csikszentmihalyi, der bekannt geworden ist durch seine Theorie der »Flow«-Zustände, der Begeisterung bei Selbstzwecktätigkeiten: bei Aufgaben, die ihren Lohn in sich selber tragen. Bei solchen Aufgaben entsteht typischerweise oft eine Art von »Fließ«-Zustand, der die Tätigkeit als eine rhythmische Aktivität erleben lässt, von der man sich getragen fühlt, was eine Art von Rauschzustand erzeugt. Er hat das bei Tänzer(inne)n, Chirurgen (die zum Teil geradezu »rauschhaft« operieren, manchmal eine Art von Operationssucht bekommen), bei Bergsteigern und bei vielen anderen Sportlern untersucht. Insbesondere bei rhythmischen Sportarten (ich selber kann das als ehemaliger Olympiaruderer aus dem eigenen Erleben des Ruderns und des hingegebenen rhythmischen Schwingens und Gleitens des Boots im Training nachvollziehen) und bei vielen anderen intrinsisch motivierten Aktivitäten, auch bei geistig kreativen Tätigkeiten findet sich das Phänomen.

Csikszentmihalyi hat eine Systemtheorie der Kreativität entwickelt, in der er das »Feld«, das von der sozialen Organisation beeinflusst wird, den Bereich sowie die Person- oder Persönlichkeitsvariablen unterscheidet.

Es ergibt sich ein Zusammenspiel der drei Faktoren in dreifacher Weise:

Die Persönlichkeit wird durch genetische Anlagen, Erfahrungen, Erlebnisse mit bestimmt, mit entwickelt; beim Feld sind es soziale Organisationen und Einflüsse, die einwirken; beim Bereich ist natürlich die Spezifität der Bereichstätigkeiten bzw. der verwendeten und erreichbaren Symbole charakteristisch; Letzterer ist also besonders von der jeweiligen Kultur beeinflusst.

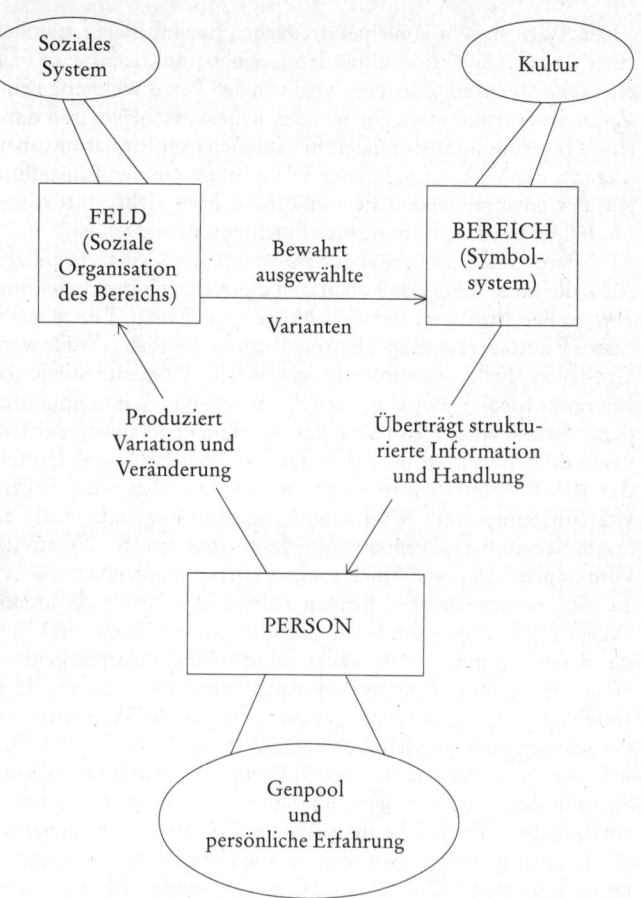

»Der Ort der Kreativität. Diese ›Karte‹ zeigt die Verbindungen zwischen den drei Systemen, die zusammen das Auftreten einer kreativen Idee, Handlung oder eines kreativen Objekts bestimmen. Das Individuum nimmt einige Informationen, welche die Kultur zur Verfügung stellt, und transformiert sie, und wenn die Veränderung von der Gesellschaft als wertvoll anerkannt wird, so wird sie ein Teil der Domäne und so wird für die nächste Generation ein neuer Startpunkt gesetzt. Die Aktionen aller drei Systeme sind notwendig für das Auftreten von Kreativität« (aus: Sternberg 1988, Czikszentmihalyi, 319).

Der Autor spricht von einer dreifachen Beeinflussung, nämlich einer Art von Selektion unter den Gesichtspunkten, die im Feld entwickelt werden. Zunächst wird von den Persönlichkeiten eine Variation erzeugt, etwa ein Wandel, neue Vorschläge, und dann eine »Transmission« durchgeführt, die sich in Informationsübertragung, der Verbreitung dieser Selektion und in den Einstellungen der entsprechenden Person äußert. Man sieht, dass dieses Modell überaus einfach, meines Erachtens zu einfach ist.

Howard Gardner (1996) hat den Ansatz von Csikszentmihalyi auf Fallstudien über das Leben und die Kreativitätsentwicklung von großen kreativen Persönlichkeiten wie Freud, Einstein, Picasso, Eliott, Strawinsky übertragen und – ähnlich wie Howard Gruber im Falle Darwins – biographische Momente sowie das Interaktionsspiel zwischen den Faktoren und Knotenpunkten der individuellen Person bzw. des individuellen Talents, der Domäne oder Disziplin der Aktivität und dem (sozialen) Umfeld der Kritiker und Institutionen analysiert. Dabei wird Kreativität im Sinne einer Wechselwirkung aber letztendlich als erfasste Kreativitäts*akzeptanz* aufgefasst (1996, 59 ff.). Kreativität kommt also in diesem Sinne nachweislich nur solchen Personen zu, die in ihrer entsprechenden Adressatenumwelt als kreativ akzeptiert worden sind. Gardners These ist: »Solange ein Urteil durch ein kompetentes Feld aussteht, ist schlicht unentscheidbar, *ob* ein Mensch das Epitheton ›kreativ‹ verdient« (ebd., 61). Hier wäre es zweifellos günstiger gewesen, die soziale Akzeptanz und das nachträglich zugeschriebene Prädikat ›kreativ‹, das sich freilich allerdings mehr auf Genialität als auf Kreativität im üblichen Sinne bezieht, von der eigenmotivationalen Dynamik und insbesondere den Fähigkeiten abzutrennen. Zudem wäre es sicherlich auch besser gewesen, zwischen der psychisch *erlebten* Kreativität und der sich historisch als solche ergebenden zu unterscheiden – etwa wie Margaret Boden (1992; 1994) zwischen P-Kreativität und H-Kreativität unterschieden hat.[5]

Dennoch ist sicherlich die Interaktion zwischen den unterschiedlichen Bezugspunkten des Ansatzes von Csikszentmihalyi

---

5 »Eine Idee ist P-kreativ, wenn die Person, in deren Geist (mind) sie auftritt, sie nicht zuvor hätte haben können; es spielt dabei keine Rolle, wie oft andere Leute bereits dieselbe Idee gehabt haben. Im Gegensatz dazu ist eine Idee H-kreativ, wenn sie P-kreativ ist *und* niemand sonst sie je zuvor gehabt hatte« (Boden 1994, 5).

wichtig für eine Beschreibung der Dynamik bei der Akzeptanz von besonderen kreativen Leistungen, aber auch natürlich – was Gardner nicht diskutiert – für die Erfolglosigkeit oder Verweigerung besonderer kreativer Leistungen.

An eigenen neuen, ergänzenden Hypothesen, die durch Falluntersuchungen auch bestätigt werden, fügt Gardner die folgenden an: 1. Es muss eine »*fruchtbare Asynchronie*« (ebd., 62) zwischen den entsprechenden Polen des Kreativitätsdreiecks nach Csikszentmihalyi bestehen, wobei »ein mittleres Maß an Spannung oder Asynchronie« eine notwendige Bedingung für besondere kreative, geniale Produktivität sein dürfte: »Asynchronie kann zu unbetont oder zu stark sein; in keinem Fall resultiert daraus kreative Produktivität« (wirklich in *keinem* Falle?). Ferner: »Je vielfältiger die fruchtbare Asynchronie, desto wahrscheinlicher wird die kreative Leistung. Ein Übermaß an Asynchronie allerdings kann sich als unproduktiv erweisen – wünschbar (?) ist eine substantielle, doch verkraftbare Spannung« (ebd., 62, vgl. auch 451 ff.).[6] Ferner meint Gardner eine Tendenz zu einer zeitlichen Regelung bei schöpferischen Durchbrüchen festzustellen, nämlich dass kreative Durchbrüche »in einem Intervall von zehn Jahren« aufeinander folgen (dies wird im Großen und Ganzen durch die Fallstudien bestätigt, vgl. zum Beispiel die Tabelle, ebd., 441), wobei aber festzuhalten ist, dass harte Arbeit und dauernde Pro-

---

6 Unter Asynchronie versteht Gardner (1996, 62) »einen Bruch in der Übereinstimmung, eine Abweichung oder Unregelmäßigkeit im Kreativitätsdreieck. Asynchronie innerhalb einer Schnittstelle liegt dann vor, wenn diese eine Abweichung aufweist, zum Beispiel ein ungewöhnliches Profil der individuellen Intelligenzen (wie die frühreife räumliche Intelligenz des jungen Picasso gegenüber seinen dürftigen schulischen Fähigkeiten), eine Domäne, die einen erhöhten Spannungszustand durchmacht (der Kampf verschiedener musikalischer Richtungen zur Zeit Strawinskys), oder ein Feld im Umbruch ... Nicht weniger bedeutsam ist die schnittstellenübergreifende Asynchronie: Ein individuelles Begabungsprofil kann in einem bestimmten Fachbereich ungewöhnlich sein (so Freuds für einen Naturwissenschaftler ungewöhnlich hohe personale Intelligenzen); es können Spannungen zwischen Individuum und Feld auftreten (wie im Fall Einsteins, der nach seinem Hochschulabschluß keine Anstellung fand); auch zwischen Domäne und Feld kann ein Gefälle bestehen (die Wende zur Atonalität, während das Publikum und die Kritiker der tonalen Musik verhaftet blieben).«

duktion bzw. kreative Tätigkeit durchgängig kennzeichnend sind für die untersuchten ungewöhnlichen Schöpferpersönlichkeiten.

Gardner findet zudem als eigene Zusatzthese heraus, dass in der Zeit des Durchbruchs »ein affektiver Rückhalt in einer Beziehung emotional entlastender Art wie auch der intellektuelle Beistand durch einen Sachkundigen, der die Bedeutung des Durchbruchs zu erkennen in der Lage war« (ebd., 65, s. auch 455 ff.) charakteristisch bei allen zu finden ist (manchmal in derselben Person vereint, aber auch getrennt). Entgegen den Erwartungen des Psychologen ist ein »kreativer Durchbruch also in einem intensiven sozialen affektiven Kraftfeld verankert« (ebd., 65). Darüber hinaus scheint sich eine Art von faustischem Pakt (ebd., 457 f., 227) ebenso deutlich herauszuheben: absolute Konzentration auf die Arbeit, Askese, freiwillige Isolation oder haarsträubende Ausbeutung anderer (besonders im Falle Picassos, der geschworen hatte, von der Malerei abzugehen, falls seine Schwester überleben würde, gewinnt diese Paktform und die nach Gardner daraus resultierende haarsträubende Ausbeutung anderer als Folge des negativen Ausgangs des Paktes eine besondere Explizitheit) (ebd., 66, 180 f.).

Insgesamt sind Egozentrik, ja Egoismus und Narzissmus – zum Teil Gleichgültigkeit gegenüber anderen, Schwierigkeiten mit der Soziabilität und des Umgangs oder gar von Gardner als »sadistisch« etikettierte ausbeuterische Tendenzen (im Falle Picassos) – zu finden (ebd., 225 f., 433). Zudem ist eine Unbefangenheit oder Kindhaftigkeit im Verbund mit Selbstbezogenheit und der Meisterschaft in der spezifischen Domäne der kreativen Tätigkeit charakteristisch (ebd., 434). Darüber hinaus die Randstellung oder Marginalität, die ein soziales oder intellektuelles Außenseitertum (»intellektuelle Marginalität«) darstellen kann und die insbesondere die Zeitspanne des Durchbruchs und einer entsprechenden Isolation charakterisiert (ebd., 437 f.).

Gardner zeigte sich »überrascht, an allen sieben Probanden Aktivitäten und Verhaltensweisen fundamental abergläubischer, irrationaler oder zwanghafter Natur festzustellen. Um sich die Fortführung seiner Arbeit zu sichern, opferte der kreative Mensch im Allgemeinen normale Beziehungen im persönlichen Leben« (ebd., 458). Zudem wurde in den Zeiten besonders hoher schöpferischer Anspannung, die als »außerordentlich belastend erlebt« wurden, auch typischerweise von »Phasen der Niedergeschlagenheit, wenn die Arbeit ins Stocken geriet, und in allen Fällen ... von geistig-seelischen Zusammenbrüchen berichtet« (ebd., 436).

Insgesamt ist also eine Spannung nicht nur zwischen den Polen des Kreativitätsdreiecks charakteristisch, sondern auch geradezu »kindliche Unbefangenheit« beziehungsweise ein Rückgriff auf frühkindliche Erfahrungen.[7] (So konnte man als Kind schon den eigenen neugierigen Fragen folgend sich intensiv mit der Welt »vertraut ... machen«, »unschätzbares ›Kreativitätskapital‹« »sammeln«, von dem der Erwachsene immer wieder »zehren« konnte; ebd., 52.) Neben der notwendigen »gründlichen, oft frühreifen Meisterschaft in den einschlägigen Tätigkeitsbereichen« sieht Gardner auch späterhin »eine Denkweise, eine Art der Intuition, wie man sie gewöhnlich dem menschlichen Bewusstsein früherer Altersstufen zuordnet«, als unerlässlich an, und er meint: »Die erfolgreiche Fusion dieser beiden Faktoren ist die Voraussetzung des schöpferischen Durchbruchs und zugleich die Bedingung der Möglichkeit, dass andere ihn erfassen« (ebd., 473). Hierzu fehlen jedoch genauere empirische und systematische Untersuchungen.

Einerseits sind »Menschen, die zu kreativen Durchbrüchen gelangen, ... von frühester Kindheit an Entdecker, Erneuerer oder Tüftler«, »gehen ... ihre eigenen Wege und verlegen sich im Beruf – und nicht nur dort – aufs Experiment« (ebd., 53). Ferner ist charakteristisch, dass die Kreativität nicht auf einem einmaligen Ausbruch schöpferischer Energien beruht, sondern »mit einer gewissen *Regelmäßigkeit*« sich in Werken konkretisiert: »Kreative Menschen *wollen* kreativ sein – wie Gruber überzeugend gezeigt hat, und sie richten ihr Leben so ein, dass sich die Wahrscheinlichkeit einer Serie kreativer Durchbrüche erhöht« (Gardner, ebd., 56).

Nicht neu kann man Gardners Thesen (ebd.) nennen, dass sich Kreativität nicht nur frei und in Bezug auf die »Lösung von Problemen«, sondern auch bei der »*Gestaltung von Produkten*«

---

[7] Meist wird die Weiche zu einer aktiven Kreativität in einem bestimmten Gebiet auch durch ein »Initialerlebnis« (nach Alfred North Whitehead: »initial romance«) oder durch eine frühkindliche »Kristallisationserfahrung« (nach David Feldman) in eine ganz bestimmte Richtung gestellt (Gardner 1996, 53).

sowie der »*Formulierung neuer Fragen*« zeigt. In manchen Bereichen wie der Philosophie – das haben wir oben gesehen – besteht die Kreativität gerade in der Gewinnung einer neuen Fragestellung, aber auch in der Entwicklung ganz anders gearteter, neuartiger Perspektiven (was weit über die »Formulierung neuer Fragen« hinausgeht). Auch die Unterscheidung der subpersonalen, personalen, außerpersonalen und multipersonalen Ebene bei Gardner ist keineswegs neu (ebd., 57 f.).

Kritisch ist generell zu vermerken, dass zwar in der Tat »schöpferische Leistungen nur dann als solche gelten«, »wenn sie *in einem besonderen kulturellen Umfeld akzeptiert* sind«. Das Gelten bezieht sich hier nicht auf die sinnvolle Beurteilung durch Kriterien etwa methodologisch-philosophischer oder psychologischer Art, sondern auf die Akzeptanz und Erfassung durch die Gesellschaft. Zwar ist richtig, dass, »was als Kreativität gilt, ... wesentlich gemeinschafts- oder kulturbedingt« ist, aber die Verwechslung der Beurteilung durch Kriterien und der psychologischen oder methodologischen Merkmale der Kreativität mit ihrer sozialen Akzeptanz ist zweifellos verwirrend und kann so nicht hingenommen werden: schon weil dann das Kreativ-Sein etwa von den Zufällen einer unter Umständen nach Jahrhunderten erst geschehenden Wiederentdeckung abhängig ist. Das mag für die Erfassung oder faktische Zuschreibung in der Historie angehen, aber sicherlich nicht für die Kategorisierung im psychologischen, personalen oder methodologischen Sinne (ebd., 56).

Generell geht Gardner über die bisherigen theoretischen Ansätze – also die eher biographisch vorgehende Deutung Grubers oder jene Ehrenwalds, die systematische Konfigurationstheorie oder gar die Selektionstheorie neodarwinistischer Provenienz – nicht hinaus. Seine Hauptleistung liegt in der einfühlsamen und auf die einzelnen Fälle der großen kreativen Persönlichkeiten angewendeten Kategorisierung im Sinne einer elegant geschriebenen, auf die Kreativität und die genannten Aspekte abhebenden Kurzlebensbeschreibung der ausgewählten sieben Genies.

Eine Drei-Faktoren-Lösung wie bei Csikszentmihalyi findet sich auch bei Perkins, der die Kreativität als einen darwinistischen Prozess auffasst: Es gibt eine Generierung von neuen Ideen und Abwandlungen, die dann einer Selektion unterworfen werden, wonach sich die Lösung schließlich in einer Stabilisierung konkretisiert. Das Letztere bedeutet dann statt der »Transmission« eine »Präservation«, also eine Erhaltung der entsprechenden Ideen. Freilich meint Perkins, bei der Ideenproduktion sei es nicht so wie in Darwins Modell, dass es einfach »wild«, beliebig und nur unter dem Gesichtspunkt der Konkurrenz zu einer Selektion kommt. Die Generierung ist zwar relativ frei und »wild«, ungebunden, aber die Selektion ist doch sehr stark gerichtet oder durch entsprechende Interessen gesteuert; sie ist keine »mechanistisch«-automatische Selektion, wie sie im Darwinismus zu finden ist. Das Perkins'sche stellt also auch ein Dreier-Modell dar, das zwar einiges an Plausibilität für sich hat (ebenso wie jenes von Feldman, der ebenfalls von drei Phasen spricht): Dem frei schweifenden Denken, dem Wunsch, etwas an dem Bisherigen zu ändern, steht das gegenüber, was Perkins »transformational impetus« oder »transformational imperative« nennt – ein Faktor, der die Notwendigkeit, etwas zu transformieren bzw. zu ändern, betrifft. Der dritte Faktor – und das ist bei Perkins wohl das Entscheidende – ist, dass man etwas erreicht hat und weiter kreiert, dass man notwendig auf dem bisher Kreierten, auf dem bisher Geschaffenen, aufbaut. Es gibt eine künstliche Welt, eine vom Menschen geschaffene Welt des Symbolischen, die als Voraussetzung das Schöpferische weiterzuspinnen gestattet. Das ist das Entscheidende und führt somit zu einer Art von *Geschichte* der Kreativität oder des kreativen Handelns. Dieses Weiterspinnen ist wichtig, insbesondere in einer Kultur, die über symbolische Möglichkeiten der Darstellung und der Wandlung verfügt.

Sternberg etwa macht sich die Sache etwas einfacher: Er unterscheidet zunächst in seinen früheren Artikeln Faktoren wie Intelligenz, die für Kreativität natürlich notwendig ist, den entsprechenden Arbeits- oder Strategiestil, der durchgehalten oder exerziert wird. Hierbei gehe der Kreative ganz ähnlich vor wie die Gesellschaft bei der Gewaltenteilung: Man kann unterscheiden zwischen legislativen, exekutiven und judikativen Funktionen; entsprechend ist der Kreative also jemand, der weniger konservativ, sondern eher progressiv ist und einen legislativen Stil pflegt, das heißt, er versucht, neue Grundlagen, -regeln, -gesetze zu schaffen und zu entwickeln. Er führt nicht einfach vorgegebene Aufgaben aus; aber es kann zu Kombinationen mit den anderen Funktionen kommen, insbesondere zwischen dem legislativen und dem judikativen Stil der Fähigkeiten. Schließlich sind noch die Charaktereigenschaften der Persönlichkeit selber zu nennen, die sich unter anderem auch auf die internen Motivationen beziehen.

In seiner späteren Phase, in der Zusammenfassung des Buches *The Nature of Creativity* (1988), kommt Sternberg zu einer Vier-Punkte-Theorie bzw. -Einteilung von Gesichtspunkten für die Kreativität. Er meint zunächst, man müsse kreative *Prozesse* untersuchen; kreatives Verhalten ist prozessual, und die Art und Weise des Prozesshaften ist ein Untersuchungsgegenstand. Kreativ sein können ferner *Personen*, genauer: Persönlichkeiten; kreativ werden auch *Produkte* genannt, und schließlich spielen die »Plätze« (»places«) eine große Rolle. Deshalb kann man bei Sternberg wie auch bei C. W. Taylor (ebd.) – von einer Vier-P(unkte)-Theorie der Kreativität sprechen. Deren letztere Faktoren sind »Plätze« in dem Sinne, dass man einer bestimmten kreativen Gemeinschaft angehört oder sich an einem bestimmten kreativen Ort entwickelt, angeregt und tätig wird; das ist faktisch-praktisch in der Tat besonders wichtig.

Ich glaube jedoch, dass die Vier-Topoi-Theorie ein wenig zu kurz greift; man müsste diese Theorie zumindest weiterführen. Die meisten traditionellen psychologischen Ansätze der Kreativitätspsychologie beziehen sich auf kreative Produkte, Personen, Prozesse. Ursprünglich wurden in solchen Drei-Punkte-Ansätzen in erster Linie eben Kreativitätsmerkmale untersucht, die auch im Alltag als »kreativ« bezeichnet werden. Ein prominentes Modell stammt zum Beispiel von Frank Barron, der in der Nachkriegszeit einen der ersten Tests zur Erfassung von Kreativität entwickelt hat, welcher viel angewendet worden ist, u. a. bei der ersten amerikanischen Mannschaft, die den Mount Everest bestiegen hat. Sternberg hat das Modell, wie gesagt, in einem zusammenfassenden Artikel zu einer Vier-Punkte-Theorie erweitert, aber da Kreativität nicht nur in Prozessen und im Zusammenhang mit kreativen Prozessen oder Personen oder Produkten aktiviert wird, sondern mindestens in zwölf weiteren Topoi, bin ich der Ansicht, dass man das Konzept noch ausdehnen muss.

Man könnte sagen, dass zentrale Ordnungsgesichtspunkte, um die herum sich kreative Phänomene und deren Erforschung gruppieren, an denen sie sich orientieren, die folgenden sind:

Zunächst, traditionell besonders deutlich und häufig als prototypisch aufgefasst, ist zu nennen die *Problemlösungskreativität*, die zum Beispiel auch besonders im »Mathematischen« nötig und zu finden ist. Wie mathematische Problemlösungseinfälle sich im Einzelnen einstellen, ist noch weitgehend ungeklärt. Es gibt dazu eine Reihe von Aussagen von Mathematikern und Philosophen, auch von Genies; zum Beispiel Henri Poincaré hat sich eindrücklich über Kreativität, Intuition und das Finden von Problemlösungen gerade bei Mathematikern geäußert. In einer schlaflosen Nacht, beim Besteigen der Straßenbahn, bei einem Spaziergang am Meeresstrand fielen ihm plötzlich Lösungsvisionen oder ganz neue Funktionenklassengruppierungen ein – wie in einer Art von Erleuchtung!

Ein Genie in dieser Hinsicht war zum Beispiel auch John von Neumann, der ein Problem, das er in der Diskussion mit anderen Leuten herausfand, häufig schon gelöst hatte, bevor das Problem von den anderen endgültig präzisiert worden war. Er hatte dies sofort intuitiv erkannt und konnte die Lösung geben (Macrae 1994). Das klingt geradezu unglaublich, ist aber tatsächlich häufig so gewesen. In der Biographie John von Neumanns gibt es eine Reihe von Anekdoten über diese Fähigkeit, die sich auf ganz unterschiedlichen Gebieten geäußert hat. *Zum Beispiel* schrieb er einmal – eher beiläufig – einen Aufsatz zur Wirtschaftstheorie und revolutionierte damit die ganze Wirtschaftstheorie durch die Spieltheorie und spieltheoretische Ansätze.

Kreative Prozesse oder Prozesse der Kreativität hängen mit den Problemlösungsaktivitäten bei klar präzisierten Aufgabenbereichen zusammen, aber man kann und sollte sie sehr viel allgemeiner sehen. Zunächst gilt es, intuitive Tätigkeiten der heuristischen Lösungsverfahren und genereller der Gesamtvisionen genauer zu erfassen. Ich hatte außerdem darauf hingewiesen, dass man Prozesse der Neubildung, der kreativen Entwicklung durchaus auch unabhängig von der produktiven, kreativen Aktivität des *Menschen* sehen kann. Auch die Entstehungs-, Strukturierungs- und Bildungsprozesse in der Natur sind sozusagen »kreativ« schöpferisch (s. a. S. 301 ff.). Whitehead hat das zum Beispiel in seiner großen Metaphysik der kreativen Entwicklung der Welt durch unzählige Aktivitätszentren und deren Zusammenwirken und -wachsen (Konkreszenz) in seinem Hauptwerk *Prozess und Realität* (s. u. S. 304 ff.) beschrieben. Insofern ist das

Prozessuale abzuheben von den Vorgängen der menschlichen Produktionen und Aktivitäten.

Kreative Potentiale, also die Fähigkeiten, die jemand hat bzw. die in einer bestimmten Problemlage oder in einem Problemgebiet vorhanden sind, sind durchaus entweder kreativitätsfördernd oder kreativitätsforderend, jedenfalls im Zusammenhang mit einer solchen Assortierung der Kreativitätserfassungen zu verstehen. Aber nicht nur die Potentiale, die sich auf Fähigkeiten und Dispositionen beziehen, sondern auch die von außen vorgegebenen bzw. die rein logisch sich aufspannenden Möglichkeiten, also das, was man – reale oder logische – *Possibilitäten* nennen könnte, sind zu berücksichtigen. Solche Gelegenheiten, also Möglichkeiten, Possibilitäten sind gerade auch unter dem Gesichtspunkt der Kreativitätsthematik relevant.

Das klassische Thema sind natürlich neben den Prozessen die *kreativen Produkte* als Ergebnisse von kreativen Prozessen, Schöpfungen oder Aktivitäten, die Produkte als Endergebnisse, die ja meist – insbesondere bei Kunstwerken – als »kreativ« bezeichnet werden, weil sie im eigentlichen Sinne *kreiert* sind. Es handelt sich dann um eine etwas andere, weitere Art der Verwendung des Ausdrucks »Kreativität«. Deswegen sollte man vielleicht von den Produkten die kreativen (kreierenden) *Produktionstätigkeiten* unterscheiden. Auch das wäre ein wesentlicher Punkt. Ferner gelten in den klassischen Drei- oder Vier-Punkte-Ansätzen die *(kreativen) Persönlichkeiten* als »kreativ«. Es ist schon vielfach beschrieben worden, welche Merkmale kreative Persönlichkeiten haben. Darüber haben sich die Psychologen Gedanken gemacht, Modelle entwickelt (s. u.) und versucht, Tests zu entwickeln, die einigermaßen funktionieren und mit gewissen kreativen Merkmalen korrelieren. Leider sind diese wenig geeignet, kreative Leistungen *vorauszusagen*: Sie sind nicht sehr voraussagevalide, und das scheint überhaupt die Schwierigkeit der Psychologie bei solchen Tests und Erfahrungswerten zu sein.

Vier-Punkte-Modelle erwähnen auch die anregenden Orte, die *kreativ(itätsfördernd)en Plätze*, die soziale Umgebung, zum Beispiel Kreativitätsklausen oder -klöster usw. Man denke etwa an die Rolle der Göttinger Universität in den Naturwissenschaften zu Anfang dieses Jahrhunderts und bis zum Beginn der dreißiger Jahre. Damals, so könnte man sagen, war die Universität sicher noch ein Ort der kreativen Anregungen. Heute auch noch? ...

Dann sind *kreative Provokationen*, Herausforderungen durch besondere Anreize im zwischenmenschlichen Bereich – oder wie immer – zu nennen, also Provokationen, die kreativitätsfördernd oder -auslösend sein können.

Kreativitätsfördernd sind unter Umständen auch *Präferenzen* und *Prioritäten* bei Werten, die in bestimmten Bereichen oder in bestimmten Kulturen oder auch von bestimmten Menschen gesetzt werden, also Präferenzen im Sinne von Motivationen bilden. Das spielt eine große Rolle und ist wohl nicht genügend untersucht worden. Ich habe weiter oben schon auf die Rolle der intrinsischen Motivation bei Amabile verwiesen: Die These hierzu besagt, dass im Wesentlichen der innere Antrieb, die intrinsische Motivation das Entscheidende ist, und Kreativität ist besonders dort zu erwarten, wo diese innere Motivation weitgehend über allen anderen Faktoren, zum Beispiel über externen Motivationen wie Belohnung, Geldverdienen, Anerkennung steht. Die überwiegende, überragende Motivation bedeutet natürlich eine Prioritätsgewichtung. Ferner wäre noch zu überlegen, ob man die *Partnerschaften* und die *Populationen*, die kreativen Gemeinschaften mit wechselseitig eskalierender Anregung, einer Wechselbefruchtung in interdisziplinären Kontakten der konzertierten Aktionen und Aktionsgelegenheiten einbezieht, in denen die Aufgabe oder der Untersuchungsgegenstand der kreativen Entwicklungen, Tätigkeiten sich stellt oder präsentiert. Sie wirken natürlich mit den erweiterten »Plätzen« und »Provokationen« zusammen. Dass die Partnerschaft eine gewisse Rolle spielt, ist deutlich. Zumindest wurde von den Sozialpsychologen bestätigt, dass sehr häufig in der Gegenwart anderer, etwa beim Brainstorming, *quantitativ* sehr viel mehr an »Output« erfolgt, somit jedenfalls quantitativ eine größere Breite der Ansätze und Vorschläge erreicht wird, die Qualität der Lösungen (zumal in der eher nivellierenden Bewertungs- und Abstimmungsphase) aber meistens sinkt; insbesondere ist auch das absolut Unerwartete und Ungewöhnliche sehr selten in einer Gruppensituation zu finden. Hier scheint es wichtig zu sein, dass gerade auch die Möglichkeiten des einsamen, beharrenden Denkens aufrechterhalten, ja gefördert werden – keine überflüssige Forderung in einer tendenziell sich ausbreitenden Team- und Kommunikationsgesellschaft.

Schließlich gilt es – im Zusammenhang mit dem, was ich vorher in Bezug auf die Philosophie der Interpretationen und Perspektiven gesagt habe – *kreativitätsförderliche Perspektiven* zu erwähnen. Spezifisch neue, insbesondere ungewöhnliche Perspektiven sind Topoi, die im Zusammenhang mit der Entwicklung und der Aktivierung von Kreativität zu untersuchen wären.

Im Einzelnen ist hier nicht der Ort, um auf diese verschiedenen Punkte einzugehen. Man könnte nur darüber spekulieren; denn von psychologischer Seite aus gibt es hierzu relativ wenige Untersuchungen, außer zu den Merkmalen und Motiven kreativer Persönlichkeiten, sowie Phasenstudien (s. u.) zum Verlauf von kreativen Prozessen und sozialpsychologischen Anreizen und Anregungen.

Stattdessen möchte ich zunächst auf die Merkmale kreativen Denkens und die Ebenen der Kreativität eingehen und danach die Persönlichkeitsmerkmale behandeln.

Hier sind zunächst einige Autoren zu nennen: einmal I. R. Taylor, der bereits 1959 eine Liste von Ebenen der Kreativität entwickelt hat bzw. bestimmte unterschiedliche Anforderungen und Ausprägungen kreativer Fähigkeiten, aber auch kreativer Aktivitäten unterschied. Er meinte nämlich, dass man – in zunehmender Schwierigkeit – die folgenden fünf Stufen unterscheiden müsste (wobei wahrscheinlich noch die eine oder andere hinzuzufügen ist):

1. *Expressive Kreativität*, also das direkte Ausdrucksverhalten (zum Beispiel der Kinderzeichnung), spontane Äußerungen, die als kreativ gewertet werden; das ist die natürlichste oder elementarste Ebene.
2. *Produktive Kreativität* ist jene, die in künstlerischen oder wissenschaftlichen Produkten zum Ausdruck kommt. Hier sind einerseits formelle Regeln zu beachten, andererseits aber besteht ein erheblicher Spielraum für freie Intentionen; es handelt sich also gleichsam um eine Art von kontrolliertem freien Spiel.
3. *Inventive (Erfindungs-)Kreativität*: Hier spielt man mit Methoden, Materialien, Techniken und (er)findet neue Variationen und Kombinationen. Ich denke, dass hierbei noch ein anderer Einteilungsgesichtspunkt – etwa der des *Bereichs*, zum Beispiel technischer o. ä. Erfindungen – hineinspielt; diese Anordnung erscheint mir nicht ganz so überzeugend. Aber

es ist bei solchen Einteilungen ohnehin der Fall, dass sie etwas »quer« zueinander verlaufen.
4. Hier wäre das zu nennen, was Taylor die *innovative Kreativität* nennt. Der Ausdruck klingt fast nach einem »weißen Schimmel«; denn innovativ soll Kreativität immer sein. Es geht hier um eine (innovative) Verbesserung durch die Veränderung bestimmter begrifflicher Fähigkeiten. Das ist zwar recht wenig präzise umschrieben, aber es bezieht sich auf begriffliche Neuentwicklungen und Erfindungen.
5. »Emergenative« Kreativität (*emergenative creativity*), also *emergente Kreativität*. Hier »taucht« eine neue Sicht, Perspektive oder Eigenschaft auf, sie »emergiert«, »taucht« heraus. Ein völlig neues Prinzip oder eine ganz neue Annahme bzw. Voraussetzung kann zu einer ganz neuen Orientierung oder gar neuen Disziplin führen. Das wird man häufig im künstlerischen Bereich finden, aber natürlich auch im wissenschaftlichen.

Paul Matussek (1974), ein deutscher Psychoanalytiker, der von den Taylorschen Kreativitätsebenen ausgeht, versucht die Merkmale kreativen Denkens in folgender Weise aufzulisten: Es komme in erster Linie an auf die Flüssigkeit der Ideen, zweitens auf die Flexibilität, das heißt auf die Fähigkeit, schnell und leicht auf andere Gebiete überzugehen, und drittens auf die Originalität (letzteres erläutert er nicht genauer). Diese dürfte darin bestehen, dass und wie man sich als Denker frei hält von gängigen Vorstellungen und Moden. Matussek meint über den originären, originellen, originalen Kreativen (ebd., 24): »Er fängt gleichsam da zu denken an, wo bei anderen das Denken aufhört.« Das ist nach Matussek die Kernintuition der Originalität beim kreativen Denken. (Doch ist das schon eine wirklich *inhaltliche* Charakterisierung? Offensichtlich nicht.) Viertens nennt Matussek gesondert die Fähigkeit zu neuen Definitionen. Diese »Neudefinierungsfähigkeit« bedeutet, dass man ganz grundlegende Begriffe neu fasst und damit völlig neue Gesichtspunkte liefert bzw. neue Bewegungen anstößt. Fünftens sei Problemsensitivität nötig. Diese ist hochrelevant: Man muss im Normalen das Ungewöhnliche sehen können und dort, wo andere Leute kein Problem sehen, plötzlich etwas problematisch finden; umgekehrt muss man auch im Ungewöhnlichen das Normale sehen und erfassen können. Also das Bemerken von neuen Problemen dort, wo scheinbar keine vorhanden sind, oder in einem Bereich, in dem Probleme nicht scharf definiert sind. Das ist ein recht gewichtiger Punkt, der auch vielfach für die Definition des Begriffs der Kreativität verwendet wird. Sechstens könnte man noch die »Elaborationsfähigkeit« hinzunehmen, das heißt, man muss in der Lage sein, einen Einfall nicht nur zu haben, sondern diesen auch durchzuführen, auszuarbeiten, was Beharrlichkeit voraussetzt. Die genannten Merkmale zeigen, dass bestimmte *persönliche* Merkmale des kreativen Menschen eine entscheidende Rolle spielen.

Deswegen ist es so – und da hat Matussek Recht –, dass viele der traditionellen Definitionen von »Kreativität« eigentlich zu »dünn«, zu vage oder zu schwach oder zu »unkreativ« sind. Wenn zum Beispiel Amabile »kreativ« Produkte und/oder Tätigkeiten nennt, die zu etwas Neuem führen, was sich vorwiegend auf heuristische (statt auf algorithmische) Techniken beschränkt oder richtet, dann ist das zweifellos eine sehr wenig aussagekräftige Definition. Auch das bloße Haben von Vorstellungen und Assoziationen ist noch nicht »kreativ« im höchsten Sinne, es ist vielleicht kreativ in dem ersten Ausdruckssinne von Taylor und vielleicht noch im zweiten, aber mit Sicherheit nicht im Sinne der emergenten Kreativität, der wirklich originell Neues schaffenden Fähigkeit.

»Es könnten also noch so viele Vorstellungen, Assoziationen und Phantasien freigelegt und ausgesprochen werden – erst die neue originelle, alles Bisherige sprengende Verbindung verschiedenartiger Assoziationen ist das Schöpferische. Phantasien haben viele, nur wenige aber verknüpfen sie zu einer richtigen Idee. Dazu bedarf es eben mehr als der Beherrschung bestimmter Gedankenoperationen« (Matussek 1974, 19).

Dieses Zitat finde ich recht charakteristisch; aber es legt wiederum *zu viel* in die Kreativität hinein. Kreativität tritt ja in einem weiten Spektrum auf; das »alles Bisherige Sprengende« hingegen geht schon an die *genialische* Kreativität heran und ist keineswegs das Signum und Kennzeichen *normaler* Kreativität. Man wird zum Beispiel nicht sagen können, dass Kinderzeichnungen, die sicherlich zum Teil expressive Kreativität aufweisen, in der Regel nun »alles Bisherige sprengende« Verbindungen verschiedenartiger Assoziationen liefern. Trotzdem würde man nicht sagen, sie seien unschöpferisch, insofern muss man doch genauer definieren und nachforschen.

Ja, gerade bei der Kreativität ist das mit den Definitionen so eine Crux – auch in einem Buch, das von Soziobiologen geschrieben worden ist, von C. Scott Findlay und Charles J. Lumsden.[8] Findlay und Lumsden (1988, 9) definieren: den kreativen Prozess »either as the formulation of a specific problem in an initially ill-defined problem domain, or as advancing a novel and appropriate solution to an extant problem, or both«. Der kreative Prozess wird also verstanden entweder als die Formulierung eines spezifischen Problems in einem anfangs schlecht definierten Problemgebiet oder als das Vorbringen einer neuen und angemessenen Lösung zu einem bereits bestehenden Problem – oder als beides. *Kreativität* selber wird von den Autoren unter Rückgriff auf Perkins definiert als eine Konstellation von Persönlichkeits- und intellektuellen Zügen, die man dann auch in Tests erfassen kann und die typischerweise Persönlichkeiten oder Individuen kennzeichnen, welche nicht unter Zwangsbedingungen, sondern unter Spielbedingungen beträchtliche Zeit dem kreativen Prozess widmen.[9] Hier machen sich die Autoren in der Tat die Aufgabe etwas (zu) leicht; denn diese Formulierung ist, was die Definition angeht, so ähnlich wie jene notorische beim Intelligenztest: Die Intelligenz sei das, was der Intelligenztest misst. Die Kreativität sei das, was der Test anzeigt, wenn man überdurchschnittlich viel Zeit mit kreativen Aufgaben verbringt. Das bringt uns natürlich nicht weiter. – Aber auch die Anfangsdefinition des kreativen Prozesses ist recht unkreativ, denn in schlecht definierten und nicht präzisierten Problemgebieten ein spezifisches Problem zu finden kann ja auch im Inneren einer Person geschehen. Es kann aber auch sein, dass ein offenes Problem die gesamte Kultur betrifft und es in dieser Weise dann wirklich einen Durchbruch bedeutet, was hier gar nicht unterschieden wird. Dies wurde Findlay und Lumsden von Wissenschaftstheoretikern vorgehal-

---

8 Letzterer hat ja zusammen mit Wilson eine Reihe von Büchern und Aufsätzen über das so genannte »Kulturgen« und die so genannte »culture-gene transmission« geschrieben (zum Beispiel Lumsden/Wilson 1981: *Genes, Mind and Culture*), in denen die Autoren im Wesentlichen die biologischen Grundlagen von Kultur entwickeln wollten.

9 »We will use the term *creativity* to refer to the constellation of personality and intellectual traits shown by individuals who, when given a measure of free rein, spend significant amounts of time engaged in the creative process« (Findlay/ Lumsden 1988, 9).

ten. Das Problem ist also, dass hier offensichtlich noch nicht genügend philosophische analytische Vorbereitungsarbeit geleistet worden ist, um die saubere Grundlegung einer Theorie zu liefern, die mit solch hohem Anspruch auftritt. Die Soziobiologen kamen zwar zu mathematischen Modellen, Formeln und beeindruckenden Entwicklungen über das Zusammenspiel von Neuronengruppen und biologischen Genen im kreativen Verhalten, aber das ist alles hochspekulativ – geradezu eine Art von Hypertrophie oder Imponiergehabe der Formalisten. Es spielen offensichtlich diesen Autoren zufolge bei der Genkulturübertragung und -entwicklung epigenetische Regeln eine bestimmte wichtige Rolle: Genetische, einprogrammierte Algorithmen, die den Entwicklungsprozess insbesondere in Antworten auf die jeweilige Umgebung und Situation steuern oder modulieren. Das ist mehr oder minder postuliert, ist nur einsichtig, wenn man es abstrakt modellhaft versteht. Tatsächlich liegt hier eine typische unkreative Definition vor.

Besser wird die inhaltliche Aussagekraft schon, wenn man die Theorien und Modellansätze der Psychologen heranzieht. Diese beziehen sich eher auf Einzelheiten, und sie legen verschiedene Tests vor, wie zum Beispiel Paul Torrance (1988, 47), der das kreative Denken beschreibt als einen Prozess des »Wahrnehmens von Schwierigkeiten, von Problemen, von Lücken bei der Information, von fehlenden Elementen oder von etwas, das verzerrt ist«, und als die Fähigkeit, »zu raten und Hypothesen über diese Mängel zu formulieren« sowie »diese Schätzungen und Hypothesen zu evaluieren und zu testen, sie eventuell wieder zu testen und zu revidieren und schließlich dann die Ergebnisse mitzuteilen«, das heißt, zur Sprache bringen zu können. Man muss sich ausdrücken können; auch das gehört zum Kreativen (im doppelten Sinne!) dazu. Es bildet den krönenden Abschluss. Torrance hat einen Test entwickelt, den TTCT-Test, der von Anfang der siebziger Jahre bis in die neunziger Jahre hinein viel benutzt worden ist. In der Tat stellt er die Formen von Kreativität in folgenden Dimensionen dar – und hier gelangt man schon zu den Persönlichkeitsmerkmalen (ebd., 66 f.):

Die Produktion der Anzahl von Antworten, »Flüssigkeit«, Flexibilität, Originalität, Ungewöhnlichkeit oder Seltenheit einer Antwortart, Elaboration (also die Detailanzahl, die in der Antwort zum Ausdruck kommt), die Abstraktionsebene der Ant-

wort, eine Art von Bereitschaft, eine Problemstellung bzw. eine nicht geschlossene, offene Figur, die vorgelegt worden ist, »offen zu halten« für weitere Einfälle, ein Widerstand gegen frühzeitige Lösungen (das Aushalten einer Ungesichertheit spielt dabei eine Rolle, dieses Merkmal wird auch häufig erwähnt als Persönlichkeitsmerkmal), sodann emotionale Ausdrucksfähigkeit (»emotional expressiveness«, »articulateness of story telling«), also die Feinstruktur der entsprechenden in einer Geschichte gegebenen Antwort im Zusammenhang und in einer bestimmten, vorgegebenen Umgebung; ferner »Bewegung oder Handlung«, die in der Antwort gezeigt wird, »Ausdrucksfähigkeit«, die »Fähigkeit, das Figurale zum Verbalen zu transformieren und auszudrücken«; weiterhin »Synthese oder Kombination«, also die Fähigkeit, »verschiedene Figuren zusammenzupassen« oder zu verbinden, in eine einzubringen und dabei eine Kohärenz der Antwort herzustellen. »Ungewöhnliche Visualisierung, das Sehen und das Einbringen einer Figur in eine bestimmte andere Perspektive«, die anders ist als das Gewöhnliche; »innere Visualisierung«, »Ausdehnung und Überschreiten von Grenzen, (insbesondere) über das Erwartete hinaus«. »Humor, Gegenüberstellung von zwei oder mehr Inkongruenzen« oder Nichtübereinstimmungen, woraus unter Umständen eine komische oder witzanregende Situation entstehen kann. Schließlich erfasst der Test die »Reichhaltigkeit der Vorstellungswelt«, Variationsfähigkeit, »Lebendigkeit, Lebhaftigkeit«, »Intensität«, »Farbenprächtigkeit der Vorstellungen«, die »Erregung oder Anregung« für Sinne und Emotion, die gezeigt wird, oder deren Ansprechbarkeit. Zuletzt führt Torrance auf: »Phantasie, unwirkliche Figuren, magische Phantasiegeschichten« und Charakteren entsprechende Märchen und »Science-Fiction«-Entwicklungen, die in den Antworten zum Ausdruck kommen können. Man sieht, dass hier eine ganze Reihe von kreativen Gesichtspunkten eine Rolle spielen, die zur merkmalsdifferenzierenden Charakterisierung von kreativen Handlungen und Prozessen benutzt werden.
Robert Weisberg, der in manchen früheren Veröffentlichungen bereits den »Mythos vom Genius« und die These von der Notwendigkeit spezifischer Denkweisen für die Kreativität kritisiert hatte, insbesondere wiederholt darauf verwiesen hatte, dass der Erfolg von Techniken wie dem »lateralen Denken« (De Bono), »divergierenden« Denken usw. nicht empirisch-psychologisch

hinreichend nachgewiesen sei, fügte in seiner neuen Monographie zur Kreativität (1993) einen weiteren Gesichtspunkt zur Kennzeichnung bzw. Definition der Kreativität hinzu: Gegenüber seiner eigenen früheren Auffassung und auch gegenüber anderen Ansätzen – etwa von Amabile (1983) – betont er nunmehr, dass der Merkmalszug der Neuigkeit nicht zur Charakterisierung von Kreativität ausreiche: Es könnten auch auf höchst kreative Weise Ergebnisse erarbeitet werden, die – etwa in Unkenntnis des kreativen Autors oder auch der gesamten bewertenden Gemeinschaft – nicht völlig neu, aber dennoch höchst kreativ erzielt worden seien. Hingegen können durch Zufall entstandene Ergebnisse von höchstem Neuigkeitswert keineswegs kreativ genannt werden, wenn sie nicht von einem kreativen Geist als Anregung und neue systematische Variante, zum Beispiel als neue Stilvariante in der Kunst, wahrgenommen und akzeptiert bzw. lanciert würden. Deshalb führt Weisberg die zusätzliche, keineswegs sehr neuartige Merkmalsbestimmung ein, dass ein kreativer Prozess und das entsprechende Ergebnis *zielorientiert* sein müssten, um als kreative Handlung bzw. Erzeugung angesehen zu werden: »Ich würde deshalb vorschlagen, dass die konventionelle Definition der Kreativität geändert werden soll, in dem Sinne, dass die Erzeugung von zielgerichteter Neuigkeit erfordert ist« (1993, 244).

Er möchte deshalb den Ausdruck ›*Kreativität*‹ auf die »zielgerichtete Produktion eines neuen Werks durch ein Individuum einschränken« (ebd., 246), während er den Ausdruck ›*Genius*‹ auf ein Individuum beziehen möchte, das ein Werk von »Ausnahmewert oder Ausnahmeeinfluss erzeugt«. Das heißt, Weisberg möchte Kreativität von der Beurteilung des Wertes und des Einflusses vom »Genialen«, oder »Genius« zumal, abtrennen. Er verwirft damit auch die Ansätze, die zu einer sozialen Systemtheorie der Kreativität unter dem Gesichtspunkt der Akzeptanz und mittels Rückkoppelungsschleifen innerhalb eines kreativen Bereiches bzw. innerhalb der akzeptierenden Gesellschaft führen (ebd., 244 f.) (zum Beispiel: Csikszentmihalyis Ansatz, siehe S. 82 ff.).

Dies alles ist natürlich eine Frage der terminologischen Zweckmäßigkeitsabgrenzung, weniger diejenige einer Gültigkeitsbeurteilung in Bezug auf eine Theorie oder empirische Ergebnisse. Trotz aller empirisch-psychologischen Kontrollen überzeugt

Weisbergs kritische These, dass geniale Ergebnisse keinen besonderen oder gar einzigartigen Mechanismus erfordern, ebenso wenig wie die Erklärung spontaner »kreativer« Inspirationen, auch schon aus methodologischen Gründen: Sicherlich sind normale Denkprozesse involviert, auf die er die Entstehung genialer Werke zurückführt, indem er behauptet, wir alle seien in der Lage, derart neuartige Werke zu schaffen, wenn wir uns nur genügend lang und tief mit Kompetenz, Ausdauer und Motivation der Aufgabe widmen (ebd., 258 ff.). Das Studium der Produktionsweise eines Genius, zum Beispiel eines Mozart, aber auch die Analyse von genialen Veranlagungen und die Diskussion über Erblichkeit bei Musiker- oder Mathematikerfamilien scheinen dafür zu sprechen, dass dennoch ein Reduzieren des »Genialen« auf die übliche Kreativität im Sinne des zielorientiert Neues-Schaffen-Wollens und die Rückführung des Genius auf die Akzeptanz durch die soziale Gemeinschaft nicht ausreicht. Weder Beethovens noch Nietzsches überquellende Kreativität, deren Ergebnisse im Übrigen zunächst in der entsprechenden wertenden Umwelt nicht so bald gewürdigt wurden, lässt sich auf bloße Akzeptanz durch die Gesellschaft bzw. auf nachträglich entstandenen Einfluss zurückführen. Wenn Weisberg auch in gewissem Sinne mit Recht für die Trennung von Kreativität und Größe in dieser Hinsicht plädiert: »Kreativität und Größe sind unterschiedliche Dinge: die erstere hängt vom Individuum ab, die letztere vom Urteil der anderen« (ebd., 261), so fällt diese faktorielle Trennung zwischen Individual- und Sozialfaktoren angesichts wirklich genialer Künstler, Wissenschaftler oder Dichter und Philosophen schwer: Die Expertise, die soziale Umgebung und die Motivation bzw. Beharrlichkeit allein dürften nicht ausreichen, um die genialen, zum Teil die gesamte abendländische mathematische Entwicklung nochmals völlig unabhängig nachvollziehenden, aber auch intuitiv erschaute und ausgearbeitete Theoreme, deren Anzahl auf circa 1500 geschätzt wird, zu erklären, die der indische Handelsgesellschaftsangestellte Ramanujan in seinen Notizbüchern festhielt (vgl. Kanigel 1995). Geniale Intuitionen solcher Art lassen sich nicht auf Umgebung, Expertise und Motivation bzw. Ausdauervermögen allein reduzieren, obwohl die letzteren beiden Faktoren natürlich ganz entscheidend sind und die ersteren glücklichen Kreatoren förderlich und stützend zur Seite stehen mögen. (Insbesondere die Wichtigkeit einer tiefen Sachkenntnis und eines nahezu totalen Engagements im jeweiligen spezifischen Problembereich darf natürlich nicht geleugnet oder unterschätzt werden.)

Geniales Erzeugen und Denken ist, wie Simontons Analysen (1984, 1988, 1989) nahelegen, nicht bloß Anwendung von Normaldenken unter günstigen Umständen und keineswegs nur ein sekundär zugeschriebener Sozialeffekt der Erfindung eines Genius im Nachhinein. Mögen Größe und Geltung auch nachträglich zugeschrieben worden sein – die Totalität und Produktion des Genialen ist deshalb nicht im Sinne eines sozialen Zuschreibungseffekts noch des alltäglichen Denkhandelns zu erfassen. Sozial zugeschriebene »Größe« erfasst natürlich solche nachträglichen Effekte und nur solche. Geniale Kreativität entzieht sich dieser Art von Rückführung auf nachträgliche Zuschreibungen und ist nach Qualität und Quantität weit von kreativen Normalproduktionen abzugrenzen, obwohl natürlich fließende Übergänge zu verzeichnen sind. Die Deflation des Genialen auf bloßes Normaldenken und soziale Akzeptanz überzeugt trotz mancher empirisch-statistischer Stützungen nicht.

Dies ergibt sich – wie erwähnt – bereits aus methodologischen Faktoren: In der Tat sind statistisch signifikante Ergebnisse mit genialen Kreatoren nicht möglich: Dieses Phänomen erscheint zu selten und ist dem experimentellen Zugriff schon deshalb geradezu systematisch entzogen. Das Studium der autobiographischen Äußerungen ist, wie Weisberg betont, der mangels umfassender repräsentativer Erhebungsmöglichkeiten auf solche Quellen extensiv zurückgreift, nicht sehr verlässlich (nicht nur wegen erinnerungsverzerrender Selbsttäuschungen usw.). Geniales Kreieren entzieht sich systematisch und methodologisch dem experimentellen Zugriff, kann aber allein deswegen nicht als nichtexistent angesehen, gar geleugnet oder herabgewürdigt werden. Aus wissenschaftlicher Nicht-Erfassbarkeit bzw. aus dem Fehlen der vollständigen experimentellen Wiedergabemöglichkeit, Messbarkeit, Wiederholbarkeit, Manipulierbarkeit der Variablen lässt sich nicht die Nichtexistenz der entsprechenden Phänomene, Faktoren und Quellen erschließen – allenfalls die eben nicht systematisch wissenschaftlich zureichende Erfassbarkeit dieser Faktoren. Schließt man wie Weisberg dennoch von der experimentellen Nichterfassbarkeit auf die Nichtexistenz der Grundfaktoren, so unterliegt man einem in empirischen Wissenschaften keineswegs untypischen Trugschluss, der in der Psychologie dieses Jahrhunderts (siehe Behaviorismus-Problem) eine lange Tradition hat: Was nicht gemessen werden kann, ist nicht existent – dieser Fehlschluss ist ebenso häufig und ebenso wenig überzeugend wie der umgekehrte, dass Messbarkeit Phänomene und Eigenschaften erst konstituier(t)en.

Zweifellos ist in den letzten Jahrhunderten ein übertriebener Kult mit dem Konzept des Genius und den genialen Fähigkeiten und Eigenschaften von Ausnahmekünstlern und -wissenschaftlern betrieben worden, doch die Ablehnung dieser Art von Übertreibung, dieses »Mythos des Genius« (Weisberg 1986, 1993), rechtfertigt natürlich keineswegs die erwähnte Reduzierung aller genialer Kreationen und deren Schöpfer auf Normalzuschnitt.

Das Problem eines »Mythos des Genius« und von dessen »Demokratisierung« oder Veralltäglichung führt dann auch zu der Frage, wie man *Persönlichkeitsmerkmale* ausmachen kann, die besonders *kreative* Personen auszeichnen. Da ist das anzuführen, was schon erwähnt wurde – etwa: die Ungelöstheit von Problemen aushalten können, die Vorliebe für komplexe Bereiche, eine weite Orientierung des Interesses und der verwendeten »Kategorien« sowie die Fähigkeit, viele, weite Bereiche zu übersehen, außerdem zum Beispiel, wie schon der berühmte Psychologe Cattell in den fünfziger und sechziger Jahren herausgearbeitet hat, so etwas wie eine schizothyme, eine für Spaltungsbewusstsein, für perspektivische Alternation offene Anlage oder emotionale Färbung, eine Art Selbständigkeit, Unbekümmertheit und in gewissem Sinne auch die Fähigkeit, sorglos mit einem Problem umgehen zu können, und eine gewisse Radikalität im Denken und im Durchführen, Nonkonformismus (vgl. auch resümierend Tardif in Sternberg 1988, 435 f.), Mut, Zivilcourage, Unabhängigkeit des Urteils und des Denkens, »Ehrenhaftigkeit« (»honesty«), Durchhaltekraft, Neugier, Risikobereitschaft usw. (Torrance 1988, 68). Das alles – und mehr – spielt eine Rolle bei den Persönlichkeitsmerkmalen, die von Kreation erwartet werden. Die nachfolgende Liste aus Sternbergs *The Nature of Creativity* (1988, 434) gibt einen tabellarischen Überblick

Kognitive Kennmerkmale kreativer Personen
im Blick verschiedener Autoren

Charakteristika	Barron
Originalität	•
deutlich und sprachlich fließend	•
hohe Intelligenz	
gute Vorstellungskraft (imagination)	•
kreativ in einem speziellen Bereich	
denkt metaphorisch	•
verwendet umfassende Kategorien und Vorstellungskonzepte	
flexibler und geschickter Entscheidungsfinder	
fällt unabhängige Urteile	•
kommt mit Neuartigkeit gut zurecht	
denkt logisch	•
entzieht sich der Fixierung in/bei der Wahrnehmung	•
baut neue Strukturen	•
findet Ordnung im Chaos	•
fragt nach dem Warum	
hinterfragt Normen und Annahmen	•
aufmerksam auf Neuartigkeit und Wissenslücken	•
nutzt Wissen als Basis für neue Ideen	
zieht nichtverbale Kommunikation vor	
erzeugt interne Verbildlichungen (visualizations)	

Csikszentmihalyi	Feldman	Gardner	Gruber/Davis	Hennessey/Amabile	Johnson-Laird	Langley/Jones	Perkins	Schank	Simonton	Sternberg	Taylor	Torrance	Walberg	Weisberg
									•			•	•	
									•			•	•	
									•			•		
										•		•		
•		•			•	•	•		•	•			•	•
	•		•							•				
			•						•			•		
•						•			•	•	•	•		
									•			•	•	
										•	•			
							•							
										•	•			
										•		•		
			•						•					
						•			•					
						•			•					
						•	•	•	•			•	•	•
•	•		•		•	•	•	•		•		•	•	•
										•		•		
			•									•		

Man sieht hier: Jene Psychologen, die schon genannt worden sind, haben eine ganze Batterie von Persönlichkeitsmerkmalen betont. (Allerdings kommt zum Beispiel die Widerständigkeit gegen die Ungelöstheit von Problemen hier seltsamerweise nicht vor.) Erfasst werden aber die Fähigkeiten, die ich bereits genannt habe, wie Originalität, »Flüssigkeit« der Worte und Wortproduktionen, Vorstellungskraft, die Bereichsspezifität. Metaphorisches Denken, Metaphern spielen eine ganz große Rolle, weil man dadurch vergleichen kann. Vergleiche sind für die Entdeckung und Entwicklung von Neuem notwendig, ebenso die leicht aktivierbare Übertragung auf andere Gebiete, das heißt Flexibilität. »Weite (umfassende) Kategorien« und Vorstellungen, bildliche Vorstellungen sind typisch; unabhängiges Urteilen, sich nicht von anderen beeinflussen zu lassen. »Kommt gut mit Neuigkeiten oder ungewöhnlichen Situationen zurecht«; »denkt logisch«; »geht über das Sinnliche und verfestigte Meinungen hinaus«; »bildet oder baut neue Strukturen auf«; »findet Ordnung im Chaos«; »fragt ›warum‹«; »stellt Normen und Annahmen von anderen in Frage«; ist »gegenüber Neuigkeit und gegenüber Wissenslücken offen«; »benutzt existierendes Wissen als Basis für neue Ideen«; »zieht nichtverbale Kommunikation vor«; »kreiert innere Bilder und Visualisierungen«.

Man sieht zum Beispiel in der Tabelle, dass besonders Barron recht viele Merkmale genannt hat. Einer der bekanntesten Kreativitätspsychologen, Simonton, hat ebenso wie Sternberg eine ganze Menge von Faktoren angegeben. Es ergibt sich also unter diesen besonders bekannten Kreativitätspsychologen geradezu ein Übereinstimmungssyndrom. Offensichtlich herrscht doch eine weitgehende Übereinstimmung hinsichtlich der Merkmale, die bei kreativen Persönlichkeiten eine entscheidende Rolle spielen. Das Spektrum der Faktoren geht weit über die von Taylor und die von Matussek eher beiläufig genannten hinaus und ergibt schon ein viel differenzierteres Bild.

Hinzu kommen natürlich auch noch soziale Faktoren, welche die Bedingungen für Anregung und Entwicklung kreativer Fähigkeiten, Leistungen und Karrieren darstellen. Diese werden hier nicht genannt, weil es sich bei der Zusammenstellung im Wesentlichen um *persönliche* Züge und Fähigkeiten handelt, unter Abstraktion von der sozialen Situation. Dasselbe gilt für die verschiedenen Arten der kreativen Tätigkeiten oder Prozesse.

Auch dazu könnte und müsste man noch einiges mehr sagen (s. u.). Sicherlich müssten die sechs Dimensionen von I. W. Taylor ausgeweitet werden. Ich würde auch da differenzierter vorgehen. Daher möchte ich zunächst nur einige wenige Punkte übernehmen und dann versuchen, eine spezifische Einteilung der Arten kreativer Tätigkeiten zu entwickeln.

Arten der Kreativität

Die *Ausdruckskreativität* (nach Taylor) bleibt natürlich bestehen. Das nächste Moment ist die *Kombinationskreativität* – einschließlich etwaiger Neukombinationen, statt bloßer produktiver Kreativität oder *Regruppierungskreativität*; das heißt, dass man aus gewissen Elementen, die vorgegeben sind, neue Verbindungen herstellt. Das kann insbesondere auch in spielerischer Weise geschehen. Jedoch müssen spielerische Kreationen und spielerische Kreativität nicht nur kombinatorisch sein, sie gehen häufig über bloße Kombinationsspiele hinaus und können auch zum Erfinden und Setzen neuer Regeln führen: Diese *spielerische Kreationskreativität* ist sicherlich ein Punkt, der von Taylor nicht genügend berücksichtigt wurde – allenfalls bei »inventive creativity« oder »productive creativity« ist das Moment implizit angesprochen. Hinzu kommt das Verwenden von Metaphern und Analogien im Vergleich zwischen Gegenständen oder Konzepten aus verschiedenen Gebieten; man könnte von *metaphorischer* oder *analogischer Kreativität* oder von komparativer oder *Komparationskreativität* sprechen – also von Vergleichskreativität unter Verwendung von bereichsüberschreitenden Analogien, Metaphern, Bildern, Gleichnissen oder formalen Übereinstimmungen bzw. Formelgleichheiten. (Das hat oftmals eine große Rolle gespielt, wenn bestimmte Formeln, zum Beispiel logistische Sättigungsformeln, in verschiedenen Bereichen der Wissenschaft vorkommen – oder man denke an exponentielle Entwicklungen, die in sehr unterschiedlichen Gebieten der Wissenschaft auftreten, demselben formalen Gesetz gehorchen; da sind solche Möglichkeiten für eine Komparationskreativität gegeben bzw. ist die Fähigkeit dazu gefordert.) Die Konstitution neuer Gegenstände, neuer Objekte oder Untersuchungsobjekte oder neuer Konstrukte, neuer theoretischer Entitäten ist etwas ganz Wichtiges; *Konstitutionskreativität* könnte man sie nennen, und das gilt einschließlich der personalen Selbstkonstitution. Viele Philosophen, insbesondere auch Whitehead, haben gesagt, dass Kreativität stets auch so etwas ist oder umfasst wie Selbstkreation. Die kreative Selbstentwicklung eines entsprechenden Zentrums, Handelnden oder eines Aktionszentrums bedeutet: Also wäre *Selbstkonstitutionskreativität* anzuführen.

Ferner ist dann noch etwas hervorzuheben, was häufig traditionell mit dem Kreativen besonders verbunden ist, nämlich das Intuitive, das Gewinnen von Intuitionen, unter Umständen in Meditation oder mystischer Versenkung. Eine *Intuitionskreativität* ist nicht zu bezweifeln: Häufig berichten große Künstler oder Forscher – auch Mathematiker wie Henri Poincaré – darüber, dass sie plötzlich einen Einfall hatten.[10] Untertypen bilden dann eine *Visionskreativität*, die vorkommen mag, die, vom »Flow« (s. o. S. 82, 259, Anm. 55) getragen, in einer aktiven Form oder auch in einer eher passiven Form erwartet werden kann – also *Meditationskreativität*. Diese greift unter Umständen über das virtuell Visuelle hinaus. Es sind zwei Varianten, die eine ist mehr aktivistisch, enthusiasmiert, die andere ist »hingegeben« (sich hingebend), passivistisch, erwartend.

Auch das Moment der passiven meditativen Schau ist häufig – besonders zum Beispiel im fernöstlichen Denken – als Charakteristikum des Kreativen angesehen worden. Man mag vielleicht sogar mit David L. Hall (1978) sagen, dass das Kreative im Chinesischen immer als eine innige Verbindung von drei Komponenten aufgefasst wurde, die alle stärker in die erwähnte eher passivistische Richtung weisen, nämlich die drei Begriffe »wu-wei«, »wu-chi«, »wu-yü«. Diese wiederum stehen unter dem Gesichtspunkt des »té«. Dies meint die »intrinsische Exzellenz«. Im Taoismus zum Beispiel, wenn man etwa an Laotses *Dao De Ching* denkt, spielt das *Nichthandeln*, das »wu-wei«, eine ganz

10 Oft, so haben manche Psychologen nachzuweisen versucht, täuschen sich die Kreativen aber selbst – meistens im Rückblick. Selbst Darwin meint, er habe 1838 – übrigens ähnlich wie später unabhängig von ihm Alfred R. Wallace – ein Erleuchtungserlebnis bei der Lektüre von Malthus gehabt. Doch das kann, wie differenzierte Studien (Weisberg 1989) ergeben haben, offenbar so nicht stimmen. Die rückblickende Erinnerung wird anscheinend unbewusst durch den entsprechenden Autor bzw. den Träger dieser Entwicklung manipuliert.

entscheidende Rolle. Das kreative Denken ereignet sich nicht als ein gezwungenes oder erzwungenes, nicht dann, wenn man es erzeugen oder gar erzwingen *will*, sondern man muss sich auf das Geschehenlassen einstimmen. »wu-chi« heißt »kein Wissen«. Es bedeutet entsprechend, dass man die Aktivierung des Wissens nicht forciert, sondern sich gleichsam in einem offenen, primitiv-naiven Erfassungszustand hält. »wu-yü« ist dann das Nichtbegehren, was bedeutet: keine Wünsche, Interessen, keine Leidenschaft zeigen, »interesenloses Wohlgefallen« i. S. von Kants Ästhetik oder interesseloses Sichoffenhalten, Gewährenlassen. Diese passive Art von Meditation ohne Handeln, ohne Wissen, ohne Leidenschaften, das ist die Idee, die bei der taoistischen Meditation der Kreativität zu Grunde liegt. Das Geschehenlassen gilt als Mutter der Kreativität. Dem abendländischen Aktivismus scheint das alles recht fremd – zumal in einer hektischen Gesellschaft wie der unsrigen. Hier kann man einiges von den traditionellen Meditationstechniken des Morgen- wie des – zum Beispiel mittelalterlichen, mystischen – Abendlandes lernen. Das Beschriebene ist sicherlich auch ein wichtiger Punkt, der bei der Diskussion von Kreativität mehr als bislang berücksichtigt werden sollte; unter den traditionellen abendländischen Gesichtspunkten ist er noch nicht genügend gewürdigt worden – jedenfalls nicht in den psychologischen Tests; diese bewegen sich weitgehend auf der Ebene des Aktivseins, des offenen, generalisierenden Problemlösens, des Entwerfens, des Produzierens, Kreierens.

Typisch für genuine Kreativität ist auch das Durchbrechen von vorgegebenen Normen und Regeln oder gar Gesetzen, um neue Gesichtspunkte zu gewinnen, also eine Art von *Transgressions*beziehungsweise *Normationskreativität*: Man normiert Bereiche neu; das umfasst natürlich einen ganz anderen Gesichtspunkt als die bloße Kombination von vorhandenen Elementen. Das Erkennen von neuen Mustern ist zu bedenken. (Das Moment wird übrigens von Physikern bei Befragungen, die Sternberg vorgenommen hat, als besonders charakteristisch für Kreativität angesehen, nämlich dass man »Ordnung im Chaos«[11] erkennen kann oder Ordnung in der Unordnung.) Es handelt sich um eine Art von nicht nur wahrnehmungsmäßigem, sondern intellektuellem

---

11 »Chaos« kann hier umgangssprachlich oder i. S. der Theorie des deterministischen Chaos verstanden werden.

Mustererkennen, wir könnten vielleicht sagen: um *Schematisierungskreativität* oder *Konfigurationskreativität*. Konfigurieren, das bedeutet, neue Muster erkennen, Schemata bilden und anwenden und dann entsprechend auch in der Lage sein, diese zu artikulieren und zu bewähren. Diese Strukturierungen bedeuten unter Umständen eine beträchtliche Abstraktionsleistung. Das Übergehen auf höhere Abstraktionsebenen oder das Entwickeln abstrakter neuer Begriffe, insbesondere in der Mathematik die Bildung von übergreifenden, vereinheitlichenden Gesichtspunkten – das war ja im 20. Jahrhundert ein Kennzeichen der Mathematisierung in fast allen wissenschaftlichen Bereichen. Man gelangt so zu immer abstrakteren vereinheitlichenden und logischen Gesamtzusammenhängen. Das setzt natürlich so etwas wie eine *Abstraktionskreativität* voraus – oder aktiviert diese. Damit hängt auch die eingangs erwähnte Fähigkeit der Stufengenerierung zusammen, die Fähigkeit des Menschen, zu höheren Deutungsstufen und Metainterpretationen überzugehen. Diese für das kreative Aufsteigen charakteristische Kreativitätskomponente könnte man *Metastufengenerierungskreativität* nennen und diese von einer einfacheren *Generierungskreativität* in Bezug auf neue Begriffe und Muster in ein und derselben Ebene unterscheiden – oder hinsichtlich neuer oder (ab)gewandelter Perspektiven: *Perspektivengenerierungskreativität*.

Das Thema »Metakognition« ist in den letzten zwei Jahrzehnten zu einem wichtigen Thema der Psychologie geworden. Unter »Metakognition« werden die effektiven und wirksamen Prozesse verstanden, die die Kognitionsaktivitäten regulieren, orchestrieren und integrieren bzw. überformen (vgl. Armbruster 1989, 177). »Metakognition«, so hebt Bonnie Armbruster (ebd.) hervor, »schließt sowohl das *Wissen* als auch die Steuerung ein, die Individuen über ihre eigenen kognitiven Prozesse haben« bzw. ausüben. Diese »Steuerung« (englisch: control, Baker und Brown 1984) umfasst auch das »Setzen von Zielen und Unterzielen, das Planen des nächsten kognitiven Schrittes, das Überwachen (monitoring) und Evaluieren der Effektivität von kognitiven Strategien und das Revidieren dieser kognitiven Strategien«. Es handelt sich um selbstregulierende Prozesse und Aktivitäten im Rahmen der hierarchischen Lenkung, Steuerung und Kontrolle von kognitiven Organisationsprozessen. Dies zeigt, dass Metakognition in diesem Sinne eine große Rolle bei der Organisation, der Vorbereitung, der Erkenntnis und Anerkennung spezifischer, zum Teil auch unterbewusster Entwicklungen und Faktoren in der Inkubationsphase eines schöpferischen Prozesses und vor allen Dingen bei der Beherrschung und Steuerung bzw. flexiblen Umgestaltung und Abänderung der kognitiven Repräsentationen spielt. Metakognition wirkt auch in der Phase der Verifikation bei der Auswahl (Selektion) der Erfolg versprechenden Variierungen und schließlich in der Organisation und fruchtbringenden Konfrontation zwischen internen und externen Standards und anderen Bewertungskriterien mit. In der eigentlichen schöpferischen Phase der Illumination nach Wallas (1926, 1970)[12] spielt die organisierende bzw. regulierende metakognitive Tätigkeit meist eine geringere Rolle. Sie besteht allenfalls in der Erkenntnis und Anerkennung einer »kohärenten kognitiven Repräsentation«, die wirklich oder möglicherweise »das Ziel des kreativen Unternehmens« erfüllt. Armbruster spricht im Zusammenhang »einer höchsten metakognitiven Bewusstheit« (superior metacognitive awareness) davon, ob ein Einfall oder eine Einsicht passend oder verfolgenswert ist. Wir kennen aus vielen Berichten von Dichtern, Wissenschaftlern oder Mathematikern das »spontane« Auftreten der Eingebungen oder (Er-)Findungen und die entsprechende damit direkt verbundene intuitive Aha-Bewusstheit des Passens bzw. der Lösung.

Wichtig zu sein scheinen besonders in der Präparationsphase die fast metaperspektivistisch oder metarepräsentierend zu nennende Sensitivität der Kreativen in Bezug auf die Wissensrepräsentation und deren Geschicktheit im Steuern oder Regulieren einer möglichst flexiblen und Modifikationen zulassenden Darstellung, Vergegenwärtigung und generellen Repräsentation ihres Wissens.[13]

---

12 Zu beachten ist, dass die Anordnung der Phasen, typologisch und idealtypisch sowie analogisch ist, nicht in zeitlich klar getrennter Abfolge verstanden werden darf und im Allgemeinen auch nicht lineare kreative Prozesse beschreibt (wie es das Ablaufschema zu insinuieren scheint).
13 Das gilt entsprechend auch für die Flexibilität bei der Anwendung von Beurteilungskriterien in der Verifikationsphase. In der Illuminationsphase und bei der beginnenden Verifikation, die sich natürlich nur analytisch voneinander trennen lassen, ist die Sensitivität in Bezug auf Überraschungseffekte (Serendipität, s. u. S. 125) und das intuitiv wer-

Es ist klar, dass diese Art von metakognitiver Regulierung nicht mit unserer zuvor besonders hervorgehobenen Kreativität durch Metastufenbildung und Schichtenaufsteigen zu verwechseln ist. Zwar handelt es sich bei dieser Steuerung bzw. Strukturierung von Aktivitäten um organisierende Gesichtspunkte, Operationen und Prozesse, die auf kognitive Handlungen angewendet werden, aber sie dienen dazu, diese zu ordnen, zu steuern und zu manipulieren. Sie sind auf einer bestimmten Ebene implizit vorausgesetzte Bedingungen des kreativen Prozesses. Sinnott (1970) betont: »Man muss die Wirkungsweise (operation) eines solchen organisierenden Faktors im Unbewussten erkennen, denn der Zufall allein ist nicht kreativ«: Erst die Strukturierung, Musterbildung und ziel- beziehungsweise funktionsansprechende Spezifizierung oder Auswahl, die anscheinend vom »unbewussten Geist« geleistet werde, dürfte »diese Ideen und Bilder selektieren und in einem Muster arrangieren und korrelieren« (Sinnott, 1970, 112).

Im Unterschied zu dieser metakognitiven Regelungsaktivität der kreativen Prozesse, die gleichsam als Metahandlungen auf derselben Schicht interpretiert werden können, sind die kreativen Aufstiege beziehungsweise schichtenüberbrückenden Metastufenbildungen bei der Kreativität höherer Schichten dadurch charakterisiert, dass weitere Aufschichtungen von Symbolen und symbolischen Prozessen über Symbolen und symbolischen Prozessen, also *höher*stufige Interpretationen stattfinden, die neue Variations- und Kreationsmöglichkeiten eröffnen und auf diese Weise nicht nur die Verfeinerung und Abänderung von Schemata einer Ebene leisten, sondern eine höherstufige Restrukturierung bzw. die Bildung neuerer, abstrakterer und generalisierter Schemata auf der nächsthöheren Metastufe bilden – durch Abstraktion, Metasymbolisierung, Metainterpretation, durch Analogie und Abwandlung auf der Metasprachstufe oder durch andere zugleich generalisierende und Metastufen bildende Prozesse. Die psychologischen Ansätze zur Erfassung der Metakognition im Allgemeinen – und zwar in der Lern- und Entwicklungstheorie[14]

tende und *direkte* wählende Erfassen »guter« Lösungen besonders wichtig, wie Poincaré (vgl. u. S. 141) wiederholt betont hat.
14 Es ist interessant, dass die Phasen der bewussten flexiblen Veränderung von Modellen bzw. des Übergangs zwischen ihnen bzw. des Als-ob-Handelns in die Zeit des beginnenden frühkindlichen Vortäu-

und in der Handlungstheorie, aber auch speziell beim Thema Kreativität – ist dementsprechend weniger methodologisch ausgerichtet, sondern auf die *psychologische* Erfassung der entsprechenden Einflussfaktoren und Steuerungsprozesse kreativer Aktivitäten und Entwicklungsprozesse beschränkt. Metakognitionstheorie bleibt spezifisch in der kognitiven Psychologie verhaftet und ist ihrerseits nicht methodologisch zur Fundierung einer Kreativitätsphilosophie im Sinne unserer Stufungstheorie verallgemeinert worden.

Lässt sich Kreativität durch Tests erfassen?

Sternberg hat 1985 verschiedene Dimensionen und bewusst erkannte Faktoren der Auffassung von Kreativität beim Laienpublikum, bei Wissenschaftlern verschiedener Disziplinen und bei Künstlern festgestellt.

schungsspielens (ab ca. Mitte des zweiten Lebensjahres), des spielerischen Umgangs mit Möglichkeiten fällt, was übrigens Schimpansen im beschränkten Maße auch können (Perner 1991, ²1993, 9, 47 ff., 68). Hier ist sicherlich der Ansatz für künstlerische Kreativität zu sehen. Zur Entwicklung einer schichtenaufsteigenden Kreativität in abstrakteren Symbolzusammenhängen durch die Entwicklung von Beschreibungen, unrealistischen Fiktionen (science and live fiction) usw. ist aber zweifellos *meta*repräsentationales Darstellen und der Umgang mit mehreren Modellen erforderlich (erst ab etwa vier Jahren, nach Perner, ebd. 82 ff., 92f., 102). Wenn wir besonders die Kreativität der Aufschichtungen von Deutungen in höhere Metastufen des Beschreibens, Erfassens und Variierens als kennzeichnend für menschliche Kreativität auffassen, dann ist hier zweifellos eine Anknüpfungsmöglichkeit an die Entwicklungspsychologie gegeben. Der naiv produzierende Künstler als Naturtalent könnte sich noch an die situationstheoretische Phase anschließen, während der stilbewusste, bewusst Neues realisierende Künstler sich zweifellos an der repräsentationstheoretischen bzw. metatheoretischen Phase orientieren muss.

Nicht-metrische multidimensionale Skalierungslösungen für Kreativität

(nach Sternberg 1985, S. 615; Weinert 1990, 22-24)

Skalierungslösungen	Gewichtung

Dimension 1

Positive Polarität: Nichtfestgelegtheit

Formuliert Regeln situativ	2.34
Ist impulsiv	2.13
Ist risikofreudig	2.02
Kennt seine eigenen Grenzen nicht und versucht Dinge zu tun, die andere als nicht machbar ansehen	1.92
Ist emotional	1.89
Ist unabhängig im Denken	1.69
Baut Luftschlösser	1.51
Ist nonkonformistisch	1.49
Ist unkonventionell	1.47

Negative Polarität: Integration und Intellektualität

Stiftet Zusammenhänge und Unterschiede zwischen Vorstellungen und Dingen	– 2.10
Ist fähig, seine Umwelt zu verstehen und zu deuten	– 2.05
Ist fähig, Ähnlichkeiten und Verschiedenheiten zu erkennen	– 1.96
Ist fähig, abstrakte Ideen zu erfassen und seine Aufmerksamkeit auf sie zu konzentrieren	– 1.82
Ist produktiv	– 1.80
Hat einen hohen Intelligenzquotienten	– 1.58
Misst Ideen große Wichtigkeit bei	– 1.56
Ist zu großen Leistungen fähig	– 1.52
Macht sich über alles Gedanken	– 1.49
Ist fähig, bekannte Informationen, Theorien und Ähnliches auf neue Weise zusammenzuführen	– 1.16

Skalierungslösungen	Gewichtung

Dimension 2

Positive Polarität: Sinn für Ästhetik und Vorstellungskraft

Hat Sinn für Kunst, Musik und Ähnliches	1.90
Bevorzugt es, die Gestaltung neuer Dinge alleine zu tun	1.82
Kann schreiben, zeichnen und komponieren	1.82
Hat einen guten Geschmack	1.80
Benutzt leicht zugängliches Material und gestaltet Einzigartiges daraus	1.58
Befindet sich im Einklang mit dem Ausdrucksgehalt von Materialien und Prozessen	1.40
Ist phantasievoll	1.24

Negative Polarität: Entscheidungsfähigkeit und Flexibilität

Folgt bei seinen Entscheidungen seinen inneren Regungen und Gefühlen, nachdem er das Für und Wider abgewogen hat	−1.94
Hat die Fähigkeit zu Richtungs- und Verfahrenswechsel	−1.13

Dimension 3

Positive Polarität: Scharfsinn

Stellt gesellschaftliche Normen, Gemeinplätze und Annahmen in Frage	1.48
Ist einsichtig	1.32
Ist bereit, einen festen Standpunkt zu vertreten	1.21

Negative Polarität: Bedürfnis nach Leistung und Anerkennung

Handelt zielmotiviert	−1.89
Möchte für seine Arbeit gelobt werden	−1.73
Ist tatkräftig	−1.73
Hat Sinn für Humor	−1.48

Dimension 4

Positive Polarität: Wissensdurst

Ist schon im frühen Alter neugierig	1.21
Ist wissbegierig	1.19

Negative Polarität: Intuition

Hat Intuition	– 1.04

Sternberg und Weinert heben als Dimensionen, die bevorzugt werden, die folgenden hervor: »Nichtfestgelegtsein«, selbst die »Regeln formulieren«, »Risikofreudigkeit«, »Impulsivität«, aber auch emotionale Faktoren spielen eine Rolle, ferner »Luftschlösser bauen«, »Unabhängigkeit im Denken«, »Unkonventionelles«, dann auch Integration und Intellektualität in dem Sinne, dass Zusammenhänge gestiftet, Unterschiede zwischen Dingen und Vorstellungen gesehen und betont werden, die Umwelt gedeutet, verstanden wird, abstrakte Ideen zu erfassen sind und die Aufmerksamkeit sich darauf konzentriert. Die Fähigkeit, bekannte Informationen, Theorien usw. auf neue Weise zusammenzuführen, bedeutet: Man misst Ideen große Wichtigkeit bei. Übrigens: das Gesagte soll alles noch ein und derselben Dimension angehören; es handelt sich – Faktorenanalyse hin, Faktorencluster her – meiner Ansicht nach jedoch um mindestens zehn zu unterscheidende Fähigkeits- und Aktivitätskomplexe.

Die zweite Dimension umfasst nach Sternberg Sinn für Ästhetik, Vorstellungskraft, Sinn für Kunst, Musik, »bevorzugt Gestaltung neuer Dinge«, »allein sein«, »kann schreiben«, »komponieren«, »hat guten Geschmack«, »benutzt (neue) Materialien«, »gestaltet Neuartiges, Einzigartiges« daraus, »ist phantasievoll«, zeigt Ausdruckskraft, Entscheidungsfähigkeit und Flexibilität, folgt inneren Regungen und Gefühlen, nachdem er das Fühlen abgewogen hat, beweist Fähigkeit zum Richtungs- und Verfahrenswechsel.

In der dritten Dimension finden sich Scharfsinn, »Infragestellen gesellschaftlicher Normen und Gemeinplätze, Annahmen«, »Einsicht«, »Bereitschaft, einen festen Standpunkt zu vertreten«, »Unabhängigkeit der Meinung«, »ein starkes Bedürfnis nach Leistung und Anerkennung«, »zielmotiviertes Handeln«, »Sinn für Humor«.

Die vierte Dimension umfasst die Neugier, den »Wissensdurst« (»im frühen Alter schon neugierig«), »Intuition« usw.

So also stellen sich nach dieser faktorenorientierten Erhebung Laien kreative Personen vor. Wie viele Dimensionen nun hierbei wirklich eine Rolle spielen, ist nicht ganz so wichtig. (Die Dimensionierung erscheint meines Erachtens dem differenzierenden Blick als zu grobschlächtig, um die sehr unterschiedlichen Fähigkeiten und Aktivitäts- wie Motivationsmuster über jeweils einen Dimensionsleisten schlagen zu können.) Wichtig ist jedenfalls, dass das Nichtfestgelegtsein, das Unkonventionelle, Phantasievolle, Sensible oder Ästhetische ebenso eine Rolle spielt wie die Bereitschaft, etablierten Normen und dem Herkömmlichen zu widersprechen, und eine Aktivierung des Wissensdurstes.

Franz E. Weinert, der das Berichtete zitiert und zusammengefasst hat und dann auch auf recht »deutsche« Weise versucht, eine abstrahierende Definition der Kreativität daraus zu gewinnen, berichtet zudem noch, dass Sternberg *Wissenschaftlern* aus unterschiedlichen Disziplinen diese Fragen über die intuitiven Theorien der Kreativität ebenfalls gestellt hat. Das Ergebnis stimmte weitgehend mit demjenigen bei den Laien überein.

Es gab allerdings auch kennzeichnende Unterschiede, die nicht sehr überraschend, aber ganz interessant sind: *Professoren der Kunstwissenschaft* ... akzentuieren nach Sternberg (1985, 623 f.) »sehr deutlich Phantasie und Einbildungskraft sowie Originalität wie auch einen Überfluss an neuen Ideen und Bereitschaft, diese auszuprobieren. Der kreative Künstler übernimmt sehr gern Risiken und besteht hartnäckig darauf, in seinem Verhalten die Konsequenzen von Risiken weiterzuverfolgen. Ein solcher Mensch denkt in Metaphern und bevorzugt Formen der Kommunikation, die nicht streng verbal sind. *Professoren der Betriebswirtschaft* betonen ebenfalls bei kreativen Kollegen die Fähigkeit zu neuen Ideen«, insbesondere zur »Vermeidung« von Widersprüchen und sozialen Fallen, (Rationalitäts-)»Fallen«, die im »konventionellen Denken« auftreten können, »und die Kompetenz, sich mögliche Zustände vorstellen zu können«, Modelle zu bilden.»*Philosophen* unterstreichen, dass ›kreative Individuen niemals automatisch das bereits (allgemein, H. L.) ‚Akzeptierte' akzeptieren und dass sie, wenn sie neue Vermutungen haben, sich diese Vermutungen auch bewahren. Insbesondere ist der kreative Mensch mit Leichtigkeit imstande, Einsichten zu generieren, die sich auf Zusammenhänge zwischen scheinbar beziehungslosen Problemen beziehen, sowie nützliche Analogien und Erklärungen zu bilden‹.«

Wir sehen also, dass zum Beispiel unter Philosophen die Meinung herrscht, Philosophen berücksichtigten insbesondere das traditionelle Wissen nicht, wenn sie kreativ sind.[15] – Die *Professoren der Physik* meinen, wie schon erwähnt, dass besonders »die Fähigkeit, Ordnung im Chaos zu entdecken, sowie das Vermögen, grundlegende Prinzipien in Frage zu stellen«, die Kreativität ausmachen. Das Vergleichsresultat erweist sich also als bereichsspezifisch, aber es ist in keiner Weise überraschend.

Die Diskussion hat dann auch zu der Frage geführt, ob Kreativität überhaupt etwas Außergewöhnliches sei und ob es eine Rechtfertigung gebe, großen Künstlern oder Wissenschaftlern eine ganz besondere geniale Kreativität zuzuschreiben. Weisberg, der in der Sternbergschen Liste auftaucht, hat in seinen Büchern *Creativity: Genius and Other Myths. What Mozart, Einstein and Picasso and You Have in Common* (1986) und *Creativity: Beyond the Myth of Genius* (1993) das Akzentuieren des Genialen sehr stark relativiert.

Zuletzt möchte ich noch die »typisch deutsche« Definition von Franz E. Weinert (1990, 36) zitieren:

»Mit dem einheitlichen Begriff ›Kreativität‹ werden sehr unterschiedliche Eigenschaften von Produkten, Prozessen, Personen und Umwelten bezeichnet. Weder gibt es einen einheitlichen Typ der kreativen Persönlichkeit noch eine spezifische Klasse von kreativen Denkprozessen. Kreative Denkprozesse stehen nicht im Widerspruch zum geordneten logischen Denken, sondern beide Arten sind notwendige Komponenten für die Lösung schwieriger Probleme. Zur Lösung inhaltlich anspruchsvoller Probleme ist die Verfügbarkeit einer reichen, variabel organisierten und

---

15 Es gibt übrigens eine Untersuchung von Dennis (1966), die das Resultat ergab, dass Philosophen, wenn überhaupt, erst ab einem Alter von 60 Jahren so richtig kreativ werden (können). (Also hat man in meinem Alter noch Chancen und kann Hoffnungen hegen, anders als in vielen anderen Fächern.)

flexibel nutzbaren Wissensbasis eine notwendige Voraussetzung. Kreative Leistungen sind in der Regel das Ergebnis harter Arbeit und nicht die Folge plötzlicher Einfälle, die aus dem Unbewussten kommen. Nicht einzelne Merkmale von Situationen, Personen und Prozessen sind für kreative Leistungen entscheidend, sondern günstige Konstellationen, die aus vielen Komponenten bestehen.«

Weinert kommt im Anschluss an diese Definition zu drei Schlussfolgerungen: Erstens sei ein reiches Wissen notwendig; er hält also die bereichs- und problemspezifische Kreativität für besonders relevant. Zweitens könne man sagen, dass die Möglichkeit zu selbständiger Arbeit und Forschung besonders wichtig für die Kreativitätsförderung junger Wissenschaftler sei. Nicht richtig seien die traditionellen Überlegungen, meinen besonders Weisberg und Weinert, dass kreatives Denken überhaupt bloß auf plötzliche Einfälle rekurriere, insbesondere nicht oder kaum jemals auf große Konversionserlebnisse und Erleuchtungen.[16] Kreatives Denken stehe drittens nicht im Widerspruch zum analytischen Denken; es gebe zwischen beiden mehr Gemeinsamkeiten als Unterschiede. Kreatives Denken erfordert in der Regel harte Arbeit, Anstrengung, Beharrungsvermögen, Lernen, viel Wissen, aber auch Zufall, Glück und (Be-)Nutzen sich bietender Chancen. Der Zufall spielt halt immer mit hinein oder, wie die Autoren sagen: »Chance intervenes« – sometimes![17]

Wir hatten bereits Frank Barron erwähnt, der sich lange mit Kreativitätstests und -versuchen, insbesondere auch bei Kindern, befasst hat. Er versucht (1988, 80 f.) eine Art Zusammenschau der Umschreibungen oder der Definitionen von Kreativität zu geben: Erstens sei Kreativität die Fähigkeit, adaptiv auf Bedürfnisse nach neuen Ansätzen und neuen Produkten einzugehen. Er meint zweitens, etwas Neues müsse normalerweise das Endergebnis eines Prozesses sein, der von einer Person initiiert worden ist, und insofern müsse man Kreativität als »Kreativität« von Produkten, Personen und Prozessen bzw. den entsprechenden

---

16 Vgl. auch oben Weisbergs meines Erachtens zu weit gehende Relativierung der kreativen »Erleuchtungen«.
17 Hier stellt sich natürlich die methodologische Frage, inwieweit der Rekurs auf den Zufall nicht bloß Ausdruck des Unwissens, der praktischen oder der prinzipiellen Unkenntnis der Einflußfaktoren, ist, also eigentlich lediglich ein Ausdruck des Erklärungsmangels oder gar der Unerklärbarkeit.

Merkmalen studieren. (Wir haben schon gesehen und diskutiert, dass manche, wie etwa C. W. Taylor, diese Sicht zu einer Vier-Punkte-Typologie erweitern, und wir haben diese Ansätze bzw. die zu unterscheidenen »Kreativitätstopoi« sogar auf ein Dutzend Punkte erweitert.) Drittens sagt Barron, die »definierenden Eigenschaften dieser neuen Produkte«, Prozesse bzw. Personen müssten im Wesentlichen aufgefasst werden als »Originalität, Geschicktheit oder Passung, Gültigkeit, Angemessenheit beim Beachten eines bestimmten Bedürfnisses und eine … Eigenschaft«, die in einem weiten Sinne einfach »Fitness« genannt werden kann. Barron unterscheidet »ästhetische Fitness, ökologische Fitness, die optimale Form, gerade ›richtig‹ und originär zu sein in Bezug auf das Erwartete«, »Originalität« in einem bestimmten Zeitraum oder zu einem Zeitpunkt: »Die Betonung liegt [also] auf dem, was frisch, neu, ungewöhnlich, ingeniös, klug, geschickt« und eben passend ist. Er stellt viertens fest, solche »kreativen Produkte« seien in verschiedenen Formen zu finden, aber im Grunde kaum über einen Leisten zu schlagen; eine neue Lösung in der Mathematik sieht zum Beispiel ganz anders aus als eine Erfindung in der Technik oder in anderen praktischen Bereichen; die Entdeckung eines neuen chemischen Prozesses ist etwas anderes als die Komposition eines Musikstücks, die Abfassung eines Gedichts, das Malen eines Bildes oder auch als die Ausbildung eines neuen philosophischen oder religiösen Systems – anders als eine neue Idee, eine Innovation im Gesetzesdenken bzw. in der Rechtskultur. Aber irgendwie muss immer ein Flair des Neuen, des Frischen damit verbunden sein. Das scheint das charakteristische, definitorische Gemeinsame zu sein, wodurch sich das Kreative auszeichnen sollte. Irgendein Durchbruch, irgendetwas Überraschendes, etwas Unerwartetes bei der Behandlung von alten Problemen in welchem Bereich auch immer, muss das Kennzeichnende darstellen.

Barron hält diese Merkmale für allgemein anerkannt, möchte jedoch noch einige Bemerkungen hinzufügen, nämlich dass »viele Produkte (ihrerseits) Prozesse sind« und dass umgekehrt Prozesse häufig auch Produkte von Handlungen sind. Personen können in gewissem Sinne als beides aufgefasst werden, nämlich als *Ergebnis* eines Entwicklungs*prozesses* und damit sowohl als Produkt – als »Bereich in einem Bereich«, als offenes, wie abgeschlossenes System – als auch als Prozess und, einer bestimmten

Auffassung zufolge, als etwas Eigenes, Einziges. Es ist also die Abgrenzung eines Bereichs innerhalb dieser drei, vier oder entsprechend mehr Faktoren, die von solchen P-Typologien aufgespannt werden, notwendig; es handelt sich um ein Feld, das im Grunde nicht durch klare, scharfe Trennungslinien abgetrennt oder aufgeteilt ist. Die Abgrenzungen von produktförmigen und prozessförmigen Entwicklungen, Ergebnissen und Handlungen und insbesondere von dem, was das persönliche Flair oder Ergebnis des persönlichen Handelns ist, können verfließen.

Der nächste Punkt ist, dass »Kreativität eben nicht bloß eine Fähigkeit ist, sondern eine Charakteristik von sich entwickelnden Systemen«. Dem hat dann auch die psychologische Ansatzweise Rechnung zu tragen, was sie bisher nur in ungenügendem Maße tut, weil sie zu stark auf die Analyse von Merkmalen von Produkten und Personen abhebt und von einem engen, begrenzten Ausschnitt von Handeln und Verhalten ausgeht; sie müsste also erweitert werden. Daran ist sicherlich viel Richtiges, und diese Beobachtung wird auch einen Übergang zu unseren späteren Anführungen bilden.

Barron erwähnt, dass beim kreativen Prozess immer bestimmte Polaritäten eine Rolle spielen: »Chaos und Ordnung«, »das Unbegrenzte und das Begrenzte«, das sind Ausdrücke, mit denen man versucht natürliche wie auch künstliche Kreationen zu verstehen und denen jeweils analoge psychische Zustände entsprechen (können). Etwas Natürlichem, das dem Menschen nicht einsehbar ist, wird etwas gegenübergestellt, das vom Menschen durch seine Merkmale, Theoriebildungen und Kreationen geschaffen oder erfassbar ist. Das polare Entgegensetzen ist auch in der Psychologie der Kreativität wesentlich, insbesondere dann, wenn man die Polarität »Unbewusstes gegenüber Bewusstheit« in Anschlag bringt. Psychische Schöpfung einschließlich der Selbsterschaffung bzw. -findung ist übrigens auch eine Art von Evolutionsprozess, zum Beispiel eine Art Evolution des Bewusstseins, und zwar nicht primär in dem Sinne, dass nur das Bewusstseinserleben im jeweiligen Moment gemeint ist, sondern die Geschichte des Bewusstseins, einschließlich der Zugriffsmöglichkeiten des Gedächtnisses. So ist im Grunde eine Person charakterisiert durch ihre eigene evolutiv-kreative Geschichte und ist systemdynamisch sozusagen als diese aufzufassen. Das geht letztlich über die Möglichkeiten einer bloß methodisch-naturwissenschaftlich vorgehenden, naturalistisch erklärenden und beschreibenden Psychologie hinaus. Kognitive Entwicklungsbeschreibung im personalen Einbettungszusammenhang ist historisch-genetisch-systemhaft. Die psychische (Selbst-)Schöpfung geschieht nach Barron analog der sexuellen Befruchtung und Fortpflanzung: Es gibt die entsprechenden Phasen der Vorbereitung, der Empfängnis, der Reifung, sogar der Geburtswehen und der Entwicklung oder Erziehung des entsprechenden »Babys«. Hier könnte man ähnlich wie in Bezug auf die Selektionstheorien der Biologie viele Parallelitäten und Analogien zu kreativen Entwicklungen sehen. Barron behauptet, dass die Konstruktivität der Kreativität immer in Polaritäten gesehen werden muss – eventuell mit einem Verlust an Strukturierung. Kreativität ist in gewissem Sinne immer auch destruierend, destruktiv. Es müssen alte Bilder gestürzt, alte Formen zerstört werden, wenn etwas umstürzend Neues eintreten, geboren oder entwickelt werden soll.

Das ist hier ähnlich wie in der biologischen natürlichen Selektion. Zum Schluss seiner Charakterisierung fordert Barron, dass alle Psychologie der Kreativität mit einer bestimmten Beschränkung durch Kritik, Weisheit und vor allem Verantwortlichkeit zu handhaben sei (ebd., 81), dass man das Kreative und das Kreieren nicht nur als technischen Begriff sehen kann, sondern eben als eine Art von zu verantwortender menschlicher Ressource. Die »Ressource Kreativität« dürfe nicht verschleudert und vergeudet werden (ebd., 97). Barron glaubt, es sei möglich, durch Änderungen zum Beispiel im Erziehungssystem gewisse Vorrichtungen und Vorgaben sowie Wege zu entwickeln, um die Möglichkeiten dieser menschlichen *Ressource Kreativität* zu verbessern und zu erhöhen. In seinen Studien, die insbesondere Teststudien, zum Teil aber auch historische sind, hebt Barron (ebd., 93) die Fähigkeiten hervor, ein unabhängiges Urteil entwickeln und einen Blick auf größere, komplexere Zusammenhänge richten zu können; diese hält er für besonders wichtig. Barron entwickelte ein »Inventory of Personal Philosophy«, einen Fragebogen, der persönlich-philosophische Eigenständigkeitsgesichtspunkte diskutiert. Er gelangt zu der Auffassung, dass – neben den signifikanten, charakteristischen Merkmalen der Kreativität, wie große Fähigkeit zum analogischen Denken (er nennt das: »symbolische Reichweite«) und eine rationale Vorstellungskraft, die auf zufälliges, »kontingentes« Denken angewendet wird – insbesondere noch zwei Persönlichkeitszüge eine große Rolle spielen, nämlich die Unabhängigkeit des (eigenen) Urteils und eine dynamische Spannung zwischen dem Streben nach Einfachheit und dem Spielen mit Komplexität. Dazu käme dann noch die Motivationskomponente, also intrinsische Motivation (vgl. Amabile 1983).

Kreativität, Evolution und Geschichte(n)

Die meisten Theorien, die über das bloße Testen hinausgehen, haben auch in der Psychologie versucht, die geschichtliche Perspektive mit einzubringen. Das Bemühen darum ist eigentlich letztlich nicht neu; es kommt aus der Philosophie: Der wahrscheinlich Erste, der diese Analogie der psychologischen neuen Entwicklungen zur darwinistischen Modifikations- und Selektionstheorie gesehen hat, war William James. Dieser meinte, dass »die Beziehung der sichtbaren Umgebung zu den großen Männern im Wesentlichen das ist, was die ›Variation‹ in der Darwin'schen Philosophie« darstellt: In seinem Aufsatz »Great Men, Great Thoughts, and the Environment« (1880) betont er jedenfalls, dass sich »neue Konzeptionen, Emotionen, aktive Tendenzen entwickeln«, die als Variationen in der Form von Zufallseinfällen, »Zufallsbildern, Phantasien, zufälligen Ausgeburten einer spontanen Variation in der funktionalen Handlungsweise des äußerst instabilen menschlichen Hirns« produziert werden, welche die äußere Umwelt bestätigt oder zurückweist, annimmt oder verwirft, behält oder zerstört – »*selektiert*, gerade wie sie morphologische und soziale Selektionen in Bezug auf molekulare Zufälle analoger Art« in der biologischen Entwicklung leistet (es ist interessant, dass er bereits damals sagt: »molekulare Zufälle«). Das heißt also, die Idee von zufälliger Variation einerseits und einer kritischen Auswahl des Wesentlichen, die irgendwie durch Kriterien und Bewertungen gesteuert ist, andererseits ist sie die zugrunde liegende Hauptidee. Das aber ist genau die Darwin'sche oder besser: Darwin-Wallace'sche Idee der natürlichen Zuchtwahl, der Vererbung von bestimmten Variationen, die, wie immer auch, teils zufällig, teils durch genetische Rekombination entstehen, aber dann von einem bestimmten Selektionsmechanismus«[18] rigoros »ausgewählt« werden. So wurde der darwinistische Ansatz häufig als Analogie oder als Anregung aufgefasst. In der Tat ist mit der evolutionären Erkenntnistheorie von Konrad Lorenz und Donald Campbell die Idee dann in die Psychologie übertragen worden. Zum Beispiel wird von Campbell explizit gefordert, dass eine Erzeugung bestimmter ideationaler, also durch Ideen darstellbarer Variationen gegeben sein muss, und die muss »blind« sein, auf Zufall, Glück usw. beruhen. (Die Engländer haben da in der Terminologie mehr Auswahlmöglichkeiten als wir; sie sagen: »chance, random, aleatory, fortuitousness, and haphazard«.) Das kontigente Variieren spielt also zunächst eine grundlegende Rolle.

Das Zweite ist, dass diese ganz heterogenen Variationen dann einem bestimmten, und zwar konsistent durchzuhaltenden Selektionsprozess unterworfen werden, der alle diejenigen Varianten ausscheidet, die nicht »geeignet« sind, die das Problem nicht lösen, die ein »irgendwie stabiles« Nutzen-, Güte- oder Funktional-Kriterium nicht erfüllen. Mit anderen Worten: Es muss relativ stabile Kriterien der Auswahl geben, durch welche die Variationen ausgelesen werden können daraufhin, ob sie nun »fit« sind. Letztlich muss es dann eine Möglichkeit geben, die ausgewählten Varianten systematisch zu *stabilisieren*, zu speichern, festzuhalten (»retention«). Das ist der dritte Schritt, jener der *Verfestigung*. Eine Stabilisierung hat einerseits innerindividuell zu funktionieren, das heißt sich in der Erinnerung zu speichern, muss andererseits aber auch die Lösung oder das Muster auch sozial akzeptabel machen, durchsetzen und in dieser Weise zur *Innovation* bringen. So wird bei dieser Analogie oder Analyse eine Art von Wechselspiel zwischen der Zufälligkeit einerseits und dem konsistenten Auswahlprozess andererseits gefordert. Diese Analogie hat aber natürlich auch eine Reihe von Schwierigkeiten; denn man kann nicht einfach das *blinde* Spiel der natürlichen biologischen Evolution und Selektion auf das Spiel der Selektion von Ideen aus Denkvariationen und -modifikationen übertragen. Erstens ist es keineswegs so, dass bei der Ideenproduktion »trial and error« wild und blind durchgespielt werden. Man kann allerdings »wilde Ideen« konzipieren und sollte das vielleicht auch versuchen.

[18] Besser als »Selektionsmechanismus« hieße es sicherlich »Systemdynamik«.

Insbesondere Darwin war darin übrigens ein Meister, wie sein eigener Sohn berichtet hat. Francis Darwin hat über seinen Vater, dem er lange Jahre auch als Assistent zugearbeitet hat, geschrieben, dass dieser geradezu einen Instinkt dafür gehabt hätte, bestimmte Ausnahmen, Sonderfälle zu erkennen und »festzumachen« (»arresting«); als hätte er über eine theoretische Kraft verfügt, stets die geringsten Störungen besonders zu beachten, so dass keine noch so geringe Tatsache seiner Aufmerksamkeit entgehen konnte; jede kleinste Abweichung wurde in Bedeutsamkeit umgemünzt. Darwin hatte aber diesbezüglich nicht nur einen großen Reichtum an Vorstellungskraft, sondern auch die entsprechende Urteilskraft, seine Entwürfe kritisch zu sichten und gegebenenfalls – meistens – abzulehnen. Er nannte interessanterweise diese jeweils ersten »wilden« Versuche »Narrenexperimente«. Mit anderen Worten: Darwin vermochte bewusst Anregungen aus der Außenwelt aufzunehmen und recht kleine, scheinbar belanglose Störungen besonders »herauszuholen«, zu bemerken und fruchtbringend zu nutzen. Er zeigte also eine Einstellung, die man in der Soziologie später »Serendipität« nannte und heute noch ernsthaft zur Erklärung – oder wenigstens beschreibenden Erfassung – verwendet.

Der Begriff wurde nach einer Erzählung von Horace Walpole kreiert. Walpole hat 1754 eine Erzählung geschrieben, *The Three Princes of Serendip*; Serendip ist eine legendäre Stadt in Ceylon. In dieser Novelle wird beschrieben, wie die drei Prinzen durch die Gegend reisen und immer auf neue Entdeckungen ausgerichtet sind, seien diese nun bewusst veranlasst oder seien sie zufällig vorgefunden worden (»As their highnesses travelled, they were always making discoveries, by accident or sagacity, of things which they were not in quest of«). Mit anderen Worten: Es gibt also so etwas wie eine geradezu gezielte mentale Struktur, zufällige Anregungen und Variationen aus der Umgebung zu nutzen. Der berühmte Psychologe Walter B. Cannon hatte das zur Zeit des Zweiten Weltkrieges (1940, 1945) als methodologisches und wissenschaftshistorisches Prinzip so benannt und aufgenommen, und der Wissenschaftssoziologe Robert K. Merton (1949, ²1957, 103 ff.) hat das Prinzip für die Soziologie und für die historischen Sozialwissenschaften generell in Anspruch genommen. Merton definiert diese *Serendipität* als das Auftauchen eines nicht vorher antizipierten anomalen, aber strategischen Datums, das die Gelegenheit zur Entwicklung einer neuen Theorie oder zur Ausweitung einer bestehenden Theorie bietet.

Man kann diese Serendipität nun sekundär untersuchen und verschiedene typologische Unterscheidungen ausarbeiten, wie sie Helmut Klages (1967) in seinem Buch über *Rationalität und Spontaneität* getroffen hat; er unterschied zum Beispiel bestimmte Stile der Serendipitätsnutzung: einerseits eine »Falsifizierungsserendipität« von einer Zufallsserendipität. Entsprechend beschreibt er verschiedene »Stile« der Forschung. Für ihn gibt es ganz unterschiedliche Forschungsstrategien – und diese dürften auch heute noch charakteristisch sein: Der »Jagdstil« (Jagd nach einem Ziel) unterscheidet sich vom Stil der systematischen Ausschöpfung aller Möglichkeiten. Es ist festzustellen, dass man oft nicht nur wie Darwin einfach aus der Umgebung Reize herausnimmt und sich überraschen lässt, sondern dass man unter Umständen heutzutage in der angewandten Forschung – typischerweise zumal der Großforschung – ganz andere Forschungsstile entwickelt, nämlich Verfahren zum Beispiel für die systematische Kombination von Abwandlungen, die man eventuell nach dem Prinzip des morphologischen Kastens (Zwicky) ausgetüftelt hat. Oder man erarbeitet eine Ausschöpfung aller möglichen, zunächst fast ausschließlich computergenerierten oder -tabellierten Chancen, Möglichkeiten und Kombinationen. Solche systematisierten Suchverfahren sind deutlich zu unterscheiden von dem, was Klages den traditionellen Stil des großen kreativen Wissenschaftlers nennt, der sich eher serendipitätsorientiert verhält und auf Zufälle achtet bzw. wartet oder diese wie Darwin im Umgang mit einem bestimmten Problem zu erkennen und auszunutzen versucht. Die typischen Forschungsstrategien heutzutage, so erkannte Klages, bestünden gerade in der Großforschung, zum Beispiel auch in der pharmazeutischen Industrie, darin, dass man gar nicht mehr von vornherein auf bestimmte Produkte ausgerichtet ist, sondern so etwas wie ein jagdförmiges Verhalten entwickelt. Dies ist aber nicht mehr eine Jagd auf ein Einzelwild, sondern auf überhaupt *irgendetwas* Verwertbares, Vermarktbares, das sozusagen vor die weit streuende (Schrot-)Flinte kommt. Die Aufgabe, die erfüllt, das Problem, das gelöst werden soll, wird oft erst hinterher definiert. Das ist eine exzessive strategische, quasi-industrielle Nutzung neuer Kombinationen und Möglichkeiten. Die Frage stellt sich natürlich: Ist das das neue

Muster der systemorientierten oder einer systemtechnisch induzierten und industriell verwalteten oder optimierten *Kreativität*? Man kann sich so etwas ja auch für Künstler vorstellen. Und unter Umständen kann das auch funktionieren. Wer in Wien war und sich das Hundertwasser-Haus angeschaut hat, der konnte sehen, in wie vielen Varianten immer wieder auf dieselbe Art und Masche Kunstprodukte quasi-industriell erzeugt wurden/werden, aber dennoch zu ganz überraschenden und ansprechenden Farbspielen und Formenkombinationen führen. Man dürfte also nicht mehr leichtfertig diese Art von Kreativitätsverhalten auf organisierter Basis ablehnen wollen.

Wichtig ist jedenfalls, dass die Analogie zur biologischen Evolutions- und Selektionstheorie beim kreativen Prozess nicht nur bei der Suche nach Variationen täuschen mag (die Variation ist eben nicht rein zufällig, sondern intuitions- oder strategiegeleitet), sondern dass auch die Auswahl keineswegs eine Selektion direkt analog zur Evolutionstheorie in der Biologie ist. Deren »Selektion« besteht erst darin, dass diejenigen Variantenträger, die bestimmte adaptive Vorteile aufweisen, größere Fortpflanzungschancen haben, so dass sich das Vorteilhafte durch eine höhere Fortpflanzungschance über die Generationen hinweg sehr langsam durchsetzt. Bei der Ideenauswahl ist es aber so, dass bei den Kriterien eine Art von Selbstverstärkung direkt eingebaut ist. Mit anderen Worten: man nutzt einerseits zwar die Analogie, die Heuristik dieser vorgegebenen Vergleiche mit der Evolutionsbiologie, aber andererseits wird es durch das Kriterium der Beurteilung schon viel effektiver und schneller zu einer Verbesserung kommen können, weil andere Varianten, die sich nicht als »geeignet« erweisen, ausgeschieden werden – eventuell schon auf der Ebene des sehr viel schneller zu ändernden Gedankenspiels oder der symbolischen Codierung. Auch bei Ingenieurkonstruktionen wird heutzutage gelegentlich die Evolutions-Selektions-Theorie als Muster genommen – Rechenberg an der TU Berlin verwandte beispielsweise evolutionäre Generationsstrategien als Heuristik: Hier nutzt man eine selbstselektierende Selbstverstärkung bei der kriterialen Bewertung aus und durchläuft keineswegs nur »mechanisch« den blinden Variationsraum des »trial and error«, sondern man versucht, das Optimale sehr viel schneller und »schlanker« zu erreichen, indem man unmittelbar Beurteilungs- und Auswahl- sowie Verstärkungskriterien (größere Gewichtungen und Chancen der Fortsetzung in der nächsten »Generation«) hineinbringt. Das sind zum Teil *andere* Selektionskriterien als in der biologischen Artenselektion, insbesondere entwicklungsbeschleunigende Verfahren – und es geht auch nicht nur um die Stabilität.

Simontons Permutations- und Konfigurationstheorie

Dean Keith Simonton hat mehrere Bücher (1984, 1988) über den wissenschaftlichen Genius, über Kreativität usw. geschrieben und eine Theorie entwickelt, die, wie er sagt (1988), bewusst an Donald Campbells evolutionär-erkenntnistheoretischen Ansätzen orientiert ist. Er nennt sie eine »chance configuration theory of creativity«. Er behauptet in keiner Weise, dass seine Theorie originell sei, sondern er habe sie von Campbell ausgehend entwickelt, nur dann im Wesentlichen auf psychologische Elemente angewendet – und insbesondere versucht, sie unter psychologischen Gesichtspunkten zu testen. Zunächst zu dieser Theorie. Sie umfasst wesentlich diese drei Schritte:

1. eine Zufallsvariation, Simonton spricht von »chance permutation of mental elements«,
2. die Bildung von Konfigurationen (Mustern, Schemata, Ordnungen usw.),
3. die Kommunikation bzw. die soziale Akzeptanz dieser Konfigurationen.

Man muss sagen, dass bei der Bildung der Konfigurationen eigentlich mehr gemeint ist, als das Wort besagt: Es umfasst schon die Bewertung oder die kritische Beurteilung: die Selektion des Wesentlichen, Charakteristischen, Typischen.

Simonton spricht lieber von »Permutation« als von »Kombination« und bringt dafür auch eine Begründung, die ich nicht sehr überzeugend finde. Jedenfalls sind unterschiedliche kognitive Schemata, Vorstellungen, Begriffe, Zusammenstellungen aus dem Gedächtnis bzw. durch Variationen oder Anreiz aus der Umgebung geeignet, unterschiedliche Permutationen oder Kombinationen per Zufall oder jedenfalls unter Einfluss von zufälligen Elementen zu erzeugen, gleichsam die notwendige Variationsfähigkeit erst einmal herzustellen, bevor die Selektion einsetzen kann. Simonton betont, dass zufällige Komponenten eine Rolle spielen, weil Zufall Unvorhersagbarkeit impliziert, dass das aber keineswegs totale Zufälligkeit bedeutet. Vielmehr kann es unter Umständen beträchtlich von bestimmten Gesichtspunkten, Suchvorgaben oder bestimmten Bereichen geprägt sein, was man als Variationen bekommt! Die Suche ist nicht blind. – Hinzu kommt, dass die Unvorhersagbarkeit und die Variationsvielfalt sowie überhaupt die Möglichkeit einer komplexen systemhaften Darstellung keineswegs allein von der Einführung von zufälligen Elementen abhängig ist. Das Entstehen der Theorie komplexer dynamischer Systeme und der Ansätze der deterministischen Chaostheorie hat Simonton noch nicht geahnt, obwohl sie beide zeitlich parallel zu seinem Ansatz entwickelt wurden. Auch in der klassisch deterministischen Naturbeschreibung der Physik ergibt sich eine prinzipielle Unvorhersagbarkeit bei komplexen Systemen, nämlich dann, wenn man die Chaostheorie zu Grunde legt. Diese hat übrigens nichts mit Zufälligkeit zu tun, sondern bezieht sich im Wesentlichen auf deterministische Systeme, aber solche von nichtlinearer, hochkomplexer Art. Das Entscheidende dabei ist, dass minimale Variierungen der Anfangsbedingungen bei nichtlinearen Entwicklungsgleichungen mit mindestens drei Freiheitsgraden zu einer Auswirkung führen, die dann in the long run – und zwar bei der Entwicklung des Chaos ziemlich bald – *universell*, das heißt nach einem generellen formalen Ablaufgesetz, ins Chaos übergeht. Dies führt zu unvorhersagbaren Gesamtstrukturen, die man nur noch sehr global beschreiben kann durch die so genannten Attraktoren, »seltsame Attraktoren«, komplexe (nicht punkt- oder kreisförmige) Figuren im Phasenraum der Zustandsvariablen – Endstrukturen, auf welche die Zustandsfolgen sich notwendig zubewegen. Das Chaos ist gerade dadurch definiert, dass der Attraktor *fraktal* ist, das heißt eine komplexe Struktur zeigt, die immer wieder untergliedert werden kann und immer wieder – auf jeder Tiefenschicht – sich selber ähnliche (»selbstähnliche«) Strukturen aufweist. Fraktale Attraktoren oder seltsame Attraktoren in diesem Sinne sind das Charakteristikum des deterministischen Chaos und führen damit zu einer Unvorhersagbarkeit, die kennzeichnender- und interessanterweise – und das ist eine Idee, die wir später verfolgen müssen – zu global überraschend geordneten, ja, schönen Strukturen im Zustandsraum führt, wie sie auch fraktale Muster in der Natur aufweisen. Fast alle Naturprozesse, Pflanzen, Blüten, Baumstrukturen, sind Ausfluss von solchen fraktalen Strukturelementen und der entsprechenden »fraktalen« Entwicklung unter diesem Gesichtspunkt. Das kann man theoretisch begründen und mit dem Computer durch vielfache, prinzipiell unbegrenzt weiterführbare Iterationen konstruieren; zum Beispiel ist das für manche Blattstrukturen wie bei Farnen (Barnsley) nachgewiesen, lässt sich aber auch für andere, hochkomplexe biologische Strukturen direkt nachweisen. Man muss also bei der Erzeugung von Komplexität und Variationsvielfalt, jedenfalls nach außen hin, keineswegs echten Zufall im Sinne eines traditionell probabilistischen oder statistischen Ansatzes unterstellen, sondern das Komplexe ist durchaus auf diese deterministische Weise zu erreichen. Und man hat dabei auch die Möglichkeit, das grundlegende nichtlineare Gesetz zu erkennen, ohne im Einzelnen irgendwelche Voraussagen über künftige Zustände machen zu können. Allenfalls kann man die Form des fraktalen Attraktors angeben und hat damit so etwas wie eine globale Beschreibung einer möglichen Struktur oder der Verlaufsform, die das System in der Zukunft haben wird. In dieser Hinsicht muss die Variationsmöglichkeit, die bei den Psychologen bisher allein als die Zufallsmöglichkeit galt, ergänzt oder erweitert werden.

Die Erzeugung der *Konfiguration* nach Simonton, die Bildung von Ordnung, geschieht unter dem Gesichtspunkt der stabilen (bzw. zu stabilisierenden) Permutationen. Man muss also stabile Permutationen erreichen, die instabilen Konfigurationen in stabile ordnen, und diejenigen Konfigurationen aussuchen, die stabil bleiben oder stabil werden können. (Interessanterweise lässt sich das auch auf naturphilosophische Probleme im Zusammenhang mit Whiteheads Entwurf [1929, 1979] einer kreativen Metaphysik anwenden [s. u. S. 314 ff.].) Die Frage ist, ob diese Stabilität nicht im Grunde bereits eine definitorische Folge dessen ist, was Simonton »Konfiguration« nennt, und ob man nicht bestimmte Kriterien der Selektion im Einzelnen erst dann entwickeln müsste. Simonton meint jedenfalls, je größer die Stabilität der Permutationen sei, desto höher sei auch die Chance der Selektion oder des Behaltenwerdens, des Aufbaus einer stabilen Konfiguration. Je stabiler eine Permutation, also zum Beispiel beim Subjekt oder im Bewusstsein oder im mentalen Erleben, desto eher bekommt sie einen gewissen Vorrang im Bewusstsein.

Die unstabilen Permutationen sind zu (ver)fließend, um über den Bereich des Unbewussten oder der unbewussten Prozessentwicklung hinausgehen oder festgehalten werden zu können.

Die Bezeichnung »Konfigurationen« hält Simonton für besser als »Schemata«, »assoziative Felder«, »Konstrukte«, »Konzepte«, »Ideen«, weil sie eben relativ weit und offen ist – insofern, als einfach die strukturelle Zusammenbindung und Stabilisierung von Elementen gemeint ist. Man spricht ja gelegentlich auch von »Konstellationen«, aber »Konfiguration« ist sicherlich eine geeignete terminologische Wahl. Wenn eine Konfiguration nun genügend verfeinert wird, kann sie sich nach Simonton in ein neues mentales (zu permutierendes) Element umwandeln, falls sie sich eben verfestigt und in der Folge in andere – man müsste sagen: höherstufige – Permutationen eingehen kann. Konfigurationen können auf diese Weise sekundär zu neuen Einzelelementen werden,[19] die dann ihrerseits wieder eingebaut werden in höherstufige Permutationen: Es geht also um eine Superzeichenbildung. Man könnte, meint Simonton, diese Konfigurationsentwicklung fortsetzen. Als ein Analogiebild, das bei der Stabilisierung eine Rolle spielen kann (er übernimmt dies von Campbell), gilt die Kristallbildung in einer Lösung. Diese wird in der Tat zunächst durch einen Entwicklungskeim, ein Kristallisierungszentrum, angeregt und kann dann zu geordneten stabilen Kristallen führen. Die Konfigurationen werden – analogisch gesprochen – kristallisiert. Das ist eine recht interessante Idee.

Simonton unterscheidet dann noch Aposteriori-Konfigurationen, die aus der Erfahrung abgeleitet werden, von der Apriori-Bildung von Konfigurationen, insbesondere auch bei der Bildung von mathematischen Strukturen, und meint, dass die Apriori-Konfigurationen, die sich auf Entscheidungen oder auf Erkenntnisse logischer Art oder auf Schönheit beziehen, in dem entsprechenden Bereich der Regeln, in denen sie dann selektiert oder stabilisiert, absolut gesehen werden, notwendig gelten, während die Bereiche des Empirischen, des Aposteriorischen eher auf Wahrscheinlichkeits- oder probabilistischen Gründen

19 Die »Konkreszionen«, höherstufige Komplexbildungen, als neue Grundeinheiten der aufsteigenden kreativen Entwicklung der Aktionszentren, in Whiteheads Metaphysik waren bereits parallel gesehen. Bei Simonton ergibt sich dies freilich ausschließlich methodologisch und heuristisch, nicht ontologisch.

und Faktoren beruhen. Im letzteren Fall wird also die Art von Konsolidierung aus der Erfahrung erst entnommen – und erhebt keineswegs Anspruch auf Absolutheit in irgendeiner Form. Das mag so sein und auch bleiben. Dass auch Selbstorganisation hierbei eine Rolle spielt, sieht Simonton und meint, dass eben die Prozesse der Bildung von selbstorganisatorischen Konfigurationen letztlich diesem Muster unterliegen. Dabei kann auch das Zusammenwachsen oder die bessere gemeinsame gegenseitige Verstärkung von zwei Konfigurationen einen gewissen Sinn machen, und zwar unter dem Gesichtspunkt, der neben der Stabilisierung eine beträchtliche Rolle spielt, nämlich dem Gewinn an informationeller Wirksamkeit oder Effizienz der Darstellung. Es handelt sich also um ein Ökonomieprinzip. Die Integration der Konfigurationen gibt unseren Gedanken und Gefühlen mehr Kohärenz, mehr Organisation, denn der Aufwand, den wir brauchen, um eine große Anzahl von zunächst beziehungslosen Elementen in eine gewisse Organisation zu bringen, ist mit und durch stabile Konfigurationen dramatisch geringer. Wir leisten durch Konfigurationsbildung eine Reduktion von Kompliziertheit und Komplexität. Auf diese Weise wird eine gewisse Ordnung in ein sozusagen probabilistisches Chaos gebracht. Die Zahl von Elementen wird unter dem Konfigurationsgesichtspunkt drastisch vereinfacht. Insbesondere wenn die Konfiguration stabil wird und bleibt, kann man sich auf sie und die ökonomische Darstellung verlassen. Das gilt insbesondere für hierarchische Strukturen, die etwa in der Taxonomie der Biologie sehr geeignet sind, die Erfassung von entsprechenden Variationen sehr viel einfacher und ökonomischer zu leisten. Simonton postuliert, dass »der menschliche Intellekt dazu programmiert ist, seine Kognitionen und Emotionen selbst zu organisieren – und zwar in hierarchische Strukturen derart, dass die Erfahrung höchst effizient organisiert wird«. Die mentale Entropie wird reduziert, indem man Konfigurationen zusammenbindet; und dieses Verfahren hat so etwas wie eine interne selbstbelohnende Struktur. Das erfolgreiche Konfigurieren macht sozusagen besonderen Spaß. Das, meint er, sei auch für die psychologische Diskussion in diesem Zusammenhang besonders wichtig.

Nun möchte ich wenigstens kurz noch die dritte Stufe erwähnen; diese bezieht sich auf die Beibehaltung, also die Speicherung oder Stabilisierung, und zwar sowohl intrapsychisch als auch sozial. Da ist einmal die Aufbereitung für den Wiederzugriff im Inneren: Man muss die mentalen Elemente irgendwie in Symbole bringen, um sie dem Bewusstsein in greifbarer, zuverlässiger und wiederholbarer Weise zugänglich zu machen; man muss sie memorieren können, das heißt, es muss so etwas geben wie eine (quasi)symbolische Darstellung: Es muss also *kommunizierbar* werden, was da an neuer Konfiguration entsteht; eine Konfiguration der Kommunikation selber muss stattfinden; und umgekehrt müssen die Konfigurationen kommunizierbar werden. Das gilt also sowohl innerindividuell wie interindividuell. Um wirklich sozial erfolgreich zu werden, muss eine kreative Entwicklung soziale Akzeptanz finden, sie muss also in einem bestimmten Bereich der interpersonalen Einflusssphäre Erfolg haben. Dass Kreativität nach Simonton letztlich auch als eine Art von intellektuellem »leadership« angesehen werden muss, heißt, dass kreative Leistungen sich irgendwie auf personalen Einfluss in einem Akzeptanzkreis beziehen. Man hat eben Einfluss durch kreative Neuentwicklungen, aber das bedeutet, dass man das Erwartungsspektrum der potentiellen Beurteiler bzw. derjenigen, die Neuentwicklungen erwarten, treffen muss. Das hat natürlich auch Folgen hinsichtlich der Bedingungen. Es kann durchaus sein, dass jemand oder eine entsprechende Entwicklung zu kreativ ist, als dass die Zeitgenossen das schon wahrnehmen könnten. Simonton meint, dass eine umgekehrte U-Funktion zwischen Originalität und dem letztlichen Erfolg einer kreativen Entwicklung gegeben ist: Diese muss zwar originell sein, aber wenn sie *zu* originell ist, dann hat sie offenbar keine Chance akzeptiert zu werden. Das ist die »Tragödie der extrem Originellen«. Manche meinen ja zum Beispiel, dass Valéry keinen Literaturnobelpreis bekommen habe, liege daran, dass er zu intelligent gewesen sei. Es gibt also gerade bei kreativen Neuentwicklungen einen gewissen paradoxen Wechseleinfluss, eine wesentliche Spannung zwischen Akzeptanz und der Wahrung traditionalistischer Gesichtspunkte einerseits sowie der bilderstürmerischen radikalen Neuartigkeit andererseits.

Um zusammenzuraffen: der Ansatz von Simonton legt Zufallspermutationen zu Grunde und entwickelt eine Konfigurationstheorie, die im Wesentlichen drei Stadien umfasst: einerseits die vom Zufall abhängige Variation (Permutationsbildung) von Entwürfen und Ideen, andererseits die mehr oder minder schon gezielte oder gesteuerte Selektion, Musterauswahl, die Konfigurationsbildung im Sinne einer strukturierenden Auswahl des Wesentlichen und schließlich die soziale Akzeptanz, die Stabilisierung.

Diese Letztere spielt bei Simonton ebenfalls eine große Rolle. Sie muss einerseits in gewissem Sinne intraindividuell geschehen: Man muss die Einfälle innerlich stabilisieren und wieder erkennen, gleichsam zu einer überzeugenden Struktur bringen, wobei Harmonie, Eleganz und Einfachheit eine große Rolle spielen. Und man muss andererseits das entsprechende soziale Klima finden, um den Vorschlag des Neuen anerkannt zu sehen. In diesem Sinne ist die soziale Akzeptanz für die erfolgreiche Durchsetzung kreativer Produkte, Leistungen, Vorschläge, Entwürfe, Neuentwicklungen u. Ä. eine wichtige Komponente. Dafür sind nach Simonton gewisse Voraussetzungen in der entsprechenden Gemeinschaft, sei es eine Wissenschafts- oder eine Künstlergemeinschaft bzw. eine größere Gesellschaft, nötig. Es muss nämlich auf alle Fälle eine gemeinsame »Kultur« (eventuell »Subkultur«) von geglaubten Tatsachen, Erfahrungen, Methoden, Interessen, Werten, Emotionen und auch von ungelösten Fragen vorhanden sein, damit eine Neuigkeit auf fruchtbaren Boden fällt, Resonanz erzeugt oder erhält (letzteres in doppeltem Sinne). Auch die Rätsel müssen also in gewisser Hinsicht »geteilt«, vorher verstanden oder bemerkt, »gefühlt« sein. Gemeinsame Symbole und Symbolsysteme spielen dabei eine entsprechende Rolle; nur dann kann die soziale Akzeptanz einer neuen Idee ansetzen und sich entwickeln. Das hat dann auch Folgen hinsichtlich der Bedingungen für die Art von radikaler Neuigkeit, die akzeptiert werden kann. Vielfach sind Menschen, die kreative Genies sind, eben *zu* kreativ, sind ihrer Zeit (zu) weit voraus, gewinnen zu Lebzeiten entweder diese Anerkennung nicht (Beethoven), oder sie werden gar nicht verstanden (Riemann) – und es vergeht unter Umständen ein halbes Jahrhundert oder gar mehr Zeit, bis die Genialität der Leistung überhaupt entdeckt wird – oder es passiert eben überhaupt nicht. (Die Geschichte der unentdeckten, übergangenen und vergessenen großen Kreativen, der verhinderten Genies, kann wohl schon aus informationell-methodologischen Gründen nicht einmal geschrieben werden.) Hinzu kommt, dass bereits so etwas wie eine verbreitete Empfindung(sbereitschaft) vorhanden sein muss – in der Wissenschaft oder Erkenntnissituation oder auch in sozialen Lagen –, eine Ahnung, dass etwas in Unordnung ist, so dass die Chance, durch die kreative Leistung eine Unordungssituation zu beseitigen, gleichsam auf einen vorbereiteten Boden fällt. Schließlich muss eine Art gemeinsamer Interpretation und Interpretationsmöglichkeit hinsichtlich der entscheidenden verwendeten Lösungsmittel, Werkzeuge, Begriffe und Symbole vorhanden sein, damit das mehr oder minder radikal Neue überhaupt akzeptiert werden kann.

Nötig und vorauszusetzen ist also ein gewisser instrumenteller und methodischer Konsens, eine Art Übereinstimmung in der Gemeinschaft. Diese besteht zum guten Teil nicht nur in der Benutzung der gleichen Tradition und Kultur, der Symbole eines bestimmten Bereichs, nämlich des jeweiligen Kreativitätsbereichs, sondern auch in einer Sensitivität und Bereitschaft, die entsprechenden erweiterten Konfigurationen, Symbole usw. zu erkennen, zu rekonstruieren oder rekonstruieren zu lassen, das heißt zu akzeptieren. Schließlich muss der kreative Autor auch in der Lage sein, seine Anfangsidee, die unter Umständen visionär ist, in eine Form zu bringen, welche es dem Aufnehmenden erlaubt, das Neuartige nicht nur zu verstehen, sondern auch in seine eigene Problemsituation einzubringen, gleichsam rückzuübersetzen, um die Besonderheit (an)erkennen zu können. Ich erwähnte bereits, dass nach Simonton eine umgekehrte U-Funktion zwischen Originalität als Abszisse und Akzeptanz als Ordinate besteht: Wenn die Originalität eines Neuentwurfs zu groß ist, dann ist die Akzeptanz klein. Auch wenn die Originalität sehr gering ist, dann ist die Akzeptanz einer kreativen Leistung *als* einer besonders kreativen Leistung natürlich nicht besonders groß. Die Akzeptanz kann dann in einer gewissen Trivialität bestehen. Für gute Akzeptanz darf die Originalität weder zu groß noch – in wirklichen Originalitäts- und Leistungsbereichen, also Massenprodukte ausgenommen – zu gering sein. Das hat Simonton (1980, 1986a) auch in seinen empirischen Arbeiten nachgewiesen: Zum Beispiel hat er herausgefunden, dass in der Musik eine entsprechende Beziehung besteht zwischen der melodischen Originalität eines Musikstücks und der Häufigkeit des Gespieltwerdens in Konzertsälen. Das Thema darf nicht allzu gegenwärtig und trivial sein, damit es in so genannten seriösen Konzerten gespielt wird. Aber es darf auch nicht jenseits allen Erwartungshorizontes sein, denn dann wird es auch kaum gespielt werden (außer – so muss man wohl hinzufügen – als bewusst gewählte und als solche präsentierte Provokation *pour épater le bourgeois, le public, les oreilles!*). Simonton hat im Laufe der Jahre eine ganze Reihe empirischer Untersuchungen durchgeführt, um auf den verschiedensten Gebieten diese Chance-configuration-Theory zu bestätigen bzw. erfolgreich anzuwenden.

Um zusammenzufassen: Die eher zufällige permutierende Variierbarkeit von grundlegenden Ideen, die Bildung von Konfigurationen, welche ein Problem lösen, das Sich-auf-das-Wesentliche-Beschränken, eine Art von keineswegs blinder Selektion, und die soziale Akzeptanz müssen jeweils ausbuchstabiert werden in bestimmten Fähigkeiten bzw. Merkmalen der produktiven kreativen Persönlichkeiten, der entsprechenden Mentalitäten und Einstellungen sowie in den Eigenschaften des Produkts, das gewisse individuelle und sozial geteilte Erwartungen erfüllen oder treffen muss. Kreativität in diesem Sinne ist bei Personen verbunden mit Flexibilität des Denkens, Flüssigkeit der Wortbildungen, Unabhängigkeit des Urteils, Originalität im Sinne von Seltenheit der Einfälle, mit Eigenständigkeit, Breite der Interessen, mit der Fähigkeit, verbal zu assoziieren und Visionen zu bilden, insbesondere auch mit Ausdruckskreativität oder ideen- und vorstellungsbildender Fülle. Ferner gehören dazu die Fähigkeit, auf Stimuli, die entfernt und »daneben« liegen, zu reagieren, die Bereitschaft, intellektuelle Risiken einzugehen und etwas zu wagen – ebenso die Versatilität, das heißt die Fähigkeit, schnell auf andere Gebiete und andere Formen der Darstellung oder auch der Interpretation umzuschalten, überhaupt die Fähigkeit, mit Ideen zu spielen, die Tendenz, spielerisch eine Fülle von Varianten in sich zu erzeugen, sich einfallen oder an sich »vorbeirauschen« zu lassen. Auch die Unkonventionalität im Verhalten spielt eine Rolle, ferner – besonders im Künstlerischen – die Erfahrung von tiefen Emotionen, die Intuitivität und Visionsgebundenheit. Die *visionäre* ist nur *ein* Typ der kreativen Persönlichkeiten. Der bloße Visionär, das Potentialgenie, das wie Musils Ulrich als »Mann ohne Eigenschaften« alles im Offenen (be)lässt, das Schweben in unrealisierten Möglichkeiten zelebriert, ist nicht genug. Der Höhenflug ins Offene muss zur Landung führen. Der auf Erfolg gerichtete Visionär muss arbeiten, schaffen, durchhalten.

Ebenfalls charakteristisch ist also die kreative *Arbeitspersönlichkeit* (vgl. Edisons und Beethovens Bekenntnis: 95 % Transpiration, 5 % Inspiration!).[20] Sie muss eine engagierte Bereitschaft und ein dauerndes Interesse für die Problemstellungen haben: das tiefe Involviertsein in die Aufgabe – etwa die (sich selbst) aufopfernde Hingabe. Man muss zum Beispiel dauernd mit dem angepackten Problem umgehen, sich aber nicht bloß bewusst zwingen, sondern fasziniert und eben »gepackt« sein. Ferner ist typisch bzw. notwendig, dass man bereit ist, einen hohen Grad von Konflikt zu ertragen – einerseits in Bezug auf die Ungeklärtheit von Situationen, das Aushalten von ungeklärten Problemen, und andererseits einen Konflikt zwischen Selbstkritik und Selbstsicherheit oder Selbstbestätigung. Es scheint in der Tat, dass die kreativen Personen sich oft im Konflikt mit sich selbst befinden; es dürfte charakteristisch sein, dass eine Art von besonders starker Spannung hinsichtlich des Aussuchens von ungelösten Problemen und auch ein Leiden an den ungelösten Problemen die Such- und Lösungsqual oder besser das innere Getriebenwerden erklären: Geradezu die Suche nach solchen Spannungszuständen, ja Getriebenheitserfahrungen und das längere Aushalten von solchen (Zerreiß-)Situationen ist notorisch.[21]

Konfliktreich ist auch die besondere Mischung zwischen dem, was man Traditionalismus oder Anerkennung der traditionellen Methoden einerseits nennen kann (sonst kann die Methode bzw. Lösung ja auch sozial nicht akzeptiert werden), und einer geradezu bilderstürmerischen Radikalität andererseits. Simonton spricht vom »Mix zwischen Traditionalismus und Ikonoklasmus«. Dieses Wechselspiel haben wir bereits angesprochen. Es findet sich besonders in den Wissenschaften. Dazu gibt es eine ganze Reihe von Beispielen. Einige möchte ich im Folgenden zur Sprache bringen.

20 Buffon schätzte bereits 90 % zu 10 %!
21 Der emigrierte deutsche Mathematiker Wolfgang Haken beispielsweise widmete sich neun Jahre lang einem scheinbar unlösbaren Problem, dem inzwischen (von Wiles) doch gelösten »Großen (Satz von) Fermat«, um sich dann enttäuscht einem anderen als unlösbar erscheinenden Problem, dem Vierfarben-Satz, zuzuwenden – das er dann unter Ausdehnung der Beweistechniken (computerbasierter Fallunterscheidungsbeweis) zusammen mit Appel löste.

Von der Kombinatorik zur Multiassoziation

Reicht die Konfigurationstheorie Simontons zur Beschreibung und Erklärung aller wissenschaftlichen Neuentdeckungen und neuen Theorieentwürfe aus? Insbesondere auf die Serendipität ist bereits hingewiesen worden. Diese Kreativitätsanregung nimmt von außen die Anreize, die nicht unmittelbar im (Problem-)Material selber zu liegen scheinen oder jedenfalls nicht nahe liegen. Darwin war wie erwähnt ein geradezu systematischer Serendipitätssucher und -nutzer. Oder man denke daran, wie Röntgen seine X-Strahlen fand oder wie Pasteur die Immunisierung durch Impfung entdeckt hat. Diese Letztere war schon fast ein Jahrhundert zuvor von Jenner in England genutzt worden, aber nur in Bezug auf die Pocken: Eine Magd sollte von ihm gegen den Verdacht auf Pocken behandelt werden, sagte, die Diagnose sei nicht möglich, sie hätte die Kuhpocken ja schon gehabt; und da Pocken und Kuhpocken im Wesentlichen die gleichen Erreger haben bzw. als die »gleiche« Krankheit gelten, lag nahe, dass eine gewisse Immunität durch Ansteckung mit derselben Mikrobe entstehen kann – das war also in diesem Fall schon bekannt: Wer die Kuhpocken gehabt hatte, war gegen Pocken immun. Es entwickelte sich die »Vakzination«,[22] bei der ein mit Kuhpockenpusteln befallenen Rindern entstammender Saft den Menschen als Schutzimpfung gegeben wurde (zit. n. Koestler 1966, 112). Pasteur hatte mit Hühnern Versuche gemacht, ihnen Hühnercholera-Bakterien appliziert und hatte die überlebenden eine Zeit lang nicht behandeln können; er kam zurück und infizierte die Hühner mit Hühnercholera in Gestalt der über den Sommer liegen gebliebenen Bakterienkultur – und stellte zu seiner Überraschung fest, dass die bereits einmal erkrankten Hühner nicht starben:

> »Zu Beginn des Herbstes nahm er seine Versuche wieder auf und injizierte einer Reihe von Hühnern den betreffenden Bazillus; doch wider Erwarten erkrankten alle Hühner nur leicht und erholten sich, so dass Pasteur zu dem Schluss kam, seine alten Kulturen seien verdorben, und sich eine neue Kultur virulenter Bazillen von Tieren beschaffte, die gerade von der Cholera befallen waren. Außerdem kaufte er eine neue Partie Hühner

[22] »Vacca« = lat. »Kuh«.

auf dem Markt und injizierte allen Tieren, den alten wie den neuen, die frische Bazillenkultur. Während die neugekauften Hühner ausnahmslos nach einer bestimmten Zeit starben, blieben alle Tiere, die schon einmal mit der wirkungslosen Kultur behandelt worden waren, zu seiner großen Überraschung am Leben. Ein Augenzeuge beschreibt die Szene, die sich im Labor abspielte, als Pasteur von dieser unerwarteten Entwicklung erfuhr: ›Er schwieg einen Augenblick, dann rief er, als hätte er eine Vision gehabt: ›Sehen Sie denn nicht, dass diese Tiere *vakziniert* worden sind?‹« (Koestler 1966, 112).

Pasteur hat näher nachgeforscht und bemerkte, dass sie schon durch die angeblich »verdorbenen« Bakterienkulturen infiziert worden waren. Er entdeckte auf diese Weise die Verbindung zwischen der Vakzination und der Mikrobeninfektionstheorie der Krankheiten, insbesondere der Cholera. Das war 1879.

Bereits im 18. Jahrhundert hatte Edward Jenner in England das Gleiche in Bezug auf die Pocken entdeckt. Jenner setzte sich erst nach zwei Jahrzehnten gegen die damalige Schulmedizin durch, aber er sah nicht die Verallgemeinerungsmöglichkeit, die Generalisierbarkeit auf andere Infektionskrankheiten. Erst Louis Pasteur erahnte, kombinierte die generelle Lösung. Hier kam also plötzlich die bekannte lokale, auf Pocken und Kuhpocken beschränkte Methode des Vakzinierens mit der Erforschung der Mikroorganismen und Mikroben zusammen.

Es entstand eine neuartige Assoziation oder – wie Koestler (1966), auf dessen Buch ich später noch eingehen werde, das nennt – es kam eine *»Bisoziation«* zustande: Zwei Interpretationsebenen trafen »blitzartig« zusammen – und das war entscheidend. So scheint es bei Entdeckungen häufig der Fall zu sein, dass in einer Situation, die freilich auf- oder vorbereitet sein muss (oder der Geist des Forschers muss gleichsam präpariert sein, etwa durch einen langen und tiefen Umgang mit der Problematik), eine Assoziation unterschiedlicher Gesichtspunkte zu einer Art von visionärer Erleuchtung und zur Problemlösung führt. »*Der Zufall begünstigt nur den vorbereiteten Geist*«, sagte Pasteur.

Der kreative Forscher muss also vorbereitet oder sensibilisiert, aufnahmebereit sein. Es muss eine lange Zeit der Beschäftigung mit dem Problem vorhergegangen sein, damit ein plötzlicher fruchtbringender Lösungseinfall eintreten kann. So etwas Ähnliches haben wir auch schon zu Darwin erwähnt: Darwin scheint geradezu darauf »trainiert« gewesen zu sein, Überraschungseffekte aus der Umgebung zu filtern, nicht nur einfach zu sehen, sondern systematisch einer Kontrolle zu unterziehen. Es handelt sich dabei um eine Art von von außen angeregter Permutation der »mentalen Elemente« nach Simonton. In der Tat spielen die Momente der Serendipitätsnutzung und der durch eindringliche Problemkenntnis und längere Inkubation vorbereiteten Einfallsdisposition offensichtlich eine große Rolle, selbst in einer Wissenschaft, die einen anscheinend gar nicht visionären, sondern ganz anderen Stil betreibt: nämlich in der Mathematik. Der berühmte Mathematiker Hadamard hat 1945 große im Wesentlichen amerikanische (und einige französische) Mathematiker befragt, und zwar nach den Arten ihrer Einfälle: Besonders wichtig ist – so ergab sich – auch dort das kombinatorische Spielen; es wirken durchaus quasi visuelle und zum Teil sogar »muskulär« »gefühlte« Elemente mit: Das »assoziative Spiel« (Hadamard 1945) ist offensichtlich eine besonders wichtige Möglichkeit, Einfälle zu gewinnen. Wenige Lösungseinfälle bzw. kreative Problemlösungen verdanken sich dem Operieren mit verbalen Formulierungen, so scheint – überraschenderweise – das Spielen mit Formeln weniger relevant zu sein. Viel stärker wirken offenbar Visionen, visionäre Eingebungen und »flüssige« Intuitionen. Henri Poincaré hat sich häufig über seine Entdeckungen geäußert; er hat des Öfteren solche Erlebnisse gehabt – dergestalt, dass ihn ganz plötzlich ein »genialer« Einfall in einer bestimmten Situation wie ein Blitz traf: ein »Heureka«-Erlebnis ohne die archimedische Serendipität.[23] *Zum Beipiel* einmal, bei seiner gro-

---

23 Archimedes sollte für den Herrscher Hieron von Syrakus feststellen, ob eine diesem als Geschenk überreichte Krone aus reinem Golde war. Der Forscher war ratlos, »blockiert« und frustriert: »Blockierte Situationen erhöhen die Anspannung« (Koestler 1966, 104). Doch als Archimedes danach in die Badewanne »stieg und gedankenverloren zusah, wie sein untertauchender Körper den Wasserspiegel in der Wanne immer höher steigen ließ, kam ihm wie mit einem Schlag der Gedanke, dass das Volumen des verdrängten Wassers dem Volumen der untergetauchten Partien seines Körpers gleich sei und sich dieses daher mit einem Hohlmaß messen ließ«. Er sprang mit dem berühmten Ruf »Heureka« aus dem Bade. Die zufällige Erfahrung aus der Alltagswelt, deren Bemerken und Relevanz natürlich nur dem »vorbereiteten« Geiste aufstoßen konnte, hatte blitzartig zur Verbindung mit dem ungelösten Problem geführt – nach Koestler zu einer Bisoziation

ßen Entdeckung der Klasse der so genannten Fuchs'schen Funktionen, sagte er, er habe eines Abends entgegen seiner Gewohnheit schwarzen Kaffee getrunken und konnte deswegen nicht schlafen; er habe sich dauernd herumgeworfen, und plötzlich in der Nacht kam die Erleuchtung, dass die Eigenschaften und die Existenz einer ganzen Gruppe von jenen bestimmten Funktionen anhand der hypergeometrischen Reihen mathematisch einheitlich behandelt und bewiesen werden können. Poincaré musste sich nur aufsetzen und konnte am Morgen das Ergebnis hinschreiben. (Ich frage mich, warum er nicht dann mindestens ein- bis zweimal die Woche schwarzen Kaffee getrunken hat ...) Ein andermal war es so, dass er in einen Bus stieg und plötzlich und unvermittelt hinsichtlich bestimmter Transformationen dieser Funktionsgruppe die Eingebung hatte, dass diese Transformationen mit nichteuklidischen geometrischen Transformationen identisch sind. (Auch die Straßenbahn scheint sonst eine gewisse anregende Funktion zu haben: Fiel nicht Cassirer die Hauptidee seiner Philosophie der symbolischen Formen in der Tram ein?) Einmal, bei einem Spaziergang an einer Meeressteilküste, flog Poincaré »mit derselben charakteristischen Kürze, Plötzlichkeit und unmittelbaren Gewissheit« der Gedanke zu, dass bestimmte arithmetische Transformationen der indefiniten ternären quadratischen Formen mit der nichteuklidischen Geometrie übereinstimmen. Oder er schlenderte auf der Straße – zu einer Zeit, nachdem er fast alle »Bollwerke« der entsprechenden Funktionsklasse bis auf eines »erobert« hatte ... Da traf ihn der entscheidende Einfall!

Ich hatte auch die berühmte Episode Kekulés erwähnt, der in einer Tag- oder Dämmerungsträumerei vor dem Kamin, in dem die Flammen herumzischelten, den Benzolring »entdeckte«, weil die Idee visionäre Kraft gewann, dass die Schlange ihren eigenen Schwanz erfasst – wie die Ourobouros-Schlange der antiken Mythologie. Diese Gestalt wirbelte vor seinem Auge herum, er

> der beiden Phänomene: des Wassersteigens in der Wanne und der Volumenbestimmung der Krone (es war dann natürlich ein Leichtes, das Problem zu lösen, da das spezifische Gewicht von Gold bekannt war). (Ähnlich wunderte sich meine fünfjährige Tochter einmal: »Papa, warum bist du als Fisch [in der Wanne, hinzugefügt, H. L.] leichter als als Papa?« Sie hatte Archimedes' Auftriebsgesetz [nach]-entdeckt.)

schreibt: »Wie vom Blitz getroffen, wachte ich auf ... Lasst uns träumen lernen, meine Herren!« Das ist belegt. Solche plötzlichen Erkenntniserlebnisse sind also bei manchen Wissenschaftlern durchaus vertraut oder bekannt, aber es ist nicht gesagt, dass das nun überall und bei allen so ist.

Insbesondere in mathematischen Zusammenhängen, aber auch in musikalischen, scheinen visionäre Zusammenhänge eine große Rolle zu spielen. Es ist ja ein (in Bezug auf seine Echtheit allerdings kontrovers diskutierter) Brief von Mozart bekannt, wo dieser sagt, dass er oft beim Komponieren eine Vision habe und eine Komposition »mit *einem* Blick« erfasse »wie ein schönes Bild oder einen hübschen Menschen« und »wie er gleich *alles zusammen*« in seiner Phantasie hörend erlebe. Er übersehe das ganze Stück von vornherein und brauche es nur noch aufzuschreiben. Bei Beethoven findet sich eine ganz ähnliche Formulierung: Es reife eine musikalische »Idee« und das Thema in ihm heran, und er sehe dann »das Bild in seiner ganzen Ausdehnung wie in einem Gusse vor« seinem »Geiste stehen«: »... es bleibt mir nur die Arbeit des Niederschreibens, die rasch vonstatten geht« (zit. n. Polet 1993, 115, 262). (Allerdings zeigen die Handschriften, dass Beethoven das Niedergeschriebene noch stark überarbeitet hat, mehrfach durcharbeiten, verbessern musste!) Es ist offensichtlich vielfach so, dass man eine Idee in visionärer Form vor sich – vor dem berühmten »Auge des Geistes« – stehen hat und sie dann nur noch ausformulieren muss. Das ist eine Art von kreativer oder gar genialer Intuitivität, die eigentümlicherweise auch in so konstruktiv-formalen Disziplinen wie etwa der Mathematik eine Rolle spielt und – wie gesagt – von Poincaré mit Schönheit, Eleganz, dem harmonischen Zusammenpassen dessen, was »zugleich schön und nützlich« ist, und in einer gewissen emotionalen oder visionären Sensibilität erfasst werden kann, wobei plötzlich eine Art von Illumination eintritt – und das Problem löst. Poincaré meinte gar (1921, 393), dass sich in bestimmtem Sinne Zusammenhänge aneinander schließen wie »die Atome des Epikur (!): Urplötzlich erfolgt dieser Zusammenschluss – und dann bleibt es so, ist eine harmonische Passung und bleibende Erfassung. Aber das liefert alles natürlich noch keine Erklärung, sondern allenfalls eine recht vage, weil metaphorische Beschreibung, wie sie auch schon von William James bekannt ist. James hat sich wiederholt über diesen »Braukessel«

der Ideen« geäußert, in dem die Visionen, Ideen und die Elemente hin und her zischen, völlig ungeordnet (»where everything is fizzling and bubbling«) – »in a state of bewildering activity« – geradezu »blubbern« und sich dann in gewisser Weise plötzlich zu Formen und »Partnerschaften« zusammenfinden. Das scheint durchaus eine charakteristische Erfahrung zu sein. Die freie Assoziation ungeschützter, »wild« produzierter aktiver Ideen ist eine Art von Brainstorm-Phase des suchenden Geistes, und dabei – nur dabei? – kann so etwas entstehen wie ein besonderer Einfall, eine problemlösende Ideenassoziation oder gar mehrere, von denen vielleicht eine passt.

Das ist auch das Permutieren, welches von Simonton betont wird: dieses Spiel mit Ideen und Varianten. Dazu muss natürlich auch die Unabhängigkeit des Urteils kommen – sowie die Bereitschaft, Risiken einzugehen. Dann streicht Simonton die Bedeutung der Konfigurationsbildung heraus, die bei ihm manchmal die Gestalt eines bewussten Konstruktionsprozesses aus Elementen gewinnt, obwohl er die Ausdrücke »Konstruktion« und »Kombination« absichtlich nicht benutzt. Simonton wählt den Ausdruck »Konfiguration«, der etwas offener ist und auch mit Mustererkennung zu tun hat. Jedoch – das kann man ihm kritisch vorhalten – bewegt sich das Konfigurieren und Kombinieren von Permutationen »mentaler Elemente« irgendwie im Rahmen einer Normalkreativität, die vielleicht selbst nicht mehr ist als eine »kombinatorische Gymnastik« (den Ausdruck benutzt Simonton gelegentlich auch): Simontons Theorie selber scheint in diesem Sinne auch ein wenig von der Art einer solchen Gymnastik zu sein, wenn es nur oder vorwiegend darum geht, in einem bestimmten Bereich Elemente zu permutieren und in Konfigurationen zusammenzufassen bzw. dann zu stabilisieren. Das ist sicherlich eine wichtige Verfahrensweise für systematisch betriebene kombinatorische Kreativität und berücksichtigt auch das permutative Spiel mit Zufälligkeiten, aber sie ist insbesondere für die großen genialen Schöpferischen vielleicht nicht so recht charakteristisch. Das kann man den Zitaten von Mozart und Beethoven entnehmen – und vielleicht sogar auch denen Poincarés (der selber freilich die Erfassung »nützlicher Kombinationen« betont und sagt, Erfindung sei »Entscheidung, Wahl« – 1921, 386).

Interessant ist, dass auch Psychologen untersuchen, wie manche Typen der Kreativität sich nun gerade hinsichtlich dieser

»überkombinatorischen« Genialität und der weniger originären Kreativität unterscheiden. Entsprechendes gilt auch von Typen des Erfassungs- und Auffassungscharakters. 1964 traf zunächst Leary aufgrund einer Untersuchung in der amerikanischen Bevölkerung eine Unterscheidung, in der er als einen Auffassungstyp den »reproduktiven Blockierten« nennt, und er meint, in diese Kategorie seien ca. 70 % der amerikanischen Bevölkerung einzuordnen. Es sind Personen, die im Wesentlichen Routineverbindungen und -aufgaben ausführen, die sehr gut eingepasst sind in die Gesellschaft, aber sie können immer nur das wiedergeben, was ihnen erklärt wurde, und das (re)produzieren, was schon einmal vorproduziert worden ist. Der zweite Typ ist der »reproduktive Kreative«, (»the reproductive creator«), der zwar kein direktes Erleben einer tiefen Problemerfahrung noch die Erkenntnis einer *grundlegend* neuen Lösung hat, der aber geschickt ist im Kombinieren von verfügbaren, bekannten »Kategorien« und von entsprechenden Symbolen, die ebenfalls bekannt sind. Er beherrscht auch die bekannten Methoden zur Problemlösung, wobei er durchaus ein Geschick zu neuen Lösungen, eine Fähigkeit »zum Hervorbringen neuer Kombinationen aus alten Symbolen« hat. Das ist im Grunde derjenige, der erfolgreich und intelligent auf der Klaviatur der kombinatorischen Gymnastik spielt. Dieser Teil mache, so schätzt Leary, ungefähr 12 % der US-Bevölkerung aus.

Dann gibt es die mit weniger als einem Prozent vertretenen kreativen Kreativen (»creative creators«), die eine völlig neue Erfahrung in ganz neuen Zusammenhängen, unter ganz neuen Darstellungsweisen leisten (können) bzw. dementsprechende Einfälle haben: Ein solcher kreativer Schöpfer sei eine »Person, die direkt außerhalb der Grenzen des Ego und der üblichen Etikette (labels) Erfahrungen gewinnt und die es gelernt hat, eine neue Art von Kommunikationen zu entwickeln, die vertraute Kategorien in neuartige Kombinationen [und Modifikationen, H. L.!] umwandeln (manipulate) ...« (Leary 1964).

Schließlich gibt es noch die »kreativen Blockierten« (»the creative blocked«), die zwar versuchen, kreativ gewisse Entwicklungen zu benutzen, die also bestimmte Erfahrungen haben außerhalb einer bestimmten begrifflichen »Üblichkeit«, außerhalb der »Begriffsspiele« (»game of concepts«) oder neben einer Routineproblemlösung, die aber nicht in der Lage oder nicht daran interessiert sind, diese zu präzisieren, in eine kommunizierbare Form zu bringen und über die konventionelle Art der Darstellung hinauszusteigen. Leary meint, dass wiederum ungefähr 12 % der Bevölkerung diesem Kreativitätstypus zugehören.

Diese unterschiedlichen Typen kreativer Menschen, die mehr oder minder frei sich entfalten können, die ihre Kreativität »herausbringen« können oder eben »blockiert« lassen müssen, sind in der Tat als Idealtypen, als Konstruktmodelle, nicht uninteressant – auch wenn man die Beispiele ansieht, die wir in Bezug auf die besonders kreativen Wissenschaftler diskutiert haben, um diese mit der kombinatorischen oder experimentellen Routinegymnastik des Normalwissenschaftlers zu vergleichen.

Simonton (1988, 399 ff.) unterscheidet zudem noch den Stil des »kreativen Genius« von dem Normal-Kreativen auf zweierlei Weise: Einerseits, das ist in Bezug auf die erwähnten Mathematiker typisch, gibt es bei den Hochkreativen das *»analytische Genie«*, das insbesondere charakterisiert ist durch die Fähigkeit, ein Problemengagement zu *(er)leben* und in gewisser Weise in einem sehr hohen Maße strikten Regeln folgend eine große Anzahl von mentalen Elementen zu kombinieren, mit denen es gleichsam habituell zu leben pflegt – Elementkombinationen und neue Regelbildungen, die in einer Art von »überbewusster« (»ultraconscious«) Ausführung in bestimmte Lösungswege münden und die darin bestehen, dass besonders bewusst symbolische Repräsentationen, seien sie logischer oder mathematischer Art, durchgespielt werden. Demgegenüber variiert der *»intuitive Genius«* die »mentalen Elemente« viel freier, bildet nicht nur habituelle und kognitive Assoziationen, sondern ist sehr viel stärker auf Aufmerksamkeitsassoziationen, Serendipität und auf lockere und »flüssige« Verhaltensassoziationen ausgerichtet; er denkt weniger präzise, aber viel breiter, nimmt »fließender« die Kategorienkombinationen vor. Dieses »intuitive Genie« hat sehr viel mehr »Elemente« verfügbar, die durch vielfältige unterbewusste und auch zum Teil verhaltensrelevante emotionale oder emotional aktive Assoziationen bestimmt sind, als das etwa beim »analytischen Genie« der Fall ist. Das analytische Genie ist in der Lage, Cluster solcher Verbindungen in Gestalt von Konfigurationen in einer hierarchischen Ordnung präzise zu erfassen, wobei die Verbindungen im Wesentlichen kognitive und habituell gewordene, das heißt durch Beherrschung der Sprache oder des

Kalküls usw. zustande gekommen oder charakterisiert sind. Das ist beim »intuitiven Genie« ganz anders: Hier ist eine dramatische unterschiedliche Art der Informationsgewinnung und -verarbeitung charakteristisch: Die Elemente und die Verbindungen gestalten sich viel reicher. Viel mehr Verbindungen sind habituell geworden, beruhen nicht auf der Beherrschung einer Symbolsprache, eines Kalküls oder einer Hierarchie. Häufig sind sie überhaupt nicht einmal nur hinreichend und präzise symbolisiert, sondern es ist ein viel stärkerer freier Fluss des Phantasielebens, der unterbewussten Assoziationen festzustellen. Die Konfigurationen selbst sind dann entsprechend weniger klar und distinkt (durchaus auch im cartesischen Sinne); das Wissen ist nicht notwendig hierarchisch angeordnet, sondern stärker verteilt. Es ist ein offenerer Bereich, in dem viele Elemente viel dynamischer miteinander zu einer Art von assoziativ reicher Kombinationsvielfalt führen, wobei Verhaltensassoziationen, Aufmerksamkeitsverbindungen und emotive Regungen ebenfalls die Verbindungen substantiell mit beeinflussen oder gar erzeugen können.

Diese beiden »Geniusmodelle«, denen dann jeweils das entsprechende Modell des »intuitiv« oder »analytisch Normalen« gegenübersteht, sind natürlich Idealtypen,[24] die aber durchaus gewisse kognitive Stile (hoch)kreativer Personen darzustellen gestatten. Dabei scheinen manche – wie zum Beispiel auch Poincaré – keineswegs nur dem einen Genietyp zu entsprechen, sondern irgendwo zwischen den Extrempolen zu liegen: Eine Kombination des visionären freien, »intuitiven« Schweifens muss letztlich mit der rigorosen Forderung nach Beweisen kombiniert werden. Das ist demnach selbst in der Mathematik – in der »Heimat« der analytischen Genies – zu finden.

Es gibt manche Mathematiker, die kreativ oder gar genial sind in der Erfindung von Visionen, Theoremen, Problemen und Lösungsvorschlägen, die Beweise im Einzelnen aber nicht durchführen (mögen). Einer der genialsten war Ramanujan, ein Inder, der Anfang dieses Jahrhunderts in einem kleinen Ort in der Nähe von Madras geboren wurde. Er hatte sich anhand eines elementa-

---

24 Idealtypen in Max Webers Sinn sind meist extrem polarisierte begriffliche Kunstkonstrukte. Die soziale Realität wird dadurch beschrieben, dass sie mehr oder weniger dem einen Pole näher steht.

ren Rechenbuches für Mathematik zu interessieren begonnen, und er entdeckte auf eigene Faust und Weise fast die gesamte abendländische Arithmetik und Analysis, die er gar nicht kannte, wieder. Sein Geist produzierte ca. 1500-2000 Theoreme, darunter auch *neue* Theoreme, die er in seinen Notizbüchern entwarf und aufschrieb. (Sie gleichen allerdings zum großen Teil altbekannten Sätzen, welche zu entwickeln und zu beweisen die Arbeit von Generationen von Mathematikern erfordert hatte.) Das alles hat Ramanujan im Wesentlichen wohl visionär erfasst. Aber er verfasste kaum wirkliche und strenge Beweise. Später kam er dann nach England, wurde gefördert, erlernte das Beweisen und die übliche Mathematik. Seine Biographie (Kanigel 1993) ist eine spannende Lektüre. Es ist hier evidentermaßen so, dass seine visionäre intuitive Methode wohl nichts mit einer intellektuellen Gymnastik oder Kombinatorik zu tun hat, sondern dass es doch so etwas wie wahrhaft intuitives Genie – gerade auch im Bereich des eher Analytischen – gibt. Dies ist hier noch deutlicher als bei Poincaré, der zumindest auch über einen »intuitiven Genius« verfügte (?) – besser: des öfteren von einem intuitiven Daimonion getroffen wurde.

Es scheint eine interessante Feststellung zu sein, dass auch in den analytisch harten Disziplinen solche visionären Typen auftreten und die intuitive Kreativität sich selbst dort dokumentiert.

Was ferner die notwendigen Voraussetzungen an Motivation, anregenden oder provozierenden Umständen, an der kognitiven Ausrüstung, an methodischen Bedingungen angeht, so gibt es hierzu sicherlich viel zu sagen; auch haben die Psychologen und Wissenschaftshistoriker auf diesem Gebiet schon recht viel geforscht: Einerseits müssen sich offenbar immer oder häufig Themen und Ansätze aus verschiedenen Bereichen kognitiv überlappen oder zusammenkommen, andererseits muss eine große Beharrlichkeit der Motivation gegeben sein und ein nahezu totales Absorbiertsein der Forschungs-, Einfalls- oder Phantasietätigkeit, die für geniale und viele (nach Thomas S. Kuhn) »normale« ernsthafte Wissenschaftler typisch ist. »*Den Stein kann nur finden, wer von der Suche ganz erfüllt ist*« – diesen Satz fand Arthur Koestler (1966, 149) in einem uralten Alchemie-Folianten. Der Satz gilt nicht nur für den »Stein der Weisen«, sondern für jegliche Hochleistung, die den jahrzehntelangen Einsatz der ganzen Person – sozusagen völlige Devotion, totales Engagement – erfordert.

Ann Roe hat 1952 64 Wissenschaftlerbiographien untersucht und herausgefunden, dass eine antreibende totale Absorption in ihrer Arbeit die untersuchten prominenten Wissenschaftler charakterisierte. Sie arbeiteten hart, meistens sieben Tage in der Woche, und sie hatten praktisch keine Möglichkeit, sich rekreativ anderen Bereichen des Lebens zu widmen. Das Einzige waren gewisse Ruhepausen, die sie vorwiegend in der Natur verbrachten (Spazierengehen, Fischen, Segeln); diese dienten dazu, die »Batterien« wieder aufzuladen oder vielleicht dem freien Spiel der Gedankenkräfte Gelegenheit zum Schweifen zu geben (vgl. Poincarés Spaziergang an der Steilküste).

Psychologen fanden, dass viele dieser herausragenden Wissenschaftler eher »schizothym« sind, also zurückgezogen, introvertiert, mit inneren Dingen befasst; sie sind introspektiv, brütend, meistens sehr nüchtern, »feierlich« oder tiefernst – eben total ihrer Arbeit hingegeben.

Aber es gibt wiederum keinen Königsweg zur Kreativität. Es wurde von den unterschiedlichsten Arten des Zustandekommens großer Einfälle berichtet. Charakteristisch ist nur, dass eine geradezu »ungeheure« Produktivität der besonders kreativen Wissenschaftler (und Künstler) meistens habituell ist, dass zum Beispiel insbesondere Erfindergenies (vgl. Edison) ihr Leben lang immer wieder Erfindungen mach(t)en. Das originelle Denken tritt immer wieder auf, ist habitualisiert (Eigenentwürfe, Unabhängigkeit des Urteilens usw.). Ferner ist die Produktivität bei den kreativsten Wissenschaftlern zumeist überwältigend. Besonders stark sticht auch ihre Fähigkeit hervor, über verschiedene Bereiche hinweg zu sehen und Gesichtspunkte der unterschiedlichen angrenzenden Disziplinen mit einzubringen. An soziologisch fassbaren Voraussetzungen in den Biographien ist strukturell typisch, dass viele besonders kreative Individuen, insbesondere herausragende Wissenschaftler, früh einen Elternteil verloren hatten – (meistens) nicht durch Scheidung, sondern oft durch einen schicksalshaften Todesfall. Dann waren und sind es auch häufig die Erstgeborenen einer Familie, die besonders – jedenfalls überproportional – unter den Kreativen zu finden waren/sind (das gilt wie das vorige Moment auch empirisch-generell – vgl. Simonton 1987). Außerdem ist typisch, dass man in der

Familie intellektuell und kulturell vielfach, vielseitig angeregt wurde – durch Zugang zu Quellen verschiedener kultureller Traditionsstränge, unter Umständen sogar unterschiedlicher Kulturen. Und es wurden bestimmte stimulierende Hobbys schon früh im Leben ausgeprägt, wie Simonton festgestellt hat: zum Beispiel »allesverschlingendes Lesen« (»omnivorous reading«).

Sodann ist charakteristisch auch die Neigung, zwischen Originalität und der Übernahme von traditionellen Methoden hin- und herzuspringen, Spannung auszuhalten und einen »optimalen Mix« herzustellen zwischen »Ikonoklasmus und Traditionalismus« (Simonton 1988, 413). Das klingt geradezu paradox, aber es ist anscheinend doch eine notwendige Bedingung zur Aufrechterhaltung einer produktiven Originalitätsspannung, die offenbar unerlässlich und vielfach charakteristisch ist.

Darüber hinaus steht – und das wird von vielen berichtet, sei es von Barron, sei es von Bartlett, dem frühen Schemapsychologen, sei es von Koestler (in dem noch zu diskutierenden Buch *Der göttliche Funke*, 1966) – die mentale Kreuzbefruchtung zwischen verschiedenen Disziplinen besonders bei kreativen Neuentwicklungen im Vordergrund. Sie führt aber auch häufig dazu, dass die Kreativen in eine Art Randstellung (»marginal position«) in ihrer eigenen Disziplin geraten oder von einer solchen Randstellung aus kreativ werden, unter Umständen gar nicht oder erst spät entdeckt werden (man denke an Gregor Mendel oder Robert Mayer). Das heißt, die Spannung zwischen Traditionalismus, den etablierten Methoden und arrivierten Ansichten innerhalb einer Disziplin einerseits, und dem Bilderstürmerischen, dem radikal Neuen, dem Neuartigen, dem eventuell aus einem ganz anderen Gebiet Stammenden andererseits – diese Konfrontationstendenz ist offensichtlich charakteristisch für einen kreativen »Zusammenstoß«, für die »Zündung«. Kreativität entsteht also durchaus auch aufgrund von bestimmten kulturellen und sozialen Vorbedingungen; diese sind typischerweise nur notwendige Bedingungen, aber in keinem Sinne irgendwie hinreichend, insbesondere wenn es um die Leistungserklärung bei den »intuitiven« oder »analytischen Genies« geht. Simonton (1988) spricht davon, dass »der Zufall« an verschiedenen unterschiedlichen Punkten »interveniert«: Die Zufälligkeit greift bereits wesentlich ein bei der Permutation der mentalen Elemente, bei der Gewinnung innovativer Ideen, beim vergleichenden Revuepassierenlassen der Konfigurationsrelationen, beim probabilistischen Zusammenspiel zwischen Quantität und Qualität des Outputs, schließlich bei der Chance der Übernahme (Akzeptanz) und, last but not least, auch in der historischen Entwicklung, etwa angesichts von Mehrfachentdeckungen und -erfindungen (darüber hat Simonton ein eigenes Kapitel [1988, 415 ff.] geschrieben). Er meint, dass gerade die Theorie von Zufallsvariation und Konfiguration diese Art von kritischen Merkmalen der Kreativität zu erklären gestattet – bis hin zu den Vielfachentdeckungen. Das scheint mir ein wenig zu optimistisch zu sein, wenn man bedenkt, dass auch sein Ansatz eine gewisse, nur beschränkt aufrechtzuerhaltende Theorie der normalen kombinatorischen Kreativität ist und weniger die höchsten Grade der Kreativität des Genialen zu erfassen gestattet, obwohl Simonton mit seinen Typen des »intuitiven« und des »analytischen« Genies versucht, auch das kreative Schaffen der Genies darin unterzubringen. (Doch diese Typisierung ist bloß klassifizierend, beschreibend, additiv im Vergleich zu einer eigentlichen Kreativitätstheorie.)

Simontons Theorie der Kreativität ist also eher eine Theorie der *kombinatorischen*, normalen Kreativität, wozu zwar auch gehört, dass man der Stereotypisierung widersteht und die Ausschöpfungskombinationen frei permutiert und kombiniert, in Konfigurationen bringt und im Sinne des erwähnten reproduktiv-kreativen Typs durchführt, aber diese Theorie ist doch nicht in der Lage, die überragenden genialen Kreativitäten zu erfassen. Man kann allenfalls gewisse Elemente zur Kennzeichnung der Persönlichkeiten, der Produkte, der Anregungen, der Plätze, der Prozesse geben und – wir werden darauf im Zusammenhang mit Arthur Koestlers Buch *Der göttliche Funke* noch zurückkommen – dann eher wissenschaftsgeschichtlich und kreativitätsmethodologisch als psychologisch. Aber die Psychologie – mit ihrer auf die Normalperson und Normalintelligenz zugeschnittenen Batterie von Methoden – hat offenbar doch nur beschränkte Möglichkeiten, das wirklich Außergewöhnliche zu erfassen (vgl. Ramanujan). Sie hat zwar Kreativitätstests entwickelt, die vielfach benutzt werden und auch recht interessante Ergebnisse gebracht haben, aber diese Tests sind, was die Voraussagbarkeit angeht, wenig valide (s. o.). Man kann eigentlich nur davon ausgehen, dass man Teilvarianten des kreativen Verhaltens, und zwar des kreativen Normalverhaltens, erfasst. Doch auf diese

Weise gelangt man wohl nicht dahin, eine vollständige Analyse oder eine Art von umfassender Behandlung des kreativen Prozesses bzw. auch der entsprechenden Persönlichkeiten zu gewinnen. Die Psychologie der Kreativität hat offensichtlich Grenzen. Psychologische Modelle und Tests sind schon aus methodologischen Gründen (Anwendbarkeit auf den normal Intelligenten, Repetierbarkeit, statistische Reliabilität und Validität sowie Generalisierbarkeit) kaum in der Lage, die Kreativität der Genialen zu erfassen.[25]

Kreative Funken und Funktionen

Im Folgenden möchte ich über die begrenzte psychologische Sicht hinausgehen, zu allgemeineren Umschreibungen kreativer Phänomene und Prozesse gelangen – unter Berücksichtigung vergleichender und methodologischer Gesichtspunkte. Zunächst soll die These des schon erwähnten Buches *Der göttliche Funke* von Arthur Koestler (1966) vorgestellt und diskutiert werden.

Koestler vergleicht in seinem Buch die kreativen Entdeckungen, sei es in der Wissenschaft, sei es in der Kunst oder in anderen kreativen Bereichen, mit dem Phänomen des Humors und des Witzes, indem er eine assoziative »Zündungs«-Theorie des Komischen aufstellt, und zwar unter dem Gesichtspunkt der Assoziation (»Bisoziation«) von unterschiedlichen Ebenen oder artfremden Perspektiven aus unterschiedlichen Bereichen. Diese werden in einem Akt der plötzlichen Erhellung oder Eingebung im Sinne eines »Aha«-Erlebnisses verbunden, in einem überraschenden Einfall, der gleichsam geradezu in einem bestimmten »zündenden« und befreienden »Explosionspunkt« kulminiert.

---

[25] Weisberg (1986, 1993) bezweifelt ja die Existenz genialer Persönlichkeiten ebenso wie die von Visionen und Heureka-Erlebnissen – er pocht auf die normale schrittweise Übernahme und Weiterentwicklung von bereits vorliegenden »Elementen«. Er erkennt nur die kombinatorische Kreativität und die »kombinatorische Gymnastik« (Simonton) an, versucht dieses aber von zu wenigen Fällen (in der Wissenschaft etwa Darwin und Watson-Crick) ausgehend zu generalisieren. Ein Ramanujan hätte seine theoretische Beschränktheit gesprengt wie wohl eigentlich auch Mozart, den er – kaum überzeugend – in die kombinatorische Gymnastikschule einzuordnen sucht.

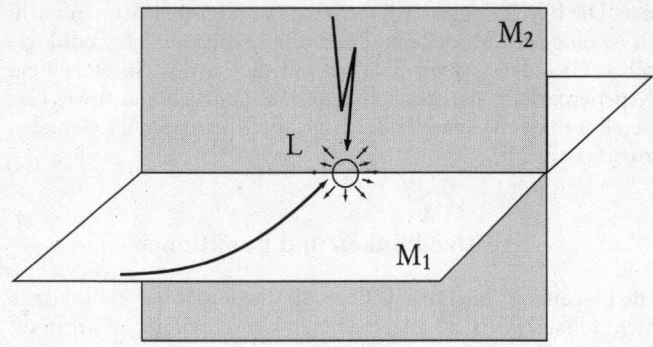

Abb. 1: »Das Ereignis L, in dem sich die beiden Systeme treffen, wird gleichzeitig sozusagen auf zwei verschiedenen Wellenlängen zum Schwingen gebracht. Solange dieser ungewöhnliche Zustand andauert, ist L nicht nur mit einem Assoziationssystem verbunden, sondern mit zweien ›bisoziiert‹. Ich habe den Ausdruck ›Bisoziation‹ geprägt, um eine Unterscheidung zwischen dem routinemäßigen Denken, das sich sozusagen auf einer einzigen Ebene vollzieht, und dem schöpferischen Akt zu treffen, der sich immer ... auf mehr als einer Ebene abspielt. Im ersten Fall könnte man von geistiger Eingleisigkeit sprechen, im zweiten von einem doppelsinnigen Übergangszustand eines labilen Gleichgewichts, bei dem die Balance des Affekts wie des Denkens gestört ist« (Koestler 1966, 25).

Man hat beim Witz typischerweise mehrere Ebenen zu unterscheiden, die zusammenkommen, sich überschneiden.

Die komische Explosivwirkung beim Witz – oder allgemeiner beim Humor – beruht auf der Konfrontation, Verwechslung und Konfundierung (Zusammen»gießung«, gar Konfusion?) von Spielregeln zweier unterschiedlicher Bezugsebenen, die sonst »berührungsfremd« sind, aber in dem Akt der Wechselassoziation («Bisoziation«) – völlig überraschend beim Witz, lächelnd überlegen, sozusagen sanft verständnisinnig beim Humor – zusammengebracht werden: Es entsteht »ein *Zusammenstoß*, der im Lachen endet, oder eine *Verschmelzung* zu einer neuen geistigen Synthese oder eine *Gegenüberstellung* in einem ästhetischen Erlebnis. Alle Bisoziationen sind dreiwertig – das heißt, das gleiche Systempaar kann komische, tragische oder geistig anregende Wirkungen hervorbringen« (Koestler ebd., 36 ff.). Dabei ist beim Witz oft die von Bergson fälschlich als allein charakteristisch hervorgehobene »mechanische Verkrustung des Lebens« oder die Vermenschlichung des Automaten der Ansatzpunkt, dessen Konflikt oder Spannung sich in der Bisoziation als Komik entlädt. Bergson hat jedoch »erstaunlicherweise ... nicht erkannt, dass sich jedes der oben angeführten Beispiele aus einem komischen in ein tragisches oder rein intellektuelles Erlebnis verwandeln lässt, das auf dem gleichen logischen Muster beruht, also auf dem gleichen Paar bisoziierter Systeme, und zwar durch bloße Änderung des emotionalen Klimas«.

Als Kurzbeispiele – Koestler führt viele längere Witzanekdoten an – möchte ich den humorvollen Perspektivenwechsel von Eingeborenen anführen, »der sich vorwurfsvoll an die geschnitzte Totemfigur wendet – ›Sei nur nicht so stolz, ich kenn' dich noch als Zwetschgenbaum‹ –, was nach Koestler den Bergson'schen Gedanken ausdrückt: »Hybris des Geistes, erdgebundene Materie« (ebd., 37 ff.). Als derberen Witz, der aber alle klassischen Merkmale dieses Genres aufweist (Kürze, Überraschung, Wandel der Perspektiven, Sprachspiel [pun], Bissigkeit, politischen Bezug, Gegenwartsbezug, sprachkulturelle Abwertung, obszöne Anspielung, Hintergründigkeit, Verklausulierung, biologische Triebabhängigkeit [»Mechanistik«] usw.), erwähne ich meinen Favoriten, der freilich nur auf Englisch zünden kann: »Do you have elections in China?« »Yes, evely molning!«

Ähnlich wie beim Witz und Humor wirkt nun nach Koestler die Wechselassoziation bei der typischen Entdeckung von neuen Erkenntnissen: Auch diese entstehen zumeist durch Bisoziation unterschiedlicher Ebenen aller Perspektiven, die sonst unverbunden geblieben waren. Die »geistig« anregenden Wirkungen – statt der Komik oder Tragik – stehen hier im Mittelpunkt. (Koestler gibt freilich keine weitere Charakterisierung der (Situationen-)Unterschiede von Komik, Tragik oder zündender Entdeckung – außer, dass der Entdecker lange in der einen Ebene umhergesucht hat, umhergeschweift ist – man denke an das ex-

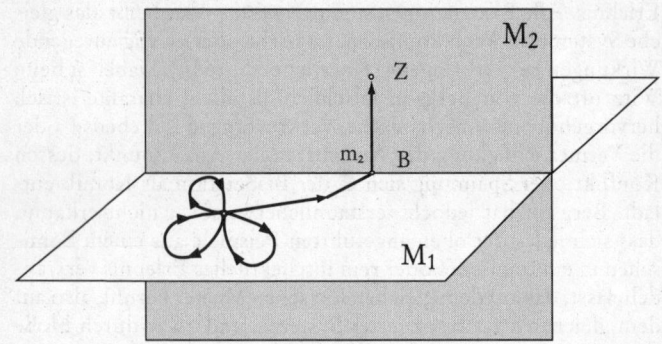

Abb. 2

ploratorische Appetenzverhalten i. S. der Verhaltensforscher! –, bevor die Ebenen- bzw. Perspektivenbisoziation zündet. Eine solche kreative wissenschaftliche Entdeckung lässt sich stark vereinfacht nach Koestler (ebd., 105) graphisch wie oben in Abbildung 2 darstellen.

Der Forscher und Denker sucht irgendetwas, um sein Problem zu präzisieren, um eine klare Frage zu finden und auf einer bestimmten Ebene E_1 zu lösen – und plötzlich kommt aus einer Ebene E_2, die gleichsam senkrecht zu E_1 steht (eine *unabhängige* Dimension darstellt), durch eine Art von Interpolation (im Unterschied zu den exploratorischen Extrapolationen im bisherigen Bereich E_1) eine zündende Bisoziation zustande, die Verbindung zweier eigentlich unterschiedlicher Ebenen oder »Erfahrungssysteme«. Es ist in der Tat auch *der* oder *ein* Witz des Witzes, dass man den Überraschungseffekt erreicht, indem plötzlich in einer Ebene, in der man normale (Routine-)Antworten erwartet, eine ganz andere Interpretation aus einer anderen Ebene einschlägt – wie ein Blitz beim Witz: Dadurch entsteht der Überraschungseffekt und das Komische.

Besonders der gute Witz weist als Charakteristika nämlich sechs oder sieben verschiedene Merkmale auf: Kürze, Knappheit, Sparsamkeit oder Überraschungseffekt, das Zusammenspiel von Elementen aus verschiedenen Ebenen oder verschiedener Interpretationen, und das würde hier auch ganz genauso zutreffen. Die »Bisoziation« oder das »zündende« Kreative, der Einfall in Witz und Humor verbindet bisher unverbundene »Erfahrungssysteme«, -ebenen oder -symbole und führt dann eben im Schnittpunkt dieser beiden Ebenen zu einem Einfall bzw. zu einem Erlebnis des Lachens oder der Komik; es kann sich aber – wie Koestler sagt – auch eine »tragische oder eine geistig anregende Wirkung« mit der Bisoziation ergeben: Das Erleben subjektiver Art wird mit einem objektiven Bezugsrahmen in Verbindung gebracht, man setzt sich vom routinemäßigen Denken ab – und gewinnt im Erfolgsfalle doch eine Art von schöpferischer Kombination von zwei verschiedenartigen Dimensionen: daher »Bisoziation«, also Wechselverknüpfung, Zweierassoziation. Man kann dem natürlich kritisch entgegenhalten, das Konzept sei sozusagen quantitativ und auch terminologisch viel zu beschränkt, um anstatt von Assoziation von Bisoziation sprechen zu können. Sybren Polet hat in seinem Buch *Der kreative Faktor* geschrieben (dt. 1993, 298), dass Koestler den Begriff der Assoziation nur gegen den der »Bisoziation« ausgetauscht habe und man ihm »besser nicht folgen« solle; denn der »Austausch der Begriffe« sei »nicht nur überflüssig, sondern auch unrichtig«, da der Ausdruck »Bisoziation« in gewisser Weise vorspiegle, »dass es sich um ein einspuriges, ›digitales‹ Assoziieren« handele, wenn auch aus zwei verschiedenen Ebenen, während die tatsächlichen Abläufe von multipler Art und komplex-paralleler Verschaltung seien, wie ja auch aus dem Zitat von James über den »Kessel mit den blubbernden Ideen« ersichtlich sei: dass es sich also gerade um ein *vielspuriges*, »*mehrspuriges*« Konfigurieren, Verarbeiten, Verknüpfen handle. Diese Aktivität führe zwar in gewissem Sinne dann durchaus zu einer Art von »eingleisiger Bewusstseinsenge«, Letztere sei aber nur die »Spitze des Eisberges«: Im Untergrund, im Unterbewussten, Unbewussten gebe es sehr reiche Strukturen und eine teils »chaotische«, teils hochverflochtene Fülle an Parallelverarbeitungen. Daran ist sicherlich etwas Richtiges, aber das von Polet Angesprochene ist meines Erachtens durchaus in dem Koestler'schen Modell enthalten.

Doch man darf diesen Ansatz in der Tat nicht auf bloß *zwei* Ebenen zusammenstreichen (wie das Wort »*Bi*-soziation« suggeriert). Wir müssen vielmehr davon ausgehen, dass hier eine *multiple* Kollision, Kollusion (ein »Zusammenspielen«), Konfundierung, Wechselwirkung und Anregung und nicht nur ein »Extrapolieren« in einer Ebene, ein »Interpolieren« von einer anderen Ebene aus und dann eine Art von »Transponieren« stattfindet. Diese Skizze vereinfacht zu stark. Es handelt sich stattdessen erstens um ein sehr vielfältiges, großenteils dem Oberflächenbewusstsein und damit der Bewusstseinsenge entzogenes Zusammenspiel. Es können nahezu beliebig viele Ebenen sein, die sich da schneiden und zu einem Lösungspunkt oder Zündungseinfall führen. Und zweitens ist zu sagen, dass Koestler tatsächlich nicht die schöpferische Metaschichtenbildung berücksichtigt, die wir zu Anfang als besonders charakteristisch herausgestellt haben und die eine große Rolle bei intellektuellen Entdeckungen, zumal bei Verallgemeinerungen, spielen – neben den sozusagen horizontalen »Bisoziationen« unterschiedlicher Disziplinen und Perspektiven. Das Schichtenübersteigen, das transzendierende Interpretieren gibt neben dem von Koestler betonten »Extrapolieren«, »Interpolieren«, »Transponieren« und »Transformieren« eine entscheidende Charakteristik des Kreativen ab. Das »Höhersteigen« bedeutet das abstraktere (oder abstrahierende), das stufenübergreifende Zusammenfassen auf Metaschichten: Das Überblicken, Überformen von bestimmten Schichten ist dabei ganz besonders wichtig – wie wir gesehen haben: Man könnte hier in der Tat im engeren Sinne wie oben (S. 59-64) von »Transzendieren« sprechen, also nicht nur vom Transponieren, sondern vom *Meta*transponieren, vom »Aufheben« auf höhere Schichten, vom Metainterpretieren unter höheren (höherstufigen) Perspektiven – und nicht nur aus verschiedenen Blickwinkeln derselben Ebene. Gerade die kreativen *Meta*interpretationen, die *Kreierung* von neuen Ebenen und Schichten ist besonders kreativ im Sinne der oben erwähnten »überkombinatorischen« Kreativität. Die Perspektiven sind ihrerseits geschichtet und unter Umständen hierarchisch verzweigt zu sehen, zu *bilden*. Deswegen ist es nicht nur nötig, in derselben Ebene eine »neue Denkmütze aufzusetzen«, wie der Wissenschaftshistoriker Butterfield das genannt hat (zit. nach Koestler 1966, 255): Die »geistigen Transpositionen in den Gehirnen der

Wissenschaftler« kommen in erster Linie »nicht durch neue Beobachtungen oder zusätzliche Daten zustande«, sondern dadurch, dass das »Bündel« von vorhandenen »Daten zu einem neuen System wechselseitiger Beziehungen« geordnet wird, »indem man ihnen einen *neuen Rahmen* gibt; denn das bedeutet im Grunde genommen, dass man eine neue Denkmütze aufsetzen muss« (Hervorhebung hinzugefügt, H. L.). Diese »neue Denkmütze« kann aber manchmal auch einen Geßlerhut bedeuten oder zu einer Tiara hochstilisiert werden (ist dann freilich nicht mehr *neu*!). Es gibt auch trickreiche Vertreter der Kunst, die sich nur äußerlich einen neuen bunten, auffälligen Hut aufsetzen. Die Wissenschaftsentwicklung (oder eher -verwicklung) ist manchmal nicht bloß dadurch mit geprägt, dass man einer neuen Denkmütze modischer Art seine Reverenz erweist, sondern zuweilen auch dadurch, dass man lediglich (s)einen alten Hut gegen einen neuen austauscht. Und oft bleibt es auch beim alten Hut – bloß mit neuer, manchmal fremder Feder. Die eigentlichen kreativen Fortschritte genügen freilich anderen Grundkriterien und Quasigesetzen, Anregungs-, Entstehungs- und Entwicklungsdynamiken. Auch die »Bisoziation«, die von Koestler aus dem Bereich von Witz und Humor übernommen wird, ist in diesem Sinne zu verstehen. Es gibt ja auch Kabarettisten und professionelle Humoristen, die diese Tricks der komischen Explosionszündung fast mechanisch beherrschen, daraus eine stets einzupassende »Masche« zu machen vermögen. Sie sind bloß »reproduktive Kreative«, allenfalls Kleinkünstler, manchmal Klein- und Scheingenies der maschenkombinierenden Pointengymnastik, aber nicht in dem eigentlichen Sinne fundamental Neues schaffende »intuitive Genies«, die absolut überkombinatorisch Neuartiges aus der Fülle ihrer überquellenden, schichtenüberspringenden Phantasie schaffen.

Wir haben uns im vorangehenden mit Arthur Koestlers Idee der Bisoziation beim kreativen Einfall befasst. Es kann sein, dass Koestler seine Idee von dem Psychologen Bartlett übernommen hat, der in seinem Buch *Thinking* (1958) schreibt:

»Die verschlungenen Wege des Fortschritts in jeder experimentellen Wissenschaft werden im Wesentlichen von relativ wenigen Originaluntersuchungen markiert, denen in der Regel eine große Anzahl von Routineuntersuchungen folgt. Das ausschlaggebende Kriterium originellen experimentellen Denkens liegt in der Entdeckung von Überschneidungen und

Übereinstimmungen in Bereichen, in denen man vorher nur Isolierung und Verschiedenheit gesehen hat« (zit. n. Koestler 1966, 251).

Das Zitat erfasst im Grunde bereits die entscheidende Idee, dass zwei unterschiedliche, bisher »unverbundene Erfahrungssysteme« (Koestler) plötzlich durch einen Einfall zusammengeschlossen werden und dass zwei Ebenen, die bisher unabhängig voneinander waren, gleichsam orthogonal zueinander standen, nun in einem bestimmten Punkt (oder einer Schnittgeraden) miteinander verbunden sind. Man sucht nach einer Problemlösung in einer dieser Ebenen, findet diese nicht – und plötzlich ereignet sich ein »Einfall« (im wörtlichen Sinne!) aus einer anderen Ebene; auf diese Weise kommt nach Koestler die Bisoziation von unterschiedlichen Erfahrungssystemen zustande. Dabei gilt, dass man eine solche Überschneidung und Übereinstimmung nie als bloß aufsummierendes Zusammenfügen von Werten oder Größen verstehen kann, sondern es ist eine wirkliche Integration, die auch innere Wechselwirkungen, ja »Interferenzen« und wechselseitige »Befruchtungen« der Gesichtspunkte aufweist, also nicht nur additiv verstanden werden kann (ebd., 252). Das ist übrigens etwas, was man Koestler selber ins Stammbuch schreiben könnte, es kann auch beim »Bisoziieren« nicht darum gehen, dass man mechanisch (bloß) zwei unterschiedliche Ebenen nur zum Schneiden oder in Beziehung bringt, sondern die Verhältnisse sind meistens sehr viel komplexer und interessanter.

Koestler hat aber sicherlich recht damit, dass offensichtlich die Gesichtspunkte aus verschiedenen Bereichen zu einer Art von »Zündung« führen; er spricht ja von einer »bisoziativen« Überraschung oder sogar von einem »bisoziativen Schock«. Beides kommt ja auch im Witz vor – in der Weise, dass man eine gewisse »Originalität«, »Emphase« und »Sparsamkeit« als Kennzeichen des Komischen (ebd., 78 ff.) dann eben mit einer solchen Bisoziation oder einer solchen Zusammenbindung von unterschiedlichen Gesichtspunkten verbindet: »Tatsächlich ist das Überschneiden zweier unabhängiger Kausalketten durch Koinzidenz oder Verwechslung ein eindeutiges Beispiel für bisoziierte Zusammenhänge beim Witz, aber auch bei der Forschung und in der Kunst« (ebd., 73 f.).

Es ist eine von Koestlers Hauptthesen, dass in allen diesen kreativen Bereichen gleichsam eine Art von gleicher Verlaufsform der kreativen Prozesse und Phänomene, des Überraschenden und des Originellen, des Einfallsreichen gegeben ist. Dazu versucht Koestler gewisse typische Verhaltensformen, etwa am Beispiel des Witzes, zu beschreiben und typologisch zu entwickeln: die Verlagerung des Akzentes und des Gesichtspunktes, Koinzidenz, Zusammenfallen, Zusammenschalten, das Entwickeln von geradezu widerlogischen Gesichtspunkten oder dann die »Interpolation« in einer Ebene, die Ausdehnung einer bestimmten Reihe oder Kette, »Extrapolation«, ebenfalls in derselben Ebene, die dann zu einer Art von »Transformation« gerade dann führt, wenn auf die andere Ebene übergegangen wird bzw. diese sich mit der ersten schneidet, berührt und in diese hineinwirkt. Versteckte Anspielungen, implizierte Gesichtspunkte und Informationen spielen eine große Rolle insbesondere bei geistreichen Witzen, aber ebenso bei tiefsinnigen Entdeckungen. Die Hintergründe, die jeweils impliziert werden und mitspielen, sind recht wichtig für den Begriff einer »tieferen« perspektivischen Transformation oder Interpretationszündung.

Dabei spielen Metaphoriken, analogische Begriffe, Vergleiche, Übertragungen, Kreuzvergleiche und alles mögliche Querdenken oder Querdeuten eine Rolle – und oft auch bestimmte Konflikte, die einerseits zwischen den inhaltlichen Gesichtspunkten auftreten können (das gilt insbesondere beim Witz), aber andererseits auch Konflikte, die sich bei den kreativen Persönlichkeiten selber einstellen, wie wir oben aus den psychologischen Untersuchungen entnehmen konnten. Das gilt insbesondere beim Forscher oder Künstler, der vor einer besonderen Aufgabe oder Problemstellung steht und manchmal eine Art von »Blockierung« erlebt: Dann verstärkt sich die Anspannung, und eine Art von Kollision wird geradezu wahrscheinlich gemacht, vor- oder aufbereitet – also eine »Bisoziation«, die dann eintritt, wenn die beiden Ebenen in einer bestimmten »Einfallssituation« zusammenkommen, wodurch der Konflikt gelöst wird. Man könnte geradezu von der Kollision von konfliktuösen Ausgangsgesichtspunkten sprechen sowie von einer *Kollusion*, einem Zusammenspielen, Wechselspiel, interaktivem Ineinandergreifen der entsprechenden Gesichtspunkte unterschiedlicher Erfahrungssysteme, die dann die bisoziative »Zündung« darstellen. Dabei kommen oft Codewechsel vor, die manchmal sogar bewusst werden. Fixierte Strategien werden flexibel gemacht. Man muss typischerweise zu anderen Bezugsrahmen übergehen. Das

Wandeln und Abändern von solchen Bezugsrahmen selbst ist ganz wichtig.

Doch man kann die Lösung eines Multi- oder Bisoziierungsproblems im Grunde nicht voraussagen; sie ist nicht kombinatorisch-mechanistisch oder kausal-deduktivistisch erklärbar oder gar erzwingbar. Sie ist letztlich auch nicht durch bloße Anpassung erklärbar, sondern der Ansatz Koestlers liefert nur eine Art von eher phänomenologischem Versuch, dieses »Einbrechende«, »Einfallende« zu beschreiben. Man kann Entdeckungen dieser Art nicht nur auf Kombinatorik oder auf kombinatorische Gymnastik zusammenstreichen – und dieses Modell selbst auch nicht (s. o. die kritischen Bemerkungen zu Simontons Modelltheorie). Das Bisoziieren ist zwar darauf abgestellt, dass es kombinatorisch vor- und aufbereitet wird insofern, als man versucht, verschiedene Erfahrungssysteme systematisch zu kombinieren. Häufig ist es jedoch ein wirklich zufälliges Zusammentreffen (wenn auch manchmal, typischerweise, ausgelöst durch äußere Zufallsumstände). Oft – wir sprachen von Serendipität – wirkt ein Anregungserlebnis aus der Umwelt »zündend«. Man kann versuchen, diese Einfallserlebnisse innerlich zu modellieren, zu schärfen, die »Kollusion« wahrscheinlicher zu machen, indem man »virtuell« eine mentale Strategie des »geistigen Abtastens« einer subjektiven inneren Landkarte durchführt oder in einer »inneren Landschaft« herumwandert, wie Koestler für das »zweckgerichtete Denken« (ebd., 167) sagt, oder den »Brennstrahl der Bewusstheit« auf die »innere Umwelt« richtet und diese zu explorieren, auszuforschen versucht (ebd., 168). Aber das sind alles Metaphern, die sicherlich zur theoretischen Erfassung nicht ausreichend sind. Sie versuchen, etwas eigentlich Undarstellbares »von außen« her zu umschreiben, indem bestimmte Metaphern verwendet werden. Dabei spielen Bezugnahmen auf das Unbewusste, auf das Querdenken, Querdeuten, »Wegdenken« (ebd., 149 ff.) eine große Rolle. Das Entdecken von Analogien ist oft das Einbrechen unterbewusster Verarbeitungen oder unbewusster Vorgänge oder sedierter, abgesunkener Erfahrungen: Das Phänomen ist interessant und wird auch vielfach in der Literatur zitiert.

Man ist daran gewöhnt, sich auf das Unbewusste zu beziehen. Anekdoten sowie Berichte über Erfahrungen von Poeten und Künstlern sind vielfach vorhanden, die sich auf diese Dynamik beziehen und häufig das unterbewusste mentale »Arbeiten an sich selbst« in Zusammenhang mit den Entdeckungen und Erfindungen sehen. Der Ausdruck »Unbewusstes« stammt von Ernst Platner (1776), der ihn in seinen *Philosophischen Aphorismen* eingeführt hat; er spricht von einem »dunklen Bewusstsein« und von »dunklen«, »bewusstlosen Vorstellungen«. Alles kreative Denken sei ein ständiges Hin- und Herschwingen (»eine stetige Reihe, unter dem Wechsel von Bewusstseyn und Unbewusstseyn, verknüpfter Vorstellungen« – 1793, I, 140). Dieselben Überlegungen sind auch etwa bei Schelling zu finden, für den Kunst auf der Einheit der bewussten und »bewusstlosen« Tätigkeit beruht. Oder man denke etwa an englische Autoren, die im Gegensatz zu und als Kritik an Descartes die Rolle des Unbewussten in den Mittelpunkt gestellt haben, zum Beispiel der Cambridge-Platoniker Cudworth. John Norris sagt: »Möglicherweise wirken auf uns Vorstellungen ein, die man nicht wirklich wahrnimmt« (zit. n. Koestler 1966, 154). Das war immerhin schon 1690 und als Kritik an Locke und dessen Übernahme der cartesianischen Hauptthese gemeint, dass letztlich das Bewusste und das Bewusstsein (das »klar« und »deutlich« Gedachte) allein das Entscheidende seien.

Dieses »Unbewusstsein« wird von Dichtern und Philosophen häufig angeführt und liefert geradezu eine wohlfeile stellvertretende Erklärung. Beispielsweise sprach Carpenter, ein Arzt und Naturforscher des 19. Jahrhunderts in England, schon lange vor Freud von der »unbewussten Verarbeitung im Gehirn« (*unconscious cerebration*). Oder Jean Paul schreibt von dem »Unbewussten in den Geistern«, welches »eigentlich das größte Reich« sei; er nennt das Unbewusstsein »das innere Afrika, dessen Grenzen, die man nicht kennt, sehr weit auseinander gehen können« (zit. n. Koestler 1966, 156). Das heißt allgemein, das Handeln und Denken ist schon auch in der Mitte des 19. Jahrhunderts als von unbewussten Antrieben gesteuert angesehen worden.

Ich hatte ja auch schon Lichtenberg erwähnt, von dem die Erfindung des »Es« stammt. Es ist das *unbewusste* Es, das etwa auch bei Unterstellungen und Vorstellungsentstehungen eine Rolle spielt. Lichtenberg sagt bekanntlich (K [806]), es sei eigentlich eine falsche Auffassung, wenn wir sagen: »Ich denke«, sondern alles, was man jedenfalls sagen kann, sei, »es denkt«, ähnlich wie man sagt: »es blitzt«, also: »es taucht Bewusstsein auf«, »es ereignet sich Bewusstsein«. In diesem Zusammenhang spricht er auch von dem unbewussten Es und entwickelt eine implizite kleine Theorie des unterbewussten Denkens und Operierens.[26] Das ist übrigens eine Idee, die später Nietzsche ebenfalls bewusst zur Kritik an Descartes nutzt, die dann von dem Psychologen Groddeck übernommen wird und schließlich von ihm zu Freud gelangt. Man sieht, dass Freud offensichtlich hier nicht völlig oder revolutionär neue Perspektiven entwickelt hat, sondern er hat vieles aufgenommen, was schon vorher im wissenschaftlichen Zeitgeist, in der Philosophie oder Literatur vorhanden und zum Teil sogar allgemein verbreitet war. L. L. Whyte, ein Autor, der ein Buch über das Unbewusste vor Freud geschrieben hat, meint (1962, 66): »Die allgemeine Konzeption unbewusster geistiger Vorgänge war in Europa nach Descartes um 1700 durchaus *denkbar*, um 1800 *aktuell* und in der Zeit von 1870 bis 1880 *modern*. ... Jedenfalls lässt sich nicht bestreiten, dass die grundsätzliche Vorstellung des Unbewussten um 1880 in Europa zum Gemeinplatz geworden war« (zit. n. Koestler 1966, 158). Das gilt auch gerade angesichts der Tatsache, dass Eduard von Hartmann sein Buch *Philosophie des Unbewussten* – ein Bestseller! – 1868 veröffentlicht hatte – ein Buch, das allerdings von Whyte sehr schlecht beurteilt wird, meinte er doch, es stünde keine eigene Idee darin. Das Unbewusste umfasst jedenfalls etwas, was man nicht (er)zwingen kann, etwas, das sich »ereignet«. Das Unbewusste spielt mit bei den kreativen Prozessen, es interveniert im und in den kreativen Akt. Es ist gleichsam »der Geist«, »der weht, wo er will«. Man kann es nicht zwingen oder planmäßig ausbeuten.

Aber es gibt gewisse indirekte Strategien zur Herbeiführung von Problemlösungen oder von Assoziationen. Das haben wir schon bei der Schilderung von Einfallserlebnissen gesehen, wie sie Poincaré berichtete. Die Verfahren sind indirekte; es sind Strategien des »Wegdenkens« oder Querdenkens, durch die man

---

26 Fraglich ist natürlich auch, ob man von der Struktur der subjektiven Sätze (»es denkt«) auf einen unbewussten Urheber oder Akteur des Denkens schließen kann – oder nicht eventuell nur auf ein unterbewusstes Konzert vielartiger »Stimmen«, die, nach Dennett (1994), um den Auftritt auf der Bühne des Bewusstseins konkurrieren. Ist die Einheit des Ich-denke-Akteurs nicht ein (nachträglich postuliertes) Interpretationskonstrukt? (Verf. 1993, 308 ff.)

versucht die Einfallswahrscheinlichkeit zu erhöhen, die Inkubation zu fördern, die Auslösung herbeizuführen: »Das Glück trifft nur den vorbereiteten Geist«, wie Pasteur gesagt hatte (s. o. S. 139).

Souriau, ein französischer Philosoph, hat um 1880 – und das Wort ist auch von Nietzsche übernommen worden – gesagt, »um zu erfinden, muss man wegdenken«: *»Pour inventer il faut penser à côté«* (Polet, 1993, spricht von »Danebendenken«). Im Deutschen haben wir den Ausdruck »Querdenken«, der auch gerade hinsichtlich der Ebenenkonstruktion bei Koestlers Bisoziation oder bei allen Multi- und Meta-Assoziationen ganz sinnvoll zu sein scheint. Man sollte das Wort in diesem Zusammenhang (mehr) berücksichtigen.

Kann man nun auf diese Weise versuchen, die Wahrscheinlichkeit einer solchen Kollision und Kollusion, einer Bisoziation oder gar Multiassoziation planmäßig zu erhöhen? Sicherlich handelt es sich um Strategien, die bei bestimmten Entdeckungsbereichen, in denen man auf besondere Einfälle, auf Visionen angewiesen ist, sinnvoll sind – vor allem dann, wenn man seine Variationen der anregenden Umwelt oder die Auslösemerkmale selber innerlich erzeugen muss und nicht hoffen kann, dass aus der Außenwelt entsprechende Anregungen oder Provokationen im Sinne der zuvor diskutierten Serendipität auftreten. Aber charakteristisch ist, dass bei kreativen Akten und besonders fundamentalen Neuentdeckungen eine gleichzeitige Aktivität auf *mehreren* Ebenen häufig ist, dass eine Art von typischer Inkubations- oder Reifungszeit zu finden ist. Man muss dauernd mit dem Problem umgehen, »ringen«, sich (nahezu) total engagieren und dieses Problem sowie den Konflikt und Problemdruck quasi im Unterbewusstsein arbeiten lassen. Es kommt noch hinzu, dass man eine offene Sensitivität, Empfänglichkeit, für die entsprechende Problemlage und für kleinste Zeichen oder Anzeichen eines Einfalls oder einer Anregung aus der Außenwelt haben muss oder pflegen sollte. Schließlich gilt natürlich, dass in gewisser Weise das rationale Denken, etwa beim Mathematiker, ebenso eine Rolle spielt wie der eher zufällige Einfall, von dem schon die Rede war. Man kann sagen, dass das unterbewusste Weiterarbeiten oder unbewusste Tendenzen und Dispositionen, die man vielleicht zu vereinfachend als »das Unbewusste« zu bezeichnen pflegt, die Funktion haben, das Problem untergründig gegenwärtig zu halten. Das Unterbewusste ist in diesem Sinne eine Art von Strategie, um gleichsam das Problem, den Konflikt, den Problemdruck »am Kochen« zu halten. Man fühlt sich an einen Druckkessel erinnert. Dann kann plötzlich wie ein »Ausbruch« eine spontane Intuition oder tatsächlich das Ereignis einer solchen Bisoziation eintreten, wie sie Koestler im Auge hat.

Wir hatten oben bereits diskutiert, dass diese Art von Kollision und Wechselbefruchtung oder -zündung im Allgemeinen nicht auf *zwei* Ebenen beschränkt werden kann, sondern dass sie genauso im Zusammenspiel vieler unterschiedlicher Perspektiven und Gesichtspunkte zu finden ist und dass eine Art von multipler Kollusion und Wechselwirkung eine Rolle spielt. Das Modell von Koestler ist also in dieser Hinsicht *zu einfach* gewählt. Er hat auch nicht gesehen und berücksichtigt, dass dieses Zusammenspiel unter Umständen von verschiedenen Schichten, Stufen und Ebenen aus gesehen und betrieben werden kann, dass es neben der *horizontalen Bisoziation* auch eine *vertikale* gibt, dass man aus einer höheren Perspektive, aus einer metatheoretischen bzw. metasprachlichen Perspektive bestimmte Gesichtspunkte der unteren, objektnäheren Ebenen eben anders sieht. Wir können auch vertikal kreativ assoziieren. Man könnte von Meta-Assoziation sprechen oder von einer Methode, Meta-Assoziationen zu kreieren.

Es gibt so etwas nun zweifellos auch in der Philosophie, nur finden sich diese Fähigkeiten, Strategien und Heuristiken meist unter einem ganz anderen Gesichtspunkt oder Titel: Beispielsweise könnte man die berühmte dialektische Methode von Hegel als eine solche Art von heuristischer Strategie zur Konstruktion höherstufiger Gesichtspunkte auffassen. Man könnte sagen, dass Hegels Theorie eine anregende Strategie der Kreativität ist, insbesondere wenn man an seinen Begriff des »Aufhebens« – in dreifacher Deutung! – denkt: Dass etwas auf der höheren dialektischen Stufe der Synthese zwischen These und Antithese »*aufgehoben*« wird, versteht er ja so, dass es einerseits eliminiert oder gelöscht, in diesem Sinne ungültig, unwirksam gemacht, »überholt« oder »aufgehoben« wird; andererseits wird es auf*gehoben*, höher gehoben, und andererseits »aufgehoben« im Sinne von »aufbewahrt« oder beibehalten, wenn auch modifiziert, auf höherer Stufe. Dieses Verfahren kann man durchaus, ganz anders als Hegel, als eine kreativ-originäre Heuristik oder als eine kreativitätsfördernde Gedankenführung im Sinne solcher Meta-Assoziationen verstehen. Statt seiner inhaltlichen, geradezu ontologisierenden Philosophie, die mit Anspruch auf Letztbegründung auftritt, hätten wir eine dynamisierende Kreativheuristik.

Man könnte nun ebenfalls eine ganze Reihe von Beispielen solcher Multi- und Meta-Assoziationen aus der Wissenschaft anführen. Ich hatte schon einige genannt (s. o. S. 138 ff.).

Im Folgenden möchte ich aber die Strategien zum Beispiel des verlagerten Denkens oder der Umkehrung eines Zusammenhangs von Gesichtspunkten an einem eigenen, persönlich erlebten Beispiel diskutieren, das in gewisser Weise eine Illustration zu dem Koestler'schen Ansatz ist. Mir ist es in der letzten Nacht vor der Abfassung dieser Zeilen so gegangen, dass ich um fünf Uhr aufgewacht bin, ohne dass ich einen schwarzen Kaffee getrunken hätte wie Poincaré. Doch hatte auch ich eine Art von »Bisoziationserlebnis«. Dieses Bisoziationserlebnis hing damit zusammen, dass ich im Anschluss an die Vorlesung, auf die der vorliegende Band zurückgeht, ein Seminar über Darwin und seine Philosophie zu halten hatte. Es liegt nun nahe, dass die Strategien des (eventuell schichtenübersteigenden) Multi- und Meta-Assoziierens, die Logik der Umkehrung, auf den Zusammenhang von Kreativitätsforschung einerseits und des Darwin'schen Modells andererseits angewendet werden können. Das stellt zwar in gewisser Weise bloß »kombinatorische Gymnastik« dar, aber immerhin eine schichtenübergreifende, eine Bisoziation der Biophilosophie also als »kombinatorische« Metaintellektualgymnastik. Das möchte ich kurz anreißen.

Wir hatten ja gesehen, dass James etwa Darwins Modell der natürlichen Auslesevariation und -selektion, ergänzt um die notwendige Retention, als ein Beispiel zur Deutung des kreativen Prozesses angesehen hat. Darwin hatte ja ursprünglich von »descent by modifications through natural selection« gesprochen. Campbell, der Biologe und Erkenntnistheoretiker (1960), hat diese Modellvorstellung in der so genannten evolutionären Erkenntnistheorie genutzt. Andere, wie auch Simonton, haben ihren Überlegungen ebenfalls dieses Modell zu Grunde gelegt; Simonton seiner Zufallskonfigurationstheorie und der Philosoph Perkins seinen Überlegungen zum kreativen Verhalten. Dabei hebt der Letztere besonders hervor, dass im Gegensatz zu Darwin beim Kreieren das Selektieren nicht mechanisch oder deterministisch erfolgt, sondern seinerseits schon von einer bestimmten Zielsetzung abhängt. Man sieht, dass eine *Analogie* also nur in einem gewissen Rahmen besteht.

Die Grundidee, die mir nun in der Nacht – sozusagen »bisoziativ« – dazu eingefallen war, ist, dass man, wenn man herkömmlicherweise Kreativität im Anschluss an die eben genannten Theoretiker als eine Art von Variations- und Selektionsprozess versteht, umgekehrt das Gleiche sehen kann: Man könnte den Begriff der Kreativitätsdynamik ausdehnen, ausweiten und somit auf natürliche biologische und kosmologische Entwicklungsprozesse beziehen – und könnte dann daraus eine Reihe von Folgerungen auch methodologischer Art für die Philosophie insgesamt ziehen, insbesondere für die Naturphilosophie. Mit anderen Worten: Man mag die Naturentwicklung im Sinne der unterschiedlichen disziplinären Evolutionstheorien, insbesondere der Evolution nach Darwins und Wallace' Selektionstheorie, als eine Art von Kreativitätsdynamik auffassen. (Und man mag diese Vorstellung über die disziplinären Evolutionsansätze – seien sie biologischer oder kosmologischer Art – hinaus erweitern zur Vorstellung einer kreativen Dynamik oder wenigstens kreativitätsanalogen Verlaufsform der Natur- und Kosmosentwicklung generell.) Anders als sonst üblich kann man also das Naturgeschehen als eine Art von Kreativität, wenigstens als Metapher, Symbol von Kreativität, ansehen.

In der Tat liegt eine solche Gegenüberstellung sehr nahe: Wenn man erstens die Darwin'sche Idee der Produktion von Variationen und Varianten nimmt, so ist bereits eine bestimmte Vielfalt vorauszusetzen: Die Vielfalt muss gegeben sein, es muss ein potenzielles Wachstum der entsprechenden Population dynamisch angelegt, eine Überfruchtbarkeit vorhanden sein, eine Überfülle von Varianten sich ergeben. Produktive Überfülle, große Variantenvielfalt –, das ist genau das Gleiche wie auf der Seite der psychologischen Beschreibungen der Kreativität bzw. ist eine der dort erörterten Voraussetzungen. (Man fühlt sich gerade bei dieser Produktivitätsthematik an Schellings Philosophie der Natur erinnert.)

Die zweite Phase ist die der Auswahl (Selektion), die nach Darwin quasi automatisch durch die Konkurrenz um das Überleben bzw. um die Fortpflanzungschancen des Organismus erfolgt. Darwin hat ja aus der Überfülle der Nachkommenerzeugung und aus der Begrenztheit der Ressourcen den »Kampf ums Dasein« erschlossen[27] – und zwar den Kampf zwischen einzelnen Individuen. Die Einzigkeit des Individuums und seiner genetischen Struktur ist eine wichtige Idee, die bei Darwin eingeht, wie Ernst Mayr kürzlich wieder (1994) betont hat. Man ist allerdings nicht ganz sicher, woher Darwin diese Idee hat – wahrscheinlich, meint man, aus dem Studium der Gepflogenheiten und Erfahrungen von Tierzüchtern, mit denen er viele Kontakte hatte. Wie Galilei, der – wohl als erster Wissenschaftler – in die Arsenale der Waffenhersteller, Ingenieure und Techniker ging und aus diesen Besuchen sehr viele Anregungen bezog, ist Darwin auch nicht nur der bloß auf seinen Reisen beobachtende Tierforscher gewesen. Sondern er hat sich sehr stark um die Fragen und Phänomene der Tierzüchtung, also der *künstlichen* Zuchtwahl, gekümmert. Er hatte viele Bekannte, die Pferde und Hunde züchteten, und bezog wahrscheinlich daher – aus deren Erfahrungen (»Jeder Zuchtabkömmling ist anders«) – seine Idee von der erbkombinatorischen (heute sagen wir: »genetischen«) Einzigartigkeit jedes Individuums.

Dann ist noch die Hauptidee zu erwähnen, dass die individuellen Verschiedenheiten eben zum Teil erblich, vererbbar, sind. Darwin konnte diese Vorstellung damals natürlich noch nicht an Genen oder irgendwie greifbaren Vererbungseinheiten »festmachen«; er konnte nur den Faktor fordern, aber diese Forderung zusammen mit dem »Kampf ums Dasein« angesichts knapper Ressourcen, um die es zu konkurrieren gilt, ergab dann die Folgerung, dass eine je *unterschiedliche* Chance des Überlebens für bestimmte Individuen gegeben ist – und zwar eine höhere für solche, die bestimmte erbliche Vorteile im Kampf ums Dasein aufweisen. Und das ist bereits die Idee der natürlichen (Erb-) Auslese. Wenn man den Erbvorteil durch viele Generationen hindurch (an)nimmt, dann ergibt sich so etwas wie eine Evolution und zumal auch eine Evolution der *Arten*, also eine Art von historisch-kreativem Prozess, der »gesteuert« ist von »blinden« Faktoren, deren Wirksamkeit sich relativ »mechanistisch«[28] ausnimmt – unter Einschluss freilich von Zufallsfaktoren.

27 Wobei er durch Malthus angeregt war, wie übrigens sein Mitentdecker der Theorie, Alfred Russell Wallace, auch; sie haben allerdings Malthus ganz anders verstanden als dieser sich selbst.
28 »Mechanistisch« bedeutet hier natürlich nicht im Sinne der klassi-

Der wichtigste Punkt ist hierbei, dass eine Art von Entwicklungs*geschichte* hier eine große Rolle spielt – und nicht etwa das traditionelle Bild, das den Wissenschaftstheoretikern der Physik vorschwebte, dass ein Natursystem überhaupt nichts mit geschichtlicher Entwicklung zu tun habe.

Sodann muss es schließlich die dritte Phase, jene des Beibehaltens, des (Sich-)Bewährens, des Stabilisierens, geben – wie kreativitätspsychologisch jene des Bestätigens, Bewahrens, zum Beispiel des Verifizierens im Falle der mathematischen Einfälle von Poincaré. Das heißt, dass in gewisser Weise wenigstens für eine bestimmte Zeit so etwas wie eine Stabilisierung erfolgt.

In der Tat ist es auch eine heute gängige Auffassung der Evolutionsbiologen, dass sich Phasen schneller evolutionärer Entwicklung und quasi-statischer Verharrung ablösen. Die Theorie etwa von Gould und Eldredge vom »unterbrochenen Gleichgewicht« (»punctuated equilibrium«) fordert genau das, nämlich eine Art von Phasenbildung mit Beschleunigung, Verlangsamung oder fast statischer Beharrung als Bestandteil der (Geschichte der biologischen Arten-)Evolution.

Verallgemeinert man die Evolutions- und Selektionsdynamik sowie die Stabilisierungsphasen auf die Naturentwicklung, ja Kosmosentwicklung allgemein, so kann man diese »Kreativitäts«dynamik auf die Natur übertragen. Man kann das Variieren, Selektieren, relative Stabilisieren »hin und her« sehen und *mutatis mutandis* übertragen – und hat auf diese Weise eine Deutung des Naturgeschehens unter Kreativaspekten. Umgekehrt benutzte man – das ist, wie wir sahen, schon länger der Fall gewesen – eben die Darwin'sche Analogie und das Modell auch für das Zustandekommen von kreativen Lösungen und Problemlösungen.

Ernst Mayr hat in seinen Büchern *Eine neue Philosophie der Biologie* (1991) und *Darwin hat doch recht* (1994, 16, 75 u. a.) Darwin überraschenderweise, aber sicherlich zu Recht, als einen großen *Philosophen* herausgestellt. Man könnte ergänzen, dass Darwin auch ein großer *Philosoph der Kreativität* gewesen ist. Mayr (1994, 62 ff., 94 u. a.) meinte nämlich, Darwin sei als einer

> schen Mechanik, sondern eher wäre es vorzuziehen, von treibender Dynamik der Konkurrenzen der Individuen zu sprechen – jeweils in Bezug auf eine nahezu artspezifische »ökologische Nische«, wie wir heute sagen.

der ersten gegen die essentialistische Typeneinteilung der Welt in festgefügte Arten – seien es lebendige oder Gegenstandsarten – aufgetreten. Heutzutage ist das natürlich eher gängig (Tische als Molekülwolken oder Ansammlung von Elementarteilchen) und sehr erweitert worden. Darwin ist also gegen den Essentialismus aufgetreten, den praktisch alle Biologen seiner Zeit, insbesondere seine Lehrer, noch vertreten haben. Selbst die Proponenten seiner Selektionstheorie, wie zum Beispiel Thomas Henry Huxley, waren noch Essentialisten. Darwin ist außerdem gegen den Physikalismus und gegen das deterministische Kausaldenken in der Naturwissenschaft zu Felde gezogen, indem er betonte, dass in die Evolution und Selektion der probabilistische Faktor, also der Zufall, hineinspielt – eine moderne Ausdrucksweise, die natürlich metaphorisch ist. Darwin ist aber gleichzeitig aufgestanden gegen den (theologischen oder naturteleologischen) Finalismus, gegen das zweckorientierte Denken des Inhalts, dass in der Natur(geschichte) oder von Gott ein Zielzustand vorgegeben sei, der durch evolutionäre Entwicklungen, durch die auf dieses Ziel ausgerichtete Höherentwicklung der Arten bis hin zur »Krone der Schöpfung« vor(her)bestimmt oder (vor)programmiert sei.

Für Darwin spielt also offensichtlich die historische Entwicklungsdynamik allein aufgrund eines bloß quasikausalen Entwicklungsvorganges oder aufgrund quasikausaler Verzweigungsvorgänge mit Einschluss der probabilistischen Momente eine Rolle. Hinzu treten sowohl die Betonung der Einzigkeit oder Einzigartigkeit der Individuen einerseits, die also zum »Kampf« bzw. zur Konkurrenz der Individuen ums Dasein und Überleben führt, wie andererseits auch Darwins Denken in Populationen, das für die Biologie neu war: Das Entscheidende sind die gradualistisch, also sehr allmählich sich verändernden Populationen. Alle diese Phänomene sind geeignet, das historische, in der jeweiligen Spezifik einmalige Prozessgeschehen oder dieses historistische Moment generell zu betonen. Man muss wohl sagen, dass diesen Vorstellungen eine völlig neuartige Wissenschaftsidee zu Grunde liegt, die man als eine Wissenschaft von kreativen Entwicklungen in einem komplexen Systemzusammenhang unter bestimmten natürlichen, zum Beispiel geographisch, geologisch und klimatisch gegebenen Randbedingungen, und symbolischen sowie ökologischen Gesichtspunkten sehen kann.

Darwin könnte als ein früher *Philosoph der natürlichen Kreativität* biologischer Vielfalt gelten, der sich allerdings gerade gegen jeden Kreationismus im engeren Sinne, also gegen das Schöpferdenken, in der Biologie gewehrt hat. Hier liegt natürlich ein entscheidender Unterschied zur Kunst, die in dem Sinne genuin kreationistisch ist, weil es immer einen Autor und Kreator, einen Künstler, gibt. Doch kreative Prozesse können auch unabhängig von einem bewussten ziel- oder zweckorientierten Kreator ablaufen; das Phänomen ist später noch weiter zu diskutieren.

Gelegentlich ist die Naturphilosophie auch in einem solchen Sinne der Kreativität der Natur oder der kreativen Entwicklungen gesehen worden – und zwar sogar in einem kosmischen Zusammenhang, aber unter Einschluss der biologischen Evolution, Verzweigung und Differenzierung, etwa von Teilhard de Chardin und von Alfred North Whitehead. Der Letztere hat in seinem Hauptwerk *Prozess und Realität* (1929) eine kreativitätsorientierte Naturtheorie kosmischer Art entwickelt, die gewisse interessante Aspekte umfasst, aber insgesamt heute nicht mehr als wissenschaftlich oder philosophisch vertretbar gelten kann (s. u. S. 304 ff.).

Doch zurück zu Koestlers Kreativitätstheorie. Koestler meint, dass offenbar alle Arten von kreativen Entwicklungen, insbesondere bei komplexeren Systemen und schöpferischen Prozessen komplexerer Art, Analogien in den entsprechenden Bereichen aufweisen. Er behauptet sogar, im Wesentlichen liefen kreative Prozesse, humane Kreationen jedenfalls, im Großen und Ganzen nach dem gleichen Schema ab; es unterschieden sich nur die Kriterien der Beurteilung, die bereits spezifischen Produkte selbst oder auch die Art und Weise, wie das Ergebnis des Kreationsprozesses im Einzelnen zustande kommt. Aber die von ihm hervorgehobenen Phasen der Variation, der Interpolation und Extrapolation, der Transposition bzw. Transformation, der Selektion, der Retention (Bewahrung, Stabilisierung) sind für ihn in den Bereichen überall die gleichen. Offensichtlich ist die Übernahme von bestimmten Risiken bei Neuentwicklungen dann ähnlich zu sehen wie der Sprung ins Unbekannte, der darin besteht, dass man sich wie Poincaré auf unbewusste Einfälle kapriziert oder gar verlässt oder von diesen »überwältigt« wird. Was für ein Kriterium letztlich die Beurteilung liefert, sei prozessual, phasenmethodologisch vielleicht gar nicht einmal so entscheidend. Und es gibt ja in der Tat auch Analogie-Zusammenhänge, etwa zwischen künstlerischen und zum Beispiel mathematischen Intuitionen oder Visionen.

Wie schon erwähnt, war Poincaré der Meinung, dass die Beurteilung mathematischer Erfindungen zugleich unter dem Gesichtspunkt der Schönheit und Wahrheit, also als Kreation schöner *und* nützlicher mathematischer Ideen vonstatten gehe, und dass deren Selektieren eigentlich schon eine Bewertung sei, die gleichsam unterbewusst oder vorbewusst, jedenfalls in seinem Geist, zustande komme. Poincaré hat, so meinte er, jeweils schon im Vorbewussten oder Unterbewussten die meisten der nicht sinnvollen Kombinationen eliminiert, selektiert. Der europäische Mentor des oben erwähnten Ramanujan, Hardy, hat eine *Apologie eines Mathematikers* geschrieben, in welcher er behauptete, es käme in der Mathematik ohnehin ausschließlich auf die Idee der Schönheit an; diese sei das einzige und »entscheidende Kriterium« der Beurteilung, das eine Rolle spiele: »Das entscheidende Kriterium ist Schönheit. Für hässliche Mathematik ist auf dieser Welt kein beständiger Platz« (zit. n. Koestler 1966, 365). Mathematik, meinte Hardy, könne »nur als Kunstwerk« gerechtfertigt werden. Der berühmte Mathematiker Borel meinte gar, Mathematik sei »Poesie von Ideen« (beides zit. n. Hildebrandt 1992). Das andere Zitat ist von Hadamard, den ich schon im vorangegangenen Kapitel erwähnt hatte, der nach seiner Umfrage unter hervorragenden amerikanischen und französischen Mathematikern resümierte: »Das Schönheitsgefühl ist offensichtlich fast das einzige Gefühl, das in der Mathematik zu Neuentdeckungen führt.« Es spielen also das Unterbewusste, die Intuition, das Erleben von Schönheit und das Erkennen sowie Beurteilen von Einfachheit eine hervorragende, wenn nicht gar entscheidende Rolle gerade auch in jenen Disziplinen, die anscheinend ausschließlich dem mechanischen Beweisdenken oder der strikten Präzision der Beweise und Argumente verpflichtet sind – wie in der Logik und insbesondere der Mathematik.

Es ist interessant und wird von Koestler (1966, 151) geradezu als ein »scheinbares Paradoxon« bezeichnet, »dass ein Wissenszweig, der vorwiegend mit abstrakten Symbolen arbeitet, dessen rationale Grundlage und Credo Objektivität, Beweisbarkeit und Folgerichtigkeit sind, offenbar von geistigen Vorgängen abhängig ist, die subjektiv, irrational und nur *post factum* verifizierbar sind«. Das impliziert, dass der Beweis immer erst hinterher kommt, die Intuition ist vorgängig und das Entscheidende. Und die geschieht oder *ereignet* sich, so Hadamard (1945), weitgehend in einem quasi ästhetisch-visionären Erfahren oder (virtuellen) Schauen. Die Lösung eines Problems ist nicht irgendwie schrittweise abgeleitet, sondern wird erlebt als oft plötzlich »einfallendes«, den »Kreator« überkommendes Mustererkennen im Sinne einer Gesamtschau, einer überwältigenden und persuasiven Vision.

Es kann sogar gesagt werden, dass zumeist, wenigstens in der Initiations- und Visionsphase, die Sprache und die übermäßig präzise Fixierung von Formeln eher Hindernisse darstellen. »Die trügerische Präzision«, sagt Koestler (1966, 184), »die ... Begriffen eignete«, die wie die klassischen Raum- und Zeitkonzepte in der Philosophie eine Rolle gespielt und die Mathematik und die Physik jahrtausendelang beeinflusst haben. Man denke insbesondere an die aristotelische Physik – sie legte nach Koestler »das gesamte wissenschaftliche Denken von Aristoteles bis zur Renaissance in Fesseln«. Das ist nach der heutigen Kenntnis der mittelalterlichen Entwicklungen im Nominalismus und auch in der Logik nicht richtig, doch stimmt es zweifellos, dass Sprache und Worte zwar »unentbehrlich« zur Präzisierung sind, dass aber fixe, verfrüht oder absolut verfestigte Begriffe und sprachliche Formulierungen »Fußangeln« (Koestler, ebd.) sein können, bestimmte Perspektiven verstellen mögen, unter Umständen zu einer Weltsicht Anlass geben, die gerade gesprengt werden muss, um Neuentwicklungen zu erlauben. Sidney Hook meinte, Aristoteles hätte, als er sein Kategoriensystem aufstellte, das bei ihm ontologische Gültigkeit hatte, eine Kategorienlehre des Seins war, nur »die Grammatik der griechischen Sprache in das Weltall« projiziert (zit. n. Koestler 1966, 185). Diese Idee stammt freilich schon von Mauthner (1901, zit. n. 1982, III, 4), der gesagt hat: »Hätte Aristoteles Chinesisch oder Dakotaisch gesprochen, er hätte zu einer ganz anderen Logik gelangen müssen, oder doch zu einer ganz anderen Kategorienlehre.« Auch die abendländische Wissenschaft würde damit weitgehend anders aussehen. Daran ist wohl sicherlich etwas Richtiges.

Mit anderen Worten: die Sprache stellt manchmal bei der eigentlich schöpferischen Eingebung auch ein Hindernis dar. Zwar ermöglicht sie viele verfeinerte und präzisierte Darstellungen, aber sie kann uns unter Umständen auch »Scheuklappen« aufsetzen. Darauf hat übrigens auch lange vor Wittgenstein der kongeniale Präwittgensteinianer Lichtenberg in vielen berühmten Zitaten hingewiesen – dass nämlich ein falsches oder fixiertes Sprachverständnis oder schon die Sprachformulierung ein verzerrtes philosophisches – und somit auch ein metaphilosophisches – Problem bedeuten kann. *Zum Beispiel*: »Unsere falsche Philosophie ist der ganzen Sprache einverleibt; wir können sozusagen nicht räsonieren.« Und – Wittgenstein post portas! –: »Unsere ganze Philosophie ist Berichtigung des Sprachgebrauchs, also die Berichtigung einer Philosophie, und zwar der allgemeinsten … Es wird also immer von uns wahre Philosophie mit der Sprache der falschen gelehrt. Wörter erklären hilft nichts« (Lichtenberg H [146]).

Flatternde Ideen – oder: Kreatives aber stiften die Dichter ...

Häufig sieht man bei Künstlern und Dichtern, dass die Sprache eine eingrenzende (Vor-)Struktur oder Aktivitätsfixierung, eine Art von Regelvorgabe, eine Einschränkung derart erzeugt, dass das Eigentliche, unter Umständen das visionär Erschaute gar nicht (mehr) ausdrückbar ist. »Wie kann ich denn wissen«, sagt Alice (im Wunderland), »was ich denke, solange ich nicht weiß, was ich sage?« Oder Elliot, der Dichter, sagt ausdrücklich: »Der Dichter weiß nicht, was er zu sagen hat, bevor er es gesagt hat.« Mit anderen Worten: Das Fixieren durch das Sprechen ist schon eine Art (notwendiger) Konkretisierung und Präzisierung der Vorausvisionen in eine sprachliche Fassung, aber es bedeutet eben auch eine Art von einschränkender *Fixierung*; es legt etwas fest, was vorher noch variabel war. Die Sprache ist dann zur »Kristallisierung« des eigentlichen, grundlegenden und noch fließenden, flüssigen Visionären geworden. Kristalle sind nicht mehr im Fluss; Kristallisierungsresultate sind bereits Fixierungen des Denkens, des Assoziierens. »Die Sprache ist nicht nur Grundlage des gesamten Denkvermögens«, so meinte Hamann (zit. n. Koestler 1966, 182), »sondern auch das Zentrum, von dem die durch sie verursachten Missverständnisse der Vernunft ausgehen«. Das hat übrigens schon Lichtenberg lange vor Wittgenstein in vielen Zitaten ähnlich gesagt (s. o., aber auch H [151]).

Ich glaube allerdings, dass diese Auffassungen etwas zu einseitig sind, weil sie zu stark auf die Theorien der Sprachphilosophen, der Linguisten, der Dichter, der Sprachverwender, Sprachschöpfer ausgerichtet sind. Sie berücksichtigen vielleicht nicht genügend, dass für das, was wir sagen können, die Einbindung in *Handlungs*komplexe wichtig ist. Das gilt insbesondere für die kreativen Handlungen, zumal für das Umgehen mit Visionen, Ideen, schöpferischen Einfällen. In dem Buch von Ogden und Richards *Die Bedeutung der Bedeutung* (1923) findet sich ein schönes Sprichwort oder eine ebenso provozierende wie tiefsinnige oder – nur für uns? – hintersinnige Aussage von Angehörigen eines primitiven Stammes auf einer Insel vor Kamerun, Fernando Poo (heute Macías Nguema). Dort gibt es den Stamm der

Bubi, und die Autoren zitieren als Motto ein Wort, das in diesem Zusammenhang als tiefsinnig gedeutet werden kann: »Wir wollen näher ans Feuer gehen, damit wir sehen können, was wir sagen« (1974, 7). Das klingt natürlich zunächst völlig absurd, aber in der Tat ist etwas hintergründig Wahres daran: Wir müssen in die riskante Situation gehen und können dann erst in der Auseinandersetzung mit den entsprechenden Faktoren in der jeweiligen relevanten bzw. brisanten Nahumgebung feststellen, was die sprachliche Beschreibung der entsprechenden Problemformulierung und -lösung sein kann. Bevor man spricht, muss schon gedacht, visionär gedacht oder erfahren werden. Oder wie Nietzsche pointiert sagte: »Bevor ›gedacht‹ wird, muss schon ›gedichtet‹ worden sein«. → prinzipielles Engagement des Subjekts

Man denke auch an das oben erwähnte Zitat von Wittgenstein, dass man Philosophie eigentlich »nur *dichten*« könne. In der Philosophie besteht – zumal heute – der entscheidende Fortschritt häufig nicht in der Lösung eines präzise gestellten Problems, sondern in der Entdeckung neuer Probleme. Deswegen ist die Philosophie für viele so unbefriedigend, weil sie stets neue Probleme erzeugt. Es ist wie mit den Wünschen bei Wilhelm Busch: Ein jedes Problem, das je gelöst (oder nur formuliert!), erzeugt, kriegt augenblicklich Junge! Platon hat in einem Dialog (*Theätet* 197 f.) versucht, die Konzeptionen von Problemlösungsideen (bei ihm eher Wissenselemente), wie sie sich dem Menschen darstellen (also wie die Menschen teilhaben an den für ihn ewigen Ideen), mit dem Fangen von Vögeln in einem Taubenschlag zu vergleichen: Die Vögel flattern umher, und man muss sie greifen. Der Vogelkäfig ist gleichsam das geistige Spektrum unter Einschluss des Unterbewussten oder Unbewussten, das Platon durchaus vertraut war. (Er hatte bereits eine Theorie von der Dreiereinteilung der Seele [*Phaidros* 246 a, b] entwickelt – ganz ähnlich, wie man sie bei Freud findet.) Dieses Moment des Fangens von Ideen quasi wie Vögel in einem Vogelkäfig – oder für Platon: der dem Menschen fassbaren Repräsentationen, die an den ewigen Ideen teilhaben – ist natürlich ein Gleichnis, ein Bild, eine Metapher, die benutzt wird, um das Herausfangen, das Selektieren von kreativen Einfällen zu verdeutlichen. Man greift die Ideen, ähnlich wie in der dunklen Höhle bei Platon, gleichsam mit »klebrigen Fingern« oder mit Krallen an den Fingern oder Händen. Mit anderen Worten: Wenn man einmal eine Idee ge-

„Der Flug der Fledermaus"

fasst hat und sie »passt«, dann bleibt sie *haften*. Man geht mit einer besseren Chance zu Neuem weiter, agglutiniert weitere dazu passende (haften bleibende) Ideen. Dieses Motiv vom Ideenfangen ist eingängig. Sybren Polet, dessen Buch *Der kreative Faktor* (1993) ich schon erwähnt habe, hat als seine eigenständige neue Gleichnis-Idee eine Abwandlung dieses platonischen Modells des Vogelfängers der Wissenselemente im »Taubenschlag« der Ideen entwickelt: Er meint, das Finden in kreativen Prozessen sei eine Aktivität, die eher dem Umherflattern einer *Fledermaus* gleiche. In einem dunklen Raum (in Platons Höhle?) flattern die Fledermäuse, und kreative Einfälle sind dann ähnlich wie bestimmte Anhaftungen, Assoziationen, welche die Fledermäuse erfassen, greifen, fangen – oder auf die sie stoßen. Die Fledermäuse nehmen in ihrem dauernden Herumflattern bestimmte Inhalte an, Bilder, Worte usw.

»Was die Fledermaus verwenden kann, bleibt an ihr haften und *bestimmt* während des weiteren Umherflatterns *mit*, was aufgenommen werden soll und was nicht, anfangs unter der Einschränkung, dass es vom initialen Auftrag nicht zu weit abweicht; in einem späteren Stadium, wenn die Fledermaus prall beladen ist mit Anhaftungen (Assoziationen), sind größere Abweichungen möglich, weil die angesammelten Inhalte eine gewichtigere Rolle zu spielen beginnen oder weil der Auftrag nach Rückkoppelung und Reflexion entsprechend korrigiert worden ist. Die Fledermaus fliegt weiter und sammelt Anhaftungen, bis der Raum nach verwendbaren Worten, Bildern, Informationen abgetastet ist. Das kann Minuten und auch Stunden oder Tage dauern, und es ist abhängig vom Umfang und von der Genauigkeit des Auftrags, von der Anzahl der Assoziationsmöglichkeiten, von den Tiefen- oder Entfernungspeilungen der Impulse, von der psychodynamischen Motivation, aber natürlich auch von der verfügbaren Menge an Energie, dem Reichtum an gespeicherten Informationen, von der Trainiertheit des Gehirns, der Kraft des Gedächtnisses« (Polet 1993, 29).

Polet bezieht das dann auch auf die Evaluierung und die Erschöpfung des Materials oder des entsprechenden Autors: Die Fledermaus flattert oft

»so lange weiter, bis der Beflogene völlig erschöpft ist: Erschöpfung des Materials, des leergesogenen Gehirns und der zugehörigen Person. Die Menge der dabei abverlangten Energie ist groß, weil nicht nur passiv aufgenommen, sondern aktiv mitgearbeitet, mitgedacht, vorausgesehen wird, oft bei gleichzeitiger Suche nach der geeigneten Form, wozu das Entstehende stets aufs neue durchgesehen und geprüft werden muss; außerdem muss eine gewisse Intensität beibehalten werden, was wiederum zusätzliche mentale und physische Anspannung erfordert. Aus einer starken psychischen Motivation heraus ist manch einer der schöpferisch Tätigen darüber hinaus auch bereit, Raubbau mit seiner Gesundheit zu treiben, etwa mit Hilfe von Stimulanzien« (ebd., 37).

Manchmal hat man, nach einer kreativen Phase, das Gefühl, ausgebrannt zu sein, man braucht dann etwas, ›um die Batterien wieder aufzuladen‹.

Ich glaube, dass dieses Modell und Bild zwar recht plausibel ist, dass es aber auch ein wenig in die Irre führt. Wenn Polet vom »Abtasten« des dunklen Raumes spricht, dann ist dies schon zu sehr als ein kombinatorisches ausschöpfendes Spielen verstanden – eine suchalgorithmische Vorstellung, wie sie schon zuvor kritisiert worden ist. Das schnelle, das eher »(rössel)sprunghafte Denken des kreativen Prozesses« (ebd., 27 f.) ist eher als dem Abtasten oder dem Abspielen eines Computerprogramms doch wohl dem appetenzartigen, frei vagierenden Zufallsexplorieren und einem plötzlichen Mustererkennen verwandt. Man kann darüber spekulieren, wie stark das entsprechende »Anhaften« und konfigurale Erkennen bei normalen Rechtshändern eher in der rechten Gehirnhälfte, die bei diesen vorwiegend die konfigurative ist, stattfindet als etwa in der eher sprachorientierten und sukzessive analytisch arbeitenden, quasi digital vorgehenden linken Hirnhälfte. Jedenfalls ist offensichtlich ein Zusammenspiel der verschiedenen Strategiemöglichkeiten der unterschiedlichen beiden Gehirnhälften notwendig, um kreative Prozesse überhaupt initiieren, durchleben und zum Abschluss bringen zu können. In der Einfalls- und Initiationsphase spielt dabei offensichtlich besonders die konfigurierende, mustererkennende, zugleich wohl stärker emotional gefärbte Seite eine Rolle. Das gilt sicherlich auch für Sprachschöpfer, also für Dichter. Denn wenn Robert Musil in seinen *Tagebüchern* schrieb: »Der Gedanke ist nicht etwas, was ein innerlich Geschehenes betrachtet, sondern er ist dieses innerlich Geschehene selbst. Wir denken nicht über etwas nach, sondern *etwas denkt sich in uns herauf*« (zit. n. Polet 1993, 32, hervorgehoben v. H. L.), so bezieht sich das auf solche untergründigen, unterbewussten Prozesse, die nicht in dem Computermodell des ausschöpfenden Abtastens oder der kombinatorischen Such- und Assoziationsgymnastik nachzuvollziehen sind. Auf der anderen Seite gibt es natürlich auch weitere Metaphern, die gerade bei Dichtern eine Rolle spielen. Deren und der Künstler kreativen Eingebungen wollen wir uns im Folgenden zuwenden.

Ich möchte an das zuvor zitierte Beispiel vom Flug der Fledermaus im Dunkel ihrer Höhle anknüpfen, das – in gewissem Sinne jedenfalls – für den Schriftsteller Sybren Polet den schöpferischen Prozess symbolisieren oder analogisieren soll. Polet beschreibt, wie die Fledermaus im dunklen Raum umherfliegt, zufällig (assoziativ) etwas aufgreift, was dort als mögliche Beute vorhanden ist, mit ihren Klauen festhält. So sei es auch, wenn man nach Ideen jagt, sucht bzw. versucht, diese festzuhalten, anzuhäufen. Aber dieses Hin- und Herflattern ist nicht gezielt, geplant, glatt (linear). Es ist eher irgendwie irregulär; im Einzelnen nicht vorhersagbar. Es ist quasi-chaotisch, könnte man sagen. Und das Resultat ist dementsprechend auch meistens abhängig von gewissen Zufällen, Begegnungen oder Begebenheiten. Natürlich spielen zusätzlich auch Ambivalenzen der Affekte hinein – darauf komme ich noch zu sprechen. Dieses Bild zeigt also, dass offensichtlich so etwas wie eine quasi-zufällige, chaotische Dynamik als zugrunde liegend vorausgesetzt wird. Damit sollen nun nach Polet Modelle bzw. Gleichnisse des kreativen Prozesses überholt oder wenigstens überformt bzw. beiseite geschoben werden, die nur die kombinatorische Gymnastik, wie wir gesagt hatten, betreffen oder gar Kreativität als rein mechanischen Prozess auffassen.

Letzteres ist ja eine Auffassung, die vielfach bis in die neueste Gegenwart hinein vertreten wird. Es ist natürlich auch ein gutes Bild, dass manche Erzeugungen neuer Kombinationen algorithmisch durch Erweiterungen, durch Abwandlung, durch systematisches Ausschöpfen von Möglichkeiten erzielt werden können. Zum Beispiel hat Roger Schank, ein bekannter Psychologe, der in den siebziger Jahren mit R. Abelson zusammen ein berühmtes Buch über Handlungsskripts geschrieben hat, einen Aufsatz mit dem Titel »Creativity as a Mechanical Process« (»Kreativität als mechanischer Prozess«) zu dem schon erwähnten Band von Sternberg (1988) beigetragen. Er möchte die Kreativität prozessual, eher operativ im Sinne der künstlichen Intelligenz erfassen. Dadurch, dass man gleichsam *explanation patterns,* also Erklärungsmuster, in der Erinnerung daraufhin abprüft, ob man sie schon kennt, wenn eine bestimmte Situation gegeben ist, die erkannt und eingeordnet werden soll, sucht man im Gedächtnis nach entsprechenden erinnerten Mustern, die gespeichert sind, und dann wird das gefundene Erklärungsmuster (falls es passt) angewandt. (Das ist übrigens eine Idee, die Johnson-Laird schon 1983 in seinem Buch *Mental Models* vorgetragen hat.) Man prüft also, ob überhaupt ein *explanation pattern* in dem Gedächtnisreservoir der gespeicherten Muster gefunden wird und ob es gegebenenfalls auf das Problem passt. Wenn kein passendes Muster gefunden wird, das die entsprechende Erkenntnissituation wirklich darstellt, strukturgetreu wiedergibt, dann versucht man dem Programm zufolge ein möglichst ähnliches Muster zu finden und dieses entsprechend abzuwandeln, dem Problem und der Erkenntnissituation anzupassen, indem man kleine Teilschritte und Variablenwerte abändert, notfalls auch (Teil-)Strukturelemente austauscht. Man würde also im Falle des Nichtpassens zunächst eine Suche nach ähnlichen Mustern initiieren, die annähernd auf die Situation passen. Wenn man solch ein Muster findet, verallgemeinert man dieses, variiert es entsprechend in Bezug auf die Problem- und Situationserfordernisse und speichert es dann im Gedächtnis als neues, variiertes Muster ab. Es kann nun auch eine andere Variante des mentalen Modells (Musters) für künftige Situationen darstellen. Man kann also sagen, dass hier Kreativität als ein durch ein Suchprogramm geleiteter Prozess verstanden wird. Sie ist diesem Ansatz zufolge ein algorithmischer oder programmierbarer Vorgang, der ein vorhandenes Wissen oder vorhandene Muster benutzt, um diese dann entsprechend zu modifizieren und auf andere mögliche Situationen anzuwenden.

Nicht alle Forscher in der Debatte über Künstliche Intelligenz (KI) glauben, dass kreative Prozesse als mechanische verstanden oder aufgefasst werden können, obwohl die meisten meinen, dass zumindest auch kreative Prozesse normaler Art, aber unter Umständen auch ungewöhnliche, grundständig neue Strukturen liefernde durch Computerprogramme simuliert werden können. Margaret Boden zum Beispiel (1990, ²1992) betont ausdrücklich: »Kreativität kann wissenschaftlich mit Hilfe von Berechenbarkeitskonzepten (computational concepts) verstanden werden« (Boden 1995, 75). Sie definiert in ihren Arbeiten »Kreativität« im Wesentlichen als »das Abbilden, Explorieren und Transformieren von begrifflichen Räumen« (»the mapping, exploration and transformation of conceptual spaces« (kurz: METCS, zum Beispiel in Boden 1994), wobei ein »begrifflicher Raum« durch die Regeln eines generativen Systems, also sozusagen durch eine regressive Erzeugungspraxis regelhafter Art beschrieben wird. Das System wird abgebildet und dadurch ausgeforscht, dass seine Elemente entsprechend den genannten Regeln kombiniert werden, wobei man die Strukturen des Konzeptraumes eben entdeckt bzw. aufzeigt, aufweist. Der Raum wird wiederum durch diese Abbildung und Erforschung auch irgendwie »transformiert«, indem die Regeln modifiziert werden, um unterschiedliche Arten und Typen von Strukturen zu erzeugen.

Jenseits der bloßen Kombinatorik von Elementen nach Regeln, die durchaus Neues, zumindest neue Kombinationen ergeben können,[29] gibt es die Möglichkeit, dass kreative Produkte erzeugt werden, die über die Kombination existierender Erzeugungsregeln hinausgehen (eine Veränderung der Erzeugungsregeln erfordern). Dies erfordert ebenfalls, dass man nicht in einem Rahmen (framework) des bisherigen Systems befangen bleibt, sondern es verändert. Relativ zum bisherigen System sind also solche echt kreativen Ideen geradezu »unmöglich«. Diese Art höherer Kreativität umfasst somit, »das Unmögliche« zu denken, also etwas, was im vorliegenden Rahmen nicht durch Kombinatorik erzeugt werden kann, sondern ein Verlassen des Konzeptraums durch Veränderung der diesen definierenden Regeln nötig macht. Boden spricht von einem »Ausbruch« (»break-out from a conceptual space«), der zum Beispiel zustande kommt, indem Heuristiken (höherstufige Regeln) oder Meta-Regeln verwendet werden, um Regeln des bisherigen Systems zu ändern. Dies ist eigentlich die Übernahme der kantischen Idee des »Genialen«, der zufolge die »Genies« nicht nur übliche Regeln anwenden, sondern selbst die Regeln eines Gebiets- bzw. Systemzusammenhangs definieren, bestimmen, neu entwickeln und ausarbeiten bzw. ausführen.

Die von Boden dementsprechend genannte »*impossibilistische Kreativität*«, die nicht nur die Regeln, sondern auch Meta-Regeln und den ganzen zuvor existierenden Stil der kreativen Produktion bzw. Darstellung abwandelt, bei der »hochstrukturierte

---

29 Aber sie sagen uns nicht, *welche* Kombinationen neuartig sind, noch, *wie* im Einzelnen neue Kombinationen auftauchen.

Räume« durch eine entsprechende Heuristik strukturell abgeändert werden (Boden 1995, 77), ist also ein besonderer Problempunkt kritischer Art für Versuche der Simulation kreativer Prozesse durch Computerprogramme und durch interaktive Informationssysteme. Boden meint, dass man die »impossibilistische Kreativität« des total Neuen, das aufgrund und im Rahmen der bisherigen Fundamente nicht hätte entwickelt werden können, und unser Verständnis dieser Kreativität durch KI-Modelle unterstützen kann, indem man etwa Improvisor-Programme nach Hodgson und Waugh (zum Beispiel bei Musikkompositionen) durch Randomizer (nach Dretske) und durch Einfügung evolutionärer Programme (die das Modell von Zufallsmutationen, Selektion und eventuell auch Rekombination selektiver Erzeugnisse im neodarwinistischen Sinne nutzen) wie auch insbesondere durch interaktive Zyklen der Wechselwirkung mit der Umwelt und jeweils in die Zyklen eingespeiste Bewertung (Dartnall 1994, 59; Boden 1995, 81) anregen und modellmäßig beschreiben kann. Solche Computerprogramme sind bereits in manchen Bereichen benutzt worden, zum Beispiel in Gestalt eines sich selbst transformierenden, die entsprechende Modellierung der Umwelt abändernden, »evolutionären« Programms, das die Lecks in riesigen Erdgaspipeline-Netzen aufgrund des Zusammenschlusses der stündlichen Messwerte über Gaseingabe und Ausfluss, Druckverhältnisse und deren Wechsel, Wetter und Temperaturbedingungen usw. ortet und auch Grundlage für Notabschaltungen (Lokalisierung zu schließender Ventile) dienen kann, wobei das Programm genetische Algorithmen benutzt (Boden 1994a, 20). Boden schließt, dass Computerprogramme und die Leistungen von Computern uns durchaus helfen können, nicht nur die bloß kombinatorische Kreativität besser zu verstehen, sondern auch die impossibilistische Kreativität zu modellieren und zu simulieren. Ob nun Computer selbst als kreativ angesehen werden können, meint sie, sei eine eher moralisch-politische Frage – und zwar auch in Bezug auf die Terminologie: Die »Antwort hängt davon ab, wieweit wir bereit sind, Computern« bzw. Computersystemen »einen moralischen und intellektuellen Respekt, vergleichbar dem Respekt, den wir für mitmenschliche Wesen fühlen« zuzuerkennen (Boden 1990/1992, 11, vgl. auch 283 f.; vgl. aber Verf. 1991). Boden argumentiert als Funktionalistin, wenn sie meint, dass bei Computerprozessen generell eher die Software als die Hardware von Bedeutung sei und diese auch Intelligenz und Kreativität hervorbringen könnte, wenn derartige kompositionale Prozesse etwa auf Gallium- oder Silikonbasis statt auf Kohlenstoffbasis realisiert werden. Dabei verfolgt sie (nach Dartnall [Hg.] 1994, 36) eine kompatibilistische Ansicht zwischen der traditionellen Unmöglichkeitsthese (etwa bei Dreyfus: »Computer können nicht kreativ oder intelligent sein«) und der harten, rein Hardware-reduktiven Auffassung, die der eines harten Determinsten gleicht. »Weichere« Computationalisten und Kompatibilisten betonen, dass zwar die Ergebnisse von computationalen kreativen Prozessen berechnet sind, lassen aber sozusagen Randomizer, »Improvisor« oder entsprechende andere Zustände zur Erzeugung neuer Regeln (und nicht nur systeminterner Kombinationen!) zu. Nicht alle Zufallsprozesse gelten dem Kompatibilisten bzw. weichen Computationalisten entsprechend als bedeutungslos, sondern Dennett (1978, 295) zufolge gibt es einen »Überlegungsgenerator« (consideration-generator), »dessen Output in einem gewissen Grade indeterminiert ist«, der also erst einer selektierenden nachträglichen Bewertung unterworfen werden muss. Dieses Muster von Generierung, auch Externalisierung und Bewertung ist die traditionelle Auffassung von Kreativität. (Indem beispielsweise Boden die *Regel*änderung als transformierende Systemänderung im Sinne auch – sie benutzt den Ausdruck nicht – einer Meta-Regländerung versteht, besteht die Möglichkeit, die Entstehung und Erhöhung von impossibilistischer (systemändernder) Kreativität auf die Änderung des Systemganzen bzw. auf eine Beschreibung und Änderung der Metastufenregeln zurückzuführen. Insofern ist implizit – von ihr nicht explizit hervorgehoben – diese Art von genuiner Kreativitätsermöglichung mit unserem Modell der Kreativitätsentstehung durch Aufstieg auf Metastufen der Systemerfassungen und der Interpretationen vereinbar.

Terry Dartnall (1994, 50, besonders 58 f.) hat expliziter diese Möglichkeit der Deutung von echter Kreativität als einer *repräsentationsgebundenen Neubeschreibung* im Anschluss an Untersuchungen der Entwicklungspsychologin Annette Karmiloff-Smith (1986, 1990, 1992a, b und 1993) hervorgehoben und untersucht. Seine »Representational Redescription Hypothesis« behauptet, dass der menschliche Geist angetrieben wird, über die reizspezifischen Beschränkungen der verhaltensmäßig beherrschten Handlungsroutinen und -techniken hinauszugehen, indem Wissen, das im Handlungssystem bzw. Wissenssystem eingebettet ist, in zunehmend abstrakteren Formen dem System selber verfügbar wird, als explizites ausgedrückt ist. Prozedurales Wissen, das im System vorhanden ist, aber diesem nicht explizit verfügbar ist, wird mittels dieser abstrakten Form in deklaratives Wissen explizit überführt und somit dem System als ganzem (bzw. bei bewussten Systemen: dem Bewusstsein) zugänglich gemacht: Es wird repräsentational explizit abrufbar, symbolisch verarbeitbar, da es eben in symbolischer Form *neu* beschrieben ist.

Dartnall führt diese von Karmiloff-Smith an der altersgemäßen Entwicklung von Typen der Kinderzeichnungen entwickelte Thesen zu einer allgemeineren Hypothese oder gar »generellen Theorie der Kreativität« zusammen. Er unterscheidet mit Clark (1993) und Karmiloff-Smith (1993) Systeme, »die ihr prozedurales Wissen als zugängliche Strukturen neu beschreiben können und somit Gedanken und ein mentales Leben haben« (Dartnall 1994, 58), von Systemen, die diese Art von repräsentationaler Neubeschreibung nicht haben, somit nicht aufgrund von Beschreibungen das Rahmenwerk der Regeln selbst ändern können. Die Grundthese Dartnalls ist eine Theorie der Redeskription für die echte Kreativität. Kreativität im höheren Sinne (also als Fähigkeit der Neubeschreibung in Form von deklarativem Wissen) besteht danach eben darin, dass wir eine Fähigkeit entwickelt haben jenseits »der großen erkenntnistheoretischen Wasserscheide« zwischen Erkennen und Handlung(sfähigkeit)en (ebd., 44 f.), dergestalt, dass wir implizites prozedurales Wissen als explizit deklaratives Wissen neu beschreiben oder umschreiben können (»redescribe«) und entsprechend weiter modifizieren können (ebd., 51, 56 ff.). Er legt eine Auffassung der Intentionalität (der »aboutness«) zu Grunde, wie sie Dretske (1980) entwickelt hat, der zufolge »jedes physische System ..., dessen interne Zustände gesetzlich, in einem statistisch signifikanten Sinne, von dem Wert einer externen Größe abhängig sind ... als ein intentionales System« aufgefasst werden kann (1980, 286, s. a. 1981). Dabei wird natürlich unterschlagen, dass die Auffassung eines kausalen oder statistischen signifikanten gesetzmäßigen Zusammenhanges nicht per se intentional genannt werden kann, auch nicht bloß »primär«-intentional – wenn nicht ein interpretierender, erkennender und reagierender Organismus eine solche Intentionalität erst auffasst, erfasst – im Sinne von Konstituieren und Interpretieren (wobei dieses keineswegs bewusst der Fall sein muss, sondern als ausgewählte, signalgereizte Reaktion aufgefasst werden kann). Dartnall hebt demgegenüber hervor, dass die Neubeschreiber eine größere Flexibilität, aber natürlich auch Risiken der Fehlinterpretation und einer falschen Repräsentation eingehen, wenn sie das prozedurale Wissen eben in Form von explizit deklarativem Wissen, zum Beispiel durch symbolische Repräsentation, zu echten Repräsentationen im üblichen Sinne, also solchen durch Gedanken und Meinungen usw. modifizieren oder besser: in diese Repräsentationsform übertragen (»transform«). Primäre Intentionalitätszustände sind »blind«. Derart ins Deklarative transformierte benötigen zwar die Grundlage der kausalen oder statistisch signifikanten Veranlassung, sind aber modifizierbar, verallgemeinerbar, flexibler und offener, kurz: kennzeichnen mentales Leben. Mentalität umfasst also die Fähigkeit der Neubeschreibung von implizitem Know-how in explizit zugängliches deklaratives Wissen, also Know-that oder Beschreibung von Know-how. Auf das berühmte Kant-Wort anspielend, meint Dartnall, dass »unbegründete Repräsentationen leer sind, primäre Intentionalität(s-Zustände) blind« seien (hinzugefügt v. H. L.) (ebd., 57).

Ein wesentlicher Schritt für kreative Aufstiege in Metastufenschichten ist damit getan: Der Übergang von einer Primärintentionalität in Gestalt von gesetzmäßigen Zustandsverknüpfungen zu einer Darstellung auf höherer Beschreibungsebene, die explizit als deklaratives Wissen zugänglich ist, ist damit geleistet. Dies entspricht zweifellos den üblichen Thesen des Überganges von Know-how zu Know-that und von der intuitiv-erlebenden Erfassung zur symbolischen Darstellung. Erst durch diese Schritte in Richtung auf symbolische Verfügbarkeit und explizite deklarative Struktur werden beispielsweise höherstufige kreative Schöpfungen, die auf Repräsentationen oder Darstellungsmedien bzw. auf Notationen und symbolische Fassungen angewiesen sind, möglich. Ein kreatives mentales Leben ist in der Tat an eine solche Art von kreativem Aufstieg ins Repräsentativ-Symbolische bzw. explizit Verfügbare gebunden.

Diese Darstellung Dartnalls schließt sich nahtlos an die oben entworfene Anthropologie des Metastufenwesens an, des Metainterpretierens als theoretischer Möglichkeit zum Verständnis und zu einer Ausgestaltung der Kreativität auf differenzierenden höheren Stufen, obwohl Dartnall die weitere Stufung auf höheren metasymbolischen Ebenen nicht diskutiert oder hervorhebt. Man muss natürlich die entsprechenden Schritte der metasymbolischen Aufstiege, der Möglichkeiten kreativer Aufstiege zu noch höheren Metastufen der symbolischen Darstellung, der Interpretation, der Formenerfassung und -gestaltung ebenso einbeziehen.

Diese Art von Flexibilität beim Aufstieg auf höhere Metastufen ist den bisher entwickelten Computersystemen und Programmierungstechniken noch durchaus entzogen, obwohl es bereits Softwareprogramme für die Entwicklung von Software bzw. etwa auch für die Ausarbeitung von programmgestaltenden Beweisstrategien gibt. Auch in diesem Punkte wird sich die Diskussion der Künstlichen Intelligenz weiteren Herausforderungen stellen müssen: Interessant ist ja die Programmatik und Herausforderung der Möglichkeiten der Künstlichen Intelligenz besonders als Programmierung heuristischer Strategien. Deshalb sollte man von voreiligen Unmöglichkeitsthesen Abstand nehmen und die Heuristik so weit wie möglich in differenzierende Programme umsetzen. Ob man letztlich regel- und metaregeländernden Computerprogrammen das Etikett »*kreativ*« im Sinne der impossibilistischen Kreativität Bodens zuschreiben will, wird oder nicht – das ist zum Teil auch eine eher terminologische und methodologische Frage, nicht so sehr eine soziale, politische oder moralische, wie Boden (1990) meinte.

Jedenfalls ist von der sehr einfachen Auffassung der Kreativität als eines mechanischen und somit auf einfacher kombinatorischer Ebene zu realisierenden Prozesses Abschied zu nehmen: Regeländerungen und gar die Änderung von Metaregeln als Signum höherer (»impossibilistischer«) Kreativität gehen auch dann über das bloß Mechanische hinaus, wenn Computer durch entsprechende Zufallsgeneratoren oder Umweltinteraktionssensoren und bewertende Feedback-Schleifen rudimentär eine solche flexiblere Kreativität modellmäßig zu simulieren gestatten.

Wir haben gesehen, dass die programmförmig-kombinatorische Kreativitätstheorie durchaus eine Möglichkeit ist, »konventionelle« Problemlösungen durch systematische Abwandlung von vorhandenen Grundmustern zu erzeugen. Sie bedeutet eben

»kombinatorische«, programmierbare »Gymnastik« – und diese sollte keineswegs unterschätzt werden. Das Modell ist aber durchaus nicht erschöpfend. Es reicht nicht, um beispielsweise die oben erwähnten, eher zufälligen, ganz neue Gesichtspunkte einbringenden, neue Schichten, neue Perspektiven erfordernden Varianten des kreativen Verhaltens – beispielsweise bei wissenschaftlichen Revolutionen, bei wirklichen Neuentwicklungen von Theorien, aber natürlich insbesondere auch beim Künstler – zu erklären oder zu beschreiben. Natürlich ist oft auch beim künstlerischen kreativen Vorgang häufig die Anwendung von Techniken oder Routinefleiß und -schweiß gefragt – etwa im Sinne der abgewandelten Kombination von Mustern. Manch ein Künstler hat einmal eine (Grund-)Idee gehabt und exerziert diese dann bis ans Ende seines künstlerischen Lebens in allen Varianten immer wieder durch – wie zum Beispiel Horst Antes,[30] obwohl diese Idee unter Umständen auch schon vor Tausenden von Jahren – zum Beispiel von den Olmeken in Gestalt ihrer berühmten großen Köpfe, wenn auch natürlich nicht in so abstrahierter Form dargestellt, »antizipiert« worden war. Zweifellos gab es einmal einen grundlegenden Kreativitätsschub bei einem solchen Künstler, aber die gefundene Grundlösung wird dann immer wieder variiert und ausgearbeitet. Es wird also oft »kombinatorische Gymnastik« getrieben, wenn man seinen »persönlichen Stil« bzw. sein Dauer-Grundmotiv gefunden hat.

Das Bild von der Fledermaus kritisiert dieses Muster und ist insofern interessant. Doch auch dieses Bild selber ist keineswegs so neu. Ich hatte schon erwähnt, dass Platon eine ähnliche Auffassung hatte, wenn auch in Bezug auf das Wissen und die »Wissenselemente«, wie man sagen könnte. Im *Theaitetos* (197 ff.) schlägt Sokrates vor, dass man das Wissen und dessen Auffinden bzw. Rekrutierung quasi als die in einem großen Taubenschlag oder Vogelkäfig befindlichen Elemente auffassen solle. Das Wis-

---

30 Arthur Koestler (1966, 424) meint: »Es tut der schöpferischen Originalität sicher keinen Abbruch, wenn man feststellt, dass jeder Künstler seine Rezepte hat und sie fortwährend anwendet. Nur muss man zwischen echtem Schöpfertum – der Erfindung neuer Rezepte – einerseits und der Routinefähigkeit, bereits vorhandene Rezepte abzuwandeln, andererseits unterscheiden. Diese Unterscheidung ist übrigens auch der springende Punkt bei dem heiklen Problem, welcher künstlerische Wert brillanten Fälschungen und Kopien zuzuschreiben ist.«

sen, das man »*besitzt*« (man besitzt einen Vogelkäfig – »*ktesis*« ist der griechische Ausdruck für »Besitz«), bedeutet noch nicht, dass man die Ideen, die in diesem »Besitz« oder gar in dem »Besessenen« enthalten sind, auch direkt *verfügbar hat*. Sie fliegen noch im Käfig umher. Man kann sie allerdings fangen. Man *muss* sie erst fangen, um sie zu *haben* (›*hexis*‹ ist der Platon'sche Ausdruck für die Teilhabe an den ewigen Formen, an den Wissensideen). Das (Verfügbar-)Haben der Elemente ist etwas anderes als der Besitz des gesamten Käfigs. Man muss also erst in dem Käfig eine Jagd inszenieren, um die Wissenselemente zu finden. »Anstelle der Vögel«, sagt Sokrates (198a), »hat man sich Wissen zu denken« – oder besser eben: Wissenselemente. Wenn nun jemand ein Wissen besitzt, das heißt erworben oder durch seine Anlage ererbt,[31] und gleichsam in seinen »Taubenschlag« eingesperrt hat,

»dann sagen wir, er habe die Sache, auf die sich dieses Wissen bezog, gelernt oder gefunden, und dies eben bedeute zu ›wissen‹ ... Dass er nun aber gerade das Wissen, das er will, aufs neue fangen und fassen und festhalten und wieder loslassen kann, – schau nun zu, mit welchen Ausdrücken wir das bezeichnen wollen, ob es dieselben sind wie beim ersten Mal, als er sie erwarb, oder andere«.

Die verschiedenartigen Wissenselemente sind eben noch nicht in der Situation der direkten Verfügbarkeit. Man »besitzt« sie zwar im – besser: *mit* dem ganzen – Käfig, aber man »*hat*« sie noch nicht. Sie sind *grundsätzlich* verfüg*bar*, aber man hat sie noch nicht direkt zur Verfügung.

Diese Idee kann man natürlich leicht auf neue Ideen übertragen, die ja auch in gewissem Sinne Wissenselemente sind, die vielleicht noch nicht erfasst oder gar geprüft sind. Neue kreative Ideen sind in diesem Sinne als solche Wissenselemente aufzufassen. Platon glaubte wohl auch, dass das Fangen von (Ideen-)Tauben in dem großen (Wissens-)Käfig das »Teil«haben des Men-

---

31 Man denke an die Erinnerungstheorie (Anamnesistheorie) des Wissens, die Platon im *Menon* vertritt: Geometrisches Wissen zum Beispiel brauche nur aus dem einem früheren Seelenleben entstammenden Grundspeicher heraufgeholt zu werden. Der Käfig ist angeboren; man muss nur das Fangen anregen und eventuell anleiten. Wenn aber jemand, so Sokrates im *Theaitetos* (198b), die Wissenselemente »in der Weise hat, dass er sie in jenem Käfig drin besitzt, sagen wir, er wisse«. Das Besitzen des Wissenskäfigs gilt ihm also schon als *Wissen*.

schen an den Ideen ist, wie sie dann im menschlichen Wissen, in der Erkenntnis des einzelnen repräsentiert werden. Richtige Erkenntnis wäre also sozusagen das Fangen von Wissenselementen qua Tauben im Vogelkäfig. Doch auch das ist natürlich ein eingeschränktes Bild: ähnlich eingeschränkt wie die Idee der kombinatorischen Gymnastik. Denn wieso soll man von vornherein einen abgeschlossenen Käfig voraussetzen? Heißt das, es gebe nur kreative Ideen und Möglichkeiten, die schon in einem abgeschlossenen Bereich vorhanden sind, die man eben nur suchen und fangen muss? Man müsste dann sozusagen nur ein typisches Jagdverhalten entwickeln und eine gute Jagdstrategie befolgen.[32]

Man könnte aber dieses Käfigmodell durchaus variieren und dennoch in der Analogie verbleiben, indem man auf *andere* Käfige übergeht. Man kann seine Wissensarten grundsätzlich erweitern. Der Mensch hat, wie wir gesehen haben (s. o. S. 45, 53, 57), geradezu charakteristischerweise die Möglichkeit, auch auf höhere Schichten auszugreifen, aufzusteigen. Er vermag nicht nur andere Käfige zu wählen, solche, die dann miteinander in Verbindung geraten, also eine Erweiterung des jeweiligen Käfigs erfahren oder gar erwirken, sondern er kann auch auf höhere Schichten steigen, vielleicht eine sich aufschichtende Folge erkennen oder erzeugen, eine Ineinanderschachtelung von aufsteigenden Käfigen, die mehr oder minder durch Zugänge miteinander verbunden sind. Die Schichten über Schichten zum Gewinnen neuer Perspektiven auf höheren Ebenen wären dann also Käfige umfassende Käfige und wiederum Käfige umfassende (Meta-)Käfige auf jeweils höherer Stufe. Man hätte also eine Ineinanderschachtelung von möglichen Käfigen, deren Schachtelung nach oben offen ist: eine nach oben hin offene Wissensskala.[33]

[32] Ich erinnere daran, dass etwa Helmut Klages dieses jagdförmige Verhalten ähnlich in Bezug auf wissenschaftliche Forschung diskutiert hat (s. o.). In der Tat ist es heute ganz besonders in der Großforschung wichtig geworden, in der man unter Umständen einen ganzen Bereich systematisch bejagt, in dem man noch nicht genau nach einer zuvor spezifizierbaren Jagdbeute forscht, sondern nach verwertbaren Jagdbeuten *überhaupt* sucht.

[33] Erzeugen wir, modern – nichtplaton(i)sch – aufgefasst, die Käfigschachtelungen selbst, »dichten« wir sie also im Sinne des Herstellens (»poiein«), so könnten wir auch von einer nach oben offenen Dichterskala sprechen. Man denke zum Beispiel wiederum an Wittgensteins Wort, Philosophie müsse man eigentlich »dichten«.

Auf diese Weise gewinnt man also durchaus eine passable Analogie, ein Gleichnis, oder eine Metapher für das eingangs erwähnte Schichtenaufbauen bei der nicht nur kombinatorischen Kreativität. Das Schichten- und Perspektivenvariieren spielt insbesondere bei der Entwicklung ganz neuer Kunstarten oder neuer Stile eine Rolle. Man geht sozusagen »in eine andere Welt« oder zu einer anderen Welt(darstellungs)version über.

Das Bild vom Suchen im Dunkeln oder Halbdunkeln, von dem Suchen der Fledermaus in Bezug auf künstlerische Inspiration, ist übrigens auch in den zwanziger Jahren schon von Ernst Kretschmer benutzt worden. Er meinte, die künstlerische Phantasie, also die schöpferischen Möglichkeiten und Fähigkeiten des Künstlers, würden sich so konkretisieren:

»Diese Leistungen entwickeln sich gern im seelischen Halbdunkel, bei herabgesetztem Bewusstsein, bei abgeblendeter äußerer Aufmerksamkeit, im Zustande der Zerstreutheit mit hypnoseartiger Überkonzentration auf einen engen Punkt, in einem Raum und Zeit vergessenden, der Logik und dem Willen entrückten, durchaus passiven Erleben von häufig sinnlich bildhaftem Charakter. Sofort erwachen in dieser traumnahen künstlerischen Produktionsphase auch jene frühen phylogenetischen Tendenzen nach Rhythmus und Stilisierung mit elementarer Gewalt; schon im Entstehen bekommen die auftauchenden Bilder regelmäßige symmetrische Formen« (*Medizinische Psychologie* 1922, 79, zit. n. Koestler 1966, 360).

Man sieht also, diese Auffassung des Suchens und des kreativen Schaffens des Künstlers – und natürlich auch des theorienschaffenden Künstlers: Theorien sind ja freie Konstruktionen des menschlichen Geistes, wie Einstein einmal etwas sehr pointiert gesagt hat, und daran ist viel Wahres. Diese Auffassung ist ein Modell von einiger Tradition. Interessant daran ist auch, dass trotz des »Halbdunkels« oft der Eindruck einer visionären Erfahrung entsteht, einer Art von Aha-Erlebnis, eines Durchbruchs. Ich habe dafür ja bereits Beispiele genannt – etwa bei Pasteur und Poincaré.

Oder man denke wiederum an Mozart und Beethoven, die in Briefen behaupteten, sie würden »mit *einem* Blick« das gesamte Stück übersehen und brauchten es dann nur noch hinzuschreiben, auszuarbeiten. »Das Bild in seiner ganzen Ausdehnung wie in einem Gusse vor meinem Geiste stehend«, sagte Beethoven. (Allerdings hatte dieser noch sehr viel zu »leisten«, um die Niederschrift zu erarbeiten.) Beide benutzten also eine visuelle Metapher. Auch Poincaré hat ja auch immer von Visionen, von bildlichen Analogien gesprochen; und dabei spielte offenbar das rein analytisch-sukzessive Denken kaum eine Rolle. Das überrascht eigentlich; denn sowohl bei Musikern als auch bei Mathematikern würde man ja zunächst meinen, dass ein sukzessives Vorgehen bei der Entwicklung und Ausführung von Formeln beziehungsweise Notationen die Hauptrolle spielt: Das Sukzessive ist besonders in der Abfolge von Motiven, in der Konstruktion, etwa der Strukturenkonstruktion, unerlässlich – und erst recht beim mathematischen Beweis. Aber das schrittweise Ausarbeiten spielt offenbar nur eine sekundäre Rolle. Es ist eben die Ausführung, stellt die Prüfung dar. Bei der kreativen Aktivität selbst – und Polet meint (1993, 184), das sei »der rätselhafteste Aspekt« daran – spielt hingegen »der *Totalitätscharakter* der kreativen Aktivität« eine große Rolle. Das hänge mit der unglaublichen Geschwindigkeit, ja Instantanerfassung zusammen, mit der eine Struktur innerlich visualisiert wird. Wenn zum Beispiel Poincaré sagt, der Geist könne die »Totalität« »ohne Mühe« erfassen, die mathematischen Strukturen und Entitäten (»les êtres mathematiques«) mit einem Blick übersehen, »während man sich der Details bewusst wird«, die man dann im Einzelnen erst schrittweise ausarbeitet oder wiederzugeben oder niederzuschreiben versucht, dann ist hier ein Problem gegeben: Wie kann der Geist oder das menschliche Gehirn so etwas überhaupt leisten und darstellen? Offensichtlich hängt diese Fähigkeit, Muster, Strukturen, Gestalten und Konfigurationen instantan zu erkennen, mit den Möglichkeiten des menschlichen Gehirns zusammen, Neuronen-Ensembles oder Schemata direkt zu aktivieren.

Bei normalen Rechtshändern leistet das (bis zu 85 Prozent) die rechte Hirnhälfte, die solches konfigurative Denken beherrscht. Es gibt ein schönes Buch von Springer/Deutsch, *Linkes Gehirn, rechtes Gehirn* (1987), in dem die diesbezüglichen neurowissenschaftlichen und psychologischen Forschungen zusammengestellt wurden. Heutzutage stellt man vielfach sehr global die Fähigkeiten und Funktionen des linken und des rechten Gehirns einander gegenüber. Diese hängen zwar auch von der Händigkeit ab, aber doch nicht durchgängig, sondern die Verhältnisse sind im Einzelnen weit differenzierter. Bei den meisten Rechtshändern jedoch konzentrieren sich die quasi sukzessiv ablaufenden analytischen Funktionen des Gehirns in der linken Hirnhälfte.[34]

Meistens wird das linke Gehirn als konvergent, intellektuell, deduktiv, rational, »vertikal« (wie Springer/Deutsch sagen, ebd., 171, also hypotaktisch vorgehend), diskret, abstrakt, realistisch gerichtet, differentiell, sequentiell, historisch, analytisch, »ausdrücklich«, objektiv und sukzessiv aufgefasst. Demgegenüber gilt die rechte Gehirnhälfte als divergent oder alternativ, intuitiv, schöpferisch (also wohl als neue Assoziationen bildend), metaphorisch, »horizontal« (parataktisch, auf gleicher Ebene nebeneinanderstellend), kontinuierlich, konkret, impulsiv, frei, existentiell, parallel – im Gegensatz zu sequentiell –, zeitlos, konfigurativ, ein Muster mit einem Blick fassend, ganzheitlich, »stillschweigend«, subjektiv und simultan. Diese Seiten dieser Dichotomie werden dann typischerweise und oft allzu vereinfachend exklusiv gegenübergestellt bzw. pauschal miteinander kombiniert, statt die Merkmale zu sehr unterschiedlichen Profilen (variierbaren Kombinationen) zu differenzieren.

In der Tat gibt es viele lateralisierende Gehirnforschungen, die zeigen, dass die verschiedenen Hirnhälften im Normalfall (etwa bei Rechtshändern) eben ganz unterschiedliche Funktionen wahrnehmen. Bei bestimmten Hirnschädigungen zum Beispiel in der hinteren Region der rechten Hirnhälfte können Menschen nicht mehr träumen (ebd., 177). Träumen scheint also in der rechten Hirnhälfte verortet zu sein, dürfte vielleicht mit deren ganzheitlichen, konfigurativ-visuellen Erfassungen zu tun haben, ist ja etwas, was man »mit einem Blick«, sozusagen phantastisch, erfasst. Das ist nachgewiesen worden. Träume sind aber beson-

34 Aber es gibt hier auch noch Abwandlungen. Diese hängen unter Umständen von der individuellen Lebensgeschichte ab. Es spielt eine wichtige Rolle, ob jemand zum Beispiel früh eine Gehirnschädigung erlitten hat, die sein Hirn dann kompensieren musste, was unter Umständen oder zum Teil durch Funktionsübertragung auf die andere Hirnhälfte möglich ist. Das ermöglicht dann entsprechende experimentelle Kontrollen und experimentelle Erkenntnisse auch schon nach herkömmlicher Art. Mittlerweile hat man ganz andere, nichtinvasive Methoden der Kontrolle der Aktivitäten des Gehirns zur Verfügung – in Gestalt der Kernspintomographie, der Positronen-Emissions-Tomographie (PET), der Magnet-Resonanz-Spektographie usw. –, die es erlauben, das *aktive* Gehirn direkt begleitend zu studieren.

ders wichtig für die Kreativität. Die berühmten Beispiele von Kekulés (Halb-)Traum vom Benzolring oder von Otto Loewis Experiment zum Nachweis der biochemischen Transmitter im Nervenreizleitungssystem sind oft berichtet worden (zum Beispiel bei Koestler 1966, 118, 218 f.).

Man denke auch an das anomale konfigurative Schrifterfassen: Es ist beispielsweise bei Japanern, die ja mehrere Schriftsorten haben: zwei Silbenschriften und die altchinesische Bilderschrift (Kanji), nachgewiesen worden, dass die Bilderschrift im Wesentlichen auch noch von Leuten, bei denen die üblichen sensorischen und motorischen Sprachzentren gestört sind, zum Beispiel mit Wernicke- und Broca-Zentrum auf der linken Hirnseite, noch gelesen werden kann. Die Kanji, die chinesischen, komplizierten Bilderzeichen, werden also offensichtlich vorwiegend in der (normalerweise) rechten, der konfigurativen Hirnhälfte erfasst usw. Muster, komplexe Beziehungen, die nicht präzise definiert oder logisch sukzessiv dargestellt oder erfasst werden können, sind also ganz typische Verarbeitungsprodukte in der rechten Hirnhälfte – wie gesagt im Normalfall der Rechtshänder.

Entsprechendes gilt für die kreative Erfassung im Sinne von kreativen Visionen, wie Poincaré sie angeführt hat (s. o. S. 141). Für die kreativen Prozesse ist das natürlich ganz besonders wichtig. Natürlich müssen die beiden Gehirnhälften miteinander kommunizieren, und sie tun das ja auch im Normalfall. Die Informationen werden über den Balken auch an die andere Hälfte hinübertransponiert und »hinüberstrukturiert«. Es gibt da einen nahezu augenblicklichen Austausch, der manchmal gestört sein kann. Konfigurieren und Gestalterfassung allein ist nicht genug; man muss die Konfigurationen auch zu Darstellungen ausarbeiten, mitteilen können. Dazu ist die Gegenhirnhälfte notwendig – wie auch das Zusammenwirken der Hemisphären.

Allgemein müssten jedoch die kreativen und intuitiven Einsichten, die das konfigurative Musterdenken umfassen, stärker in den Vordergrund gerade unserer Kultur und Erziehung gerückt werden an Stelle des nur digital, sukzessiv, schrittweise vorgehenden Wortelernens oder sukzessiven Ausrechnens, das eine Domäne der linken Hirnhälfte ist. Carl Sagan, der u. a. die Suche nach Intelligenzen im Weltraum mit initiiert hat und in seinem Buch *Die Drachen von Eden* über die Entwicklung der menschlichen Hirnfunktionen und Erkenntnisfähigkeiten geschrieben hat, bezeichnet insbesondere die rechte Hirnhemisphäre als »Mustererkenner«. Er meint gar (zit. n. Springer/Deutsch 1987, 182): »Der Weg in die Zukunft führt durch den Balken«, durch den Brückenbalken im Gehirn. Insbesondere ist wichtig, dass anscheinend auch die Wahrnehmung von Gefühlen und die emotionale Verarbeitung von Hirnverletzungen viel stärker mit der rechten Hirnhälfte korreliert sind als mit der linken. Es gibt einen Test, den Wada-Test, bei dem man die eine Hirnhälfte zeitweilig »lahmlegen« und dann ohne Probleme mit der anderen experimentieren kann. Dabei zeigt sich, dass die Emotionen und die affektiven Potenzen und Tendenzen im Wesentlichen aus dem limbischen System, also von unterhalb des Neokortex, entspringen. Das limbische System spielt auch insbesondere in Bezug auf die Aufmerksamkeit und die Fokussierung eine entscheidende Rolle. Insgesamt scheinen Emotionen stärker auf dem rechtshemisphärischen Wege Auswirkungen zu haben, sowohl bei Schädigungen als vermutlich auch im Normalverhalten. Emotionalität, Affektivität wie auch Fokussierungsfähigkeit und Vigilanz spielen natürlich bei jeglichen kreativen Prozessen wesentlich mit. Auch hier ist also die Sicht auf die verschiedenen Hirnhälften von Interesse.

Wie steht es denn nun beim Künstler? Ist es da ganz ähnlich wie beim Wissenschaftler? Arthur Koestler (1966, 366, 371 u. a.) vertritt diese These. Er meint, dass man hinsichtlich der Entwicklungen der Kreativen – sowohl des kreativen Prozesses als auch des schöpferischen Menschen – in Wissenschaft und Kunst ganz ähnliche Überlegungen für beide Bereiche anstellen kann: Gleiche oder recht ähnliche Beobachtungen seien hinsichtlich der großen Einfälle bei den Wissenschaftlern wie auch bei den Künstlern zu machen. Hier wie dort finden sich »die bahnbrechenden Neuerungen«, die sich auf »plötzlichen Verlagerungen der Aufmerksamkeit und der Betonung auf ein bis dahin nicht vernachlässigtes Band des Spektrums der menschlichen Existenz« gründen (ebd., 371). Sie kommen wie in der Wissenschaft, so auch in der Kunst dadurch zustande, dass man – das ist wieder seine Theorie der Bisoziation – plötzlich Systeme zusammenschaltet, die bisher als getrennt angesehen worden sind: »An den entscheidenden Wendepunkten«, sagt Koestler (ebd., 443), »die einen Neubeginn in neuen Bahnen einleiten, treffen wir auf Bisoziationen großen Stils, auf Wechselwirkungen zwischen unterschiedlichen Perioden, Kulturen und Wissensbereichen«: »Dieses Sich-Überschneiden der beiden Ebenen findet sich in allen großen Kunstwerken; aus ihm resultieren alle großen Entdeckungen der Wissenschaft. Es ist der Fluch – oder das Privileg – der Künstler und Wissenschaftler, auf dieser Schnittlinie wie auf einem gespannten Seil wandeln zu müssen.« Das heißt, die Bisoziation spielt nach Koestler auch in der Kunst eine entscheidende Rolle.

Koestler hatte mehrfach darauf hingewiesen, dass Poincaré oder auch Hardy, die großen Mathematiker, behauptet haben, dass die Schönheit einer Struktur, einer Ableitung oder der Lösung eines Problems eine ganz wichtige heuristische und rechtfertigende Aufgabe in der Mathematik hat – wie auch in der Kunst. Das ist natürlich überraschend. Die Schönheit, sagt Poincaré an einer Stelle, ist in der Mathematik ebenso eine Führerin wie die Wahrheit. Ich hatte ja bereits Hardy zitiert, der sagte, dass ohne Schönheit in der Mathematik nichts wirklich existent und interessant wäre: Fast nur »das Schönheitsgefühl« führe »in der Mathematik zu Neuentdeckungen« und Mathematik lasse sich »nur als Kunstwerk rechtfertigen«. So landete auch Koestler (ebd., 368) bei der alten platonischen Idee, dass Schönheit in gewissem Sinne »eine Funktion der Wahrheit« sei – und »Wahrheit eine Funktion der Schönheit«. Zwar ließen sich beide analytisch trennen, »aber im wirklichen Erleben des schöpferischen Aktes wie im nachvollziehenden Erleben des Betrachters seien sie ebenso untrennbar wie Denken und Fühlen« (ebd., 368), man könnte auch sagen: wie Denken und Handeln, wie Erkennen und Handeln. Auch Platon hatte ja das Gute mit der Schönheit und der Wahrheit identifizieren wollen.

Was ist nun das Körnchen Wahrheit darin, die Motivation oder Rechtfertigung dahinter oder das Gemeinsame der Phänomenbereiche? Koestler meint (ebd., 366), »der schöpferische Prozess selbst läuft ... in allen Bereichen im Wesentlichen nach dem gleichen Schema ab. Aber die Kriterien, nach denen das Endprodukt zu beurteilen ist, sind natürlich je nach dem Medium verschieden«. Mit anderen Worten: Das Schöpferische ist in allen Bereichen von gleicher Struktur, und der Ablauf des kreativen Prozesses bzw. Aktes ist im Großen und Ganzen gleich – auch bei der Motivation des Schöpferischen ist etwas Gemeinsames. Koestler greift dabei auch auf Freud zurück und behauptet, das »ozeanische Gefühl«, das Freud als einen Höhepunkt der Zufriedenheit oder der Befriedigung des Menschen betont hat, sei »der sublimierteste Ausdruck des integrativen Strebens des Menschen – das den Wissenschaftler veranlasst, nach letzten Ursachen zu suchen«, eben nach der Wahrheit, und das auch »den Künstler dazu drängt, die letzten Wirklichkeiten des Erfahrbaren aufzuspüren«. »Das Gefühl wunderbarer Klarheit«, der Schönheit und gleichzeitig der Wahrheit, »das Kepler berauschte, als er sein zweites Gesetz entdeckte« (ebd., 363), das findet sich ähnlich auch etwa bei Poincaré oder natürlich entsprechend bei schöpferischen Künstlern.

Neue Wahrheiten aber und neue Schönheiten sind »kreativ« – sind nur durch kreative Akte zu gewinnen und wirken ihrerseits »kreativierend«. Die bahnbrechenden Neuerungen sind besonders wichtig. Es geht also um neue Entwicklungen und neue Erfahrungen. Die bloße Feststellung von Wahrheit oder Schönheit schon bekannter Art ist natürlich dann in diesem Sinne nicht kreativ, sondern allenfalls ein stellvertretendes Nacherleben früherer kreativer Schaffensprozesse. Die Neuentwicklungen, also auch die Originalität muss natürlich hinzukommen, damit wirkliche Kreativität sich realisiert. Das hat Koestler wiederholt auch für mehrere andere Bereiche betont, zum Beispiel in Bezug auf den Humor und den Witz: Hier gilt, dass Originalität, Emphase und Sparsamkeit zusammenkommen müssen, damit eine Pointe »zündet«. Das kann man natürlich leicht auch an der Kunst wiederfinden; denn Entsprechendes lässt sich traditionell auch für das Kennzeichnen und Beurteilen von ästhetischem Wert, zumal Schönheit, feststellen. Das Ideal der Einfachheit spielt natürlich auch in der Mathematik oder in der Wissenschaft eine große Rolle.

Diese Charakteristika versuchte Koestler (1966, 369 ff.) auch an der Kunst und bei anderem kreativen Schaffen wieder aufzuweisen. *Zum Beispiel* sticht die äußerste Sparsamkeit etwa an chinesischen Bildern oder japanischen Gedichten hervor, wo auf alles Überflüssige radikal verzichtet wird und größte Einfachheit der Darstellung und Sparsamkeit der Mittel zum Ausdruck kommen. Solche grundsätzlich berechtigten Gesichtspunkte reichen aber meines Erachtens nicht aus. Hinzutreten müssen zumindest die folgenden Charakteristika und Beurteilungsgesichtspunkte, insbesondere bei kreativen Entwicklungen:

1. die prinzipielle Ausrichtung auf *Konfiguration*, *Ganzheit*, *Totalität* (wie generell bei besonders großer Kreativität, vgl. auch Polet, 1993, 93, 114);
2. die *prinzipielle Neuartigkeit*. Sie ist natürlich in der Forderung der Originalität enthalten, aber das ist noch zu allgemein; es muss meines Erachtens die Entwicklung neuer Perspektiven, Darstellungsweisen und Gesichtspunkte hinzukommen. Die Originalität kann nicht elementar in dem Sinne sein, dass nur neue, jedoch kleine Erweiterungen vorgenommen und neue Kombinationen von schon Bekanntem erzeugt werden, sondern es müssen neue Grundlagen gesehen, ganz neue Sichtweisen geschaffen, neue Perspektiven, neue Schichten der Deutung entwickelt werden; es zählt also grundsätzlich eine *Neoperspektivität* oder ein *Neoperspektivismus*.
3. Entsprechendes gilt sodann, wie wir das am Geniebegriff bei Kant schon erwähnt hatten, für die *Schaffung neuer Regeln des Verständnisses und der Kreationen*, aber auch natürlich der Interpretationen. Diese neuen Regeln konstituieren unter Umständen nicht bloß eine neue »individuelle Spielregel« (Koestler 1966, 424), sondern eine ganz neue Kunstrichtung – man denke an den bereits erwähnten Übergang von der bildlichen Kunst zu einer Relief- oder Collagekunst, die ins Räumliche ausgreift, oder an die Zwölftonmusik. Das ist dann als das Setzen und Durchsetzen neuer Regeln oder auch neuer Regeln der Beurteilung zu verstehen und führt natürlich auch zu einem radikal neuen Stil. Das Genie setzt nach Kant ja selbst neue Regeln und schafft damit in der Frage auch neue Standards der Beurteilung: Diese Art von *Neoregularismus* oder *Neostandardismus*, könnte man sagen, müsste natürlich erfasst werden und sich auch auf die Schichtenbildungen beziehen, die ich oben genannt habe.
4. Damit greift das Phänomen des Kreativen über einzelne Gebiete hinweg und wird zu etwas Philosophischem, das eben darin zum Ausdruck kommt, dass man höhere Schichten der Entwicklung von Deutungen hat, die auf anderen Grundlagen und diese überhöhend aufbauen. Der *Metaperspektivismus* ermöglicht schichtenübergreifende Kreationen, sozusagen *Metakreativität*. Das könnte dazu führen, dass man die Koestler'sche These der gemeinsamen, zumindest gleichphasigen und gleichartigen Struktur des Kreativen auf allen Gebieten

zu einer Art von interdisziplinärer Zusammenschau in einer erst zu entwickelnden Philosophie der kreativen Tätigkeiten einmünden lassen könnte. Dabei ist die Auseinandersetzung mit den Zufallsmomenten oder dem traditionell so verstandenen Chaotischen – und auch unter Umständen den deterministischen komplexsystemaren chaotischen Entwicklungen in der nichtlinear verfassten Natur – wesentlich, also Phänomene, die etwa die Chaostheorie heutzutage untersucht. Auf diese Überlegungen werde ich noch zu sprechen kommen (s. u. S. 219 ff., 224 ff.).

Koestler (ebd., 187 ff.) analysiert zunächst auch den Traum und meint, das Bisoziationsschema sei besonders beim Träumen verwirklicht, und zwar »*ununterbrochen auf* passive Weise«, indem »*optische Analogien*«, die »*Verlagerung* der Aufmerksamkeit« und »*Konkretisierung* abstrakter Vorstellungen zu bestimmten Bildern« und zum Teil »umgekehrt der Gebrauch von konkreten Bildern als *Symbol*(en) unformulierter Gedanken im Augenblick ihres Entstehens« auftreten. Die »*Kondensation* mehrerer assoziativer Zusammenhänge im gleichen Bild; das Aufdecken verborgener Analogien; die Personifizierung und die Spaltung der (eigenen) Identität« (ebd., 188) – das alles ist vom Traum wohlvertraut – ebenfalls, dass grammatische und logische Regeln verletzt werden, dass die gelegentliche Umkehrung von Kausalzusammenhängen vorkommt und eine Art von »Leichtgläubigkeit des Träumenden« (ebd.) typisch ist, indem dieser sich mit dem Geschehen identifiziert. Die Kritikfähigkeit ist weitgehend aufgehoben, die Tätigkeit der linken Hirnhälfte reduziert gegenüber dem Muster bildenden, visionären kreativen Schaffen der rechten – das ist natürlich alles bekannt.

Und dasselbe Geschehen, meint Koestler, sei ganz besonders charakteristisch auch für den Künstler und das künstlerische Schaffen. Insbesondere spielt dabei die Aktivierung der menschlichen Affekte und Emotionen wesentlich mit. Koestler (ebd., 295 ff.) unterscheidet mehrere Arten der Affekte, nämlich einerseits die »integrativen Affekte«, die also etwas zusammenfassen, verbinden, alles verstehen wollen; sie sind »*partizipatorische*«, teilnehmende, teilhabende oder identifikative Affekte, unter deren Aktivierung man sich mit anderen Personen oder mythischen Charakteren oder auch mit bestimmten Bildern oder Visionen identifiziert. Dementsprechend sind auch »stellvertretende« oder substitutive Affekte zu diskutieren, insbesondere etwa in künstlerischen Bereichen der »performing arts«, der darstellenden Künste wie im Schauspiel – wie es Aristoteles schon gesehen hat. Und schließlich sind andererseits die aggressiven oder defensiven Affekte, die Selbstverteidigungs- und Selbstbehauptungsaffekte, hervorzuheben, die stärker auf das adrenerge System, also auf Adrenalin- und Noradrenalinausschüttung, zurückgehen und eher dem sympathischen Nervensystem unterliegen als die partizipatorischen, die vorwiegend parasympathisch erregt und kontrolliert werden, also meditativ ruhiger ablaufen. In der Tat hatte ja auch Aristoteles schon in seiner berühmten ästhetischen Theorie der Tragödie festgestellt, dass Vorfälle, die »Schrecken und Mitleid« erregen, die Läuterung dieser Gefühle bewirken können. Das ist die Reinigungs- oder Katharsistheorie der Tragödie bzw. des Schauspiels; sie bezieht sich natürlich auf affektive Identifizierungen mit dem entsprechenden Helden oder dem Geschehen, ist aber wohl über den Bereich der Theaterdarstellungen hinaus zu erweitern.

Die Illusion wird in der Kunst geradezu planmäßig entwickelt, wirkt aber quasi automatisch und hat ebenfalls eine »reinigende« Wirkung, eine Art von Katharsisfunktion; auch sie ist sehr wirksam – übrigens, selbst wenn man weiß, *dass* es sich *nur* um ein Schauspiel oder eine Illusion handelt: Man denke an die Wirkung von Filmen auf Leinwand und Mattscheibe. Es ist nur ein Spiel, aber dennoch reagiert man auf die ausgelösten Affekte, die nur stellvertretend sind, aber in der Tat doch zur Dynamik der Illusion beitragen und in gewissem, zum Teil starkem Maße dazu führen, dass der Zuschauer sich mit dem Geschehen und mit involvierten Personen identifiziert.

»Sympathie, Mitleid, Bewunderung und die übrigen integrativen Affekte klammern sich«, wie Koestler (ebd., 338) sagt,

»an den Helden des Romans oder Theaterstücks und folgen ihm wie treue Hunde, ohne sich von den jähen Wendungen und Überraschungen der Handlung abschütteln zu lassen. Im Gegensatz dazu beharren Aggression, Bosheit oder Verachtung stur in ihrer Bahn, unempfänglich für die Finessen des Intellekts; für sie bleibt eine Windmühle eine Windmühle und ein Picasso mit drei Augen eine lächerliche Sache. Die partizipatorischen Affekte folgen dem Motto: ›Alles verstehen heißt alles verzeihen‹, während die aggressiv-defensiven Affekte der Behauptung des Ich dienen, nicht dem Verstehen des anderen« (ebd.).

Wichtig ist, dass die partizipatorischen, selbsttranszendierenden, die über die Ich- und Selbstbehauptung hinausgehenden Affekte im Wesentlichen vom parasympathischen Nervensystem aktiviert werden und dass ihnen keine Art »Trägheitsmoment« entspricht. Sie können »also mit dem Denkvorgang Schritt halten« (ebd.,). »Die Illusion«, sagt Koestler abschließend,

»ist also die gleichzeitige Präsenz und Wechselwirkung zweier geistiger Welten, einer wirklichen und einer vorgestellten. Sie versetzt den Zuschauer aus der banalen Gegenwart in eine von Eigeninteresse freie Sphäre und lässt ihn seine Sorgen und Ängste [zeitweilig und zum Teil, H. L.] vergessen. Anders gesagt, sie fördert die Entfaltung seiner integrativen selbsttranszendierenden Affekte und hemmt oder neutralisiert die Tendenzen der Selbstbehauptung« (ebd. 339).

Also geht es auch hier im Wesentlichen wieder um eine Bisoziation, um das Zusammenschalten von Wirklichkeit und Illusion zu einer entsprechenden Reaktion beim Zuschauer.

In der Tat gilt das natürlich nicht nur für den Zuschauer, sondern diese Schnittlinie zweier Systeme oder Ebenen findet sich natürlich gerade auch beim kreativen Künstler selber, bei der Zusammenschaltung etwa des Menschlich-Allzumenschlichen und des Tragischen und des Absoluten in der Tragödie, ähnlich wie bei dem schon von Koestler erwähnten »Bisoziieren« verschiedener Ebenen etwa beim Witz oder in der Komödie, die ja geradezu charakteristischerweise von den Verwechslungen der Ebenen und von Überlappungen oder Ineinanderschiebungen lebt. »Kunst ist«, sagt Koestler (ebd., 364), »wie Religion eine Schule der Überschreitung des eigenen Ich; sie erweitert individuelles Bewusstsein zu kosmischem Bewusstsein, so wie uns die Wissenschaft lehrt, jedes spezifische Rätsel auf das große kosmische Rätsel zu beziehen.«

Dabei wird in der Kunst natürlich mit Tricks gearbeitet, mit Techniken der Übertreibung, der Vereinfachung, der Auswahl, der Überschiebung, der Rückgriffe, der Rückblenden heutzutage und mit vielerlei anderen Strategien, Metaphern, Analogien usw. Die Affektaktivierung ist dann besonders stark, wenn »archetypische Symbole«, Formen ganz typischer traditioneller Menschheitserlebnisse und Grunderfahrungen, erfasst oder dargestellt werden. Das gilt zumal, wenn in der rechten Gehirnhälfte, die ja die konfigurale ist, eine Musteraktivierung zündet, eher als etwa bei der mehr analytisch-sprachorientierten, sukzessive arbeitenden, quasi digital vorgehenden linken Hirnhälfte. Jedenfalls ist aber ein Zusammenspiel der verschiedenen Strategiemöglichkeiten der beiden unterschiedlichen Gehirnhälften notwendig, um kreative Prozesse zum Abschluss bringen zu können, wobei offensichtlich in der Einfalls- und Initiationsphase sehr stark die konfigurierende, also die rechte, Muster erkennende, eher auch stark emotional gefärbte Seite eine Rolle spielt.

Das gilt sogar für Sprachschöpfer, also etwa für Dichter und Schriftsteller. Wenn Robert Musil – wie bereits erwähnt – in seinen *Tagebüchern* (zit. n. Polet 1993, 32) schrieb: »Der Gedanke ist nicht etwas, das ein innerlich Geschehenes betrachtet, sondern er ist dieses innerliche Geschehene selbst. Wir denken nicht über etwas nach, sondern etwas denkt sich in uns herauf«, so bezieht sich das auf solche untergründigen, unterbewussten Prozesse, die nicht in dem berühmt-berüchtigten Computermodell des Denkens und des Geistes einfach nachzuvollziehen sind. Ähnlich wie der Träumer zwischen den Phantomen in der Tiefe hin- und hertreibt, macht es auch der Dichter, meint Koestler (1966, 177), selbst wenn er manchmal eben eher an der Oberfläche bleibt und »schnorchelt«. Auch der Dichter denke »in Bildern *und* verbalen Begriffen, sei es nun gleichzeitig oder in schnellem Wechsel; und jeder Gedanke, jeder Einfall bisoziiert zwei Systeme«.

Wir sind also beim künstlerischen Prozess, zum Beispiel des Schriftstellers und Dichters. Wie ist es dort mit dem Schaffen als Funktion des Ich, der Ich-Bildung, der Selbstbehauptung, und wie ist der Zusammenhang zwischen dem Handeln und dem Leben und den dichterischen Produkten und Werken bzw. dem Schaffen des Werks? In der Tat – darauf verweist besonders Polet, selbst Schriftsteller, in seinem Buch *Der kreative Faktor* (1993) – ist für Dichter vielfach charakteristisch, dass sie sich total mit ihrem Werk identifizieren. Novalis wollte sein »ganzes Leben« an einen Roman »verwenden«, wie er sagt: »Denn ich habe Lust, mein Ganzes Leben an einen Roman zu wenden« (zit. n. Polet 1993, 74 f.). Und das ist nicht untypisch. Er spricht auch an einer anderen Stelle: vom »Leben als Buch«: »Wir leben wie in einem kolossalen … Roman«; »… das Leben soll … ein von uns gemachter Roman sein«. Es ist natürlich die Hoch-Zeit der Romane, in der Novalis gelebt hat, aber das Motiv »Leben als Buch« spielt auch bis in die neueste Zeit eine Rolle, zum Beispiel hat auch Arno Schmidt geschrieben: »Die ›wirkliche‹ Welt [...] ist, in Wahrheit, nur die Karikatur unserer großen Romane!« (zit. n. ebd., 57). Das ist natürlich jetzt die umgekehrte Interpretation, die romanhafte Auffassung der Wirklichkeit des Lebens – eben nach dem Werk, nach dem Produkt des Schriftstellers. Das sind zwar etwas oberflächliche Bemerkungen, die aber ihren tieferen Grund haben, nämlich in der psychischen Verfassung des Schriftstellers und Künstlers. Bei den Ersteren ist es typisch, dass Schreiben dem Leben vorangeht, über das Leben »siegt«: »Primum scribere, deinde vivere«, meint Polet (ebd., 78), sei kennzeichnend. Flaubert zum Beispiel sagte: »Ich bin ein Mann der Feder, ich fühle durch sie, wegen ihr, in Beziehung zu ihr und noch viel mehr mit ihr« (zit. n. ebd., 78). Er schildert auch, dass Joyce für die Konzeption und Ausgestaltung seiner Figur der Penelope im *Ulysses* Erfahrungen sammeln wollte und seiner Frau zumutete, sie solle sich Liebhaber nehmen, damit er ihre Erfahrungen verwerten könnte (zit. n. ebd., 57). Flaubert meinte schon als junger Mann: »Wir müssen uns angewöhnen, in den Menschen um uns herum nur Bücher zu sehen; ein vernünftiger Mann studiert sie, vergleicht sie, und macht von allen diesen Dingen eine Synthese zum eigenen Besten« (zit. n. ebd., 78). Sören Kierkegaard ging sogar so weit, dass er glaubte, durch das Schreiben und Erzählen von Geschichten würde er sein Leben retten und erhalten: »Wie wahr es doch ist, was ich des öfteren über mich selbst gesagt habe, dass ich gleich Scheherezade, die ihr Leben durch das Erzählen von Geschichten rettete, mir das meine rette oder erhalte, indem ich schreibe« (zit. Polet 1993, 79). Es ist klar, dass Kierkegaard als *existentieller* Denker ganz besonders dieser lebensrettenden Tätigkeit verbunden gewesen ist, sich das Leben existentiell aufladen musste.

Gemeinhin geht man ja sogar noch weiter – und zwar in die Richtung negativer Lebenstönung. Etwa Cesare Lombroso im vorigen Jahrhundert oder Thomas Mann in diesem meinten, der Künstler, der Dichter, der große Kreative, das Genie müsse krank sein, zumindest hoch neurotisch, um den Antrieb zum großen Werk haben und die totale Hingabe an das Schaffen entwickeln, motivieren und durchhalten zu können. Auch Polet stellt fest (1993, 89, s. a. 53 ff.), dass »der schöpferische Antrieb der Künstler (häufig) auf einer Neurose beruht oder aus dem einen oder anderen Grunde neurotisches Verhalten hervorruft«, obwohl das verständlicherweise bei Künstlern immer wieder »auf großen Widerstand« stößt und meist abgelehnt wird. Aber wie ist es? Ist das total engagierende kreative Schaffen eine Art von Selbstbehauptungsunternehmen, eine Kompensation gegenüber Isolierungserfahrungen, gegenüber (Existenz-)Angst? Vieles, was man bei der Darstellung und auch in der Verarbeitung von Neurosen oder auch sogar bei psychotischen Schäden vorfindet, ist beim Künstler, insbesondere oft auch beim Schriftsteller aufzuspüren – zumal narzisstische Einstellung, insbesondere sekundärer Narzissmus, der häufig als eine Spätreaktion gegenüber einer zu geringen Liebesidentifikation in der Kindheit, mit den Eltern oder der Mutter, auftritt, und dann eine Art depressive[35] Gesamtstruktur der Persönlichkeit zur Folge haben kann. Es scheint geradezu charakteristisch zu sein, dass man dieses narzisstische Moment bei Schriftstellern findet.[36] Polet schreibt (ebd., 55): »Der Sprachspiegel steht zentral, nicht nur als liebevolle Selbst-Reflektierung (Widerspiegelung), sondern auch als (Selbst-)Reflexion (Selbstbetrachtung)«. Man spiegelt sich in der eigenen Darstellung – und sucht sich auf diese Weise zu retten. »Der künstlerische Narzissmus« sagt Polet (ebd., 56), »hervorgehend oder erwachsend aus frühkindlichem oder pubertärem Narzissmus, ist einer der stärksten psychodynamischen Antriebe für die kreative Aktivität, der das Streben des Künstlers nach Autonomie und Autarkie mit prägt« – und der die erwähnte (nahezu) totale Identifikation mit dem Werkschaffen und dem Werk selber zur Folge hat. Das geht sogar so weit, dass Joyce, 1936 von sei-

---

35 Relativierend stellt Polet (1993, 93) hierzu jedoch fest: »Depressivität kennzeichnet sich durch eine Zersetzung des Gefühls und der Vitalität bzw. durch die Abwesenheit beider im Falle einer tieferen Depression. Im Gegensatz zur Melancholie ist – neurotische – Depressivität im Kern anti-kreativ. Neurose bedeutet Fixation, Einschränkung, auch der lebensnotwendigen Antriebskraft, während Kreativität auf Ganzheit und Totalität gerichtet ist. Die zusätzlich kompensierende Stimulanz, die von der Neurose ausgehen kann, wirkt nur dann, wenn Trauma, Komplex, Neurose einen bestimmten Grad an Stärke nicht überschreiten; anderenfalls kommt es zu Verzerrung, Tempoverzögerung und eventuell zu psychischer Blockierung, bei Schriftstellern in Form einer (erhöhten) ›Schreibschwelle‹, oder zu einem ›writer's block‹.«
36 Der Spiegel war ja das Motiv des Narziss, der sich nicht im Wasser spiegeln durfte, weil er dann sterben musste.

nem Bruder über die brisante politische Situation in Italien befragt, antwortete: »Um Himmels willen, nichts über Politik. An Politik bin ich nicht interessiert. Das einzige, was mich interessiert, ist Stil« (zit. n. ebd., 57). Polet kommt zu einer Art von zusammenfassender Beurteilung (ebd., 54):

»Der Schriftsteller ist ein Baby-Pantagruel: Er verzehrt die halbe Kuh, die ihn säugte, mit Euter und allem; anschließend spielt er selber Kuh, eine, die sich selbst melkt: Seine Erlösung ist seine Gabe an die Menschheit. Weil aber dieses Geschenk ebenso – oder auch in erster Linie – ihm selbst zugute kommt, kann man den Schriftsteller auch als einen androgynen Narzissten sehen, der sich selbst die Brust gibt – eine nicht unbekannte Metapher in der Weltliteratur. Er geht schwanger mit sich selbst, gebiert sich selbst und nährt sich selbst; das heißt, er erhält sich in einem fort schreibend am Leben, im doppelten Sinne. Auf eine permanente (Wieder-)Geburt folgt ein permanentes (Wieder-)Aufwachsen beziehungsweise pädomorphe Selbstbefruchtung.«

Man sieht, dass hier eine gewisse Neigung zu einem primären und sekundären Narzissmus, zu oraler Bestimmtheit im psychoanalytischen Sinne vorhanden ist, die zu einer Art Daueraktivität oder einer Art Dauerlust an Aktivität führt, die keine Befriedigung kennt. Der Narzisst ist sehr empfindlich gegenüber Kritik und sieht häufig sich selber im Mittelpunkt oder als den Nabel der Welt. Typisch ist etwa das berühmte Beispiel von Balzac, dessen großes Vorbild Napoleon war: Balzac hatte als sein Motto an das Schwert (!) des Standbildes von Napoleon in seinem Schreibstudio geheftet: »Was er mit dem Schwert nicht vollbrachte, werde ich mit der Feder vollbringen, *Honoré de Balzac*« (zit. n. ebd., 80). Er musste sich offensichtlich in eine solche Art von virtueller Welt, die er aber wiederum meinte beherrschen zu können, hineinstilisieren, um seinen übermäßigen Erfolgs- und Aktivitätsdrang überhaupt ausstehen zu können und um ihm ein Ziel zu geben – abgesehen von den berühmten zig Tassen Kaffee pro Tag und pro Nacht.

Künstlerische Wirklichkeiten durch Inspiration und Imagination

Wie ist das im vorigen Kapitel Angedeutete in ein integratives philosophisches Konzept zur Kreativität der Kunst einzubringen? Wie kann man versuchen, ein zusammenfassendes Resümee hinsichtlich der künstlerischen Produktion und der Diskussion der Werke zu entwickeln? Reichen dazu die Ergebnisse der Kreativitätspsychologie, wie wir sie behandelt haben? Oder muss man stärker zu Übertragungen aus anderen Erfahrungsbereichen, etwa mythischen, greifen, wie etwa Kurt Hübner in seinem neuen Buch *Die zweite Schöpfung* (1994)? Er behauptet dies in Bezug auf die Musik und auf die bildende Kunst. Er meint, im Grunde finde in der Kunst wie auch in der Musik gleichsam die zweite Schöpfung einer Realität, einer eigenen Welt statt – freilich mit ganz anderen Mitteln und Argumenten wie etwa in den Wissenschaften, aber auch mit einer eigenen entsprechenden Logik. Entsprechend der Koestler'schen These, auf die Hübner sich jedoch nicht bezieht, wären dann auch parallele Erscheinungen festzustellen. Hübner geht aus von den *Schriften über die Kunst* von Fiedler (1896, 97), der geschrieben hatte: »Es ist ... keinerlei Grund vorhanden, das Reich der Wissenschaft als das Reich der Wirklichkeit den verschiedenen Reichen der Kunst als Reichen der Einbildung gegenüberzustellen. Vielmehr gebührt den Reichen der Kunst der Platz neben dem Reiche der Wissenschaft.« Eine Seite später (ebd., 98) schreibt Fiedler, bei der Kunst handle es sich nur um eine andere Art oder »andere ... Formen der Wirklichkeit«:

»... unter künstlerischer Produktion kann nichts anderes verstanden werden als die in dem menschlichen Bewusstsein und für dasselbe sich vollziehende Hervorbringung der Welt ausschließlich in Rücksicht auf ihre sichtbare Erscheinung. Es entsteht ein künstlerisches Bewusstsein, in dem alles, wodurch die Erscheinung dem Menschen bedeutend werden kann, zurücktritt vor dem, wodurch sie eine rein um ihrer selbst willen verfolgte anschauliche Auffassung werden kann« (ebd., 57).

Hübner (1994, 161) stimmt damit »im Resultat, wenn auch nicht in der Begründung, vollständig überein«.

Das alles bedeutet, es gebe so etwas wie geschaffene virtuelle Realitäten, die zwar durch den kreativen Menschen hervorgebracht werden, aber dennoch wesentliche Charaktere eines Wirklichkeitsbereiches aufweisen. Hübner meint zum Beispiel, dass die bildende Kunst sich auf die sichtbare Erscheinung[37] richtet und hier eine Art von zweiter Welt, eine in ihren Grenzen »gültige Wirklichkeitsdimension« darstellt, die sich an einer anderen, quasi mythischen, vom Menschen erst entwickelten, aber dennoch durch »ein ›zeigendes, apodeiktisches Argumentieren‹« beherrschten und konkret an Beispielen und Instantiierungen »sichtbar« gemachten Logik orientiert (ebd., 114). Dabei muss man natürlich berücksichtigen, dass hier nicht von einer Welt im strikten Sinne, sondern nur von einer Welt*version,* einer Weltvariante, wie sie sich uns darstellt, gesprochen werden kann, also von einer »zweiten« Schöpfung, besser: Schaffung einer Weltversion, wie sie eben das Künstlerische und sein Kosmos darstellen. Diese Weltversion hat sich natürlich geschichtlich entwickelt. Wirklichkeit wird hier gleichsam durch die von Menschen erwirkte und historisch entwickelte, insofern »menschengemachte« Anschauung hervorgebracht, ja geschaffen – ähnlich wie von einem göttlichen intuitiven Erzeuger (*intuitus originarius* nach Kant): Für einen solchen »gibt es nicht den Unterschied zwischen dem nur im Begriff erfassten Allgemeinen und dem nur in der Anschauung oder sinnlichen Wahrnehmung gegebenen Einzelnen, der für die Sterblichen kennzeichnend ist«, sondern es ist gleichsam nach diesem kantischen Gottesbegriff die anschauende Intelligenz selber, welche die Welt per Anschauung sieht und zugleich schafft, keine begriffliche Verarbeitung braucht, sondern gleichsam originär die Welt erzeugt, anschaut und in einem intuitiven Schöpfungsvorgang produziert. So schafft auch der Künstler seine Welt(version). Der göttliche Intuitionsschöpfer schaffe nicht schrittweise, wie der Mensch produzieren muss,

---

37 »Der Kunst allein ist es vorbehalten, unter all den genannten Aspekten das Sichtbare als solches vor das Auge des Betrachters zu bringen, und zwar eben dadurch, dass sie Sichtbares unter den hierfür notwendigen und nur ihr eigentümlichen Bedingungen zur Erscheinung kommen lässt. Alle anderen Aspekte, also diejenigen anderer Sinnesfelder sowohl wie diejenigen der Gefühle, Stimmungen und Gestimmtheiten und diejenigen des kognitiven, begrifflichen Denkens, treten dabei in den Hintergrund, ohne zu verschwinden« (Hübner 1994, 22, im Orig. kursiv).

nicht durch Abarbeiten von Verfahren und Prozessen, durch sukzessives Ausformen von Materialformungen, sondern in einem schöpferischen Gesamtkreationsakt schaffe er das »Werk« und bringe es gleichzeitig zur Anschauung. Das sei nun analog bei der künstlerischen Tätigkeit, beim künstlerischen »Schaffen« der »zweiten Welt«, bei der »zweiten Schöpfung« in diesem Sinne:

»Hierin liegt nun die Analogie zur künstlerischen und musikalischen Schöpfung. Denn auch in ihr, so hat sich gezeigt, fallen sinnliche, anschauliche Erkenntnis im Sehen und Hören mit der Wirklichkeit zusammen, ist der Prozess, in dem diese anschauliche Erkenntnis besteht, ein Wirklichwerden dessen, was erkannt wird, ist das erkennende Subjekt nicht von dem erkannten Objekt getrennt, sondern bildet mit ihm eine Einheit: Intuitus originarius« (Hübner 1994, 115 f.).

Das ist Hübners These, die sich dann auch mit bestimmten histori(sti)schen Thesen über die Entwicklung von Richtungen, Stilarten und den Möglichkeiten in der Kunst verbinden lässt. Es gibt das Allgemeine, das Sichtbare, das in der Kunst konkret wird, das durch eine solche Anschauung einerseits geschaffen und andererseits (nach)erlebbar wird. So gibt es die Phasen, die Epochen und die historischen Bedingungen, unter denen etwas als *neu*, als *kreativ*, als *große Kunst* (an)gesehen wird. Das alles wechselt natürlich. Man kann unter Umständen ältere Phasen nur noch aus der Rückschau unter dem Gesichtspunkt der neueren Auffassungen in der Kunst nacherleben und reinterpretieren; oder man kann deren Formen und Werkprodukte bewusst, wie zum Beispiel in der Postmoderne, zitieren, als Versatzstücke benutzen, verarbeiten oder damit spielen. Aber das ist dann nicht mehr das originäre Kunsterleben der historischen Phase selber, die ja bloß zitiert wird, sondern das »Zitieren« und Wiederaufgreifen ist etwas ganz anderes. Man kann natürlich auch jeweils den persönlichen Stil des Künstlers unter diesem Gesichtspunkt sehen oder die »individuelle Spielregel«,[38] die Abwandlung, die ihn dazu gebracht hat, neue Verfahren, Rezepte, Regeln, Standards, Routinen abzuwandeln, um sich von anderen zu unter-

---

38 Nach Koestler (1966, 424) besteht die »Größe eines Künstlers« gerade darin, »dass er ein neues, persönliches Idiom zu schaffen vermag – eine individuelle Spielregel, die von den konventionellen Regeln abweicht«. »Dieses Idiom« sei »eine neue Methode der Bisoziation von Motiv und Medium« (ebd.).

scheiden und eben etwas originär Neues zu bringen, eine neue Sichtweise zu schaffen. In der Kunst, insbesondere auch in der bildenden Kunst, geht es ja in diesem Jahrhundert keineswegs mehr nur um das Schöne. Manche behaupten, das Schöne sei in der Kunst völlig überholt. Es geht offensichtlich eher um das Neuartige, das Nichtgesehene, die neuartige Kombination, die ganz andersartigen Sichten der Welt. Übrigens sind das Entwicklungen, die einer Kunsttheorie und Ästhetik ganz besonders entsprechen, die bereits in der alten Tradition entwickelt wurde, die aber auf die moderne nichtgegenständliche Kunst besser zu passen scheint als auf die traditionelle gegenständliche, nämlich die kantische Kritik der ästhetischen Urteilskraft.

Dionysisches und Apollinisches

Es ist bekannt, dass eine traditionelle Theorie der Kunst im letzten Jahrhundert angelegt wurde und um die Jahrhundertwende zu einer großen Wirksamkeit gelangt ist, die sich auf eine Entgegensetzung von zwei Idealtypen stützt, nämlich die apollinische gegenüber einer dionysischen Auffassung der Kunst, die besonders durch Nietzsches Frühschrift *Die Geburt der Tragödie aus dem Geiste der Musik* (1871) befördert und verbreitet wurde. Nietzsche hat das Gegensatzpaar übrigens gar nicht eingeführt. Er hat es weitgehend übernommen von Altphilologen wie F. Chr. Baur, dehnte es aber ins Philosophische aus; insbesondere formulierte er es und deutete es – jedenfalls in Ansätzen – systematisch und wirksam in Bezug auf seine eigene Philosophie. Es finden sich freilich auch noch andere derartige Gegenüberstellungen: zum Beispiel bei William James, der zwischen ›toughminded‹ und ›tender-minded individuals‹ unterschied, also sozusagen zwischen ›hardies‹ and ›softies in the mind‹, oder Wilhelm Ostwald, der zwischen »klassischen« und »romantischen« Künstlern, Philosophen und Wissenschaftlern unterschied. Psychologen haben entsprechende Einteilungen ebenfalls diskutiert sowie für und in Tests konstruiert. So verbreitete sich die von C. G. Jung eingeführte Unterscheidung zwischen Introversion und Extraversion oder zwischen der Innengerichtetheit und der Außenorientierung, insbesondere in Bezug auf Intuitionen, Vorstellungsvermögen, Gefühle und Wahrnehmungssteuerung. Daran anschließend hat man Tests entwickelt, wie zum Beispiel Eysenck seinen Extraversions- und Introversionstest. Neuerdings hat auch der Psychiater und Psychologe Jan Ehrenwald (1984) eine auf der Hemisphärenteilung des Gehirns aufbauende Unterscheidung vorgenommen, die zum Teil auf die Unterscheidung Nietzsches zurückgreift, diese jedoch neurophysiologisch zu untermauern sucht. Aber als Ausgangseinteilung liegt in der Tat wohl die traditionelle Unterscheidung zu Grunde, die aus der Altphilologie, aus dem Studium der alten Mythologie der Griechen auf uns kommt, der zufolge im Anschluss an bekannte Göttercharaktere zwischen dem Apollinischen und dem Dionysischen unterschieden wurde: Apoll war der klare Gott des Lichts, der ja fast Zeus vertreten konnte, jedenfalls »der große Klare«, der Rationalisator des Göttlichen und Menschlichen im klassischen griechischen Humanismus, während man Dionysos, der mit dem Weingott, dem Bacchus, identifiziert wurde, der Untergrundwelt, der Mysterienwelt, dem Triebhaften zurechnete: Dieser stand für das Triebmäßige, für das nicht rational Disziplinierte oder gar das Triebhaft-Undisziplinier*bare* im Menschen. Es ist eine Trennung, die auch an die Seelentheorie Platons erinnert, wie dieser sie beispielsweise im *Phaidros* (246 a-d) schildert: Das Ross der Triebe und Begierden kämpft mit dem muthaften Ross, das heißt, sie streiten auch gegeneinander und werden erst von dem Wagenlenker, dem »Logistikon«, wie Platon sagt, also dem »Vernunfttreiter«, gezügelt und irgendwie beherrscht. Man weiß natürlich nicht genau, ob Apollon dann der Wagenlenker sein müsste und ob das »Mutvolle« (die nach Platon in der Brustgegend zu verortenden höheren Antriebe des Menschen) auch noch dem Apollinischen zuzuweisen wäre.

Apollon ist nach Baur (1825, II, 139-147) einem höchsten philosophischen Begriff zufolge »die ideale Erhebung des Geistes über das gemeine Bewusstsein.« »Dasselbe« sei aber auch in gewissem Sinne Dionysos – insofern, als

»dieses ideale, durch die Kraft der Phantasie geschaffene, geistige Leben, in dessen reiner Späre Apollon in ruhig-klarer Besonnenheit lebt, durch Dionysos mit der Sinnlichkeit in Berührung gesetzt wird und darum zugleich auch im rauschenden Taumel der Sinnenwelt zur Erscheinung kommt. Was in Apollon reine, von der vollen Klarheit des Bewusstseins begleitete Begeisterung ist, ist in Dionysos trunkene Ekstase; freut jener sich des sanften harmonischen Gesangs und Saitenspiels der keuschen

Musen, so ergötzt sich dagegen dieser an den wildlärmenden Chören rasender, ausschweifender Mänaden.«

Was in Bezug auf Apoll »die Lyrik ist«, ist für Dionysos »der stürmende, enthusiastische Dithyrambus und das ausgelassene Spiel der alten Komödie«.

Es wird ferner davon gesprochen, dass die Ironie zu einer Art von Charakterisierung und insbesondere zu einer Disziplinierung des Dionysos, zu einer Integration des Triebhaften in das Leben des Geistes hinzugenommen werden kann. Das Triebmäßige wird also sozusagen gebrochen, nicht mehr so tiefernst genommen, sondern komödienhaft wiedergegeben, gespiegelt, gespielt. Baur meint jedoch sogar (ebd.): »Denken wir uns diese Ironie, so unzertrennlich sie auch von ihm ist, aus Dionysos hinweg, so geht sein Wesen ganz in das des Apollon über ...« Mir scheint das die ursprünglichen Idealtypen zu sehr zu verwischen, insbesondere das Ekstatisch-Triebhafte verzerrend herunterzuspielen.

Das ironische Moment spielt natürlich im Zusammenhang mit der Lehre und Gestalt des Sokrates eine große Rolle. Man hat manchmal auch Sokrates' Ironie in dem Sinne aufgefasst, dass er eben durch sie zur Verbindung der Anerkennung von untergründigen Trieben im Menschen und zu deren Vernunftregelung gelangte und dazu fähig war, seiner Tugendtheorie, seiner Menschenliebe zur Vorherrschaft zu verhelfen. Ironische Existenz (man denke an Kierkegaard) wurde aber manchmal zu sehr philosophisch »verernstet«. In der Philosophie hat dieses Motiv eine große Wirkung gehabt. Die Entgegensetzung »apollinisch« – »dionysisch« hat bei neuzeitlichen, idealistischen Philosophen eine ganz besondere Wirkung gehabt, etwa bei Schelling, dessen Gott sozusagen zunächst »eine blinde, ... schrankenlose Produktionskraft« darstellt, »der eine besonnene, sie beschränkende und bildende, eigentlich also negierende Kraft ... entgegensteht«: »Nicht in verschiedenen Augenblicken, sondern in demselben Augenblick zugleich trunken und nüchtern zu sein, dies ist das Geheimnis der wahren Poesie. Dadurch unterscheidet sich die apollinische Begeisterung von der bloß dionysischen«, so Schelling (*Philosophie der Offenbarung*, *Philosophie als Kunst*).

Die Tradition ist natürlich zu umfangreich, um hier dargestellt und diskutiert werden zu können, aber bei Nietzsche spielte das Gegensatzpaar eine besondere Rolle – wohl, so denke ich – im

Anschluss an die Willens- und Lebenslehre seines von ihm auserwählten Lehrers Schopenhauer, der den »dionysischen« Lebenstrieb als den Urgrund der Welt des Menschen und allen Seins interpretiert hat, dem eben das Apollinische, das »Geistige«, Individuierende, das klar die Person und den Vernunftmenschen, das rationale Selbst Darstellende, das Gemessene und Bemessene, das Begrenzte, in Raum und Zeit maßvoll Gestaltete gegenübersteht. Das Dionysische ist immer neu zeugend, zerbricht jede Grenze, vernichtet, besser: zersprengt oder überflutet alle Formen, alle Strukturen durch Überproduktion, durch »überwältigende« Entwicklung, durch ein unbegrenzbares, geradezu exponentielles oder gar hyperbolisches Wachstum; es führt immer wieder auf das Ungestaltete, auf das Triebhafte, auf das ungezähmte Chaotische zurück. Für Nietzsche ist also das Dionysische der Vertreter dieses kosmischen Urprinzips im Menschen, während das Apollinische die psychologischen und ästhetischen Leitbegriffe für das Geordnete umschreibt, für das insbesondere von der Vernunft geordnete, aber auch für das visuell, das visionär Geordnete. Apollinisch ist für Nietzsche aber nach seiner frühen Schrift über die Geburt der Tragödie, in der er diese Personifizierungen oder Idealtypen des Apollinischen und des Dionysischen zum ersten Mal ausführlicher entwickelt, durchaus auch der Traum und die Vision, letztere aber als harmonisch geordnete und nicht als das leidenschaftlich Bewegte, als der Rausch oder die Ekstase. Insofern wird es natürlich schwer, trennscharf den Polen etwa ganze Gebiete des kulturellen Schaffens und Erlebens zuzuordnen. Es gibt durchaus apollinische Elemente sowohl in der Poesie – das wurde ja in dem Zitat von Baur schon deutlich – wie auch in der Musik, obwohl beide Bereiche natürlich eine enge Verwandtschaft zum Dionysischen haben. Natürlich geht es hier um Idealtypen oder ideale Interpretationskonstrukte, die sozusagen polare Extreme darstellen. Vielfach wird die Wirklichkeit – also beispielsweise auch ein Kunstwerk – sich irgendwo auf der Strecke oder gar in der Mitte dieses Kontinuums zwischen den beiden Polaritäten anordnen lassen. Das Gegensatzpaar ist also eine Art von konstruierter Messeinheit, um Tendenzen darstellen und näher präzisieren, differenzieren zu können.

Natürlich wird in der Tragödie, zumal in der attischen Tragödie der Griechen, der Kampf zwischen beiden Seiten ausgefochten: Das Unbeherrschbare steht dem Rationalen gegenüber, das Apollinische dem Dionysischen, Dämonischen und Ekstatischen. Das Apollinische vertritt traditionell die Vernunft. In der Komödie tritt diese freilich eben durch die Wirkung der Ironie auch in eine Art von ironisch-dionysischer Verbindung ein.

Man könnte natürlich dieses und ähnliche Gegensatzpaare noch viel weiter ausspinnen – und das ist in der Literaturwissenschaft und Geschichte häufig getan worden, insbesondere auch in der Kunstgeschichte. Hier geht es zunächst um die Gegenüberstellung von solchen Paaren zur Darstellung der Merkmale und Funktionen des Kreativen. In der Kreativität und der kreativen Persönlichkeit scheinen sich die beiden idealtypischen Momente in charakteristischer Weise verbinden, verzahnen zu müssen.

Nietzsche selbst hat ja in seinem Spätwerk die Entgegensetzung »apollinisch – dionysisch« seit 1878 eigentlich nicht mehr verwendet. Er benutzte nur noch den Ausdruck ›dionysisch‹ ohne Gegensatz und bezeichnete mit ›dionysisch‹ oder ›bacchantisch‹ dann die Philosophien seines Zarathustra bzw. seine eigene Philosophie, die eine Lehre des dauernden Werdens, Wechselns, des Vernichtens und Neuschaffens, des Produzierens und Kreierens, des biologischen, leiblichen Lebens, der Diesseitigkeit, der Lebensbejahung ist – im Gegensatz etwa zur angeblichen Weltverneinung des Christentums und zur Realitätsflucht zum Beispiel bei den Romantikern. Das heißt also, Nietzsche veränderte in gewissem Sinne diesen Begriff gegenüber der früheren Paarungsbedeutung, aber es ist deutlich, dass seine originale Einteilung »apollinisch – dionysisch« eine große Folgewirkung gehabt hat. Unter anderem eben auch, wie schon angedeutet, auf die Psychologie. Und dabei zeigen sich sogar Weiterungen bis heute, nämlich in Bezug auf die Einteilungen beispielsweise der entsprechenden Merkmale und Eigenschaften, die dem linkshemisphärischen und dem rechtshemisphärischen Gehirn als Funktionsweisen, Prägungstendenzen und Regelungsaktivitäten zugeordnet werden. Man erinnere sich an die Gegenüberstellung: Alles Analytisch-Sukzessive, Formale, Präzisierende, Einzelne, Individualisierende sei normalerweise (das heißt für die meisten Rechtshändigen) linkshirnig, und alles Konfigurative, Allgemeine, Holistische sei dementsprechend eher rechtshirnig zu verorten. Es gibt eine Reihe von Psychologen und Neurologen (wie zum Beispiel Gazzaniga, Sperry), die versuchten, diese Erkenntnis an Patienten – etwa an Balkenoperierten – und auch in Testexperimenten zu belegen.

Genialität und Dextraversion

Im Folgenden möchte ich auf das Buch *Anatomy of Genius: Split Brains and Global Minds* (1984) von Jan Ehrenwald, einem in der Nazizeit in die USA emigrierten Psychiater, eingehen. Er vertritt explizit die These, das Wechselspiel von rechter und linker Hirnhälfte sei entscheidend für die Kreativität – gerade auch für die Entwicklung von Genies. Das versucht er an den Beispielen des Lebens und Schaffens von Beethoven, Mozart, Nietzsche, Einstein, Kafka, Freud, Jung, Picasso und anderen – besonders von Leonardo – aufzuzeigen und kommt dabei auch zu recht plausiblen Folgerungen. Solche sind natürlich immer mit etwas Vorsicht zu deuten, weil es weitgehend spekulative Interpretationen sind. Seine Hauptthese ist eigentlich relativ einfach, sie läuft darauf hinaus, dass im Wesentlichen die rechte Hirnsphäre vorrangig die Visionen erzeugt und in den kreativen Gesamtprozess einbringt und quasi das Dionysische darstellt – natürlich in Verbindung mit Einflüssen der Motivation, der Affektion aus dem limbischen System, während die rational durchgearbeitete, schrittweise ausgeführte Realisierung, die »Disziplinierung« sozusagen, durch die linke Hemisphäre geleitet wird. Man denke an die berühmten Aussprüche, die Buffon, Edison, Beethoven zugeschrieben werden: »5 Prozent Inspiration, 95 Prozent Transpiration« – manchmal (zum Beispiel über Buffon) liest man von 10:90, bei Bernard Shaw gar, wenn ich mich recht erinnere: 1:99!

In der Tat versucht Ehrenwald zu zeigen, dass Beethovens Genius im Wesentlichen durch die rechte Hirnhälfte »angetrieben«, besser: visionär angeregt oder »überwältigt« wurde. Diese Hemisphäre erzeugte hauptsächlich seine Visionen, die er dann allerdings ausarbeiten musste – und das natürlich mit Ausdauer und Beharrlichkeit. (Im Gegensatz zu Mozart, dessen Schaffen von Ehrenwald auch gedeutet worden ist, ist bei Beethoven offenbar eine längere wirkliche *Arbeit* an den Visionen und zumeist eine starke Überarbeitung nötig gewesen, um zur Endfassung zu gelangen. Mozart musste anscheinend das, was er – wie Beethoven – angeblich »in einem Blick übersah«, nicht mehr mühsam ausarbeiten, sondern brauchte es nur noch »hinzuschreiben«.) Ehrenwald ordnet beide Komponistengenies als stark rechtshemisphärisch inspirierte bzw. geleitete Kreative ein. (Freud dagegen gilt ihm als linkshemisphärisches Genie.) Ehrenwald meint sogar, dass bei Beethoven – wie er (ebd., 33 f.) graphologisch und an Buchstabenumstellungen sowie -auslassungen nachzuweisen versucht – eine Schwächung der linkshemisphärischen Fähigkeiten vorgelegen habe. Ähnliches diagnostiziert er übrigens auch bei Nietzsche und bei Einstein, die ja beide bekanntlich in ihrer Kindheit etwas sprachbehindert waren oder sich sprachverzögert entwickelten, das Sprechen jedenfalls erst recht spät lernten. (Einstein führt darauf sogar selbst den »Vorteil« zurück, dass er das konfigurative Erfassen unvoreingenommener beibehalten konnte und beispielsweise Probleme der Raum-und-Zeit-Konstruktionen eher »wie ein Kind«, sozusagen »naiv«, zu sehen vermochte.)

Jedenfalls muss man diese einfache These Ehrenwalds – trotz aller anzubringenden Differenzierungen und Modifikationen – doch als interessanten Vorschlag ansehen.

Mozart war also auch ein rechtshemisphärischer Genius, der aber – im Unterschied zu Beethoven – sehr leicht die Disziplinierung durch die linke Hirnseite durchführen, durchexerzieren konnte. Er war – und das schließt Ehrenwald aus dessen berühmt-berüchtigten, äußerst witzig-spielerischen, *avant la lettre* dadaistischen, ja geradezu obszönen »Bäsle-Briefen« – in der Lage, sich den chaotisch-undisziplinierten Strömen seines rechtshirnigen Denkens oder Fühlens zu überlassen (ebd., 108 ff.). Jedenfalls ist die These zu stützen, dass Mozarts Genius von der natürlichen Anlage der rechten Hirnsphäre gestaltet war und dass im Akt der Kreation, der Schöpfung, sich ein typisch rechtshemisphärisches Produkt der Imagination, Inspiration und der Intuition ergab – von Kreativitätsquellen also, die im Wesentlichen konfigurative, visuelle und gesamtheitliche Fähigkeiten darstellen. Diese kreativen Visionen wurden dann aber eben in eine linkshemisphärische Ordnung und Disziplin übergeführt, konnten durch Mozarts diesbezüglich großes »linkshirniges« Talent gebändigt und geprägt werden.

Seine These möchte Ehrenwald am Beispiel des Sonderfalles Leonardo da Vinci exemplifizieren, der gerade kein typischer

Rechtshemisphäriker war, weil er beidhändig war. (Leonardo als Autodidakt hielt sich selber für recht »ungebildet«; ebd., 57.) Leonardo konnte dauernd zwischen Links- und Rechtshändigkeit hin- und herschalten und dementsprechend offenbar zwischen rechtshemisphärischer und linkshirniger Vorherrschaft (ebd., 59 ff.). Allerdings waren gerade seine sprachlichen Fähigkeiten – insbesondere was die Rechtschreibung angeht – anscheinend etwas unterentwickelt. Leonardo wechselte ständig zwischen künstlerischer und wissenschaftlicher Tätigkeit. Er befand sich bei derartigen Übergängen in besonderen Erregungsphasen. So soll er immer in extreme Anspannung verfallen sein, wenn er ein neues Projekt bzw. ein neues Bild in Angriff genommen hatte. Häufig begann er zu zittern, wenn er zum ersten Mal seinen Pinsel oder Stift in die Hand nahm, um ein neues Bild zu malen. Er konnte dann nicht mit dem Malen aufhören, blieb Wochen oder Monate an Leinwand und Staffelei gefesselt, um dann wieder ganz plötzlich das Tätigkeitsfeld zu wechseln und etwa Vögel zu beobachten oder Leichen zu sezieren. Er war, offenbar auch was Details angeht, in der Lage, immer beliebig von rechts nach links zu wechseln. Als Linkshänder konnte er seine Notiz- und Tagebücher in Spiegelschrift schreiben und diese auch flüssig lesen. Wenn Leonardo in der Lage war, zwischen links- und rechtsorientierten Tätigkeiten periodisch und eventuell sogar systematisch zu wechseln, so scheint sich hier ein Hintergrund für die Erklärung der Genialität und Universalität von Leonardos Schaffen anzudeuten. Er war, wie Ehrenwald schreibt (54 ff., 59 f.), ein »beidseitiges Genie« (»ambidextrous genius«), »*Uomo Universale* ambidexter et ambiversus«.

Das alles wirkt in gewissem Sinne durchaus überzeugend, wobei natürlich hinsichtlich der eigentlichen schöpferischen Originalität die Fähigkeiten, welche die Amerikaner und Engländer »the 3 I's« nennen, den Vorrang hatten, nämlich die rechtshemisphärischen. Die drei I's sind »intuition«, »inspiration« und »imagination« – im Gegensatz zu den berüchtigten »3 R's«, die in erster Linie in der Schule ausgebildet und geübt werden –, nämlich »reading«, »'riting« und »'rithmetic«, die bei normalen Rechtshändern als linkshemisphärisch beherrscht angenommen werden.

Auch Nietzsche, der offenbar in seiner Jugendzeit sprachgestört oder sprachgehemmt war, wies vielleicht (nach dem Psychoanalytiker J. E. Gedo) eine verzögerte Entwicklung der linken Gehirnhälfte auf und erlangte erst später seine geradezu überschießende kreative Sprachmacht. Nach Ehrenwald stand er dann unter einem dämonischen Eindruck oder dem Zwang eines geradezu explosiven prophetischen Erlebens und Denkens unter dem Diktat der rechten Hirnhälfte. Das wird besonders deutlich an den Visionen, die im *Zarathustra* ausgedrückt werden. Nietzsche berichtete, dass Zarathustra ihn bei einem Spaziergang an der Riviera geradezu »überfallen« habe. Er war so fasziniert, dass er nach Hause eilen musste und hektisch in zehn Tagen kreativer Inspiration und höchster Anspannung den ersten Band des *Zarathustra* niedergeschrieben hat. (Der zweite und dritte Teil sind dann auf entsprechende Weise entstanden.)

Die These Ehrenwalds ist also, dass es im Wesentlichen die 3 I's: Intuition, Inspiration, Imagination, sind, das heißt Produkte der rechten Hirnhälfte, welche bei normalen Rechtshändern – bei Leonardo wird es wahrscheinlich anders gewesen sein – im Wesentlichen den kreativen Akt prägen. Es gilt dann aber, diese visionäre Eingebung rechtshemisphärischer Provenienz in eine *Produkt*form, in eine durch das linke Hirn geregelte, disziplinierte, gestaltete Form zu bringen. »Die Intuition allein offensichtlich reicht nicht« (ebd., 209). Intuition, die nicht ausgearbeitet, gestaltet wird, führt nicht zu einem Werk.

Die Art und Weise der ursprünglichen Visionen wurde oft auch als Fähigkeit zum unverbildeten, unverzerrten Wahrnehmen dargestellt, einem originären, unverfremdeten Schema, wie es besonders bei manchen Malern zu finden ist: So etwa deutet Ehrenwald (ebd., 131 ff.) Picasso als eine Persönlichkeit mit Vielfachidentität(en), die in der Lage war, die Welt unverzerrt, allein nach seinen ursprünglichen Visionen zu sehen. So ähnlich muss es auch bei van Gogh gewesen sein. Es gibt eine schöne Arbeit Patrick Heelans (1983, 114 ff.), die zeigt, dass van Gogh seiner Bildkonstruktion eine Sichtweise zu Grunde legte, die von unserer traditionell von der euklidischen Geometrie verzerrten Sehgewohnheit abwich. Van Gogh sah gleichsam »natürlicher«, meint Heelan: diese »natürlichere« Geometrie ist eher der hyperbolischen Geometrie verwandt als der euklidischen. Man denke etwa an das berühmte Bild seines Schlafzimmers, auf dem das Bett in der Tat so abgebildet ist, dass Parallelen sich nicht zu schneiden scheinen. Die Fluchtlinien entsprechen insofern eher der hyperbolischen Geometrie. So ähnlich muss also auch Picasso »gesehen« haben. Er selber hat gesagt: »Ich pflegte zu malen wie Raffael« – und das ist für den frühen Picasso tatsächlich richtig –, »aber es hat mich ein ganzes Leben gekostet, um zu lernen, wie ein Kind zu zeichnen« (ebd., 208).[39] In der Tat hat Howard Gardner, ein bekannter Kognitionswissenschaftler, eine Serie (»Project Zero«) von Malversuchen mit Kindern durchgeführt, die praktisch noch im Windelalter waren, und hat sie malen lassen – zum Teil auch mit viel Farbe. Er fand heraus, dass die Art und Weise der Farbenmischung und der Formengestaltung gewisse Ähnlichkeiten zu den Werken von Klee, Miró und Picasso hatte (Ehrenwald, ebd.). Vor einiger Zeit vermeldete die Presse, dass die Bilder malender Schimpansen, die zur Irreführung auf einer sonst normalen Ausstellung gezeigt wurden, für solche von »wilden Tachisten« gehalten wurden. Eine Schimpansin, hieß es kürzlich, versenkte sich derart in das Malen, dass es sozusagen ihr »Lebensinhalt« wurde und sie selbst die Sexualität und ihre(n) Sexualpartner vernachlässigte. Die Bilder des Gestensprache »sprechenden« Gorillaweibchens Koko finden sich sogar im Internet[40] und auf T-Shirts!

Wie oben bereits angedeutet, unterscheidet Ehrenwald generell Denk- und Originalitätstypen sowie Genies nach der vorherrschenden Hemisphäre: Er nennt (1984, 203 f.) die Idealtypen (die rein nur selten vorkommen, aber als Bezugspole dienen) *dextraverse* (»dextravert«) gegenüber *sinistraversen* (»sinistravert«) Typen, welche aber keineswegs mit der üblichen Links- und Rechtshändigkeit zusammenfallen, obwohl Korrelationen bestehen: Ein linkshändiger Künstler zum Beispiel wäre (weil bei ihm wahrscheinlich die linke Hemisphäre die konfigurative sein dürfte) als »sinistravert« einzuordnen. Intuitive und eher visuell-konfigurative Menschen sind demnach überwiegend »Dextraverse« (beherrscht von der rechten Hemisphäre); analytische Denker (wie nach Ehrenwald zum Beispiel Freud) sinistravers.

39 Koestler (1966, 201) betonte allgemeiner im Anschluss an frühe Experimente des Psychologen Duncker, dass die »starren Bezugsrahmen und die fehlerhaften Integrationen rückgängig gemacht werden« müssen und können, wenn durch Vermittlung oder Verursachung des Unbewussten »die Unschuld des Sehens« wiedergewonnen wird. Wir müssen mit anderen Augen wieder sehen lernen.
40 www.gorilla.org/gorilla/gorilla_art (The Gorilla Foundation).

Die Genies vermögen darüber hinaus die Seitenabhängigkeit in eine (nahezu) »perfekte« Koordination zu integrieren – sei es scheinbar[41] relativ leicht (wie Mozart) oder schwerer (wie Beethoven). Es gibt aber auch die Ambiversie (»ambivert«) (wie bei Leonardo zu finden), jenen Kreativtyp, bei dem beiden Hirnhälften im Phasenwechsel oder zugleich die Dominanzrolle zukommt.

Insgesamt scheint mir die These Ehrenwalds, dass die unkonventionellen kreativen Schöpfungen eher dem rechtshemisphärisch-visionären Dionysischen entstammen als allein dem diszipliniert-sukzessiven Gestalten der linken Hirnhälfte (deren Mitwirkung die Ausarbeitung natürlich auch bedarf), plausibel und deutlich zu sein. Der Bildhauer Brancusi hat einmal gesagt: »Wenn wir einmal über die Kindheit hinaus sind, sind wir fast so gut wie tot« (zit. n. ebd., 208). Das bedeutet doch wohl: Wenn wir nicht mehr diese unverzerrte Fähigkeit des Erlebens, des visionären oder des aktiven Schöpferischen besitzen, dann ist die Gefahr der Erstarrung und Fixierung, das Absterben der ursprünglichen Kreativität besonders groß – und diese Entwicklung ist ja leider ein allgemein menschliches Altersschicksal.

Ehrenwalds These behauptet insbesondere, dass bei genialen Kreativen ein besonderes intrikates Zusammenspiel der beiden Hemisphären, aber unter der Vorherrschaft oder Vorreiterrolle der rechten zu finden sei. Er verallgemeinert diese These aber

---

41 Vgl. aber neuerdings Küster (1991, 30, 26), der nachweist, dass offenbar »auch Mozart hart arbeiten musste«: »Mozart hatte mit dem Komponieren oft mehr Mühe, als man bislang dachte.« Das erschließt man heute aus Redatierungen einiger seiner Originalmanuskripte aufgrund von ultraviolettfotografisch untersuchten Messerrasuren bei manchen Datierungen und Widmungen, zum Beispiel bei der Scipio-Serenade (angeblich 1772 entstanden, vgl. Hildesheimer 1977), die – so ergab sich – vorher schon zu Ehren seines inzwischen verstorbenen Gönners, des Salzburger Erzbischofs Sigismund Christoph von Schattenbach, entstanden war, aber durch Buchstabenmanipulation von »Sigismund« in »Girolamo« (»Hieronymus«) und durch Rasur später dessen Nachfolger Hieronymus Graf Colloredo gewidmet wurde (ebd., 27). Mozart hat auch nicht stets ein Werk nach dem anderen komponiert, sondern an mehreren zugleich gearbeitet, einige länger liegen gelassen und später überarbeitet (ebd., 29). Küster möchte die traditionelle Ansicht von der Leichtigkeit und Unbeschwertheit von Mozarts Komponieren durch das Prädikat »souverän« ersetzen.

weit über den Bereich der künstlerischen Kreation hinaus, indem er ganze Geschichtsepochen und Kulturen unter der Ägide der Hemisphären sieht. Daraus zieht er Folgerungen in Bezug auf Erziehungsprogramme, die im westlichen Abendland allzu sehr auf das Logische, Disziplinierte eingeschränkt seien: Man müsse die »hemisphärische Voreingenommenheit« (»hemispheric bias«) und die daraus resultierenden Ungerechtigkeiten und Unbalanciertheiten überwinden (ebd., 273); denn sie sind mindestens ebenso wirkmächtig wie die bekannten *kulturellen* Voreingenommenheiten und Ungleichgewichte. Doch auch für *Kulturen*vergleiche gilt Entsprechendes: Gewisse Stile des Denkens oder des Auffassens in unterschiedlichen Kulturen, wie westliche, *sinistraverse*, disziplinierende, eher digitale Kulturen, stünden östlichen, vorwiegend analogen, intuitiven, visionären, *dextraversen* gegenüber.

Das alles braucht hier im Einzelnen nicht weiter ausgeführt zu werden. Es ist jedoch recht interessant festzuhalten, dass, zumindest was die Wahrnehmung angeht, eine Art von Fähigkeit, ganz besonders kleine Nuancen erkennen zu können, generell für geniale oder kreative Menschen charakteristisch zu sein scheint. Wir haben schon von der Serendipität gesprochen: So können ganz kleine Anreize, Reize in der Umwelt als Ausgangspunkt von schöpferischen Visionen angesehen werden. Kreative Wissenschaftler – man denke zum Beispiel an Röntgen, Pasteur oder auch an Darwin (s. o. S. 138 ff., 166 ff.) – sind offensichtlich geradezu darauf ausgerichtet, diese Serendipität, diese Anreize und Hinweise aus der Umwelt, die »Dreckeffekte«, schöpferisch auszunutzen und zur intuitiven Neuschöpfung weiterzuentwickeln. Auch hier freilich reichen das bloße Bemerken, Auffälligkeiten und die bloße Intuition nicht aus. Es müssen die zündenden gedanklichen Verbindungen (sei es die Bisoziation im Sinne Koestlers, eine Multiassoziation oder gar eine perspektivische Abwandlung bzw. ein kreativer Aufstieg auf höhere Deutungsschichten) hinzukommen. Dazu bedarf es auch der suchenden Antriebe, der Neugierstrebungen und exploratorischen Appetenzen sowie des »spielerischen« Experimentierwillens.

Chaos und Kreativität

Eine Theorie von Paul LaViolette und William Gray behauptet, dass das Gehirn aus den (limbischen und anderen) Gefühlszentren und den Wahrnehmungszentren ununterbrochen Impulse in den Neokortex schickt und dass dieser im Wesentlichen (natürlich gesteuert von dessen rechter Hälfte) auf das Erraten, Deuten, Erkennen von Mustern und von Konfigurationen sowie auf entsprechende Nuancierungen und Abweichungen davon in Bezug auf Gestaltbildungen und auf Wiedererkennen ausgerichtet ist. Das Gehirn ist sozusagen ein aktives Zentrum des Strukturierens, Abtastens und Abtestens, das systematisch und ständig exploratorisch nach Nuancierungen und Abweichungen sucht.

Man hat versucht, auch dichterische Produktionen unter diesem Gesichtspunkt zu deuten und zu analysieren. Briggs und Peat meinen in ihrem Buch *Die Entdeckung des Chaos,* dass hier spezielle zündende Metaphern eine Rolle spielen, die sie im Anschluss an die Analyse eines Gedichts von Richard Wilbur »Reflektaphern« nennen (1993, 302): Eine »Reflektapher« ist eine kreative Funktionsmöglichkeit, ein »schöpferisches Mittel« in der Literatur, zum Beispiel Ironie, etwa auch verschiedene Metaphern, im engeren Sine Gleichnisse, Wortspiele, Paradoxa, Metonymien und Synekdoche-Arten u. Ä. oder auch stilistische oder rhetorische Nuancierungen, die ihre Wirkung daraus beziehen, »dass im Leser, Zuhörer oder auch Betrachter eine unauflösliche Spannung zwischen den Ähnlichkeiten und Unterschieden der Bestandteile entsteht«. Das bedeutet, dass die Nuancierungen ihre Entsprechungen und Ähnlichkeiten ebenfalls bei der Rezeption bzw. beim Aufnehmenden finden und dass eine geglückte Metapher im Sinne einer solchen »Reflektapher« eben denkschöpferische Anregung leistet: Die das Denken reflektierende, anregende Metapher ist natürlich von einer ganz besonderen Bedeutung auch für die Rezeption. Durch die »spannende« Wirkung versetzt die Reflektapher den Aufnehmenden seinerseits »in einen Zustand von neugieriger Spannung, Zweifel und Ungewissheit« – macht ihn ebenfalls »bereit zur Wahrnehmung von Nuancen« (ebd.).

Es ist klar, dass bestimmte Anregungen aus der Umwelt, ähnlich wie oben (S. 125 ff.) schon bei der Diskussion der Serendipität erwähnt, auch für den Künstler eine große Rolle spielen und entsprechend die Aufmerksamkeit auf Ungewissheiten, Unsicherheiten, auf Nuancierungen, Abweichungen lenken. Der Kreator, Autor, ist allemal – und ganz vorrangig – auch Aufnehmender, ein sensitiver Reflektaphernverwerter und -schöpfer. Ein Kognitionswissenschaftler, Peter Senge, hat sogar ein Prinzip der »Ehrfurcht vor der Ungewissheit« eingeführt: »Ich glaube, die Ehrfurcht vor der Ungewissheit macht den Unterschied zwischen einem kreativen Visionär und einem Fanatiker aus« (zit. nach Briggs/Peat 1993, 309). Sicherlich ist es *ein* wichtiger Unterschied, wenn auch wohl nicht der einzige und entscheidende. Keats, der große Dichter, hielt die Fähigkeit und die Kraft, in »Zweifel und Ungewissheit« leben zu können, für die Hauptvoraussetzung aller Kreativität, zumal der poetischen. Nietzsches »Zarathustra« meinte gar, man müsse »noch Chaos in sich haben«, »um einen tanzenden Stern gebären zu können«. Es bedarf des Unvorhersagbaren, der Offenheit der komplexen Systeme und Phänomene, eines oder des »Chaosmos« (wie James Joyce das All bezeichnete), damit ein kreativer Prozess wirklich Neues hervorbringen kann. Chaotisch-Unbeherrschbares und Ordnungsregeln, Chaos und Kosmos (Kosmos = [an]geordnet) müssen zusammenwirken, damit ein kreatives Produkt oder Werk entstehen kann. Ein mechanischer, vorhersagbarer Automat ist nicht kreativ zu nennen.

Damit nähern wir uns dem Gebiet, das man heutzutage mit den Phänomenen des Chaotischen, des Fraktalen usw., mit komplexen, nichtlinearen Dynamiken und den in sich sehr verwickelten Erscheinungen verbindet, die man mit Hilfe der Chaostheorie und der fraktalen Geometrie zu analysieren begonnen hat.[42] In der Tat hatten schon 1968 James Crutchfield und Robert Shaw u. a. in einem berühmten Artikel über »Chaos« geschrieben:

»Es kann sein, dass die Ursprünge der Kreativität chaotische Prozesse sind, die selektiv zufällige Fluktuationen verstärken und sie in einen makroskopisch kohärenten Zustand, den wir als Gedanken erfahren, zum Ausdruck bringen. In einigen Fällen können diese Gedanken Entscheidungen sein oder das, was wir als Ausdruck des freien Willens ansehen. In

[42] Im Gegensatz zu Nietzsche und Joyce bezieht sich der physikalische Begriff ›chaotischer Zustände‹ freilich zunächst auf *deterministische* komplexe nichtlineare Systeme.

diesem Sinne enthält Chaos wieder einen Mechanismus, der freien Willen in einer deterministischen Welt zulässt« (1989, 20).

Bekanntlich hat auch Prigogine versucht, das Chaos als Grundlage oder gar Quelle aller Gestalten und allen Lebens aufzufassen und darzustellen (zit. n. Briggs/ Peat 1993, 228). Freilich wird »Chaos« hier in einem ganz spezifischen Sinne verstanden. Das Chaos im wissenschaftlichen Sinne – also nach dem Verständnis der Chaostheorie – ist keineswegs das übliche umgangssprachlich gedeutete Chaos, das zum Beispiel in der Bibel zu Grunde gelegt wird als Urunordnung oder »Tohuwabohu«, sondern bezeichnet in *deterministischen* Systemen eine Entwicklung von unvorhersagbaren Systemzuständen, die sich bei Vorliegen von mindestens drei Freiheitsgraden, also bei komplexeren Systemen mit nichtlinearer[43] Dynamik und bei entsprechenden Anfangsbedingungen zeigen.

Im Folgenden werde ich ein wenig genauer darauf eingehen, wie man ein System mit Chaoszuständen charakterisieren kann und welche Bedeutung das »Chaotische« hat.

Natürlich gibt es auch hier wieder berühmte Vorläufer bzw. vorahnende Vorausdenker. Wie so oft ist auch in diesem Zusammenhang einer der berühmtesten und produktivsten Vorläufer ein Physikprofessor gewesen, nämlich Georg Christoph Lichtenberg, der ja gemeint haben soll: »Die Wirklichkeit ist vielleicht das reinste Chaos.«[44] Und Lichtenberg war sich durchaus

---

43 *Nichtlinear* ist eine Dynamik, wenn die komplexen Zustände nicht durch eine im Wesentlichen additive Überlagerung (nicht durch Linearkombinationen) von einfachen Grundzuständen dargestellt werden können bzw. wenn keine lineare(n) Differentialgleichung(en) den Wechsel der Zustände beschreiben/(t).

44 Das von Peitgen (1992, I, VII) angegebene Zitat habe ich im Lichtenberg-Index leider nicht finden können. Dafür stieß ich aber auf folgendes weiterführende Wort, das man angesichts der erwähnten Beispiele mit den Fraktalgedanken Lichtenbergs in Verbindung bringen könnte: »So wie Linné im Tierreiche könnte man im Reiche der Ideen auch eine Klasse machen, die man Chaos nennte. Dahin gehören nicht sowohl die großen Gedanken von allgemeiner Schwere, Fixstern-Staub mit sonnenbepuderten Räumen des unermeßlichen Ganzen, sondern die kleinen Infusions-Ideechen, die sich mit ihren Schwänzchen an alles anhängen, und oft im Samen der Größten leben, und deren jeder Mensch, wenn er still sitzt, [eine] Million durch seinen Kopf fahren sieht« ([I: J 850]).

über Chaos gerade im wissenschaftlichen Sinne – jedenfalls wenigstens in Andeutungen und visionär – im Klaren. Er war auch derjenige, der zum ersten Mal die Fraktale entdeckt und deren Strukturprinzip ausgesprochen hat. Es gibt ja die berühmten Lichtenberg'schen Figuren, das sind ästchen- und baumförmig verzweigte elektrostatische Staubablagerungen auf Metallplatten, die er 1777 entdeckt hat[45] und die deshalb nach ihm benannt worden sind. Er hat auch schon deren Figuren, darunter Baumstrukturen, festgestellt und diese so beschrieben, dass sich hier geradezu »kleine Sterne, ganze Milchstraßen und größere Sonnen« entwickelten, auch »Ästchen, denen nicht unähnlich, welche Kälte an den Fenstern erzeugt«, also Eisblumen, die man geometrisch beschreiben könnte und müsste. Er sagt an einer Stelle wörtlich: »… alles ist sich gleich, ein jeder Teil repräsentiert das Ganze«. Heinz-Otto Peitgen meint (1992, S. I, VIII) mit Recht, dass Lichtenberg mit dieser Einsicht »den tragenden Begriff« der fraktalen Geometrie, nämlich den der »Selbstähnlichkeit«, vorweggenommen hat. Und in der Tat stellen die Formen der Eisblumen oder die Bildungen in der Natur, zum Beispiel die Verzweigungsformen der Äste, der Bäume, gewisse selbstähnliche Figuren und Strukturen dar: Teile und Verkleinerungen weisen wieder die gleichen Verzweigungsformen auf, die man heutzutage im Zeitalter der Computeriterationen auch computergrafisch modellieren und erzeugen kann. Man muss nur lange genug iterieren, um die Naturformen geradezu ununterscheidbar anzunähern: Beispielsweise hat Michael Barnsley das für Farne durchgeführt, er hat deren Formen sukzessive aus einzelnen Grundbausteinen durch beliebig oft auf sich selber angewendete (iterierte) Differenzierung täuschend ähnlich generiert. Diese Kunstformen sind von den natürlichen Farnen optisch (in Schwarzweißdarstellung, versteht sich) nicht mehr zu unterscheiden. Selbst die Bilder oder die computergenerierten Bilder aus fraktalen Ansätzen und Iterationen, die man im Film und im Fernsehen sieht, sind zum Teil auch von einer Qualität, dass man diese – zum Beispiel bei Bergkettendarstellungen – eben kaum

---

45 In der Tat haben die Lichtenberg'schen Figuren auch dazu geführt, dass Lichtenberg eine Methode erfunden hat, sie auf Papier zu bringen, in gewissem Sinne trocken zu kopieren – und insofern war er auch der Erfinder(vorläufer) des Xerokopierverfahrens. Aber er hat das alles natürlich nicht kommerziell und systematisch ausgenutzt.

von der Natur unterscheiden kann – manchmal sind sie sozusagen noch klarer und stechend schärfer als die Natur. Die fraktale Konstruktion der Umwelt, der natürlichen Welt scheint modellmäßig möglich zu sein, wobei allerdings festzustellen ist, dass in dem mathematischen Modell Iterationen eigentlich immer beliebig wiederholt werden könnten. Das könnte im Prinzip bis ins Unendliche weitergeführt werden, während in der Natur die selbstähnliche Iteration nach einigen Schritten oder Stufen »natürlich« abbricht. Der so genannte Romanesco, eine Kreuzung aus Blumenkohl und Brokkoli, also eine gezüchtete Kohlsorte, stellt besonders schön eine fraktale Selbstähnlichkeitsstruktur dar, das heißt, ein jegliches Teilkohlköpfchen oder -»blümchen« hat wieder dieselbe Struktur wie der Gesamtkopf bzw. wie die übergeordneten umfassenderen Teilköpfe. Ähnlich wie beim Öffnen von russischen Puppen in der Puppe in der Puppe usw. finden wir beim Abtrennen der Teile immer wieder kleinere gleichförmige Formen; es gibt also eine Art von Ähnlichkeitsschichtbildung oder eben – Selbstähnlichkeit.

Lichtenberg war ein Vorläufer der Chaosidee, die dann seherisch wiederum auch Nietzsche verwendet hat, indem er in seiner *Fröhlichen Wissenschaft* (3. T., § 109) am Anfang des *Zarathustra* prophetisch formulierte: »Der Gesamtcharakter der Welt ist dagegen in alle Ewigkeit Chaos.«[46] Nietzsche hatte natürlich seinen Lichtenberg gelesen. Dort hieß es: »Die Wirklichkeit ist vielleicht das reinste Chaos« (s. o.). Und Nietzsche sagt in jenem berühmten Satz, auf den bereits angespielt wurde: »Ich sage euch, man muss noch Chaos in sich haben, um einen tanzenden Stern gebären zu können. Ich sage euch, ihr habt noch Chaos in euch!« Das scheint ein wenig die Verallgemeinerung und Weiterführung des oben (S. 217) erwähnten Satzes von Brancusi zu sein – eben in der *positiven* Form der Aufforderung. Es gibt viele solcher Zitate oder Überlegungen, die zu ähnlichen Formulierungen führten, ohne dass sie bereits auf eine physikalische oder deterministische Theorie ausgerichtet wären. Paul Valéry sagt zum Beispiel in seinem berühmten Aufsatz »Über die Kunst«: »Wenn der Geist

---

46 Nietzsche fügt hinzu: »nicht im Sinne der fehlenden Notwendigkeit, sondern der fehlenden Ordnung, Gliederung, Form, Schönheit, Weisheit und wie alle unsere ästhetischen Menschlichkeiten heißen«. Nur der erste Punkt wäre mit einem deterministischen Chaosbegriff von heute vereinbar.

sich in Frage stellt, ist alles in Frage gestellt; alles ist Unordnung, und jede Reaktion gegen die Unordnung ist von der gleichen Art wie sie selbst. Denn diese Unordnung ist die Voraussetzung für die Fruchtbarkeit des Geistes.« Da fühlt man sich an die berühmte Trivialweisheit erinnert: »Kleine Geister halten Ordnung, das Genie beherrscht das Chaos.« Was nicht bedeutet, dass ein chaotischer Schreibtisch ein Zeichen für Genie sein muss ...

Was besagt nun die Chaostheorie?

Die Grundidee ist die, dass in bestimmten komplexen nichtlinearen Systemen, deren Zustände mehr als drei unterschiedliche Dimensionen aufweisen, in denen Phänomene oder Variablen miteinander agieren, die also mindestens drei Freiheitsgrade aufweisen, eine besonders starke Abhängigkeit des Zustandes von den Anfangsbedingungen in der Weise gegeben ist, dass wie beim Wetter minimale Änderungen zu sehr drastischen Unterschieden im Zustand führen können. Die sensitive Abhängigkeit der Zustandsentwicklung von den Anfangsbedingungen der komplexen dynamischen nichtlinearen Systeme: das ist die entscheidende Eigenschaft oder das Kriterium. Diese Sensitivität führt zum Auseinanderlaufen, zu einer Art von Ausufern der späteren Zustandsunterschiede. (Dieses Auseinanderlaufen lässt sich durch eine Maßzahl, dem Ljapunov-Exponenten, messen.) Es gibt ein zweites charakteristisches Moment, nämlich dass man bestimmte Zustandsteile oder Teilzustände mischen kann und durch diese Mischung jeden beliebigen Punkt des Zustandsraumes erreichen kann, so ähnlich wie das Mischen beim Kneten von Teig (das ist eine berühmte Modellvorstellung, die auch beim Herstellen von chaotischen Phänomenen eine Rolle spielt). Schließlich ist für chaotische dynamische Systeme auch kennzeichnend, dass es periodische Punkte gibt, die dicht liegen, wo immer sehr ähnlich wiederkehrende Zustände im Phasenraum der Zustandsdarstellung zu finden sind.[47] Man kann ferner unter Verwendung der

[47] Bei der Phasenraumdarstellung sind die den Freiheitsgraden entsprechenden unabhängigen Dimensionen bzw. Zustandsgrößen in einem mehrdimensionalen Modellraum gegeneinander abgetragen, wobei der Systemzustand zu einem Zeitpunkt durch einen einzigen Phasenraumpunkt repräsentiert ist. Die Endfiguren der ins Unendliche lau-

Sprache der fraktalen Geometrie auch sagen: Chaotische Zustände sind in solchen Systemen gegeben, für die letztlich eine Unvorhersagbarkeit der Gesamtstruktur entsteht, obwohl das jeweilige System an sich deterministisch ist, wenn also die Endfigur im Phasenraum, der sich die Folge der Zustände »in the long run« annähert, einen »seltsamen Attraktor« darstellt, das heißt eine Grenzfigur, die fraktale (selbstähnliche) Struktur hat: Wenn man kleine Ausschnitte macht, diese vergrößert und immer wieder Ausschnitte in Ausschnitten in Ausschnitten herstellt, bekommt man grundsätzlich immer wieder eine Struktur von derselben Art. Das ist die Idee der Selbstähnlichkeit. Man kann sagen, dass die Instrumente der Chaostheorie und der fraktalen Geometrie geeignet sind, die Strukturen der Natur in einer Weise darzustellen, wie man das bisher nicht vermochte. Man hatte traditionell einfach übersehen – oder glaubte, durch lineare Annäherungen sekundär ausschließen zu können –, dass die Zusammenhänge bei solchen komplexen nichtlinearen dynamischen Systemen, die mehr als drei Freiheitsgrade haben, meistens oder häufig im Prinzip nicht mehr im Einzelnen prognostizierbar sind. Die Grundformen lassen sich nicht in Einzelteilen additiv übereinanderlegen, und die entsprechenden Wirkungen können nicht additiv oder linear berechnet werden. Die Nichtlinearität komplexer dynamischer Systeme ist entscheidend für den chaotischen Charakter, das heißt für die Entwicklung von deterministischen Systemen zu einer Unvorhersagbarkeit von Einzelzuständen bei unbegrenzt vielen Wiederholungen, *wenn* die erwähnte »ausufernde« Abhängigkeit von kleinen Anfangswertunterschieden besteht. Das gilt dann selbst bei relativ einfachen Systemen: Das angetriebene oder forcierte Pendel zum Beispiel ist ein System, das sehr bald chaotische Ausschläge zeigt. Das gewöhn-

fenden deterministisch bestimmten Zustandsfolgen im Phasenraum können in einfachen Fällen Punkte (Endruhe), Kreise (einfache periodische Bewegungen wie das ungebremste Pendel) oder Tori (quasiperiodische Bewegung) oder eben komplexere – etwa fraktale – Figuren sein. Im letzteren Falle kann man die Skalenvergrößerung beliebig weit treiben: Die »selbstähnliche« Verfeinerung geht stets weiter. Es gibt keine detaillierte Zustandsvoraussage, sondern eventuell nur eine globale Strukturaussage über die Form und Begrenzung des »fraktalen Attraktors«, der wegen der Detailunvorhersagbarkeit auch »chaotischer Attraktor« genannt wird.

liche Pendel hat eigentlich nur zwei Zustandsvariablen (Pendelausschlagweite und rücktreibenden Impuls), aber wenn man etwas dazufügt, einen weiteren steten intermittierenden Impuls, dann erzeugt man schon chaotisches Verhalten, ein chaotisches Ausschwingen, das zwar nicht vorhersagbar ist – aber doch wiederum gesteuert werden kann. Es gibt neuerdings auch entsprechende Sätze, die von den Systemtheoretikern bewiesen worden sind, zum Beispiel das KAM-Theorem von Kolmogoroff, Arnold und Moser, das besagt, dass Systeme, die mit kleinen Störungen innerhalb einer gewissen Größenordnung versehen werden, dennoch verhältnismäßig lange stabil bleiben, also durch ein lineares Modell recht gut angenähert werden können – wenigstens für eine recht lange Zeit, bevor sich das irreguläre chaotische Verhalten durchsetzt. Mit anderen Worten gilt – und das haben Physiker auch in in vielen Experimenten gezeigt (etwa mit angetriebenen Pendeln) –, dass man auch durch die Vorgabe eines bestimmten Zyklus im Phasenraum zum Beispiel eine chaotische Bewegung auf einen Orbit zwingen kann, indem man genau abgestimmte Korrekturstörungen einbringt. Man kann zum Beispiel ein forciertes Pendel so steuern, dass man es auf eine vorgegebene geschlossene Kurve des Phasenraumes einstellen kann. So lassen sich chaotische Phänomene, komplex-dynamische Phänomene direkt steuern. Vielleicht ist das sogar etwas, was auch unser Gehirn in gewissem Sinne tut.

Mitchell Feigenbaum entdeckte – sozusagen gegen den Widerstand seiner physikalischen Fachkollegen, die jahrelang seine ersten Aufsätze nicht zur Veröffentlichung zuließen – die »Universalität des Chaos«, das man auf allen Gebieten und allen Ebenen findet (Gleick 1990, 263 f., 226 ff.). Wenn man sich damit näher auseinander setzt und sich die Augen hat öffnen lassen, ist das auch verständlich: Man kann die Welt nach dem Kennenlernen der fraktalen und chaostheoretischen Perspektiven nicht mehr mit alten Augen sehen; denn man sieht eigentlich überall die Möglichkeit chaotischer Entwicklungen. Man weiß, dass die Welt überall höchst komplex und dynamisch ist, Nichtlinearität aufweist. In diesem Sinne waren die in der klassischen Wissenschaft vorherrschende und bis zur Methode der Computeriterationen und fraktalen Charakterisierungen einzige berechenbare Linearität und die strikte Voraussagbarkeit eher der Ausnahmefall, den aber die klassische Wissenschaft mangels genügend komplexitätsauflösender Methoden allein studiert hat. »Die traditionellen Modelle sind ein Opfer ihrer eigenen linearen Vorteile«, schreibt plastisch James Gleick (1990, 434). Und der entsprechenden Vorurteile – so müsste man ergänzen! Heute erkennt man demgegenüber, dass die chaotischen, turbulenten, langfristig nicht voraussagbaren Phänomene von nichtlinearer Dynamik eher der Normalfall sind: Poincaré zeigte bereits, dass die Unvorhersagbarkeit schon für Drei-Körper-Probleme gilt, also auch für einfachste astronomische Systeme. Demzufolge erkannte man, dass das Idealmuster der Regelmäßigkeit, das in unserem Planetensystem immer als vorherrschendes Modell gesehen worden war, keineswegs die Garantie auf unendliche Regelmäßigkeit und Stabilität gibt, sondern dass letztlich auch die künftige Entwicklung unseres Planetensystems zu chaotischen Phänomenen führen kann. Das Problemgebiet wird derzeit sehr eifrig studiert.

Man versucht, das Chaos wissenschaftlich gesehen zu beschreiben, indem man wie erwähnt die Sensitivität der Abhängigkeiten von den Anfangsbedingungen durch den Ljapunov-Exponenten misst, der angibt, wie stark die alternativen Zustandsfolgen auseinander streben, die sich bei minimalen Änderungen der Anfangszustände ergeben. Man hat dadurch Möglichkeiten der globalen mathematischen Beschreibung chaotischer Systeme gewonnen, obwohl man im Einzelnen die Zustände nicht voraussagen kann. Das ist eine faszinierende Theorie, die in vielen Bereichen Anwendungen findet und die man insbesondere auch in fast allen komplex-dynamischen Prozessgefügen des Lebens finden kann. Man könnte vielleicht sogar sagen, wie Prigogine, dass das Leben charakteristischerweise durch solche chaotischen Phänomene gekennzeichnet sei. Die Nichtlinearität zeigt auch erst, dass prinzipiell Neues in dieser Welt überhaupt möglich ist – also etwas, was nicht nur kombinatorische Zusammenfügung von alten Formen, Lösungen und Elementen ist, sondern prinzipiell zu neuartigen, nichtvorhersagbaren Entwicklungen und Ergebnissen führt. Insofern ist ein eindringlicher Zusammenhang zwischen chaostheoretischen Ansätzen einerseits und der echten (nicht bloß kombinatorischen) Kreativität andererseits gegeben. Die Systemdynamiker Briggs und Peat meinen (1993, 267), dass die Antwort auf die entsprechenden traditionellen linearen Erfassungsversuche für alle komplexen Probleme sei, dem Modellbauer zu sagen: »Mach das Wesentliche am Modell nichtlinear, und leg weniger Wert auf die Prognose!« Man kann das Chaos dann in gewissem Sinne »beherrschen« oder einschränkend manipulieren, ohne die Zustände nun im Einzelnen prognostizieren zu können. Man hat keine lokale, aber doch eine gewisse globale Kenntnis. Das spielt in den verschiedensten Anwendungsbereichen eine nicht zu übersehende Rolle.

»Wo Chaos ist, ist auch Philosophie«, verlautbarte einer der jüngeren Medienphilosophen, Norbert Bolz, vor einiger Zeit. Man ist natürlich versucht zu sagen: »Leicht fertig (leichtfertig?) ist die Jugend mit dem Wort«; denn das ist natürlich Unsinn. Allenfalls könnte man das Wort umgekehren und behaupten, dass für ein kreatives Philosophieren chaotische Hintergrunderscheinungen im Gehirn unter Umständen eine notwendige Bedingung sind. Also: nur dort, wo auch chaotische Phänomene dahinterstehen oder zu Grunde liegen, ist kreatives Philosophieren möglich. Das, was oben (S. 221 f.) über die Universalität des Phänomens des Chaos in der realen Welt festgestellt wurde, gilt natürlich viel allgemeiner; es ist auch in diesem Zusammenhang zu erwähnen. Großen Naturforschern war das natürlich immer schon klar – zum Beispiel Lichtenberg, Gauß (brieflich an Bessel 5. 5. 1812), Maxwell und besonders Poincaré. So hat etwa Charles Darwin von seiner Weltreise mit der *Beagle* bei einer Exkursion in den brasilianischen Urwald in einem Brief nach Hause geschrieben: »Der Geist ist ein Chaos des Entzückens« (zitiert nach Briggs 1993, 35). Selbst wenn er den Ausdruck »Chaos« natürlich nicht in dem spezifisch technischen Sinne des deterministischen Chaos verwendete, könnte das Wort auch modern fraktalistisch und chaotistisch gedeutet werden: Er bezog es im Wesentlichen auf die Erfahrungen und das Erleben der überreichen Vielfalt an Formen und Pflanzenarten, ein Labyrinth der Lebens(über)produktion, in dem er sich befand und dessen wuchernde Überfülle auf ihn einstürzte, geradezu chaotisch (im traditionellen Sinne von »chaotisch«) anmutete. Die Vielfalt und den Formenreichtum der ganzen Welt, die um ihn herum existierte, sah er wohl schon damals implizit *dynamisch* – als jeweiliges Produkt der Lebens- und Artenentwicklung unter dem Aspekt des Wucherns und Übermächtigwerdens der Standort- und Nährstoffkonkurrenz (wenn auch damals noch nicht explizit im Sinne der Artenselektion). Aber Darwin meinte natürlich auch eine Art von labyrinthisch-fraktaler Vielfaltstruktur.

Man spricht ja heute geradezu von einem *kreativen* Aspekt des Chaos – ich werde darauf noch zurückkommen –; das ist eine Idee, die auch neue Brücken zwischen Naturwissenschaft und Geisteswissenschaften zu bilden bzw. zu vermuten erlaubt, die Kluft zwischen diesen beiden »Kulturen« sozusagen verringern könnte. Ein Physiker, Paul Davies, hat im *New Scientist* (1990) sogar einen Aufsatz mit dem Titel »Chaos Frees the Universe«, »Das Chaos befreit das Universum«, geschrieben.

Das alles gilt natürlich auch für das komplexe Repräsentieren der komplizierten Welt unserer Kognitionen, unserer Perzeptionen mittels des Gehirns. Es scheint faktisch – ich hatte ja schon auf das Zitat von Valéry (s. oben S.223 f.) verwiesen, dass die »Fruchtbarkeit des Geistes« darin liege, dass erst eine Art von Unregelmäßigkeit oder die Möglichkeit von chaotischen Phänomenen oder Ereignissequenzen, die unvorhersagbar sind und zu einer großen Komplexität führen, zu kreativen Einsichten des Schriftstellers und Denkers zu führen vermögen. Das bedeutet, dass im »Phasenraum« der Repräsentation seltsame Attraktoren vorhanden sind, deren Struktur fraktal ist, dass das Überwinden von Skalenunterschieden weitgehend beliebig immer wieder zu denselben oder ganz ähnlichen Mustern führte und solche Unregelmäßigkeiten und solches »Chaos« das Leben und die komplexe Intelligenz in seiner Vielfalt geradezu erst möglich machen.

Einige Grundstrukturen des Universums scheinen von fraktaler Natur zu sein; und das gilt in der Tat auch für das Gehirn. Prigogine zum Beispiel, der Nobelpreisträger, der bahnbrechende Ergebnisse über die dissipativen Systeme erarbeitet hat, insbesondere über die komplexen Systeme und die Ordnungsprinzipien thermodynamischer Systeme weitab vom thermodynamischen Gleichgewicht, stellte fest, dass sich hier im Wesentlichen schon unter energetischen Gesichtspunkten Selbstorganisationsphänomene mit komplexen Strukturen ergeben. Prigogine behauptete: »Es ist wohlbekannt, dass das Herz im Prinzip regelmäßig schlagen muss, weil wir sonst stürben« (zit. n. Briggs/Peat, 1993, 251).[48] Der Körper ist auf eine Art von Hintergrund-

---

48 Dieser Satz hat sich mittlerweile als falsch erwiesen. Im Gegenteil: Es ist sogar so, dass man gerade dann stirbt, wenn das Herz besonders regelmäßig schlägt. Chaotische Rhythmen oder chaotische Phänomene im Herzschlag sind mittlerweile als notwendig für die Gesundheit nachgewiesen worden, u. a. von Ary Goldberger (Harvard). Er hat

phänomenen in der komplexen Struktur angewiesen, die eben Chaotisches erlauben – ich komme darauf zurück. Prigogine fährt fort:

»Das Hirn aber muss im Prinzip unregelmäßig arbeiten, sonst würden wir epileptisch. Dies zeigt, dass Unregelmäßigkeit, Chaos, zu komplexen Systemen führt. Das bedeutet nicht etwa Unordnung, im Gegenteil, ich würde sagen, gerade das Chaos macht das Leben und die Intelligenz möglich. Das Gehirn ist im Verlauf des Selektionsprozesses so instabil geworden, dass die kleinste Einwirkung zum Entstehen von Ordnung führen kann. So wäre also das Gehirn nichtlineares Ergebnis nichtlinearer Evolution auf einem nichtlinearen Planeten« (zit. n. Briggs/ Peat 1993, 251 f.).

So wird also unter Umständen eine Krankheit eintreten, zum Beispiel ist Schizophrenie so ein Fall, wenn eben dieses chaotische Hintergrundphänomen nicht mehr funktionierte.

Was hat es mit dem Chaos im Gehirn und dessen überaus komplexer Struktur in diesem Zusammenhang auf sich? Wir wissen, dass eine Riesenzahl von Neuronen in einer geradezu unübersichtlichen Weise verknüpft sind. Man spricht von hundert Milliarden bis zu einer Billion Neuronen, die jeweils einzeln, dann mit tausend bis zehntausend anderen Neuronen verknüpft sind, was zu einer geradezu unglaublich komplexen Verknüpfungsstruktur führt. Das Gehirn ist die komplexeste Struktur, die wir uns bisher vorstellen können. Diese ist zum großen Teil in ihrer Ordnung dynamisch entwickelt, und zwar selbstorganisiert, und sie weist ein extremes Maß an Selbstverkabelung auf. Das ist eines der Hauptmerkmale des Gehirns, wie der Neurobiologe und Neurokybernetiker Braitenberg (1989) feststellt. Die Selbstverkabe-

dieses Ergebnis sogar verallgemeinert. Er meinte, dieses »natürliche« Hintergrundchaos des Herzens könne nicht nur die Diagnose von Herzkrankheiten erleichtern, sondern den Forschern würde immer deutlicher bewusst, dass eine Beziehung zwischen Krankheiten und dem Verlust des natürlichen Hintergrundchaos im Körper besteht. (Vgl. Briggs 1993, 126 f.; s.a. Gleick 1988, 407 ff.; Winfree in Peitgen/ Saupe, 1989, 92 ff.) M. Guevara, L. Glass, A. Schrier (*Science* 1981, 1350) wiesen chaotische Phänomene bei periodisch leicht gestörtem Pulsieren von Herzzellen aus Hühnerembryos nach, fanden typische Bifurkationsübergänge hin zum Chaos. Diese Autoren und andere zeigten, dass starre Rhythmen Krankheit oder gar Herzversagen zur Folge haben. Ein gewisses Chaos ist notwendig für die Gesundheit.

lung der Großhirnrinde, und natürlich des Gehirns insgesamt, ist besonders charakteristisch; es ist deutlich, dass die Großhirnrinde im Wesentlichen aus einer riesigen Zahl von miteinander verknüpften, aber nicht mit direkten Außenkontakten versehenen Nervenzellen besteht, die im Wesentlichen der *internen* Datenverarbeitung dienen. Das Gehirn ist sozusagen ein Riesenspeicher, »ein großer Mischapparat« (ebd., 173), der aus einfachen Zellen und Neuronenzellen besteht, die Großhirnrinde etwa zu 85 Prozent aus Pyramidenzellen. Diese Pyramidenzellen sind im Wesentlichen *erregend*. Die Gehirnzellen bestehen also zu einem großen Teil aus Erregungszellen und weniger, jedenfalls insbesondere im Neokortex, aus hemmenden Zellen, die es natürlich auch gibt, zum Beispiel in Gestalt der so genannten Sternzellen. Diese erregungsvermittelten Verknüpfungen zwischen den Zellen werden im Wesentlichen nach den Hebb'schen Regeln verstärkt: Durch wiederholte Aktivierung tritt eine relative Stabilisierung auf, eine selektive (dynamische) Stabilisierung. Insofern ist das Gesamtsystem in der Tat ein »Mischapparat« (Braitenberg), der große Plastizität zeigt – die Verstärkung kann zu einer Stabilisierung führen, aber auch zur Löschung oder zur Entkoppelung. Gleichzeitig gibt es eine große Reihe von nicht (mehr) plastischen Verknüpfungen. Braitenberg meint, dass insgesamt der Cortex als ein assoziativer Riesenspeicher, »als ein großer Gedächtnisspeicher«, aufgefasst werden kann und dass das Entscheidende die Stabilisierung und das Aufrechterhalten der Verknüpfungen ist. Das zeigt sich auch daran, dass im Wesentlichen Erregungszellen vorhanden sind und eine kreisförmige Verschaltung neocortextypisch ist, dass auf diese Weise also eine Art von dynamischer Selbststabilisierung durch interne ständige Aktivierung und Reaktivierung und gleichzeitig auch von Informationsspeicherung stattfindet.

Charakteristisch ist, dass die Neuronen in ihrer Vielfalt eine überaus komplexe Vernetzungsstruktur aufweisen. Außerdem ist die Oberfläche des Gehirns äußerlich gesehen sehr faltenreich, sie weist aber auch innerlich durch die unvorstellbar massive Verzweigung der Neuronen so etwas wie eine fraktale Grundstruktur auf. – Man erinnere sich an den schon seit der Jahrhundertwende von dem berühmten Ramon y Cajal gezeichneten, später durch gefärbte Fotografien mit der so genannten Golgi-Färbung viel deutlicher dargestellten komplizierten Neuronen-

»Dschungel«! – Es gibt immer wieder scheinbar unregelmäßige, aber ähnliche Formationen, die auf verschiedenen Ebenen strukturähnlich sind: Verästelungen der Neuronenensembles und der einzelnen Nervenzellen, Dornensynapsen der erregenden Pyramidenzellen usw. Durch solch einen quasi fraktalen Aufbau wie durch die Vielfachfaltung der Lappen und Teilformationen werden natürlich die Oberflächen sehr stark vergrößert.

Das Gleiche wird auch beim Pflanzenwuchs deutlich. Je stärker die Verzweigung und Verästelung ist, desto stärker sozusagen der Fraktalitätsgrad, desto mehr an Begrenzungsfläche zur Umgebung ist vorhanden, etwa zur CO_2- oder Wasseraufnahme. Die oberflächenmaximierende Verzweigung ist gerade für die Verteilung und den Austausch von Informationen oder Signalwirkungen, für die Ansammlung, Adaptation, Re- und Absorption sowie für die Ausscheidung von Stoffwechselsubstanzen, also für viele körper- und lebenswichtige Austauschprozesse, ganz wichtig. Das gilt natürlich im Gehirn auch für die Anordnung der komplizierten Systemmuster durch die erwähnte Synapsenbildung. Das vielschichtig in sich verschlungene fraktale Muster von Neuronen bildet ein unvorstellbar effizientes und zugleich für Kleinstabweichungen empfindliches (damit chaosfähiges!) Netzwerk für Informationsdarstellung, -speicherung und auch -verarbeitung, freilich mit einer gewissen Unregelmäßigkeit und großen Plastizität sowie mit einer gewaltigen Kapazität, die alles, was direkt an lebenswichtigen Informationsmengen nötig ist, übersteigt.

Briggs (1993, 125) resümiert:

»Fraktale Geometrie ist die Voraussetzung, aus der drei Pfund schweren Gehirnmasse eine enorme variable Oberflächenstruktur auf kleinstem Raum auszubilden. Jede einzelne Gehirnzelle kann auf Reize reagieren, sie ist zugleich durch ihre Zellverzweigungen Teil eines Netzwerks, das mit dem gesamten Gehirn über Rückkoppelung in Verbindung steht. Der Raum zwischen den Gehirnzellen ist durch andere fraktale Netzwerke besetzt, die durch Freisetzung von Sauerstoff, Nährstoffen und Hormonen die Reaktivität der Neuronen aufrechterhalten. Alles in allem erreicht das Gehirn durch fraktale Geometrie eine Flexibilität und Komplexität, die bis dato für die Mikrochip-Technologie unerreichbar ist.«

Man hat also mit Redundanz zu rechnen, einer Mehrfachanordnung und -verschaltung, was natürlich durch Vielfachschaltungen und Funktionsäquivalenzen sowie Substitutionsmöglichkeiten auch für Sicherheit sorgt. Nicht nur die Widerstandsfähigkeit und Redundanz, sondern auch die Fehlertoleranz ist dann groß. Es kann eben ein Teil ein anderes ersetzen, wenn dieses ausfällt, oder es kann eine Funktionsverlagerung stattfinden. Auch die Flexibilität ist entsprechend groß. Insofern kann man sagen, dass diese fraktalen Strukturen des Gehirns die Voraussetzung dafür sind, dass eine in kosmischen Überlegungen so kleine, drei Pfund schwere Gehirnmasse eine enorm plastische, variable, flexible, aber dennoch fehlertolerante, -redundante und widerstandsfähige Funktionsstruktur ausbildet, die sich in einem dynamischen, zum Teil selbstorganisierten Gleichgewicht erhält.

Das Gehirn erreicht also seine Flexibilität und Leistungsfähigkeit und – man könnte auch kybernetisch sagen – seine *Multi-* bzw. *Ultrastabilität* (das heißt seine Fähigkeit, ausfallende Teilstrukturen auszugleichen und dennoch ein Gleichgewicht zu erhalten) in erster Linie durch diese fraktale Strukturanordnung. Das wird von vielen Neurowissenschaftlern, Gehirnphysiologen und Neurobiologen geradezu als eine notwendige Bedingung angesehen.

Walter Freeman und Paul Rapp, von denen noch häufiger die Rede sein wird, behaupten sogar, dass »ein gesundes Gehirn ein gewisses Mindestmaß an Chaos« beibehält, das »sich von Zeit zu Zeit zu einer einfachen Ordnung organisieren« muss, zumal wenn es bestimmte »bekannte Stimuli empfange«, zum Beispiel durch Perzeption, also durch Wahrnehmung (zit. n. Briggs 1993, 171 ff.). Sie vermuten, dass entsprechend der untersuchten Bedingung bei Wahrnehmungsprozessen dieses auch bei höheren Kognitionen in ähnlicher Weise stattfindet. Dies ist allerdings noch nicht wirklich nachgewiesen, sondern eine Ausweitung der Spekulation. Aber immerhin hat man, so Paul Rapp (zit. n. ebd., 31), seltsame Attraktoren des Gehirns festgestellt, indem man elektroenzephalographische Daten, also EEG-Wellen, bei verschiedenen Aktivitäten verglich. *Zum Beispiel* wurde das EEG einer Frau untersucht, die einfach mit geschlossenen Augen dasaß, und man fand einen chaotischen Attraktor. Das Gehirn hatte sich auf einen Attraktor »eingestellt«, ausgedrückt in der Sprache der entsprechenden Phasenraumanalyse über die Datenfolge des EEG. Wenn man ihr hingegen ein arithmetisches Problem vorlegte, bei dem sieben Schritte zur Lösung nötig waren, oder ein anderes mathematisches Grundrechnungsproblem, dann ergaben sich andere Bilder. Diese Bilder waren durchaus deutlich zu unterscheiden. Rapp wies durch das Experiment auch neuerlich nach, dass die chaotische Aktivität des Gehirns in beiden Zuständen an bestimmte Regionen gebunden ist. Er fand insbesondere heraus, dass die EEG-Aktivität die Struktur eines seltsamen Attraktors darstellt, der im Ruhezustand anders ist als etwa bei einer spezifischen Aktivität, zum Beispiel der Lösung einer mathematischen Aufgabe. Die Phasenraum-Videobilder von EEG-Daten zeigten, dass die elektrische Aktivität des Gehirns, obwohl sie chaotisch und unvorhersagbar ist, dennoch eine verborgene Ordnung besitzt – insofern als sie von einem bestimmten Gebiet des graphischen Darstellungsraumes »angezogen« wird. Das Gehirn arbeitet also mit komplex-dynamischen, nichtlinearen Rückkoppelungen. Diese Entdeckung seltsamer Attraktoren oder fraktaler Attraktoren im Gehirn kommentierte Rapp mit folgenden Worten:

»Für mich ist die emotionale Wirkung der elektroenzephelographischen Bilder beträchtlich. Erstmals können wir beobachten, wie die Geometrie der EEG-Aktivität sich durch die kognitive Aktivität des Menschen verändert. Bevor diese Attraktoren konstruiert wurden, wusste ich nicht, was ich erwarten sollte. Ich rechnete damit, etwas sehr Langweiliges zu sehen, das sich durch die Denktätigkeit der Versuchsperson nicht nennenswert verändern würde. Als sich dann diese Strukturen auf dem Bildschirm ausbreiteten und zu kreiseln begannen, war mir klar, dass ich etwas ganz Außergewöhnliches beobachtete« (zit. n. Briggs 1993, 32).

Sein Kollege Burns, ein Techniker, meinte sogar, als Rapp ihm die Bilder zeigte: »Mensch, das ist ja wirklich ein Grund, an Gott zu glauben!« Rapp sagte: »So weit würde ich nicht gehen, aber ich würde sagen, dass es bestimmt ein Grund ist, Ehrfurcht vor der Natur zu empfinden« (zit. n. ebd.).

Walter Freeman, der mit seiner Mitarbeiterin Christine Skarda anhand von Gehirnexperimenten mit Kaninchen ebenfalls erfolgreich versucht hat, chaotische Phasenraumstrukturen nachzuweisen, meinte, dass »Gehirne Chaos produzieren, um die Ordnung der Welt« »entdecken« zu können (GEO-Wissen *Chaos + Kreativität* 1990, 118). In den selbstorganisierten neuronalen Netzen im Gehirn ist so etwas wie eine Art dynamisch-chaotischer Hintergrundstruktur gegeben, damit Ordnungen schnell hergestellt werden können. Diese Zellverbände, Neuronenassemblies, sind weitgehend selbstorganisiert, und sie stabilisieren sich dadurch, dass die Synapsen sich durch wiederholte Aktivierung auf eine bestimmte Feuerungsrate einstellen und die Neuronen eines bestimmten Assemblies gemeinsam feuern. Das ist insbesondere auch bei der recht gut untersuchten visuellen Wahrnehmung der Fall, wenn man einen spezifischen Gegenstand oder einen besonderen Reiz geboten bekommt. Die Zellen des primären Sehzentrums sprechen immer auf bestimmte, funktional verschiedene Reize an, zum Beispiel auf Kanten, auf Balkenrichtungen; hier gibt es eine hohe Spezialisierung; eine Art chaotischer Hintergrundstruktur ist vorhanden. Beim Erkennen eines Bildes tritt dann die Struktur eines seltsamen Attraktors in den abgegriffenen Daten auf.

Freeman und Skarda untersuchten Kaninchen, und zwar nicht deren visuelle Wahrnehmungen, sondern die Geruchsvarianten. Das Geruchszentrum ist im unteren vorderen Gehirn lokalisiert und in sehr kurzer Bahn mit den Geruchsorganen verbunden – wie übrigens auch beim Menschen. Das Riechzentrum wurde mit 64 Elektroden angezapft, und die Forscher fanden in der Tat, dass ein chaotisches Hintergrundrauschen vorhanden war, das sich aber dann, wenn dem Kaninchen ein (anderer) Geruch zugeführt wurde, ganz plötzlich änderte. Die räumliche Verteilung der Signalintensität konnte gemessen werden: Jeder Geruch erzeugte beim Einatmen einen für ihn typischen wieder erkennbaren Aktivitäts-»Fingerabdruck« auf der Oberfläche des Riechkolbens. In der von den Mikroelektroden abgegriffenen Datenstruktur stellte sich das dann als räumliche Attraktorverteilung in den entsprechenden Bereichen der Verteilung der Signalintensitäten dar. Man kann solche Gerüche an dem gleichen Muster identifizieren – zum Beispiel dann, wenn man denselben Geruch wieder präsentiert. Lernt das Tier einen *neuen* Geruch, so verändern sich die Antwortmuster. Ein bestimmter Geruch erzeugt in den Riechkolben verschiedener Kaninchen offensichtlich unterschiedliche Aktivitäts-»Abdrücke«. Gegenüber den scheinbar zufälligen Hintergrundaktivitäten wird beim Wahrnehmen eines *schon bekannten* Geruchs die typische Struktur sofort wiederhergestellt, und entsprechend löst sie sich dann beim Aufhören des Geruchs sofort auf.

Das alles lässt sich besonders gut mit chaostheoretischen Mitteln erklären; denn dieses selbstorganisierte Vernetzungsgefüge besitzt durch sein Hintergrundrauschen eben die Eigenschaft und Fähigkeit, durch leichte Veränderung der entsprechenden Parameter einen Attraktor blitzartig, ohne langwieriges Ansteuern oder Suchen, einzupegeln oder sich darauf einzuschwingen. Anfangs-, Zustands- und Randwerte sowie die hohe Sensitivitätsabhängigkeit von den minimalen Änderungen der Anfangswerte, die ja für das chaotische Phänomen charakteristisch ist, sind hier also ganz besonders leicht als erklärendes Moment einzuführen.

Chaotische Strukturen im dynamischen Sinne können sich *sofort* auf eine neue Struktur einstellen. Sie brauchen das zu erkennende Muster nicht sukzessiv zu repräsentieren und abzuarbeiten, sondern können das fragliche Muster sofort per fast instantaner Einschwingung erkennen. Es gibt auch Deutungen dieses Instantanerkennens, beispielsweise mit der Potentialtheorie, analog zum Simultanerkennen von Potentialtälern niedriger Energie. Diese können sofort eingestellt werden, sie sind durch das konnektionistisch arbeitende »Erkennungs«-System sofort zu identifizieren, ohne dass es die Datenkonstellationen sukzessiv abtasten muss. So ähnlich ist es auch, wenn chaotische Zustände wieder zu verlassen sind: Dies gilt, weil in den chaotischen Zuständen, selbst im deterministischen Chaos, immer auch quasiperiodische oder gar periodische Phasen auftreten, in denen das Chaos wieder verlassen werden kann. Mit anderen Worten: Die Theorie des deterministischen Chaos ist eine Theorie, die es erlaubt, die instantane Reaktionsweise bei der Muster- und Konfigurationserkennung im Prinzip zu erklären – und eben andererseits auch zu erklären, dass keine Starrheit stattfindet, so dass die Flexibilität erklärt wird unter Rückgriff auf die unmittelbare Darstellungsform durch fraktale Attraktorstrukturen. Entsprechendes gilt für die Ergänzung von Informationslücken in Mustern bzw. für die Vervollständigung von bloß rudimentär erfassten Gestaltumrissen.

Freeman sagt sogar (ebd., 122), dass wir »ohne deterministisches Chaos im Gehirn« »schwer lernbehindert« wären. Man könnte nämlich die neuronalen Netze ohne chaotische Nervenaktivität nicht in dieser Weise einstellen; wir könnten also im Grunde »nichts Neues lernen« (ebd., 120). Die hochgradige Rückkoppelung sticht natürlich bei allen diesen Einschwingprozessen klar hervor. Die »Kreativität« chaotischer Prozesse ist entsprechend auf höheren Ebenen spekulativ zu vermuten: Auf diese Weise hängen also wahrscheinlich auch die höheren Kognitionen von einem solchen Hintergrundchaos ab.

Negativ konnte man das gefundene Ergebnis dadurch bestätigen, dass man beim Kaninchen während induzierter epileptischer Anfälle entsprechend die Steuerungsmuster (die »Attraktoren«) der Neuronenaktivität des Riechkolbens kontrollierte und herausfand, dass das Muster sich dann drastisch vereinfachte und um Dimensionen geringer war als vorher. Beim epileptischen Anfall war also die Komplexität der Hirnströme und der Muster sehr viel geringer. Das stimmt mit Überlegungen der Humanmediziner überein, die meinen, dass bei epileptischen Anfällen zwar nach außen hin ein chaotisches Phänomen des Überwältigtwerdens durch die alles überflutende innere Aktivität, durch exponentielle Zunahme von Feuerungsraten entsteht, dass es sich aber andererseits, »von innen her« gesehen – nach Agnes Babyloyantz aus Brüssel –, eher um »den Angriff einer abnormen periodischen Ordnung« handelt. Es scheint also, dass gerade »das natürliche Chaos des Gehirns zerstört und durch die Konvulsionen eines ›Grenzzyklus‹ ersetzt« wird (zit. n. Briggs 1993, 126). Entsprechendes wird für die andersartige nichtchaotische Normalaktivität des Gehirns – etwa bei der Schizophrenie – behauptet (R. King, zit. n. Briggs/Peat 1993, 253): Die Freisetzungsraten des Dopamin und somit der Dopaminspiegel zeigen Bifurkartionen[49] (Gabelungen) in verschiedene Rhythmen, was als Versagen einer Feedback-Schleife gedeutet wird. Ferner hat man sogar bei den Dopamin- und Serotoninrezeptoren im Gehirn entsprechende fraktale Rhythmen, Strukturen und Signaturen gefunden. Schizophrenie ist also sozusagen ein Leiden an zuviel Ordnung. Dagegen scheint in Anfällen der Epilepsie eher eine Überbifurkation, eine dauernde Zunahme der zweiten, dritten oder der jeweils in geometrischer Progression sich vervielfachenden Frequenzen dazu zu führen, dass wandernde, rotierende Wellen erzeugt werden. Briggs und Peat (ebd., 256) zitieren Wallace Stevens: »Eine gewaltsame Ordnung ist Unordnung.«

In der Tat hat man versucht, die Intensität und die Abweichungen von der chaotischen Hintergrundtätigkeit auch während des Schlafs zu verfolgen. Beispielsweise hat man festgestellt, dass in

---

[49] Immer wiederholte Bifurkationen signalisieren universell die Phase des Übergangs ins deterministische Chaos.

den REM-Phasen, in den Phasen des schnellen Augenrollens, in denen man angeblich träumt, die Intensität des chaotischen Hintergrundrauschens abnimmt und sich stärker profilierte Strukturen einstellen. Man fand außerdem heraus, dass bei verschieden tiefen Narkosezuständen die fraktalen Dimensionen der zuzuordnenden seltsamen Attraktoren sich wandeln, und vermutet, dass »die Höhe des Denkniveaus oder gar die Kreativität« eben auch »fraktale Anzeichen hinterlassen« (ebd., 255). Arnold Mandell meinte sogar, er habe fraktale Attraktoren mit Selbstähnlichkeitswerten im jeweiligen »Muster der individuellen Persönlichkeit studiert, wie sie sich in der Geschwindigkeit des Feuerns von Dopaminrezeptoren, Serotoninrezeptoren und anderen einzelnen Zellen, in der EEG-Aktivität« usw. dokumentieren. Diese Spuren und Signaturen der Ableitungen dürften also nicht nur bei der Schizophrenie eine große Rolle spielen, sondern auch im normalen Leben und bei dessen Anzeichen, so wie sie sich in der EEG-Aktivität und in den Verhaltensschwankungen darstellen. Man habe, meint Mandell, in gewissem Sinne überall Selbstähnlichkeitsphänomene, also fraktale Strukturen, gefunden. Das heißt, offensichtlich ist diese Art von fraktalchaotischer Grundstruktur wichtig für die Entwicklung der Dynamik des Gehirns und für das Zusammenspiel des Neokortex mit dem limbischen System, also mit den Gefühlszentren, natürlich auch dem Gedächtnis usw.

Man versuchte auch, so etwas wie plastische Relokalisierungen vorzunehmen: Zum Beispiel hat Merzenich aus Kalifornien bei Affen versucht, die Zeigefingerprojektionen, die im Gehirn – insbesondere in der sensorisch-motorischen Mitte – repräsentiert sind, zu studieren, wenn die Finger beschädigt oder gar amputiert wurden. Dabei stellte er fest, dass sich die entsprechenden EEG-Aktivitäten parallel veränderten und zum Beispiel bei einem fehlenden Finger die entsprechende Lücke von den Projektionen der anderen Finger ausgefüllt wurde. Der Forscher schließt daraus, dass eine Repräsentation der Perzeptionen bei den entsprechenden Organen, in diesem Fall dem Finger, in einem dynamischen Muster abgebildet wird, das aber abhängig ist von der dauernden Aktivierung und sich dann auch entsprechend ändert. Die Repräsentation im Gehirn stellt sich also in Gestalt eines »beweglichen Beziehungsmusters« dar. Das alles kann man recht gut kontrollieren. (Die ethische Frage bei diesen

Tierexperimenten wurde hier natürlich nicht gestellt oder gar beantwortet.)

Es ist offensichtlich generell so, dass die dynamischen Repräsentationen von Neuronenassemblies in einer Art von selektiver Selbststabilisierung der plastischen Synapsenbildungen entstehen und dass dieser adaptive Selbstorganisationsprozess durch wiederholte Aktivität und Aktivierung entsteht – auf der Grundlage eines Hintergrundchaos oder eines Systems, das ein Hintergrundrauschen mit möglichen chaotischen Zuständen der Einschwingattraktoren besitzt.

Äußerst wichtig ist zudem, wie es etwa die Theorie des Nobelpreisträgers Gerald Edelman über die neuronale Gruppenselektion behauptet, eine Konkurrenz zwischen unterschiedlichen »Entwürfen« bzw. Einschwingungen, zum Beispiel auch zwischen unterschwelligen Varianten von Gedankenentwürfen bzw. deren Vorstufen. Edelman spricht sogar von einem neuralen Darwinismus – dergestalt, dass eben Aktivierungsdynamismen um die Vorherrschaft »kämpfen«, insbesondere auch beim Eintritt ins Bewusstsein, wie wir das so bezeichnen, und dass gleichsam der »fitteste«, passende Entwurf sich durchsetzt, selektiert wird – ähnlich wie im darwinistischen Modell, nur sehr viel schneller und ohne Vererbungsmechanismen, sondern durch Übertragung von biochemischen Transmitterstoffen und elektrophysiologischen Impulsen bzw. Impulsratenänderungen. Edelman versucht das nun auf die Bewusstseinstätigkeit und das Entstehen von Bewusstsein, überhaupt auf das Entstehen, Stabilisieren von höheren Kognitionen zu beziehen. Deswegen wird häufig von gruppenselektiver Stabilisierung gesprochen. Ich würde genauer von konkurrenzselektiver Stabilisierung und Adaptierung sprechen, möchte aber diese Theorie hier im Einzelnen nicht weiter diskutieren. Jedenfalls spielt offensichtlich ein adaptiv-konkurrenzselektives Selbstorganisieren eine wichtige Rolle bei der Steuerung und beim Verständnis der Fähigkeiten, Entwicklungs- sowie Umorientierungsmöglichkeiten des Gehirns. Insbesondere gilt das wohl auch in Bezug auf höhere Kognitionen, so können wir vermuten.

Es wurden natürlich theoretische Modelle dafür aufgestellt: Zunächst einmal versuchten Neurologen mit künstlichen neuronalen Netzen, Modelle einfacher Art (etwa aus drei und mehr »Neuronen«) darzustellen. Bereits in diesen haben sie ein schwaches chaotisches Muster über dem Hintergrundrauschen erzeugen können, selbst dann, wenn sie davon abstrahierten, dass Gefühlstönungen eine große Rolle spielen. Der Gehirnforscher LaViolette meinte sogar: »Gedanken sind Stereotype oder Vereinfachungen von Gefühlstönen. Sie sind wie Karikaturen der Wirklichkeit« (zit. n. Briggs/Peat 1993, 258). Er verriet dabei natürlich nicht, was er mit »Wirklichkeit« in diesem Zusammenhang meinte. Insgesamt findet sich offensichtlich ein Wechselspiel zwischen lokalen Stabilisierungen oder neuronennetzspezifischen Stabilisierungen einerseits und eben einer eher globalen Dynamisierung und Stabilisierung des gesamten entsprechenden Aktivitäts- und Funktionsbereichs andererseits, wie es etwa von Freeman am Beispiel des Riechkolbens der Kaninchen einwandfrei nachgewiesen wurde. Freeman (zit. n. ebd., 265) verallgemeinert: »Das Chaos bestimmt den Unterschied in der Überlebensfähigkeit zwischen einem Wesen mit einem Gehirn in der wirklichen Welt und einem Roboter, der nicht außerhalb seiner streng geregelten Umwelt funktionieren kann.« Also das, was ich bereits über die Stabilisierung, Fehlertoleranz, Redundanz, Flexibilität usw. ausgeführt habe, ist hier am Beispiel der Stabilisierung und Identifizierung von Gerüchen bei Kaninchen exemplifiziert worden und kann wahrscheinlich mutatis mutandis auf den Menschen und auf höhere Kognitionen übertragen werden. Das wird von dem Physiker David Peat in dem Buch *Der Stein der Weisen* (1991, 264 ff.) etwas plakativ ausgeführt. Er spricht sogar vom »Hirntanz«, wenn er an die Aktivitäten und kohärenten und kollektiven Schwingungen des Gehirns denkt, die aus der Aktivität des Gesamtsystems einerseits entstehen und andererseits eben auch diese Aktivitätsmuster aufbauen. Es ist sozusagen ein integriertes Wechselspiel der kohärenten Aktivitäten und des Zusammenspiels zwischen lokalen Ordnungen und globalen Erscheinungen.

Wiederholt begann man – wie bereits erwähnt – künstliche bzw. begrifflich-theoretische Modelle der Kognitions- und Perzeptionsaktivitäten aufzustellen, etwa (Neuronen-)Netzwerkmodelle. In einer Frankfurter Dissertation von Michael Bauer, *Raum-zeitliches Chaos in neuronalen Netzen* (1994), wird gezeigt, dass Netzwerkmodelle einerseits auch mathematisch-systemtheoretisch nachvollzogen werden können, dass man andererseits versuchen kann – wie es am Max-Planck-Institut für

Gehirnforschung in Frankfurt von Wolf Singer und Mitarbeitern versucht wurde –, die systemtheoretisch entworfene Stabilisierung der plastischen Synapsennetze und Neuronenensembles auch experimentell zu beweisen. Darauf werde ich gleich noch zurückkommen – zunächst zu den adaptiven Lernprozessen bei neuronalen Netzen, welche die biologische Plastizität und gleichzeitig die dynamische Stabilität erklären können und sollen. Ein neuronales Netzwerk definiert Bauer (1994, 32) als »ein Netzwerk aus verknüpften Einheiten mit lokaler Rechenvorschrift ..., bei dem das dynamische Verhalten im Wesentlichen durch die Art der Verknüpfung zwischen den Elementen und *nicht* durch die Komplexität des Einzelelements bestimmt wird«. Das Wesentliche ist dann, dass die im Allgemeinen nichtlinearen Verbindungen (Übertragungsfunktionen) zwischen den entsprechenden Elementen in einem solchen Netz sozusagen in Abhängigkeit von der jeweiligen Aktivierung gewichtet werden. Je stärker eine Verbindung aktiviert ist, desto größeres Gewicht erlangt sie im Lauf der Zeit. Das ist die Hebb'sche Regel der Synapsenstabilisierung durch (Re-)Aktivierung. Man kann die komplexe Verarbeitung, die Redundanz und Fehlertoleranz des Gesamtsystems in solchen Netzwerken durchaus im Modell darstellen und so auch versuchen, die Fähigkeit des Lernens bei der Vergrößerung der Gewichtung der entsprechenden Verknüpfungen zu verstehen. Es handelt sich um Parallelverarbeitung in den Netzen. Dazu gibt es spezielle künstliche Netzwerke, wie zum Beispiel das Modell von Hopfield und Little: Hopfieldnetze sind Assoziativspeicher[50] (ebd., 14 ff.). Dieses Modell wird seit Anfang der achtziger Jahre vielfach untersucht, wobei man die Zugriffe auf Adressen und die Verknüpfungen in Bezug auf die Ausprägung von stabilen Zuständen in der Weise zu verstehen hat, dass sie insgesamt in einer lokalen Energielandschaft dargestellt werden und die Mustererkennung gleichsam als Zugriff auf die Potentialtäler in einer solchen »Landschaft« augenblicklich erfolgen kann (bzw. auf deren lokales, relatives Minimum) – im Gegensatz zu einer Abarbeitung sukzessiver Art. Entsprechend wurde, wie oben erwähnt, die fast instantane Mustererkennung (etwa eines Geruchs bei Freemans Kaninchen) bzw. das Einras-

---

50 Das heißt ein Speicher, der auf gezielte *Inhalte*, nicht auf Dateiadressen zugreift.

ten auf einen Attraktor der ableitbaren Gehirnaktivitäten modellhaft erklärt.

Man hat in solchen Hopfield-Netzwerken mit zum Beispiel mindestens 30 Neuronen eine Reihe von unterschiedlichen (im Beispiel bis zu fünf) Mustern »statisch« speichern können, hat aber festgestellt, dass in einem dynamischen Assoziationsspeicher, für den ein chaotischer Attraktor vorhanden ist, der entsprechend auf unterschiedlich langen so genannten UPOs[51] beruht, über 100 Muster gespeichert werden können (Bauer 1994, 83). Das ist hier jedoch nicht im Detail zu diskutieren.

Es gibt auch noch das Modell eines Viele-Schichten-Perzeptrons, bei dem man versucht, mit Hopfield'schen Netzwerken und Perzeptrons zu arbeiten (das heißt geschichteten Wahrnehmungsapparaten, Sensoren, die verborgene Zwischenschichten aufweisen, beispielsweise zwischen der »Eingabe« und der »Ausgabe« ins Bewusstsein). Ein solches mehrschichtiges Perzeptronnetz arbeitet also als ein quasi lernendes System, das sich selber einspielt, wobei lokale Resultate einer Schicht zur nächsten weitergegeben werden. So kann man sich auch das Einspielen von neuronalen Netzwerken vorstellen, indem einerseits die (Vorwärts-)Verstärkung der Synapsen durch iterative Aktivierung erfolgt, andererseits auch so etwas wie eine Rückkoppelung von Irrtümern oder nicht erfolgreichen Signalen stattfindet. Man nennt das *»backpropagation of error«*, also die Rückwärtsübertragung von Fehlermeldungen, die dann zu einer Abänderung der Synapsengewichtungen und zu einer Verbesserung der Leistungsfähigkeit solcher Netzwerke – seien sie nun wahrnehmende oder seien sie anders eingespielte – führen. Das ist ein ganz wichtiger Punkt.

Es wurden am Max-Planck-Institut für Hirnforschung in Frankfurt Versuche durchgeführt (Singer u. a.), in denen die Neuronenaktivitäten im primären Sehzentrum betäubter Katzen gemessen wurden. Dabei stellte man fest, dass die entsprechenden Gruppen oder *Assemblies* von Neuronen auf optische Reize in einem bestimmten, vorher definierten Gesichtsfeldbereich (einem perzeptiven oder rezeptiven Feld) in ganz bestimmter Weise

---

51 *Unstable Periodic Orbits*, also unstabile, aber periodisch wieder auftretende Bahnen im Phasenraum, die sozusagen das Verlassen des Chaos und den Übergang in einen (quasi)periodischen Zustand signalisieren.

reagierten. Präsentiert man einem rezeptiven Feld zum Beispiel einen bewegten Lichtbalken mit einer entsprechenden Orientierung, so entsteht eine Pulsfolge erhöhter Frequenz in den Zellen des primären Sehzentrums (im Hinterkopf), die auf eine solche Orientierung eines Lichtbalkens »geeicht« sind. Es zeigte sich, dass diese Pulse eine mittlere »Dichte« in einem Frequenzbereich zwischen 20 und 70 Hertz aufweisen, also im Mittel bei ca. 40 Hertz liegen. Man untersuchte dann die Verbindungen (Kreuzkorrelationen) zu unterschiedlichen anderen Neuronengruppen mit anderen oder gleichen Orientierungspräferenzen und verschiedenen rezeptiven Feldern, und man erhielt dann »mittels zeitlicher Korrelation« »Resultate, die mit den Vorhersagen zur Kodierung« übereinstimmen (Bauer 1994, 21; Engel/König/Singer 1993). Man kann also verstehen, wie sich auf einem Hintergrund durch eine bestimmten Pulsrate, bei der alle darauf spezialisierten Neuronen gleichzeitig in derselben Weise anfangen zu schwingen, solche Neuronenassemblies dynamisch stabilisieren. Dies war eine empirische Bestätigung der bekannten Hypothese von Christoph von der Malsburg, der dies bereits vor oder um 1980 gefordert hatte. Das Zweite – und das ist die entscheidende Frage gewesen, die Singer und seine Mitarbeiter im Prinzip beantwortet haben – ist die Lösung des so genannten Bindungsproblems: Wenn man Gegenstände wahrnimmt, die zwei verschiedene Arten von Qualitäten im visuellen Raum haben, also beispielsweise ein Lichtbalken in einer bestimmten Richtung, der gleichzeitig grün ist, so konnte man bisher nicht verstehen, wieso überhaupt eine gleichzeitige (Muster-)Erkenntnis durch eine *einheitliche* (Neuronen-)Struktur möglich war. Mittels der Singerschen Oszillationsthese ist das möglich, weil die entsprechenden Pulsfrequenzen eines Neuronenassemblies, die auf die Balkenspezifität ausgerichtet waren, dann entsprechend mit der anderen Pulsfrequenz des Neuronennetzes, das auf grün ausgerichtet war, gleichzeitig anfingen zu schwingen. Man kann bei diesen Schwingungsraten einander überlappende Neuronennetze haben und auf diese Weise das sogenannte Bindungsproblem der Wahrnehmung lösen – und das ist ein erheblicher Fortschritt, der auf der Grundlage dieser letztlich aus oder über einem Hintergrundchaosrauschen auftretenden Einschwingung möglich geworden und inzwischen für die visuelle Wahrnehmung auch empirisch bestätigt worden ist.

Diese modelltheoretischen und tierexperimentellen Erfolge haben natürlich dazu geführt, dass man nun versucht, solche Modelle auf das menschliche Wahrnehmen, das Denken gar auszuweiten. Ein Philosoph in den Vereinigten Staaten, der gleichzeitig an der Duke University, am Institut für Radiologie, arbeitet und sich mit Neuronenradiologie beschäftigt, Earl MacCormac, untersucht derzeit solche nichtlinearen dynamischen Algorithmen und Systeme, die auf chaotischer und Fraktalbasis existieren und die Plastizität des Gehirns darstellen sollen. Er hat in seinem Beitrag zum Deutschen Kongress für Philosophie von 1993 in Berlin (Lenk/Poser 1995) eine kartographische Grundstruktur aufgezeigt, die zu der Theorie führt, dass man letztlich so etwas wie *perceptive images*, also »Wahrnehmungsbilder«, in einer Art von computerähnlicher Verarbeitung, aber parallel verarbeitet und natürlich auf fraktaler Basis, als hauptsächliche Grundlage annehmen kann, um etwa das Denken, zunächst einmal das wahrnehmende Denken, darzustellen. Er spekulierte auch darüber, dass insbesondere das Denken über Denken solche Strukturen fraktaler Art, nämlich Selbstähnlichkeit und komplexe Darstellung, erlauben muss. Er stimmt zum Teil mit Edelman überein, meint aber, dass *nicht*lineare dynamische Algorithmen stärker berücksichtigt werden müssen, und er schließt sich an Flanagan an, der ja Bücher über *The Science of Mind* (1984, ^{2}1992, s. a. ders. 1992) geschrieben hat und einen »konstruktiven Naturalismus« auf der Basis der genannten Strukturen neurologischer Art vertritt. MacCormac (1995, 215) erweitert das Modell zu einem – wie er das nennt – »*konstruktiven computerunterstützten Naturalismus*« und möchte gern den »Geist« (»*mind*«) mit »Mustern neuronaler Aktivität« identifizieren, »die mathematisch in nicht-linearen Systemen dargestellt werden können« (ebd., 216). Entsprechendes gilt auch für die Struktur des Bewusstseins, insbesondere für dessen Selbstreflexivität, die Fähigkeit, auf sich selbst Bezug zu nehmen (ebd.). Auch hier möchte er im Sinne dieser nichtlinearen System- und Repräsentationsdynamik eine angenähert fraktale (Selbstähnlichkeiten verwendende) Theorie des Denkens und Darstellens liefern. Er hat zudem mehrere Aufsätze über »Images and Fuzzy Neural Networks«, also über die Vorstellungsbildung, über Images und unscharfe Logik, geschrieben. In seinem Institut verwendet er zusammen mit den Radiologen und Medizinern die Positronenemissionstomographie (PET) und versucht, die Gesichtspunkte, die bisher der kognitionspsychologischen Schule der Parallel-distributed-Processing-Gruppe (McClelland, Rumelhart u. a.), also Parallelverarbeitung statt serieller Verarbeitung in Computern nach der von-Neumann-Architektur, zu Grunde liegen, zu erweitern in Richtung auf die Verwendung von *nichtlinearen dynamischen* Algorithmen, die in *computer images*, also in Bildvorstellungen, Musterdarstellungen entwickelt werden können und sich koevolutionär mit den entsprechenden Reizen und der Kulturentwicklung von außen entwickeln, beispielsweise in den Sprachformen und den internen quasi eigendynamischen und selbstorganisierten, auf fraktaler Geometrie und unscharfer Logik basierenden Modellen.

Interessant ist, dass MacCormac dies auch auf mentale Gehalte anwendet. Er ist darüber hinaus ein international bekannter Theoretiker der Metaphernbildung. Er wendet die computerunterstützten nichtlinearen Fuzzy-Algorithmen auf die Entwicklung von Metaphern an, insbesondere auf die Bildung von neuen und auf die diesbezügliche »Kreativität« – und auf Selbstreferenz, die Selbstbezüglichkeit etwa bei Strukturen des Bewusstseins. Auch da ist zu erwarten, dass chaotische Erscheinungen auftreten. Es ist ja bekannt, dass wenn man beispielsweise eine Fernsehkamera auf den Videobildschirm richtet und sie das eigene Bild wieder aufnehmen lässt und das Aufgenommene zurückkoppelt, eine Art von Chaos entsteht. Die Selbstähnlichkeit, eingespeist mit der Rückkoppelung, führt dann zu einer positiven Rückkoppelung und somit zu einer Art von Bild-»Explosion«. Eine ähnliche Verkoppelung kann natürlich sowohl bei epileptischen Anfällen zu Grunde liegen als auch beim selbstreflexiven »Denken über das Denken«. Die Idee von MacCormac (1995 a, n. i. Dr.) ist nun, dass er versucht, die Strukturen der unscharfen Logik, der *fuzzy logic*, für die Stabilisierung und Entwicklung von *computer images* zu verwenden und dann insbesondere auf die Bedeutung von Worten und die Entwicklung von Metaphern anzuwenden. Seine etwas ältere Theorie der Metapher (*A Cognitive Theory of Metaphor,* 1985) berührt natürlich auch maßgeblich die methodologischen Fragen der Kreativität (vgl. a. u. S. 269 ff.).

Interessant für uns hier ist nur, dass er glaubt, ein semantisches Netzwerk (das aufgefasst wird als ein Netz von Knoten, wo die

Knoten selbst Fuzzy-Mengen sind) könne modellhaft eine rationale Rekonstruktion dafür darstellen, wie etwa der Geist (mind) neue Begriffe und insbesondere neue Metaphern, neue Begriffe in Metaphern bildet. Fuzzy-Mengen sind ja solche, für die keine ganz klare Mitgliedschaft, keine Element-Klassen-Relation scharf definiert ist, wo nur ein Objekt »mehr oder weniger« Element einer Menge ist. Es gibt zwar eine »Kernmenge«, aber deren »Begrenzung« ist unscharf. Es bleibt ja auch »unscharf«, wann jemand glatzköpfig ist und wann nicht: mit 50 Haaren: ja, mit tausend: nein? In der Realität ist es offensichtlich so, dass scharfe eigenschaftsgesteuerte Unterscheidungen durch Mengengrenzen nicht so deutlich zu treffen sind, wie man das herkömmlicherweise in mathematischen und logischen Modellen annimmt, und dass man realistischerweise sehr viel stärker auf die komplexen Strukturen und Interaktionen mit unscharfen Grenzen eingehen muss. Wenn man also versucht, die Mittel der Fuzzy-Logik einerseits und der fraktalen Geometrie des Komplexen andererseits zur Darstellung zu verwenden, ist wohl wahrscheinlich, dass man auch sehr komplexen Prozessen der Kreation von Neuem irgendwie näher kommt. Das versucht MacCormac in seinem Aufsatz *Fuzzy Computational Images in Cognitive Science* (1995 a) zu leisten. Er meint, dass man von *perceptual images*, also Wahrnehmungsbildvorstellungen und wahrnehmungsähnlichen Vorstellungen, sprechen kann, indem man eine Art von metasemantischen Berechnungsprozessen einführt. Er vermutet, dass solche *images*, solche Visionselemente, einen metasemantischen Berechnungsprozess gerade auch des *kreativen* Denkens steuern, der in quasihierarchischen semantischen Netzwerken – wobei *fuzzy sets* als Knoten eine Rolle spielen – dargestellt werden kann. MacCormac glaubt – wie auch Benoît Mandelbrot, der Erfinder der Fraktale –, dass im Sinne der Computermetapher des Geistes zwar nicht einzelne Symbole oder Symbolketten, aber doch mentale Vorstellungen, mentale Images oder mentale Modelle verarbeitet werden und dass damit auch der Prozess der kreativen Erzeugung neuer Ideen erfasst werden kann – allerdings in einem n-dimensionalen Modellnetzwerk einer Fuzzy-Semantik. Das ist natürlich weitgehend Spekulation, aber immerhin eine sehr spannende und interessante. Die »konzeptuelle Macht der Fraktale« leite sich »aus unserer mentalen Fähigkeit« her, diese Fraktale zu »verbildlichen«, virtuell zu visualisieren, leiste also gleichsam das, was heute die Computergrafik konkret abbilden kann.

Man kann sich natürlich fragen, was das denn alles mit der Kreativität und der Entwicklung von neuen Ideen, zum Beispiel in der Kunst, zu tun hat. Darüber soll im folgenden Kapitel gesprochen werden. Ich möchte versuchen, grob die Grundlagen einer neuen Ästhetik unter Verwendung fraktal-geometrischer und chaostheoretischer Strukturen anzudeuten, wie sie etwa Friedrich Cramer entwickelt hat und wie man sie auch auf »kreative« Naturprozesse rückbeziehen bzw. aus diesen verallgemeinernd aufbauen kann.

Chaos in der Kunst

Im Folgenden möchte ich zu einem Bereich wechseln, der ebenfalls im Wesentlichen »im Gehirn« erlebt wird: zur Kunst. Dabei möchte ich besonders auf Chaotisches in der Kunst bzw. den fraktalen Charakter und die Selbstähnlichkeit in der Kunst sowie auf bestimmte Korrelationen, formale Übereinstimmungen bzw. Analogien oder Parallelitäten zum natürlichen Phänomen des Wachsens eingehen. John Briggs hat in seinem Buch *Chaos. Neue Expeditionen in fraktale Welten* (1992, dt. 1993) im Wesentlichen versucht, einen Ansatz zur Deutung der Kunst auf fraktaler und chaostheoretischer Basis aufzubauen; dasselbe gilt für Friedrich Cramer, der sich viel mit den Problemen der Evolution, der Ordnung und den chaotischen Phänomenen in der Natur sowie mit der Zeitstruktur des Erlebens und der Erfahrung befasst hat. Beginnen wir mit Cramers Entwurf.

Cramer geht davon aus (1994, 259),[52] dass das Schöne als eine »*Gratwanderung*« zwischen dem Geordneten einerseits und dem Chaotischen andererseits und insbesondere natürlich dem Geordneten im Sinne der fraktalen Geometrie verstanden wird, so dass also Beziehungen und Korrelationen bestehen zwischen der Physik der komplex-dynamischen Systeme mit fraktalen (chaotischen) Attraktoren einerseits und der Entwicklungsbiologie andererseits. Weil alle Entwicklungen immer vom jeweiligen Stand des evolvierenden Systems abhängen, entstehen hier natür-

---

52 Vgl. zum Folgenden auch Cramer/Kaempfer 1992.

lich unmittelbare formale Übereinstimmungen bzw. Analogien. Cramer meint, die Theorie des deterministischen Chaos lasse uns solche Übergänge zwischen Ordnung und Chaos besser verstehen und insbesondere auch das Erleben dieser Übergänge und dieser Oppositionen, solcher Unterschiede, die wir im Zusammenhang mit ästhetischem Erleben erfahren: »Schönheit entsteht überall dort, wo das Chaos in die Ordnung, wo Ordnung in Chaos mündet. Schönheit ist gleich der offenen, irrationalen Ordnung des Überganges, und so ist sie ihrem eigenen Prinzip nach vergänglich, fragil, gefährdet und je nur einmalig – wie das Leben selbst. Schönheit kann nur als *lebendige Schönheit* existieren« (ebd.). Das erinnert traditionell an Goethe, an die Schönheit, die sich nur realisieren kann als Gestalt, die lebt, sich entwickelt, sich stets verändern kann und erneut sich (re)konstituiert (»prägende Form, die lebend sich entwickelt«). Oder an Schiller, der die Schönheit im Spiel ansiedeln will oder aus dem Spiel hervorgehen sieht – darauf komme ich später noch zurück.

Cramer meint, dass »die ›*fraktale Geometrie*‹ und die ›Chaosmathematik‹«, »welche die Schöne Form hervorbringt ..., die nicht-lineare Realität« auch der Natur »besser zu beschreiben« (1994, 261) gestattet, als das der Newton'sche Ansatz vermag, der im Wesentlichen auf lineare Gleichungen und Überlagerungen von Zustandsgrößen in additiver, nämlich in linearer Hinsicht hinausläuft. »Der spezifische Reiz«, meint er, »der von den Naturformen ausgeht, dürfte darin zu suchen sein, dass sie ... im Regelfall *Prozessformen*« sind, Ergebnisse von Wachstums- und Entwicklungsprozessen. »Sie sind gleichsam stehen gebliebene – in Wahrheit jedoch meist fortschreitende – Prozesse, die mit dem *Prozess* korrelieren, in dem der Beobachter selbst begriffen ist. Das Leben der Natur korreliert mit dem Leben des Betrachters. Wie dieses ist die Natur ein Wachstumsprozess« (ebd., 264), also die lebend sich entwickelnde Form oder Gestalt, die Goethe gesehen hat. Im übrigen macht Cramer (ebd., 265) auch eine Reihe von Anspielungen auf die Polarität in der Verfassung der Natur und der Welt – freilich, ohne hier Goethe zu zitieren, der ja auch gemeint hat, dass die Grundstruktur des lebendigen Gestaltens eine Art von polarem Hin- und Herspielen zwischen Gegensätzen sei, woraus sich erst Strukturwachstum und Entwicklung ergäben – insbesondere natürlich auch differenzierte und vielfältige Entwicklung, zumal sichtbar im pflanzlichen Wachstum, aber auch in der antagonistischen Attraktion, Dissoziation, Fortpflanzung der Organismen. Entsprechendes könne man dann übertragen auf die Gestaltung und Beurteilung von schönen Formen, die sich ebenfalls gestalten, sich gleichsam selbstgestaltend entwickeln. Unsere Wahrnehmung ist vorwiegend auf das Erfassen »prozessualer Strukturen« und »auf das Erkennen der Schönen Form (als einer tendenziell *dynamischen* Form) ›programmiert‹« (ebd., 268). Cramer sagt, die gewachsene Entwicklung und deren Struktur bilde somit die Voraussetzung für eine schöne Form. Man kann an einer Form, die als schön erlebt wird, den Prozess der Entstehung immer mit finden, nicht verleugnen, nie ganz unterdrücken. Die Lebendigkeit einer schönen Form besteht gerade darin, dass man diese Art von Entstehungsprozess vermutet und nach- oder miterlebt und dass dann – und da kommen wir schon auf die rein ästhetische Konnotation – die Möglichkeit besteht, immer tiefer in die Schichten dieser entsprechenden Form, des entsprechenden Wachstumsprozesses und des zugrunde gelegten dynamischen Entwicklungssystems einzutauchen oder gar einzudringen. Auf diese Weise entwickelt sich eine lebendige Aufnahme oder Erfahrung der Gestalt, weil immer neue Gesichtspunkte durch Tieferdringen, durch Verzweigungen usw. auftreten: Das ist eben das Kennzeichen der Schönheit an der Grenze zwischen Ordnung und Chaotischem, das heißt bei nicht im Einzelnen voraussagbaren Phänomenen.

Das scheint eine recht interessante Idee zu sein, die man natürlich auch mit Beispielen erläutern müsste. Cramer versucht das zunächst anhand von Wahrnehmungserlebnissen auszuführen, die insbesondere mit *Schönheit* zu tun haben. Er sieht zum Beispiel bestimmte Strukturen des Wachstums oder des negativen Wachstums, des »Abklingens«, des »Sich-Abkühlens« auch in der Natur unter Gesichtspunkten der Ästhetik. Beispielsweise erinnert er sich an die berühmten einfachen Formen auf den Holzschnitten von Hokusai: *Hundert Ansichten des Fuji*, angesichts deren wir zum Beispiel die abfallenden Flanken des Fujiyama als schön empfinden. Cramer weist nach, dass das Abfallen des Vulkans im Grunde einer exponentiellen Abkling- bzw. Abkühlungskurve folgt, dass also die absinkenden Lavaströme eine Art von Abklingkurve in Form einer nur eben negativen Exponentialfunktion darstellen. Abhängig vom jeweiligen Stand der Entwicklung wird die Abnahme beim Abklingen oder – die Zunahme im Falle des Wachstums – dimensioniert. Unser Wahrnehmungsapparat, der »auf das Erkennen der Schönen Form« als einer »tendenziell dynamischen Form« geradezu ›programmiert‹ ist, wie Cramer sagt, würde solche das exponentielle Wachstum oder Abklingen darstellende Strukturen in einer Art von Mustererkennung oder Mitschwingprozess als (besonders) schön erleben.

Natürlich findet man darüber hinaus auch in der Natur viele fraktale Gebilde, die Selbstähnlichkeit[53] der Teilstrukturen aufweisen – ich habe ja schon die »Blumenkohlvariante« genannt, »Romanesco«, eine Kreuzung zwischen Brokkoli und normalem Blumenkohl (s. o. S. 223) – und dasselbe gilt natürlich für viele anderen Strukturen, Wolken oder Farben, Blätter usw. Diese Naturstrukturen haben ja zweifellos einen beträchtlichen ästhetischen Reiz.

Die Frage, die wir verfolgen wollen, ist: Ist hier kein Unterschied zwischen der Kunst, insbesondere der *großen* Kunst, und den Ergebnissen natürlicher Wachstumsprozesse zu sehen? Oder gibt es dennoch einen wichtigen, vielleicht sogar nur kleinen, aber sehr entscheidenden Unterschied? In der Tat scheint das Letztere der Fall zu sein. Doch davon später mehr.

Zunächst aber zu den Wachstumsprozessen. Wachstumsprozesse stellen im Grunde eine Weiterentwicklung des jeweiligen Entwicklungsstandes dar, der bereits erreicht wurde, ursprünglich ausgehend von einem Anfangsstadium, zu dem dann stets zusätzliche Elemente hinzukommen, die aber im Allgemeinen die vorherigen Elemente nicht ganz verdrängen. Man denke beispielsweise an die Entwicklung von zusätzlichen Ästen oder Zweigen bei Bäumen oder eben an die Entwicklung von Knöllchen oder Blümchen beim Blumenkohl, der dann mit jeder neu entstehenden Blümchenkorbschicht größer wird. Hier scheint offensichtlich so etwas zu Grunde zu liegen wie eine *Summation bei gleichzeitiger Konkurrenz*. Das hatte ich bereits ausgeführt (s. o. S. 223 ff.). Ein gleichförmiges Geschehen ist anscheinend auch im Gehirn zu finden, insbesondere bei der ersten frühkindlichen Entwicklung von Nervenverbindungen beispielsweise im Sehsystem, wo auch eine Art von Konkurrenz zwischen den nur

---

53 Auch das exponentielle Sich-Ändern geschieht ja jeweils selbstähnlich in den je unterschiedlichen Abmessungen.

grob erblich angelegten Verbindungsmustern in der Weise vorhanden ist, dass manche der Neuronen aktiviert und dadurch stabilisiert werden, schließlich das primäre Sehzentrum erreichen und dass andere, benachbarte Neuronen, die damit sozusagen in einer Wachstums- oder Entwicklungskonkurrenz stehen und nicht aktiviert werden, verkümmern. Das heißt, es tritt so etwas wie eine Art von Wachstumsprozess in der Konkurrenz oder eine, wie ich sagen möchte, *konkurrenzselektive Stabilisierung* auf. Das scheint auch bei solchen Wachstumsprozessen wie etwa den Entwicklungen von Blumenkohlköpfchen oder -blümchen der Fall zu sein. Solche Wachstumsprozesse ähneln auch der Entwicklung bzw. dem »Aufbau« von bestimmten Formen, die auf dem gegenwärtigen Stand aufbauen, bei denen immer etwas hinzutritt, ohne dass das nur ein additiver Vorgang wäre, sondern es geschieht eine Art von Verzweigung – freilich im Sinne dieser konkurrenzstabilisierenden Selektion oder konkurrenzselektiven Stabilisierung. Es gibt also – so sagt ein Biomathematiker der Universität von Calgary, Prusinkiewicz (zit. in Briggs 1993, 87; GEO 1990, 116) – »eine tiefe Beziehung zwischen Selbstähnlichkeit und Wachstumsregeln«. Man kann nun versuchen, deren Grundformen zu analysieren. Dabei findet man mit Sicherheit selbstähnliche Formen. Es findet so etwas wie eine Überschichtung von nicht bloß linearer Additivität statt, im Sinne der erwähnten Entwicklungskonkurrenz, mit der dann jeweils eine Art von Stabilisierung mittels Rückkoppelung oder Rückspeisung der Information über das Erreichte verbunden ist. Prusinkiewicz konstatiert mit den Physikern, dass auch »Selbstähnlichkeit« eine Art von »Symmetrie« sei (in Bezug auf Skaleninvarianz) und dass man die Symmetrieformen als Leitmotiv der modernen Wissenschaft immer wieder finde – etwa bei den Wachstumsprozessen. Insbesondere bilden die entscheidenden Brüche, die »Symmetriebrüche«, die Übergänge sozusagen von einer Ordnung zur anderen, von einer fraktalen Schicht zur anderen zum Beispiel, ein ganz besonders wichtiges Prinzip der Natur. Eben hierin könne, meint er, die Natur in ihrer Entwicklung und in ihren kontinuierlichen Wachstumsprozessen nachgeahmt werden, könnten die lebenden Formen sozusagen im sequentiellen Modell nacherzeugt werden – insbesondere unter Einschluss der entsprechenden Rückkoppelungen, um Veränderungen zu kontrollieren oder eben den Entwicklungsprozess und auch die jeweilige Grobform relativ zu stabilisieren. Insofern kann man sagen, dass Wachstumsprozesse in diesem Sinne eine Art von kontinuierlicher Entwicklung auf verschiedenen Schichten darstellen – insbesondere im Sinne einer Weiterentwicklung von fraktalen Teilformen. Wenn man versucht, das quantitativ nachzuvollziehen, so gelangt man nicht nur zu negativ (beschränkend) rückgekoppelten Prozessen, sondern unter Umständen zu einem Exponentialgesetz in positivem Sinne (»positive Rückkoppelung«), bei Bevölkerungszunahmen beispielsweise. Doch auch bei der Entwicklung der Blütenkörbe einer Sonnenblume gilt eine ähnliche rückgekoppelte Abhängigkeit vom bereits erreichten Entwicklungsstand, die sich zum Beispiel in der spiraligen Anordnung der Kerne zeigt. Diese Zunahme hat einen ganz bestimmten Charakter, der normalerweise – und jetzt kommen wir der Ästhetik nahe – dem Goldenen Schnitt ähnelt.

Der Goldene Schnitt besteht ja darin, dass ein Quotient von den bestimmten benachbarten Werten von Teilgrößen[54] der Entwicklung einem bestimmten Quotienten immer näher kommt. Das ist charakteristisch und wurde bereits am Ende des Mittelalters entdeckt – von dem Mathematiker Fibonacci: Die »Fibonacci-Reihe« entsteht daraus, dass man stets die beiden letzten Zahlen der Reihe miteinander addiert und das die nächste Zahl ergibt. Daraus ergibt sich eine bestimmte Folge von Zahlen, (1, 1, 2, 3, 5, 8, 13, 21, 34, 55, 89, 144 …). Sie ist besonders interessant, da sie geeignet ist, die Verhältnisse des Wachstums und der Entwicklung des Goldenen Schnitts darzustellen; denn der Goldenen Schnitt erweist sich in gewissem Sinne als ein *Fibonacci-Phänomen*. Er ist nämlich genau der Grenzwert des Quotienten zwischen zwei benachbarten Gliedern dieser Fibonacci-Folge, das heißt also, wenn man immer eine Zahl durch die andere dividiert (5:3, 8:5 …), allgemein ausgedrückt: n + 1: n in der Fibonacci-Folge, dann erhält man die Zahl 1,618… Das ist eine irrationale Zahl, die man die Zahl des Goldenen Schnitts nennen kann oder »die Goldene Zahl« oder »Fibonacci-Limes-Zahl«. Auf diese Weise kann man versuchen, gewisse Ordnungen in diesen Wachstumsprozessen wiederzugeben – sehr abstrakt-modellmäßig natürlich. Man erkennt, dass die Fibonacci-Zahl als Grenzwert der Fibonacci-Folge zu den rationalen Zahlen einen weiteren Abstand einhält als alle anderen irrationalen Zahlen, die auch als Grenzwerte solcher Folgen auftreten, wie zum Beispiel die Zahl π. (π ist auch nur relativ schwer anzunähern – im Gegensatz

---

54 Zum Beispiel verhält sich die größere Teilstrecke beim Goldenen Schnitt nach Definition zur Gesamtlänge wie die kleinere zur größeren Teilstrecke.

zum Beispiel zu »e«, der Basis des natürlichen Logarithmus.) Der Kettenbruch nähert sich also »in the long run« diesem Grenzwert, dieser Fibonacci-Zahl oder Zahl des Goldenen Schnitts.

Wachstum geht also relativ langsam vonstatten. Man kann Fibonacci-Strukturen bzw. entsprechende Formen des Goldenen Schnitts in sehr vielen Naturprozessen wiederfinden. Zum Beispiel in der so genannten Logarithmischen Spirale, in allen Schneckenformen, aber eben auch in der Spiralenanordnung der Sonnenblumenkerne. Bei beiden Spiralen zeigt das Wachstum und die entsprechende Weiterentwicklung in Bezug auf die Winkel eine Folge von solchen Proportionen im Sinne des Goldenen Schnitts. Der »Fibonacci-Charakter« scheint ein Gesetz des Wachstums darzustellen, unter der Bedingung, dass schon etwas vorhanden ist, was nicht verdrängt werden kann, sondern an dem sozusagen weitergebaut wird. Es ist ein rückgekoppelter Wachstumsprozess mit nicht nur additivem oder linearem Charakter. Cramer stellt fest (ebd., 275), dass »der Fibonacci-Charakter oder der Goldene Schnitt ... unter allen Wachstumsbedingungen eingehalten wird« und »nicht abhängig (ist) von Größe, Länge oder Dicke der betreffenden Frucht oder Blüte«. Das Gleiche gilt entsprechend bei spiraligen Teilformen der Schnecke. In der Tat scheint es, dass diese Wachstumsprozesse als eine Folge des erwähnten internen Konkurrenzphänomens aufgefasst werden können und die Entwicklung dieser Formen als Ergebnis einer je spezifischen, aber generell gleichförmigen internen konkurrenzselektiven Stabilisierung zustande kommen: Auch nach Cramer kann »jedes Wachstum als *internes* Konkurrenzphänomen aufgefasst werden« (ebd.). Dies ist anscheinend eine »Grundidee«, die in der Natur vielfach verwirklicht ist und zu Formen führt, die wir auch als *schön* empfinden, an die wir uns sozusagen gewöhnt haben, die in unsere Wahrnehmung »einprogrammiert« sind. Das Grundverhältnis für rückgekoppelte Wachstumsprozesse, das auf den Goldenen Schnitt ausgerichtet ist, ist so gleichsam auf natürliche, naturwissenschaftliche Weise abbildbar – wenn nicht gar teilweise, jedenfalls formal, erklärbar.

Cramer meint nun, das sei auch in der Kunst so. Die »wirkliche Kunst« sei – wie »Schönheit« – »eine Flucht nach vorne. Sie entsteht, wenn ein dynamisches System gerade noch vor dem Chaos ausweichen kann; Schönheit ist eine Gratwanderung zwischen Chaos und Ordnung, zwischen Zerfall und Erstarrung« (ebd., 276). Und sie sei eben auch in diesem Sinne zu *verstehen*.

Man kann das Gesagte übrigens auch auf die Entwicklung von Ideen übertragen. Ich werde darauf noch zurückkommen. Die Grundstruktur gilt ja insbesondere in der neueren Gehirnforschung. Man denke an Edelmans Theorie der neuronalen Gruppenselektion im Sinne eines, wie er das nennt, neuralen oder neuronalen Darwinismus oder an Dennetts Auffassung, der zufolge viele Entwürfe von vielen verschiedenen Zentren im Gehirn um den Eintritt in das Bewusstseins geradezu konkurrieren, so dass auf diese Weise eine neue »Idee« oder Vorstellung erst als Ergebnis eines selektiven Konkurrenzprozesses auf die Bühne des Bewusstseins gelangt. Auch hier findet man dieselbe Grundstruktur. Zwar hat man den Fibonacci-Charakter der Hirnprodukte in diesem Sinne noch nicht nachgewiesen, aber man könnte sich das leicht vorstellen.

Vielleicht kann man sogar noch weiter gehen und sagen, wir leben in einer dynamisch immer und überall von Wachstumsprozessen geprägten Welt, die von Prozessen und formalen Strukturen beherrscht ist, welche sich daraus ergeben, dass aus etwas Vorhandenem durch Weiterbauen und interne Konkurrenz dann das nächste Produkt, der nächste Zustand, die nächste Wachstumsphase entsteht und so eine teils exponentielle, teils spiralige, teils dem Goldenen Schnitt gehorchende Wachstumsentwicklung entsteht. Man könnte fast davon sprechen, dass wir in einer *Fibonacci-Welt* leben. (Das ist allerdings ein Ausdruck, den Cramer nicht benutzt.) Aber es scheint mir nahe liegend, diese Bezeichnung zu wählen. Das Prozessuale einer Wachstumsentwicklung mit interner Konkurrenzstabilisierung – das ist die entscheidende Grundidee. (Allerdings sind die jeweiligen Schichtenübergänge beziehungsweise Symmetriebrüche – auch bei der Selbstähnlichkeit – zu beachten: Letzteres besonders in der Kunst, s. u.)

Cramer geht dann zur Kunst über und möchte die Kunst auch durch solche Entwicklungen und Nacherlebnisse dieser Wachstumsprozesse an der Grenze zwischen Chaos und Ordnung ansiedeln. Er zitiert aus Schillers *Ästhetischen Briefen* den besonders berühmten 15. Brief. Allerdings zitiert er ihn etwas falsch – bei Schiller heißt es, »der Mensch soll mit der Schönheit *nur spielen*«, während Cramer zitiert: dass »... die Schönheit nur spielt«. (Ich komme darauf später noch zurück.) Doch in der Tat kann man diese Metapher des Spielens, des intern konkurrierenden Spielens zur Selektion und Erzeugung von Einschwingung, von Ordnung oder von Struktur zwischen Chaos und Ordnung als ein Grundmodell natürlich auch der nichtmenschlichen Welt, des Wachsens der dynamischen Systementwicklungen, insbesondere der natürlichen Entwicklungen, sehen. »Kunst an der Grenze zum Chaos zu schaffen, kann Überforderung und Gefährdung für das Kunstwerk und den Künstler bedeuten«, meint Cramer (ebd., 278) und verweist auf Hölderlin u. a. Er betont auch, dass eine absolute, strikte Einhaltung von Symmetrie, auch von Verhältnissen der fraktalen Symmetrie nicht unmittelbar als schön im Sinne der Kunst, als ganz neuartig gesehen wird, sondern dass kleine Abweichungen von der strikten Selbstähnlichkeit bzw. der absoluten oder strengen Symmetrie eigentlich erst das entscheidende Künstlerische ausmachen. Leider führt er das nicht weiter aus.

»Ein Kunstwerk ist neu«, sagt er (ebd., 280): »Neues entsteht beim Durchgang durch chaotische Zonen. Kunstschöpfung ist ein Akt in größtmöglicher Nähe zum ›Gerade-noch-nicht-Chaos‹.« »Das in einer künstlerischen Gratwanderung« an der Chaosgrenze »erzeugte Werk enthält im wahrsten Sinne den Augenblick des Künstlers« – einen Höhepunkt, der immer wieder beschworen worden ist, zum Beispiel auch von Lessing –, »und eben das macht es zum Kunstwerk, dass dieser Augenblick so festgehalten wurde, dass er seinen subtil gefährdeten Schöpfungsprozess nie mehr verleugnen kann« (ebd.). Der Prozess zeigt einerseits die Orientierung am regelmäßig Symmetrischen, aber andererseits auch »die kleine Abweichung« – und gewinnt beim Betrachten des Werks gleichsam einen Überblick über dessen Entstehung und eine Erkenntnis der abweichenden, überraschend neuen, originären, originalen Variation. Das ist für Cramer das Charakteristikum der Kunst. Er bringt (ebd., 277) das aus der Psychologie bekannte Beispiel, dass man ein Gesicht als langweilig empfindet, wenn man zwei symmetrische Hälften aneinander heftet, und führt das am berühmten Selbstbildnis von Albrecht Dürer vor. Mit anderen Worten: Erst die (kleine) Abweichung – etwa von der symmetrisch-regelmäßigen (oder auch der fraktalen Selbstähnlichkeit!) – verlebendigt das Kunstwerk.

Es gibt ferner auch so etwas wie eine Phasenschönheit, eine

Schönheit der Phasenentwicklung, besonders im Pflanzlichen, was ein englischer Autor, D'Arcy-Thompson, schon Anfang dieses Jahrhunderts, 1917, eindringlich festgehalten hat. Er hat ein berühmtes Buch geschrieben, *Über Wachstum und Form*, das in zahlreichen Auflagen erschienen ist. Darin wird diese Art selektiver Stabilisierung durch fraktales konkurrierendes Phasenwachstum in gewisser Weise vorweggenommen; dasselbe haben dann häufiger Biomathematiker explizit gemacht, wie der schon zitierte Michael Barnsley, der über die fraktale Struktur der Farne gearbeitet und Farnstrukturen modellhaft aus fraktalen Grundelementen hergestellt hat, indem er von einfachen Initialgrundformen wie astartig verzweigt angeordneten Rechtecken ausging und diese immer wieder auf jede Einzelverzweigung anwendete, iterierte, und zwar beliebig oft (ohne vorab festgelegtes Ende). Er kam damit zu täuschend echten Farnstrukturen – in einem Zwischenstadium natürlich, da die Natur nicht beliebig viele Iterationen zu machen vermag, wie es prinzipiell der Computer kann – wenngleich auch hier nur in der Idee und nicht faktisch. Wenn man Millionen von Wiederholungen (Iterationen) hat, dann hat man eine sehr beeindruckende Zahl von Selbstähnlichkeiten auf den verschiedenen Schichten der Iterationen. Mit anderen Worten: Die abstrakten Formen lassen sich ausnutzen, um gleichsam »natürliche« optimale Lösungen der Strukturentwicklungen nachzumodellieren. Und auch damit muss das ästhetische Nacherleben zusammenhängen.

Wenn wir nun die Ideen über Selbstähnlichkeit zu einer Ästhetik im Sinne des chaostheoretischen und fraktaltheoretischen Ansatzes entwickeln wollen, so müssten wir zunächst fragen, worin eine solche Ästhetik bestehen kann. Wie ist eine solche Ästhetik zu erklären? Hängt sie davon ab, dass wir selbst in unserem Nacherleben solchen Strukturen biologisch gleichsam »vorprogrammiert« folgen, in dem Sinne, dass unsere neuronalen *Assemblies* oder neuronalen stabilisierten und plastischen Vernetzungen im Gehirn solchen Verzweigungen nachfolgen, ähnliche Einschwingungsprozesse wie solche dynamischen Systeme aufweisen, die freilich nicht isoliert funktionieren. Ganzheitliche Zusammenhänge und Rückkoppelung scheinen dabei eine Rolle zu spielen. Ich hatte ja bereits darauf hingewiesen, dass offensichtlich in den Gehirnmustern bestimmte sich wiederholende Muster von den Systemen eingespielt und angenähert werden.

Man könnte direkt von Attraktoren und unter Umständen von fraktal strukturierten, das heißt »seltsamen« Attraktoren im Gehirn sprechen (s. o. S. 233 f.). Man hätte dann bereits ansatzweise so etwas wie eine fraktale Ästhetik, die auf der fraktalen Grundstruktur, auf dem Hintergrundchaos der Gehirnprozesse ruht und verständlich macht, warum wir solche quasi natürlichen, fraktalen, sehr verzweigten, nicht sehr übersichtlichen, dynamisch komplexen Strukturen genießen, als »schön« empfinden.

Briggs (1993, 28) beispielsweise meint, das sei seit Jahrhunderten schon so gewesen: »Das Endprodukt«, das Werk des großen Künstlers, enthalte immer viele Schichten, Tiefenschichten, »Welten innerhalb von Welten«:

»In der Kunst steckt immer mehr dahinter, als man sinnlich wahrnimmt. Wegen dieser Fähigkeit, Welten innerhalb von Welten anzudeuten, war die Kunst seit jeher fraktal. Die Chaosforschung trägt zu einem neuen Verständnis einer Ästhetik bei, die den sich wandelnden Kunstauffassungen verschiedener Zeiten, Kulturen und Schulen schon immer zugrunde lag« (1993, 28).

Diese durch die fraktalen Formen neu entdeckten, aber faktisch altvertrauten Eigenschaften des Kunstwerks, »diese neue (und zugleich uralte) Ästhetik, die das Chaos ans Licht bringt«, versucht Briggs in folgender Weise zu beschreiben (ebd., 30):

»Sie ist holistisch – eine Harmonie, die davon ausgeht, dass alles von allem beeinflusst wird. Bei mathematischen wie bei natürlichen Fraktalen wird der Holismus in der Selbstähnlichkeit sichtbar, dem Beweis eines holistischen Rückkoppelungsprozesses. In der Kunst entsteht Selbstähnlichkeit, die in unendlich vielfältigen Formen vorkommen kann, nicht dadurch, dass man eine Form sklavisch in unterschiedlichen Maßstäben permutiert. Sie hat eher etwas mit der Selbstähnlichkeit zu tun, die wir entdecken, wenn wir die menschliche Hand mit dem Flügel eines Kolibris, mit der Finne eines Wals oder einem Ast an einem Baum vergleichen. Die Aufgabe des Künstlers besteht darin, diese auffällige Beziehung zwischen Formen und Qualitäten, die selbstähnlich und zugleich selbstverschieden sind, aufzuspüren und auszudrücken und so ein Kunstwerk zu schaffen, das uns eine Ahnung von der holistischen Natur unseres Universums und unseres Daseins in ihm vermittelt.«

Briggs führt hierzu eine Reihe von (post)modernen Beispielen an.

Der Kunstmaler Nachume Miller betonte (zit. n. ebd.), es sei das Ziel und Bestreben des Künstlers, die Natur »abzubilden«: »Die Bilder sollen nicht die Natur veranschaulichen, sondern wie die Natur wirken.« Sie sollen, interpretiert Briggs, »›wie‹ Lebensformen sein – und es ist ein wesentliches Merkmal von Lebensformen, dass jede auf ihre fraktale Weise das dynamische System der Natur im ganzen widerspiegelt. Das Ganzheitliche ist ein wesentliches Merkmal dieses neuen (alten) ästhetischen Verständnisses.« So befindet Miller explizit über seine eigenen Arbeiten: »Wenn man einen Bruchteil von meinem Material nimmt, der typisch für die von mir verwendeten Muster ist, dann ist er im Prinzip dem gesamten Bild sehr ähnlich. Er zeigt die gleiche Logik wie das Ganze.« (zit. n. ebd., 30).

Es gibt neuerdings in der Kunst selbst eine »*fraktalistische Bewegung*«. (Es scheint ja – zum Teil in recht schnellem Wechsel – alle nur möglichen Bewegungen gegeben zu haben: strukturalistische, suprematistische, also superstrukturalistische, und tachistische usw., neuerdings jeweils auch poststrukturalistische, postmoderne usw., von Op, Pop, Top und Plop ... ganz zu schweigen.) Mittlerweile haben auch die Künstler die fraktalen Strukturen entdeckt und fragen sich, woran es liegt, dass wir fraktale Strukturen (zumindest vordergründig) als ästhetisch besonders anregend ansehen. Das liegt offenbar nicht nur an der Selbstähnlichkeit, am Holismus, sondern auch daran, dass wir entdecken, dass die natürliche Komplexität auf doch eine einfache, übersichtliche oder quasiübersichtliche Grundstruktur zurückzugehen scheint, die sich eben in dem scheinbar repräsentierten Entwicklungsprozess und dem abstrakt »widergespiegelten« ablaufenden Wachstumsprozess dokumentiert, sei es bei der nach Regeln des Goldenen Schnitts logistisch »abrollenden« Entwicklung einer Spirale, sei es in der Entwicklung von Fibonacci-Phänomenen, die wie erwähnt ebenfalls mit dem Goldenen Schnitt und dessen Strukturen zu tun haben. Manche Künstler sehen die Logik dieser Entwicklung sowohl im Teil wie im Ganzen. Briggs zitiert einige Künstler, zum Beispiel wiederum Nachume Miller, der sich an einer Kunstausstellung zum Thema Chaos beteiligte und meinte:

»Die Art, wie ich mich auf bestimmte Prozesse einlasse, ist ziemlich chaotisch und für mich nicht ganz klar. Man reagiert auf eine Kette von Ereignissen, die sich vollziehen, während man an der Arbeit ist. Zuerst muss man auf der Leinwand ein Drama schaffen, das sehr beunruhigend ist. Man weiß eigentlich nicht, was es ist. Es gefällt einem nicht einmal, aber wenn man es dann länger betrachtet, wenn man mit dem, was da vor sich geht, vertrauter wird, gewinnt man mehr Klarheit« (zit n. ebd., 29 f.).

Oder ein Fotograf, der Naturfotografien künstlerisch gestaltet, Cantrell, meinte:

»Da draußen herrscht Ordnung auf so vielen Ebenen, für die wir entweder keine Wahrnehmung haben oder die nicht zu sehen wir erzogen worden sind. Ich fotografiere um der Überraschung willen. Sehr oft gelingt mir das bei ganz prosaischen Objekten. Man kann in einen Zustand geraten, wo das Fotografieren sehr gut läuft und man sich selbst vergisst.[55] Man war dann irgendwo, und es war ganz wunderbar, nur kann man sich nicht mehr an die Einzelheiten erinnern, bis man das Endresultat sieht« (ebd., 30).

»Die Resultate« sind dann, meint Briggs (ebd.), »ein fraktales Dokument seiner Wechselwirkungen mit seinen Sujets, die in der Regel selber fraktale Objekte sind wie Farne, Vulkane oder turbulente Strömungen«. Die Schönheit der komplexen, verzweigten Naturstrukturen wird auf diese Weise vom Kunstfotografen eingefangen oder jedenfalls ausschnittweise modellhaft verdeutlicht. Diese neue und alte Gesamtästhetik der Naturdarstellung ist in der Tat »holistisch«. Sie zeigt eine Art von Harmonie, die in der Selbstähnlichkeit etwa vielfältiger Verzweigungen und Verschlungenheiten deutlich wird, die aber auch Dissonanzen und interne Konkurrenzen enthält, wie sie in der Selektivität des biotischen Wachstumsprozesses auftreten. Schließlich kommt es auch in der Natur vor, dass eine Form nicht »sklavisch« abgebildet, abgespiegelt, sondern abgewandelt wird; sie hat eher etwas mit der Selbstähnlichkeit zu tun, die wir entdecken, die jedoch immer wieder von der exakten skalenähnlichen Reduplikation *abweicht* – und also nicht genau bzw. ganz voraussagbar ist. Es gibt also bestimmte natürliche Entwicklungen, Rückkoppelungen, Abweichungen, die in der Tat im Ganzen wie auch im Einzelnen dieselbe Grundentwicklungslogik zeigen, ohne dass jedoch ein sklavisches Abbilden oder Wiederherstellen im Sinne

55 Die Formulierung erinnert an die von Mihalyi Csikszentmihalyi (1975, deutsch: 1985) untersuchten geradezu »rauschartigen« »Flow«-Zustände, in die der schöpferisch aktive Mensch bei Selbstzwecktätigkeiten, besonders natürlich der Künstler beim Schaffen seines Werks, geraten kann.

einer isomorphen Iteration oder Reproduktion stattfindet. Die intermittierenden Faktoren, Zufallsumstände, Umgebungsvariationen, Einflusswirkungen sind zu komplex, dynamisch und nicht linear (nicht einander additiv überlagernd).

Die Künstlerin und Kunstprofessorin Margaret Grimes glaubt ihre Auffassung von der kreativen Komplexität der Natur und der Kunst durch die neuen fraktal- und chaostheoretischen Erkenntnisse bestätigt: sie seien »wie Wahrheiten, die man schon immer gekannt, aber nicht auszudrücken gewusst hat« (zit. n. ebd., 28). Eine weitere von Briggs zitierte Künstlerin, Eve Laramée, eine Bildhauerin, welche Objekte und Konstruktionen, insbesondere auch zum Beispiel traditionell geformte Gefäße aus Kupfer herstellt, führt das aus, indem sie Objekte mit einer bestimmten Mischung von aggressiven Salzen beschichtet, so dass verwickelte fraktale Formen in das Kupfer hineingefressen werden – von der Natur sozusagen – und auch noch in der Kunstausstellung: Das Werk entwickelt sich strukturell weiter. Die Künstlerin sagt, sie sei »bestrebt, sich selbst aus dem Prozess herauszuhalten und das in ihm waltende Chaos unbeeinflusst ablaufen zu lassen«: »An einem bestimmten Punkt«, meint sie, »nehme ich die Hand der Künstlerin ›heraus‹ und lasse die Natur das Werk übernehmen und vollenden« (zit. n. ebd., 34, s. auch 177). Sie möchte also eine Art von intensiver Interaktion zwischen Naturgestaltung und der eigenen Grundgestaltung verwirklichen. Sie hält sich nicht für eine »Fraktalistin« und glaubt nicht an die Existenz eines solchen »Stils« oder gar einer »Bewegung«, aber sie hält doch ihre Arbeit für eine »Verbindung oder Reflektapher[56] von Chaos und Fraktalen« (zit. n. ebd., 177)!

Es gibt jedoch eine Richtung, in welcher die chaostheoretischen Ansätze von der Kunstwissenschaft auch ernst genommen werden – zum Beispiel von den Museen. Es wurden sogar Ausstel-

---

56 »Ein künstlerisches Nebeneinander« mit vielen selbstähnlichen Formen, Mehrdeutigkeiten, dynamischen Spannungen, die auf mehreren Ebenen zu sehen, zu deuten sind, nennt Briggs (1993, 174) »Reflektapher«: »Nicht nur Formen spiegeln sich selbstähnlich darin wider, sondern wie in der Metapher, auch eine Spannung von ähnlichen *und* unterschiedlichen Ausdrucksformen. Diese reflektaphorische Spannung erschüttert unseren Verstand mit einer Mischung aus Verwunderung, Ehrfurcht, Verblüffung und der Empfindung unerwarteter Wahrheit oder Schönheit.«

lungen veranstaltet – 1989 beispielsweise eine unter dem Titel *Strange Attractors: the Spectacle of Chaos*, vorbereitet vom New Yorker Museumskurator Klaus Ottman. Er beschreibt insbesondere die fraktalistische Entwicklung oder gar »fraktale Revolution« in der Kunst so:

»Wir können ebenso von einer fraktalistischen Aktivität sprechen, wie wir früher von einer surrealistischen oder strukturalistischen Aktivität sprachen ... Fraktalistische Künstler sind ein Spiegel des psychologischen und sozialen Zustands der Gesellschaft und bilden zugleich eine ihrer Schnittstellen. Sie beschäftigen sich nicht nur mit der Herstellung von Objekten, sondern mit den Erfahrungen der Fraktalisierung [generell, H. L.]« (zit. n. ebd., 166):

Skalierung, also Schichten- und Größenordnungsunterschiede, Selbstähnlichkeit, Zufälligkeit, alles das zeige, »ob eine fraktalistische Sichtweise beim Künstler am Werke war«.

Solche Einsichten über Selbstähnlichkeiten kann man auch in Selbstdarstellungen von Künstlern finden. Maurits Escher, der Konstrukteur der weltbekannten Zeichnungen und Bilder mit die Bildfläche parkettierenden und zugleich einander (etwa schwarzweiß) konfrontierenden ständig wiederholten Figuren und der ›unmöglichen‹ Bilder (vom ewigen Wasserkreislauf oder unendlichen Treppensteigen), hat zum Beispiel einmal festgestellt: »Seit langem bin ich an Mustern interessiert, in denen die ›Motive‹ immer kleiner werden, bis sie die Grenze der unendlichen Kleinheit erreichen« (zit. n. ebd.). Es handelt sich also um Selbstähnlichkeiten in entsprechenden Skalierungsschichten.

Heutzutage gestalten manche Künstler ihre Kunstwerke zum Teil auch direkt selbstähnlich, selbstreferentiell, sich selbst produzierend im Sinne von bestimmten fraktalen Prinzipien. Carlos Ginzburg zum Beispiel, ein Künstler, der sich besonders dem Fraktalen verschrieben hat und einer fraktalistischen Gruppe in Paris angehört, betitelt seine Bilder sogar etwa mit »*Chaos, Fractal 1985-86*«. Er meint, dass »das Verständnis von Fraktalen und Chaos mehr als meine Wahrnehmung der Welt änderte«: »Meine bisherige Dimension ›*Homo sapiens*‹ – ›*Homo faber*‹ – ›*Homo demens*‹ [also verrückter Mensch, H. L.], ›*Homo ludens*‹ wurde definitiv zu einer Form des ›*Homo fractalus*‹.« (Es müsste meinem Sprachgefühl nach »Homo fractalis« heißen!) So sagt er eher schlecht als schlicht latinisierend: »Ich bin ein fraktales Subjekt – ein Fraktalmensch ... Fraktale sind das Prinzip, das Hauptprinzip unserer Kultur. Wir befinden uns im Moment im fraktalen Zustand der Werte, und Fraktale sind Ausdruck der viralen Proliferation von Gesellschaften und Individuen« (zit. n. ebd., 167).

Ein anderer Künstler, Edward Berko, wendet Fraktale und Chaos an, um die Strukturen in der Natur zu manifestieren. »Ich male, um die Möglichkeiten der fraktalen Geometrie zu erforschen und um eine neue Ästhetik der Natur auszudrücken.« Er hat auch einen Aufsatz »Über die Natur der Fraktalisierung« geschrieben, in dem er sagt:

»Wir finden seltsame und unnatürliche Verbindungen von Vorstellungen und leugnen die Existenz von Originalität. Wir fragen uns: Befinden wir uns in einem Zustand unendlicher Wiederholung? Unendlicher Selbstähnlichkeit? Unendlicher Vergrößerung von Gleichheit, die wir jedoch als Unterschied definiert hatten? Wir erwägen, Ordnung innerhalb von Gleichheit, außerhalb von Gleichheit und innerhalb zufälligen Verhaltens aufzuzeigen« (zit. n. ebd., 168).

Und weiter: »Ebenso wie die Erzeugung fraktaler Strukturen« die künstlerische Arbeit befruchten kann, beruhe auch die Kunst und »künstlerische Arbeit auf einem iterativen Prozess. Kreativität ist ein Rückkoppelungssystem zwischen Vorangegangenem und Neuem. Auf diese Weise wird die Produktion von Kunst« und also Kunst selbst zu einem fraktalisierten, Selbstähnlichkeit zeigenden bzw. verwendenden, selbstreflexiven Vorgang, »zu einem selbstähnlichen, [sich] auf sich selbst beziehenden und selbstiterativen Prozess«.

Briggs führt außerdem William Latham an, einen Bildhauer, der versucht, Spiralen mit einer Art von »Schwarzem Loch« zu konstruieren und deren Wände mit buntgescheckten fraktalen Mustern zu bestücken, so dass der Betrachter in eine »verzerrte künstliche Welt« zu einer bestimmten Zielrichtung in quasi wachstumsähnlichen Leitprozessen geführt wird: so in seiner Skulptur mit dem Titel *In das Innere der Form*, bei der die spiraligen Wände mit Fraktalmustern in der Art der bei der chemischen Belusov-Zhabotinsky-Reaktion entstehenden Struktur bedeckt sind und den Beschauer in das Innere der Spirale hineinzusaugen scheinen (zit. n. ebd., 169). Insbesondere benutzt er Computergrafik für seine Kunstwerke.

Clifford Pickover hat angesichts der heutigen Möglichkeit, fraktale Strukturen auf jedem Heimcomputer zu erzeugen, gefragt, »ob es die Künstler nicht stört, dass jeder Gymnasiast heutzutage Bilder erzeugen kann, die von den meisten Menschen als schön empfunden werden, während ihnen die ›wahre Kunst‹ gleichgültig ist« (zit. n. ebd., 170). Die Frage stellt sich natürlich: Hat echte, große, originäre und originale Kunst im Zeitalter der nahezu beliebigen Reproduzierbarkeit von fraktalen Gebilden und Farb-Form-Komplexen noch eine Zukunft?

Die entsprechenden, interessanteren Teilfragen lauten: Was macht den Unterschied zwischen den fraktalen computererzeugten Gebilden und eben Gebilden, Erzeugnissen echter, im höchsten Sinne kreativer Kunst aus? Was unterscheidet eine Grafik oder eine Serie von »Bildern« am Rande der Mandelbrotmenge von den bekannten, spiralig seepferdartigen Strukturen eines Picasso oder beispielsweise von einem Bild van Goghs oder Breughels? Briggs sagt, dass das geniale Gedicht, das große Gemälde »immer neu« sei, »immer wieder feine Überraschungen« berge und neue Tiefenperspektiven aufschließe. (Tun aber das Letztere nicht auch die Skalierungsaufschlüsse am Rande der Mandelbrotmenge?) Briggs verweist auf die oben erwähnten (S. 233) Gehirnuntersuchungen von Freeman und Rapp, die zu zeigen scheinen, dass im menschlichen Gehirn ganz ähnliche Prozesse ablaufen. Nach Briggs gilt (ebd., 171 ff.) daher, dass die Darstellungsform eines zeitlosen Kunstwerks einerseits eingängig wirkt, einer Aufnahmefähigkeit des Gehirns entspricht, dass aber andererseits seine »Größe« gerade darin besteht, dass es dieser »Gewöhnungstendenz des Gehirns« immer wieder »widersteht« – indem es nämlich von dieser normalen Standardform, der Selbstähnlichkeit und der erwarteten Schichtenstruktur, mehr überraschend als systematisch abweicht. Stets scheint »ein großes Kunstwerk ... bei jeder (neuen) Begegnung im menschlichen Gehirn einen neuen, sehr seltsamen Attraktor hervorzurufen« (ebd., 174), so dass man ein solches immer wieder auf andere Weise als neu, als ein in der Rezeption variiertes und variierendes Gebilde erleben kann. Darin besteht das Besondere, die »Größe« eines großen Kunstwerks, nämlich in dieser »Mehrdeutigkeit«, die einerseits zwar an »die künstlerische Selbstähnlichkeit« angegliedert ist, Ausdrucksform bzw. -instantiierung von dieser ist, oder an die auch ständig zu reproduzierende Muster- oder Strukturwiederholung, von der es, das Kunstwerk, aber doch andererseits immer wieder abweicht. So erregt und verstärkt es immer wieder in typischer Weise eine Art neuerlicher (»reflektaphorischer«,

s. o. S. 260, Anm. 56) Spannung, die auf den tieferen Ebenen bzw. bei der Weiterentwicklung oder Neubegegnung sich stets von Neuem auftut. Große Kunstwerke benutzen zwar selbstähnliche Formen und Farben, aber sie variieren diese abweichend von der jeweiligen rhythmischen Regelmäßigkeit. Sie »widerstehen« strikter Wiederholung, sind nicht strenge Abspiegelungen derselben Teilstruktur, obwohl sie sozusagen »selbstbezüglich« immer wieder auf diese Muster zurückgreifen, diese »kreativ« variierend. Sie erzeugen eine immer neuartige Spannung, die anregende Mehrdeutigkeiten erzeugt, hervorruft, antönt. Eine solche neue Nuancierung ist etwa diejenige, wie sie – das wurde schon zitiert – in der abweichenden und jeweils neue Spannung erzeugenden Verwendung von Metaphern zu finden ist, die Briggs und Peat »Reflektaphern« (1993, 302) genannt haben. Es handelt sich um Metaphern oder metapherähnliche Strukturen, die eine besondere Spannung im Zusammenspiel von Ähnlichkeit und Unterschiedlichkeit, von Harmonie und Dissonanz erzeugen; und diese »reflektatorische« oder »reflektaphorische« Spannung ist dynamisch, erzeugt immer wieder eine Art von Lebendigkeit, auch beim Erfahren, Erleben, beim Wahrnehmen. Man erlebt Verblüffung, unerwartete Sichtweisen usw. Briggs meint (ebd., 174):

»Künstler müssen die richtige Distanz zwischen den Ausdrucksformen ihrer Reflektaphern finden, wenn sie ein Kunstwerk hervorbringen wollen – die richtige Balance zwischen Harmonie und Dissonanz, um die Spannung und die aufschlussreichen Mehrdeutigkeiten zu schaffen, die vom Kunstwerk ausgehen können. Diese richtige Balance überrumpelt die Denkprozesse und verhindert den Gewöhnungsprozess. Denn sie zwingt unseren Verstand dazu, die Worte oder Formen oder Tonfolgen so wahrzunehmen, als sei es das erste Mal, und zwar jedes Mal aufs Neue, gleichgültig, wie oft wir sie zuvor schon wahrgenommen hatten.«

Man könnte natürlich hier davon sprechen, dass es nicht nur um eine Balance auf gleicher Ebene geht, sondern auch um eine kontrastreiche Beziehung zwischen unterschiedlichen Schichten und Metaebenen von Spannungsformen derart, dass Harmonie und Dissonanz auf unterschiedlichen Ebenen und natürlich auch bezogen auf die entsprechende Ebenen übergreifenden Gesichtspunkte eine Rolle spielen. Man könnte daher neben der Balance auf derselben Ebene aufsteigend und erweiternd von Metabalancierungsprozessen sprechen, wie wir eingangs von Metainterpretationen oder interpretativen Schichtenüberschreitungen gesprochen haben, die nur jetzt auf das reflektaphorische Spannungsspiel zwischen unterschiedlichen Funktionen des großen Kunstwerkes anzuwenden sind.

Dazu noch einmal Briggs (ebd., 174):

»Die reflektaphorische Harmonie finden die Künstler, indem sie die Distanz zwischen den selbstähnlichen Bedingungen zunächst in ihrem eigenen Verstand erproben. Ein Dichter, der ein Gedicht überarbeitet, liest es möglicherweise mehrere hundert Male durch. Wirkt die Metapher noch immer leicht überraschend, wenn man sie so oft gelesen hat? Trifft dies zu, so handelt es sich um eine Reflektapher: eine Nebeneinanderstellung von Ausdrucksformen, die *sowohl selbstähnlich als auch verschiedenartig sind und deshalb eine Öffnung des Verstandes bewirken*« (Hervorhebung hinzugefügt, H. L.).

Briggs meint, dass dies bei den Erzeugungen der Computergrafik im Phasenraum eben *nicht* der Fall sei, zum Beispiel bei den staubförmig verteilten oder bei den zusammenhängenden Julia-Mengen und der davon abgeleiteten Mandelbrotmenge,[57] dem »Apfelmännchen«, sowie den jeweiligen entsprechenden Verkleinerungen und Skalierungen von Bildern aus dem Rand dieser Mandelbrotmenge, die zu immer wieder gleichartigen, selbstähnlichen Strukturen bis ins Unendliche führen, welche auf jeder Schicht wiederkehren oder auch auf bestimmten, einander überspringenden Schichten wieder auftauchen. Diese Fraktale stellen keine *große* Kunst dar, weil sie schließlich doch zur Gewöhnung führen oder langweilig werden. Sie sind nach Briggs (ebd., 174 ff.) »beinahe Kunst, aber eben nicht ganz«:

»Die einzelnen Teile gleichen sich zu sehr oder unterscheiden sich in einigen Fällen zu sehr voneinander, um jenes von Mehrdeutigkeiten erfüllte reflektaphorische Gewebe zu erzeugen, das ein großes Kunstwerk kennzeichnet. Kunst ist viel mehr als ein bloßes Austauschen ähnlicher Formen. Sie ist kreativ auf eine der Kreativität der Natur entsprechenden Weise: Jede Form, jede Geste in einem Kunstwerk besitzt Autonomie und wird doch zugleich in ihrer Selbstähnlichkeit in eine Interaktion mit anderen Formen und Gesten des Werkes einbezogen. So entsteht ein

---

57 Die Mandelbrotmenge ist in der komplexen Zahlenebene die Menge der komplexen Iterationssummanden c in der Formel $x^2 + c$, welche zur Menge der zusammenhängenden Julia-Mengen gehören. Die Mandelbrotmenge bildet die so genannte »Gefangenenmenge« der Julia-Mengen.

Umfeld, das uns ständig zu der Erkenntnis zwingt, dass das Werk lebendig und dynamisch ist ...«

Die Abweichung von der fraktalen Schichtenselbstähnlichkeit, wie sie sich in den üblichen »schönen« Fraktalstrukturen der Computergrafik bei Iterationen darstellt, beispielsweise bei den Bildern aus den Rändern der Mandelbrotmenge, zeigt also im Grunde so etwas wie eine ewige Wiederholung, welche die hervorgehobene reflektaphorische Spannung auf Dauer eben doch nicht tragen kann. Deswegen muss der Künstler eine Möglichkeit finden, Harmonie und Dissonanz aufrechtzuerhalten, die seltsamen Attraktoren in seinen Gebilden und auch in seinem eigenen Gehirn und in den Gehirnen der Zuhörer so zum Klingen und zum Einschwingen zu bringen, dass sie »der Gewöhnung widerstehen« (ebd., 176). »Es wäre ein Widerspruch in sich«, genauer: eine *contradictio in adiecto*, »zu glauben«, meint Briggs (ebd.), »dass ein mechanischer, wenn auch nicht voraussagbarer Algorithmus diese außerordentlich komplizierte Aufgabe bewältigen könnte«. Wenn man – wie beispielsweise zwei Schweizer Wissenschaftler das versucht haben – »mathematische Extrakte« der Fugen von Johann Sebastian Bach in fraktaler Abwandlung wiederholte, dann würde letztlich »eine zwar interessante, aber doch leblose Bach-Imitation entstehen« – und keineswegs »Bach-ähnliche Musik von vergleichbarer Qualität«, wie die Kombinatorik-Komponisten behaupteten. Kurz und gut: Kreativität in ihrem eigentlichen Sinne ist nicht nur ein mechanischer Prozess, nicht bloß Anwendung eines Algorithmus, wie etwa Roger Schank (1988) meinte. Künstler, so Briggs, »sind vor allem deshalb Künstler, weil sie die Fähigkeit besitzen, Reflektaphern hervorzubringen, die ihre Sichtweise einfangen« – die eben diese Art von Spannung erzeugen und auf Dauer aufrechterhalten können: »Jedes große Kunstwerk ist eine Art von Mikrokosmos«, der sozusagen das Universum spiegelt, das größere Ganze aber nicht in einer exakten Abbildung isomorph wiedergibt, sondern eben in einer gewissen Grenzübertretung, und zwar nicht ganz systematisch-formal die Beziehung zwischen Ordnung und chaotischen Phänomenen reflektieren muss, in bestimmtem Sinne also die geheimnisvolle Struktur, »das mysteriöse Chaos und die Ordnung des Lebens, der Naturprozesse und Lebensphänomene« *nicht*identisch wiedergibt, *variierend* reflektiert. Vielleicht könnte man besser sagen: »reflektaphiert« statt »reflektiert«, weil es ja nicht nur um bloße Reflektion im traditionellen Sinne geht, jedenfalls nicht im Sinne der Abspiegelung, Widerspiegelung. Eine solche Beinahe-Widerspiegelung ist keine Wiederspiegelung! »Die Selbstähnlichkeit der Reflektaphern ist viel reicher als die Selbstähnlichkeit mathematischer Fraktale; sie ermöglicht es jedem Künstler jeder Generation und jeder Kultur, einen einzigartigen Ansatz zu entwickeln«, so meint jedenfalls Briggs (1993, 177).

Er wird in dieser Ansicht unterstützt von vielen anderen – auch philosophierenden – Künstlern, insbesondere von Ginzburg, der Peitgens Buch *The Beauty of Fractals* daraufhin befragt und kritisiert. Er meint, die fraktale Kunst wäre »ein ›wissenschaftliches Fertigprodukt‹ von sehr geringem Interesse«, da man praktisch nur die Computergrafik in dieser Weise anwendet. In der Tat ist sie lediglich darauf ausgerichtet, die innere Harmonie in Stabilität, perfekter oder eher perfektionierter Gestalt fortwährend zu (re)produzieren, statt gänzlich neue Formen in überraschender *Abwandlung* von den aus dem Mandelbrot'schen Geist erzeugten Fraktalstrukturen zu suchen, zu entwickeln. Die Künstler müssten nach Ginzberg diese Reproduktionsmaschinerie überwinden, überholen können; nur dann würden sie wirkliche Kunstwerke schaffen. Das heißt also, die Kreativität in diesem Sinne besteht im Wesentlichen gerade in der nicht programmierten, feinen Nuancierung, in der *abweichenden* Nuancierung, der nuancierenden Abweichung von dem entsprechenden Keim, der natürlich durchaus durch Selbstähnlichkeitsstrukturen, holistische Auffassungen, Rückkoppelungen, Nichtlinearität der komplexen Systemzusammenhänge einmal mitgegeben sein kann: Die wirklich *große* Kunst bewegt sich sozusagen bewusst von den Iterationen, Reduplikationen, Reprisen weg, obwohl sie in Selbstähnlichkeiten natürlich eine Art von Ausgangspunkt sehen kann. Sie alterniert bewusst oder unvorhersagbar schöpferisch auf der Grenze zwischen Ordnung und Chaos – eben in dem Sinne, wie es Cramer entworfen hat.

Ich denke übrigens, dass wir es hier mit einer modellbildhaften Auffassung zu tun haben, die auch zu neuen Überlegungen in der Ästhetik führen kann – in dem Sinne, dass man nicht etwa glaubt, das Chaos unterminiere oder zerstöre die Ordnung, sondern dass es geradezu »kreativ« fruchtbar gemacht wird – nicht nur in der Natur, sondern auch in der Kunst. Künstler haben eben das intuitiv zu erfassen – und große sind dazu auch in der Lage. Sie können gleichsam, wie Morris Berman es prophetisch – oder eher sloganartig – in seinem Buch(-titel) fordert, *Die Wiederverzauberung der Welt* in ästhetischer Form realisieren (n. Briggs 1993, 181). Dahinter steht als Gegenbild natürlich Max Webers These von der »Entzauberung der Welt«. Charakteristischerweise ist unsere Welt ja eine durch die Wissenschaft und Technik und durch die Erklärungen der Wissenschaft sowie durch die bürokratische In-Griff-Nahme so »entzauberte« Welt geworden, dass es notwendig ist, sie wieder zu *ver*zaubern. Dazu könnte ein erster Schritt eben in dieser neu aufgefassten unorthodoxen Ästhetik bestehen (die freilich ihrerseits auch wiederum zu Übertreibungen Anlass geben könnte – etwa, indem »sich das Konzept der Fraktale und das Chaos in eine differenziertere – und sogar totalitäre – Version unseres alten mechanistischen Weltbildes verwandelt« oder verwandeln könnte). Briggs beschließt sein Buch (ebd., 182) mit der Meinung, dass Fraktale und Chaos uns gar »den inhärenten Wert des Lebens in einer Welt, die die Grenzen unserer Kontrollmöglichkeiten überschreitet«, zeigen. Wir können und sollten nicht mehr alles manipulieren, kontrollieren, die Natur vergewaltigen und beherrschen wollen, sondern wir müssen wissen und lernen, dass jede Intervention in natürliche Systeme eine Art von Interaktionsprozess ist, eine ständige Auseinandersetzung zwischen den dynamischen umfassenderen Systemen und dem Menschen, dass wir als Menschen eben selbst Natur-Systeme sind. Die jeweiligen Interaktionen und Interventionen dürften Eingriffsmöglichkeiten »darstellen«. Im doppelten Sinne des Wortes gilt das zumal, wenn es insbesondere den Künstler angeht. Vielleicht, sagt Briggs (ebd.), »müssen wir alle irgendwann Künstler und Chaosforscher werden, um diese Welt zu retten«. Ich würde ergänzend sagen, vielleicht müssen wir Künstler oder Chaosforscher und Fraktal»fans« auch im Bereich der Ideen werden, um diese Welt erst einmal zu *verstehen*. Die »imperialistischen« Mechanisten haben die Welt nur verschieden manipuliert und zu kontrollieren versucht, es kommt aber darauf an, sie zu erhalten und möglichst nur nachhaltig (substanzerhaltend, basisfreundlich, dynamiktolerant, systemschonend) zu intervenieren.

Über kreative Metaphern

»Ein Kunstwerk ist wie eine Metapher«, schreibt die Philosophin Susanne K. Langer (1967 I, 104, zit. n. MacCormac 1985, 199): »es soll ohne Übersetzung oder Ideenvergleich verstanden werden.« Es *zeigt* seine Form, und sein Gehalt wird unmittelbar in diese aufgenommen. Der Wissenschaftstheoretiker Jonathan Cohen (1958) hat dem Menschen als dem symbolischen Wesen sogar ein »metaphorisches Bewusstsein« zugeschrieben. Die Linguistiker und Sprachphilosophen Lakoff und Johnson (1980) meinen (fälschlich), dass alle Sprache umfassend metaphorisch sei, wobei allenfalls Metaphern »wortwörtlich« (»literal«) seien oder fungieren könnten.

Earl R. MacCormac hat in seinem umfassenden Buch über eine kognitive Theorie der Metapher (*A Cognitive Theory of Metaphor*, 1985) solche umfassenden Überdehnungen der Sprachmetaphorik kritisiert, aber zugleich eine Ausdehnung metaphorischer Prozesse und Operationen auf das vorsprachliche Vorstellen und Denken durchgeführt, die von besonderer Bedeutung für das Verständnis kreativer Aktivitäten und Prozesse ist. Er behauptet, dass die Bildung und Verwendung von Metaphern als *Prozess* aufgefasst werden muss, der keineswegs nur auf der sprachlichen Ebene abläuft, sondern auf drei wechselseitig aufeinander bezogenen Ebenen: MacCormac unterscheidet Metaphern 1) als »Sprachprozess«, 2) als »semantischen und syntaktischen Prozess« (i. S. einer linguistischen oder sprachwissenschaftlichen Erklärung) und besonders 3) als einen »kognitiven Prozess, der in einen größeren Vorgang der Wissensentwicklung eingebettet ist« (1985, 42). Metaphernbildung wird also »nicht nur als ein semantischer Prozess erklärt, sondern als ein zugrunde liegender kognitiver Prozess, ohne den neues Wissen nicht möglich wäre« (ebd.). Zwar sei der Prozess der Metapher »ein einzelner Vorgang mit diesen drei Aspekten«, könne aber nur durch analytische Berücksichtigung dieser unterschiedlichen Aspekte und die Wiederbeziehung dieser aufeinander ohne Vermischungen und Verwischungen erklärt werden (ebd., 43).

MacCormac greift auf die Unterscheidung zwischen der Ähnlichkeitsfunktion (Analogien bei Aristoteles) und der durch Metaphern ebenfalls vermittelten Unähnlichkeit zurück, wie sie Philipp Wheelwright (1962) entwickelt hat. Dieser unterschied positive, verähnlichende und negative, konfrontierende oder unterschiedbildende Metaphern, nämlich »epiphors« (Metaphern mit epiphorischer, ähnlichkeitstragender Qualität oder Funktion bzw. Teilfunktion) und »diaphors« (»diaphora« oder Metaphern mit diaphorischer, bedeutungsunterscheidender Qualität bzw. Funktion, welche die Differenz oder Unähnlichkeit der Vergleichsglieder betont).[58] Nach MacCormac sind beide Funktionen mehr oder weniger in jeder Metapher vorhanden, und deren Wechselspiel begründet geradezu deren suggestive und kreative Qualität.

Er bringt Beispiele wie die Metapher des berühmten Gehirnphysiologen Charles Sherrington: »The brain is an enchanted loom where millions of flashing shuttles weave a dissolving pattern« (»Das Gehirn ist ein verzauberter Webstuhl, auf dem Millionen hin und her huschender Webschiffchen ein sich auflösendes Muster weben«), oder James Joyce' Satz aus seinem Roman *A Portrait of the Artist as a Young Man*: »His mind bred vermin. His thoughts were lice born of the sweat of sloth« (»Sein Geist brütete Ungeziefer aus. Seine Gedanken waren Läuse, geboren aus dem Schweiß der Faulheit«) (zit. n. MacCormac 1985, 28, 23; 1988, 85). Oder er bemüht auch alltägliche Vergleiche wie jenen, der eine Telefonschnur als Nabelschnur auffasst, die den Telefonierenden mit der Welt verbindet.

Die Funktion der Metaphern besteht nun darin, dass sie eine Spannung zwischen den beiden Beziehungsgliedern, den »Referenten« der Metapher, erzeugen, also diaphorische Qualität aufzeigen, die zu einer neuen Vorstellung, zu einer überraschenden Gegenüberstellung, jedenfalls zu einer Spannung in Bezug auf das gewohnte Schema bzw. die Erwartung führt und unter Umständen emotionale Unruhe erzeugt (Läusebeispiel). Diese Spannung entstehe eher aus »einer scheinbaren semantischen Anomalität ... als aus rein emotionalem Unbehagen«: »Die psychologische Spannung entspringt einer semantischen Spannung« (MacCormac 1988, 85).

58 Natürlich existieren keine reinen Epiphora, Homöophora oder Homöotaphern ebensowenig wie reine Diaphora. Besonders die Letzteren sind natürlich auf eine den Vergleich erst ermöglichende Grundähnlichkeit angewiesen.

MacCormac erklärt das Wechselspiel zwischen der epiphorischen und der diaphorischen Qualität des Beispiels von Sherrington wie folgt:

»Hier haben wir eine Identifizierung des Gehirns mit einem verzauberten Webstuhl, doch bis wir den Webstuhl in Tätigkeit setzen, die Schiffchen, die ein sich auflösendes Muster weben, verstehen wir die Metapher nicht in ihrer ganzen Stärke. Die Identifizierung des ›Hirns‹ mit einem ›verzauberten Webstuhl‹ erschüttert unser semantisches Empfinden und schafft eine semantische Spannung, aber das Bild der huschenden Schiffchen, die ein sich auflösendes Muster *weben*, erzeugt weitere Spannung und Einsicht sowohl durch die Klärung der Semantik von ›verzauberter Webstuhl‹ als auch durch die verbale Aktion des ›Musterwebens‹. Wie kann man auf einem Webstuhl ein Muster weben, das verschwindet? Man könnte einwenden, dass die Phase, die das Weben umfasst, lediglich den Bedeutungsrahmen einer Nomenmetapher klärt, die ›Hirn‹ durch die Kopula ›ist‹ mit einem ›verzauberten Webstuhl‹ identifiziert ... Wie in der normalen Sprache stehen Syntax und Semantik vieler Metaphern in enger Beziehung zueinander ..., erfordern viele ... Metaphern ein Verständnis ihrer syntaktischen sowie auch ihrer semantischen Bedeutung, damit sie verständlich werden. Über den Versuch, die semantische mit der syntaktischen Bedeutung der Metaphern in Beziehung zu setzen, lässt sich kaum mehr sagen als über das ungelöste Problem, beides in zwei gegenwärtigen linguistischen Theorien wie der generativen Transformationsgrammatik und der generativen Semantik miteinander zu verbinden. Man darf jedoch nicht annehmen, dass eine Erklärung der semantischen Veränderung in den Referenten einer Metapher ausreichen wird, um die gesamte Bedeutung aller Metaphern zu erklären« (1988, 91 f.).

Die Joyce'sche Metapher der Gedanken als Läuse wird von MacCormac so kommentiert:

»Joyce assoziiert lebhaft böse Gedanken mit schmutzigen Insekten. Der Leser kann die Metapher ›Gedanken sind Läuse‹ verstehen, weil er die Analogie zwischen Ideen, die die Personen *verderben*, und Läusen, die den Körper *verderben*, identifizieren kann. Hierin liegt die Analogie, von der Aristoteles schrieb, und die *epiphorische* Qualität, die Philip Wheelwright als wesentlich für die Verständlichkeit aller Metaphern beschrieb (Wheelwright 1962). Ohne eine vorausgesetzte Ähnlichkeit zwischen den Referenten wäre die Metapher unverständlich. Aber die Verderbtheit des Geistes oder der Person ist nicht dasselbe wie die Verderbtheit des Körpers. Die ursprüngliche Bedeutung von ›verderbt‹ ist ›schlecht werden‹ oder ›verfaulen‹, während die moderne Bedeutung, die ›moralische Schwäche‹ impliziert, den Geist betrifft ... Die verschiedenen Bedeutungen von ›Verderben‹ erzeugen die Spannung zwischen den beiden Referenten der Metapher; aus der Spannung entsteht die *diaphorische* oder suggestive Qualität der Metapher. Wenn wir uns noch nie den Geist als von Läusen befallen vorgestellt haben, die dem ›Schweiß der Faulheit‹ entspringen, dann stehen wir hier vor einer neuen Bedeutung und vielleicht sogar vor einem neuen Bild. Bei der ersten Begegnung mit Joyce' Metapher verstehen wir die Metapher möglicherweise nicht nur und sind von ihr überrascht, vielleicht fühlen wir sie auch. Spannung bringt nicht nur Mutmaßungen hervor – wie können Gedanken des Geistes sein wie Läuse am Körper? –, sondern auch eine emotionale Unruhe, die aus dem Zusammenprall der unvereinbaren semantischen Bedeutungen der Referenten entsteht. Wir spüren vielleicht auch einen Widerwillen, der von dem Bild der Läuse herrührt, schmutzige Insekten, die alles befallen und die beißen« (MacCormac 1988, 85).

Verbreitet sich eine Metapher in der Sprachgemeinschaft, werden die Sprecher und Hörer immer vertrauter mit ihr, so verliert sie allmählich ihre semantische als auch ihre psychologische Spannung, kann beispielsweise zu einer neuen (Standard-)Bedeutungsvariante im Lexikon führen. So beginnen nach MacCormac »viele Metaphern ... ihr literarisches Leben weitgehend diaphorisch (obwohl sie immer auch eine epiphorische Qualität besitzen), werden dann weitgehend epiphorisch – indem sie eher eine Analogie ausdrücken als eine mögliche Bedeutung suggerieren – und treten schließlich als tote Metaphern in den Korpus der normalen Sprache ein. Metaphern sterben, wenn mindestens einer ihrer Referenten einem Wörterbucheintrag eine neue lexikalische Bedeutung hinzufügt« (MacCormac 1988, 86; 1971, 239 ff.; 1985, 56 ff. u. a.).

Das Leben und Sterben von Metaphern hängt also mit der Wechselbeziehung zwischen der Unähnlichkeits- und Ähnlichkeitsfunktion sowie deren Wandel zusammen.

Terminologisch erscheint die Wahl des Ausdrucks »Epiphora«, der im Griechischen auch »Schlussfolgerung« und »Wiederholung« bedeutet, weniger geschickt: Man sollte vielleicht eher von *Homoi-* bzw. *Homöophora* (»ähnlichkeitstragend«) oder *Synphora*, also von *Homoiotaphern* oder *Syntaphern* (um an die Herkunft von Metaphern anzuklingen) sprechen; aber das ist natürlich nur eine Frage der zweckmäßigen Wortwahl. MacCormac selbst zeigt, dass das Verwenden und Bezeichnen von Metaphern den wortwörtlichen Gebrauch der Sprache notwendig voraussetzen, dass inkonsequenterweise selbst Lakoff und von

Johnson dies tun müssen. Zudem widerlegt er (1985, 24 ff.) sowohl die reine Spannungstheorie, dass Ungrammatizität oder Falschheit bzw. Ungewohntheit allein die emotionale Spannung im Hörer erzeugten (Metaphern können diese Qualitäten verlieren und noch lebendig bleiben), sowie die Theorie, dass metaphorische Sätze immer falsch bzw. gar ungrammatisch seien (ebd., 28, 30 f.): Dann müsste die Alltagssprache größtenteils aus falschen oder ungrammatischen Sätzen bestehen. Deshalb sollte eine semantische Theorie der Metapher entwickelt werden, die nach MacCormac mit einer kognitiven Funktion ausgestattet ist, auf Grundvorstellungen der auf Kognition basierenden Dynamik zurückgeht, wie sie nach der Prozessauffassung mittels der sich wandelnden Ähnlichkeits- bzw. Unähnlichkeitsfunktionen erfasst werden kann. Dabei verwendet MacCormac sogar das Modell der unscharfen Mengen (fuzzy logic), das geeignet ist, die diaphorische wie auch die homoiophorische Qualität der Metaphern gleichsam nach »Mehr« oder »Weniger« zu messen und von gänzlicher Übereinstimmung bzw. totaler Unähnlichkeit abzutrennen (1982; 1985, 85 ff.). (Später hat er dieselbe Vorstellung ja auf kreative Prozesse allgemein übertragen, s. o. S. 246).

MacCormacs Behauptung läuft nun darauf hinaus, dass Metaphern als Grundlage für die begrifflichen semantischen Anomalien durch die überraschende, mehr oder minder bewusste Gegenüberstellung der Beziehungsglieder (Referenten) erzeugt werden und dass »besonders die Identifizierung der Unähnlichkeiten die Möglichkeit der Umgestaltung (Transformation) dieser Unähnlichkeiten in Ähnlichkeiten gestattet, an die man zuvor nicht gedacht hat, wobei die Schaffung einer neuen Bedeutung etabliert wird« (»ensuring the creation of a new meaning«; ebd., 50). »Kreativität liegt in der Auswahl der geeigneten Referenten, die genug Ähnlichkeit für das Wiedererkennen sowie ausreichende und die richtige Art von Unähnlichkeit produzieren, um eine [neue, H. L.] hypothetische Möglichkeit zu erzeugen« (ebd., 148). Das gilt sowohl für die Erzeugung neuer Metaphern und Perspektiven in allen kreativen Bereichen der Assoziation und Vorstellung wie auch für das Bilden neuer wissenschaftlicher Grundideen. MacCormac bezieht sich auf Stephen Peppers bereits früher (1942) entwickelte Theorie der »root metaphors«, der »Wurzelmetaphern«, die neuen Philosophien, Weltsichten und Theorien zu Grunde liegen sollen – wie zum Beispiel die pythagoreische Überzeugung, dass die Welt letztlich mathematisch sei. Ohne solche von MacCormac »Grundmetaphern« (»*basic* metaphors«) genannten Vorstellungsverbindungen, die in der Tat Koestlers Bisoziationsmodell entsprechen, seien zum Beispiel grundlegende wissenschaftliche Theorien, neue Sichtweisen in der Wissenschaft nicht möglich (ebd., 47 ff., 51 u. a.) (auch Pepper spricht von »basic analogy or root metaphor«; 1942, 91).

Von solchen Grundmetaphern sind natürlich die gewöhnlichen Metaphern des Alltags bzw. der dichterischen Sprache zu unterscheiden, die MacCormac »*conveyance* metaphors« (1985, 47) nennt.

Das Entscheidende ist, dass ohne Metaphern weder die kreative Bildung neuer wissenschaftlicher noch sonstiger Hypothesen und Vergleiche möglich wäre, dass semantische Veränderungen in der Sprache drastisch begrenzt wären, dass man »ohne irgendeinen Rückgriff auf die Metapher, das absichtliche begriffliche Bilden von semantischen Anomalien«, kaum »über das Unbekannte in Abhängigkeit vom Bekannten« (ebd., 51) spekulieren könnte und erkennend oder erfassend in den Bereich des Unbekannten ausgreifen könnte:

»Metaphern erfüllen die kognitive Funktion der Kreation neuer Bedeutungen, durch die Gegenüberstellung ihrer Referenten in der Sprache. Ohne sie würde die Menschheit nur sehr schwer ihr Wissen ins Unbekannte ausdehnen können, und die Sprache bliebe größtenteils statisch. Die Diaphora bietet die Möglichkeit, ein vertrautes Beziehungsglied zu nehmen und es zu verändern, indem es einem Referenten oder Beziehungsgliedern gegenübergestellt wird, der oder die normalerweise nicht mit dem vertrauten Referenten assoziiert werden. Die Kombination der Referenten, welche nun die semantische Anomalie produziert, zwingt den Hörer oder Leser einer Metapher dazu, die Ähnlichkeiten zwischen den Eigenschaften der Referenten wie auch die Unähnlichkeiten festzustellen. Nicht nur das Erkennen von zuvor nicht gesehenen Ähnlichkeiten erzeugt neue Einsichten oder neue Bedeutungen, sondern besonders die Feststellung von Unähnlichkeiten erlaubt die Möglichkeit der Transformation dieser Unähnlichkeiten in zuvor nicht bedachte Ähnlichkeiten, wodurch die Schaffung einer neuen Bedeutung etabliert wird« (ebd., 50).

Darin sowie in der Erkenntnis und der rechten Proportionierung von Ähnlichkeit und Unähnlichkeit besteht die Kreativität einer neuen Erkenntnis- oder Auffassungsweise durch eine Metapher.

»Zwar scheint keine einzelne Regel den kreativen Prozess der Metaphernbildung zu beherrschen«, irgendwie scheint es »ein geheimnisvolles Mysterium zu bleiben«, »wie der metaphorische Prozess auftritt« und warum einige, aber nicht viele Menschen so leicht und flüssig Metaphern kreieren und warum das für andere nicht gilt (ebd., 148). Hoch kreative Menschen scheinen charakteristischerweise häufig Metaphern der Sprache und vor allem der Vorstellungen zu erzeugen, die auf kreative Tiefenprozesse zurückweisen.

Der »Prozess der Metaphernbildung« ist also ein Vorgang neuer »kognitiver Assoziationen«:

»Mentale Konzepte, die normalerweise nicht miteinander verknüpft werden, werden zusammengestellt und auf ihre Bedeutung hin geprüft. Die kreativsten Formulierer von Metaphern dehnen die Vorstellungskraft am stärksten, indem sie die ungewöhnlichsten Kombinationen verwenden.« »Der Erfinder einer Metapher ist gewöhnlich darum bemüht, eine neue Einsicht über die Welt oder seine Erfahrungen auszudrücken.« Demgemäß gilt für MacCormac: »Die semantische und syntaktische Bedeutung einer Metapher kann nicht nur in einer grammatischen Tiefenstruktur entdeckt werden, sondern gleichermaßen in einem tiefen konzeptuellen Prozess, der zwischen den kreativen und originellen Erfindungen des Geistes eines einzelnen Dichters oder Wissenschaftlers und den etablierten, festgelegten kulturellen Formen wie den Mythen vermittelt« (1988, 92). »Wie diese lebendigen Verknüpfungen von Konzepten in Worten ausgedrückt werden, bleibt ein Geheimnis. Viele der Vorstellungen eines Dichters sind vielleicht schon in sprachlichen Konzepten gedacht worden, aber andere, seine Stimmungen und seine Gefühle über Einsichten, liegen vielleicht in nicht-verbalen Konzepten. Wäre er ein Maler, wäre der Dichter nicht gezwungen, diese nicht-verbalen Intuitionen in Worte zu kleiden, aber da Sprache sein künstlerisches Medium ist, muss er alle seine Konzepte in Sprache fassen. Um dies zu erreichen, bemüht er sich um neue Metaphern, die der Sprache größere Suggestivkraft verleihen. Der Dichter stellt damit eines der Wunder der Sprache, nämlich ihre Formbarkeit und Kreativität, ihre Fähigkeit, im Geist eines gewandten Sprachbenutzers zu wachsen, unter Beweis. Der Abstand zwischen der phantasievollen Vorstellungskraft des Dichters und der Banalität der normalen Sprache legt die Arena fest, in der die Schlacht um künstlerische Ausdrucksweise ausgetragen wird. Der Dichter verschiebt ständig die Grenzen der normalen Sprache über ihren üblichen Rahmen hinaus. Während die Lücke zwischen Phantasie und Gebrauch schmaler wird, wenn der Dichter [erfolgreich, H. L.] neue Metaphern schafft, um sich auszudrücken, wird ironischerweise [langfristig, H. L.] der Sieg zur Niederlage, weil die poetische Sprache nicht mehr länger frisch und unverbraucht erscheint. Entweder müssen die Dichter also immer wieder neu erschaffen und neue lebendige, sprühende Visionen vermitteln, oder ihre Schöpfungen werden gerade durch ihren Erfolg gewöhnlich und abgegriffen« (ebd., 93).

Dies gilt natürlich nicht nur für den Drang des Sprachkreativen, des Dichters zur Erfassung neuer Synthesen, sondern auch für alle anderen kreativen Bereiche, für Vorstellungs- oder Konzeptverbindungen, für die Weiterentwicklung von Stilarten, Perspektiven, Erlebnisweisen usw. in Weltauffassung, Philosophie, technischen Erfindungen und wissenschaftlichen Entdeckungen, mentalen Bildern, Vorstellungen, besonders aber natürlich in der bildenden Kunst.

Alle kreativen Bereiche und Prozesse der oben erwähnten Bisoziationen (Koestler) und Multiassoziationen, der Entwicklung neuer Sichtweisen auch auf höheren Schichten, also der kreativen Aufstiege (nicht nur der Transpositionen auf der gleichen Ebene) entsprechen diesem Muster. Dabei können nach Brenda Beck (1978) (zit. n. MacCormac ebd., 93; 1985, 151 f.) solche Metaphern besonders aus dem Zusammenspiel unterschiedlicher Sinnesarten (also aus Synästhesie) entspringen, aber auch aus bildlichen Vorstellungen, wie Kosslyn, der berühmte imaginistische Psychologe, meint (1980).[59] MacCormac betont, dass es anscheinend »auch viele bewusst abgeleitete Metaphern« gibt, »die nicht der Synästhesie entstammen« (1988, 94). Ich denke, dass noch weitere Prozesse der Metaphernbildung bzw. -anregung eine entscheidende Rolle spielen, zum Beispiel die Serendipität, die überraschende Anregung durch Reize aus der Umwelt, die bereits mehrfach erwähnt wurde (vgl. a. S. 125, 138, 140).

Generell scheint die Idee, dass metaphorische Prozesse die Grundlage kreativer Prozesse bilden und dass die Konzeption des Metaphorischen nicht nur auf die äußere Sprache bzw. die bloße syntaktisch-grammatische Gestalt beschränkt werden kann, zu greifen: Selbst wenn man nicht schlechthin Metaphern

59 Kosslyn benutzt (zit. n. MacCormac 1988, 94) sogar das geistige Auge metaphorisch als eine »Bildröhre«: MacCormac fragt: »Kann man eine Metapher benutzen, um einen Prozess zu beschreiben, auf dem die Gestaltung vieler Metaphern beruht?« (ebd. 94). Theorien über Metaphern seien oft metaphorisch und auf Verwendung von Metaphern angewiesen, aber dies bedeute nicht, dass aller Sprachgebrauch metaphorisch sei (1985, 56).

im engeren Sinne mit diesen kreativen Prozessen der multiassoziativen und tiefenpsychischen Prozesse identifizieren will, sondern zum Beispiel einen neuen Ausdruck hierfür einführt – etwa Kreataphern (s. u. S. 280) –, ist die Auffassung kreativer kognitiver wie auch Vergleiche schaffender Aktivitäten im Sinne der Verbindung gewöhnlich unassoziierter Begriffe durch Gegenüberstellung und Feststellung synthetisierender bzw. Ähnlichkeiten und Unähnlichkeiten feststellender Vergleichszüge, Eigenschaften, Erfahrungsweisen usw. offensichtlich notwendig zur dynamischen Entwicklung neuer Perspektiven in der kreativen Aktivität und Erkenntnis jeglicher Art. Statt des »metaphorischen Bewusstseins« des Jonathan Cohen könnte man spezifischer für kreative Menschen und Einstellungen geradezu von einem »*kreataphorischen Bewusstsein*« sprechen, einem Bewusstsein und einer lebendig-dynamischen Tendenz, stets neue spannungserzeugende Metaphern (Reflektaphern also, nach Briggs/Peat 1993) als Vehikel des Kreativen zu verwenden und zu sehen: Die ins Neue weiterführenden kreativen Metaphern sind kreative Reflektaphern und als solche eben *Kreataphern*, wie ich sagen möchte (vgl. S. 219, 260, Anm. 56, 280 f; 263 ff., 336).

Es wäre natürlich eine interessante Aufgabe, die mentalen und psychischen Funktionen der Kreataphern, der kreativen Metaphern und Reflektaphern bei kreativer Tätigkeit – sei es des Künstlers oder Dichters, sei es des Wissenschaftlers, sei es des kreativen philosophischen Denkers – zu erkunden. Hierzu gibt es bislang nur wenige Pionierstudien.

Der Psychologe Howard E. Gruber hat mit seiner Mitarbeiterin Sarah N. Davis (1988, 254 f.) versucht, eine vorläufige Zusammenstellung von Funktionsweisen der Metaphern bei kreativen Aktivitäten zu präsentieren. Die beiden Autoren verstehen Metaphern 1) »direkt als Modalität des Denkens«. 2) spielen Metaphern eine »synthetisierende Rolle«, wenn sie die Verbindung zwischen getrennten Bereichen herstellen. 3) erfüllen sie auch eine analytische Funktion, wenn zum Beispiel »eine komplexe Idee in ihre Komponenten aufgebrochen wird, deren jede durch unterschiedliche Metaphern ausgedrückt ist«. 4) »können Metaphern abstrakte Ideen konkretisieren«, können »sonst vage Ideen« verständlich (»schmackhaft«) machen. 5) können sie die abstrakte Idee beleuchten und erleuchten (»illuminate«), die

Komplexe verschiedener konkreter Erlebnisse bzw. Erfahrungen verbinden. 6) können sie »den Gegensatz (>mismatch<) zwischen der wörtlichen und den metaphorischen Formen einer Idee« charakterisieren bzw. hervorheben, und 7) können Metaphern, so schreiben auch Gruber und Davis, die leider MacCormacs Buch wie auch Peppers Werke nicht kennen, theoriebildend wirken, indem sie in Begründungsargumente eingehen. 8) vermögen Metaphern eine »expressive Funktion« auszuüben, etwa wenn eine andersartig ausgedrückte oder entwickelte Idee metaphorisch gefasst wird, zum Beispiel um sie leichter zu kommunizieren oder besonders zu betonen. 9) können Metaphern eine affektive Rolle spielen, wenn sie Gefühle, Emotionen evozieren, eine Vorstellung mit neuer erregender Kraft bzw. einem neuen Reiz »laden« können. 10) können sie neue Vorstellungen hervorbringen oder anregen und 11) als ein Mittel zur Überprüfung von Auffassungssystemen, Meinungen und Vermutungen dienen. 12) können Metaphern helfen – gerade in erkenntnistheoretischen philosophischen Zusammenhängen –, zu neuen Schichten und Perspektiven zu wechseln: Der »semantische Aufstieg« (Quine) ist ebenso wie der kreative interpretative Aufstieg, von dem oben die Rede war, metaphorisch ausgedrückt bzw. gewonnen und vermittelt. 13) Metaphern bilden Kristallisationskeime für die Konkretisierung flüssiger Gedankenströme und »wabernder Wolkenfetzen« von Vorstellungen zu einer feststellbaren, zu verfestigenden Verfassung; sie sind konkretisierende Identifikation. 14) gilt Entsprechendes für das Wiederaufgreifen, für die >retrieval<-Funktion beim Abrufen von Erinnerungen aus dem Langzeitgedächtnis.[60]

Gruber hat bereits in früheren Arbeiten und auch zusammen mit anderen neun solche Funktionen auf die Wissenschaftsgeschichte angewendet – insbesondere auf die Entstehung der Idee und Hypothese bzw. »Theorie« der Evolution bei Darwin. Dieser hat nach Gruber mindestens acht Hauptmetaphern zur Entwicklung und Darstellung seiner Evolutionstheorie verwendet: »Baum (Verzweigung), eine durcheinandergebrachte [geologische, H. L.] Schicht (»tangled bank«), »Verkeilen«, Strampeln/Streit (»struggle«), Kunstgriff/List (»contrivance«) sowie

---

60 Bei Gruber und Davis werden nur neun Funktionen der Metapher(n) erwähnt.

»künstliche und natürliche Selektion«. Gruber meint sicherlich zu Recht, dass die »Überbetonung der Metaphern, die forcierte Auftrennung (triage) in der Natur – Krieg, Streit und Auswahl« – allein genommen Darwins Denken »fehlerhaft darstellen« würde: Es sei »in seiner Theorie gerade das Wechselspiel zwischen den Kräften des explosiven Wachstums, der Variation und der Anreicherung auf der einen Seite und den Kräften der Selektion auf der anderen, welches das sich entwickelnde Panorama der organischen Natur erzeugt« (ebd., 255).

Hier ist also ein Beispiel dafür ausgearbeitet worden, wie die kreative Entwicklung einer wissenschaftlichen Idee vom Spiel mit Metaphern, genauer: spannungsvollen und dynamischen Reflektaphern, bestimmt und vorangetrieben wurde. Dies ist eine Funktion, die auch MacCormac hervorhebt (1985, 149): »Beim Schaffen neuer Metaphern ... werden irgendwie neue Verbindungen in einem neuronalen Prozess gebildet, indem Ausdrücke erzeugt werden, die den Status quo der Alltagssprache stören« – und auch der wissenschaftlichen und sonstigen Alltagsauffassung, muss man wohl hinzufügen. »Metaphern führen Veränderungen in den Weisen herbei, wie wir die Welt auffassen, und diese begrifflichen Veränderungen erzeugen häufig Änderungen der Art und Weise, wie wir in der Welt handeln« (ebd.). MacCormac exemplifiziert das am Übergang von der mechanistischen Weltbeschreibung zur relativistischen Auffassung und ferner zu einer evolutionären Epistemologie. Er behauptet, dass die Metapher »als eine kreative kognitive künstliche Einrichtung (device) eine besondere Rolle in einer evolutionären Erkenntnistheorie« und bei der Erklärung wie auch Weiterentwicklung jeglicher Entwicklungsprozesse darstellen könnte (ebd., 157).

Insgesamt dürfte deutlich geworden sein, dass die Entwicklung und Verwendung kreativer Metaphern in der Tat ein erklärendes, zumindest plausibel metaphorisch illustrierendes Licht auf die Entstehung und den Ablauf kreativer Prozesse bzw. auf die Auffassungsweisen kreativer Personen, seien sie Denker oder Künstler, werfen kann. Daher scheint mir in der Tat MacCormacs Ausdehnung der ursprünglich eigentlich nur sprachlich verstandenen Metapherntheorie auf eine allgemeinere Kreativitätstheorie des metaphorischen Vorstellens und Denkens richtig zu sein. Sie müsste auch auf das kreative Handeln ausgedehnt werden. Man sollte und könnte sie aber terminologisch von den enger linguistischen Konnotationen abtrennen, indem man etwa den Ausdruck »Metapher im engeren Sinne« im sprachlichen Bereich belässt und in der allgemeineren Konzeption einer Theorie der kreativen Prozesse – und zwar nicht nur der kognitiven, sondern auch der handelnden, schaffenden: poietischen im weiteren Sinne – etwa von *Kreataphern*, das heißt dynamischen, weiterführenden kreativen Reflektaphern der Vorstellungen bzw. der Einbildungskraft im Sinne Kants, spricht.

Zu Kants Kreativitätsphilosophie

Wir hatten uns im Vorangehenden mit der Kunst und neuartig gedeuteten ästhetischen Problemen der Reflektaphern, der Fraktale usw. befasst. Die Reflektaphern waren anregende, weil spannungsgeladene Metaphern, die nicht statisch sind, sondern die dynamisch wirken, weil bzw. indem sie »*unauflösliche Spannungen* zwischen den Ähnlichkeiten und Unterschieden« in ihren Bestandteilen aufweisen. MacCormac hat in seiner Theorie der Metapher von der Spannung zwischen Epimetaphern (»epiphors« nach Wheelwright 1962) oder Epitaphern bzw. Diataphern (»diaphors«) gesprochen, und er meinte damit die Ähnlichkeiten und Unähnlichkeiten in den Metaphern oder deren Teilaspekten, die durch Vergleiche ausgedrückt werden – Vergleiche können ja gerade auch *Un*ähnlichkeiten ergeben oder darstellen. Insgesamt handelt es sich wohl um eine Art von anregendem Spiel mit der Spannung, der Spannung zwischen entdeckten Ähnlichkeiten und aufscheinenden Unterschieden. Die Letzteren regen natürlich dazu an, die herkömmlichen Denkschemata zu variieren, zu verlassen, u. a. zu Feinheiten, Nuancen, weiteren ganz neuen Perspektiven, Schichten oder Bereichen vorzudringen. Es kann auch und wird zumeist so sein, dass »die Bestandteile einer ›*Reflektapher*‹«, also einer spannungserregenden Metapher, »sich gegenseitig reflektieren« (Briggs/Peat 1993, 303 f.). Das erinnert eigentlich an Kant, der ja meinte, dass auch die Einbildungskraft nicht nur von uns betätigt wird, indem »wir oft und gern« mit ihr »spielen«, sondern dass sie als Phantasie »ebenso oft und bisweilen sehr ungelegen auch mit uns spielt« (AA VII, 167). Wesentlich ist es insbesondere bei kreativen Menschen, dass eine besondere, zumal besonders feinfühlige Empfindsamkeit für besondere Nuancen gegeben sein muss. Das gilt natürlich sowohl für den Künstler als auch für den Wissenschaftler. Charakteristischerweise beispielsweise hatten die Impressionisten eine recht nuancierte, feinfühlige Fähigkeit, Lichtunterschiede und Nuancen, Schattenbildungen, Helligkeiten zu bemerken und zu »sehen« bzw. zu »interpretieren« und dann eben auch in einem Bild darzustellen.

Entsprechendes gilt natürlich auch für Wissenschafter. Wir haben Beispiele dafür bereits besprochen, zum Beispiel von Darwin, Poincaré bis hin zu Pasteur. Es handelt sich darum, dass man Nuancen wahrzunehmen vermag, die dann den Keim einer neuen Entwicklung darstellen. Das scheint eine Art von spielerischer Gedankentätigkeit zu sein: Wir pflegen mit Anregungen und Verallgemeinerungen oder dem Hin- und Herspringen zwischen gewissen Deutungen in einem Bereich und im anderen Bereich gleichsam zu spielen: Es gibt also – das ist selber eine Metapher! – ein Spiel der Vorstellungskräfte, der Intuitionen: ein Spiel der aktivierten und in einem Wechselspiel ablaufenden Vorstellungsfähigkeiten oder der »Einbildungskraft«, wie Kant sagt; und aus diesem Spiel entsteht ein dynamisches komplexes Gesamtgefüge von Ungewissheit, Staunen, Ganzheit und eben von plötzlichen, unter Umständen intuitiven neuen Einsichten, Aha-Erlebnissen. Es bilden sich dann, wenn man versucht, diese Feinheiten zu verstärken, in neue Umgebungen, anregende Bereiche zu tragen und die Kontextbeziehungen zu verzweigen und zu stabilisieren, Prozesse der Rückkoppelung: Man muss auf das bisher Erreichte achten und von da aus »weiterspinnen«. Diese Intuition und das Spiel der Intuitionen ist dabei keineswegs direkt linear, seriell, sondern kann unter Umständen sehr komplizierte Verzweigungs- und Schleifenstrukturen aufweisen.

Entscheidend ist, dass dabei Einbildungsfähigkeit, Phantasie, Einbildungskraft oder ein projektives Vorstellungsvermögen aktiv werden, eine Rolle spielen. Es war Immanuel Kant, der insbesondere in seiner *Kritik der Urteilskraft*, seiner dritten großen »Kritik«, versucht hat, das Spiel der Einbildungskraft mit den Gesetzmäßigkeiten der Wissenschaften bzw. den Erfordernissen des Verstandes zusammenzubringen, und zwar sowohl in der Betrachtung der Natur als auch bei der Ästhetik, also beim Geschmacksurteil, dem bewertenden Urteil in der Kunst, besonders dem Urteil über Schönheit. (Damals sah man Kunsttheorie allein unter dem Gesichtspunkt »Schönheit«. Das hat sich ja in diesem Jahrhundert entscheidend geändert.) Für Kant gilt nun, und dies ist in seiner *Anthropologie in pragmatischer Hinsicht* (AA VII, 167, § 28) geschildert: »die Einbildungskraft (*facultas imaginandi*)«,[61] die Imaginationsfähigkeit, »als ein Vermögen der An-

---

61 Im Original in lateinischer Schrift gesetzt, statt Fraktur, im Folgenden kursiv.

schauungen, auch ohne Gegenwart des Gegenstandes«, »ist entweder *produktiv*,[62] d. i. ein Vermögen der ursprünglichen Darstellung des letzteren«. Er nennt das *»exhibitio ordinaria«*, Originalherausstellung oder -darstellung, welche »vor der Erfahrung vorhergeht«, die also in gewisser Weise den Gegenstand, jedenfalls die Repräsentation des Gegenstandes, erzeugt; und diese »produktive«, *»dichtend[e]«*, Einbildungskraft unterscheidet er von der *»reproduktiv[en]«* Einbildungskraft, »der abgeleiteten, der derivativen, (*exhibitio derivativa*), welche eine vorher gehabte empirische Anschauung ins Gemüt zurückbringt«. »Reine Raumes- und Zeitanschauung gehören zur ersteren Darstellung; alle übrigen setzen empirische Anschauung voraus, welche, wenn sie mit dem *Begriffe* vom Gegenstand verbunden und also empirische Erkenntnis wird, *Erfahrung* heißt.« Erfahrung ist immer begrifflich zusammengesetzt auf verstandesgemäße Weise, durch vom Verstand beigebrachte und aktivierte kategorische Formen, ist *formierte* Anschauung. »Die Einbildungskraft, sofern sie auch unwillkürlich Einbildungen hervorbringt heißt *Phantasie*« (ebd., 167, § 28). Phantasie ist also die unwillkürliche, die nicht vom Geist absichtlich kontrollierbare und manipulierbare Fähigkeit, die das ungeplante Spiel der Phantasie und der Vorstellungskräfte, eben der Einbildungskraft, darstellt. »Wir spielen oft und gern mit der Einbildungskraft«, aber – wie erwähnt – »die Einbildungskraft (als Phantasie) spielt ebenso oft und bisweilen sehr ungelegen auch mit uns« (ebd., 175, § 31). Hier zeigt sich auch das, was ich anhand der Reflektaphern gesagt habe, dass es sich eben um ein wechselseitiges spannungsvolles Spiel der gegenseitigen Beeinflussung und rückgekoppelten Veränderung der Beziehungskomponenten bzw. Teilmetaphern und deren Bedeutungsfelder handelt. Kant meint zwar noch gut aristotelisch, dass ein Künstler eine körperliche Gestalt nur dann gleichsam handgreiflich darstellen kann, wenn er sie in der Einbildungskraft bereits vorher hergestellt hat. Doch ist diese alte aristotelische Idee heute natürlich in gewissem Sinne fragwürdig geworden. Ob man ein Kunstwerk tatsächlich schon in der Phantasie vorentworfen, »in der Einbildungskraft verfertigt haben« (ebd.) muss, schon in der Vorstellung (vollständig) »gegenwär-

---

62 Im Original gesperrt, im Folgenden kursiv wiedergegeben – wie auch weiterhin die in der vorigen Anm. erwähnten Hervorhebungen.

tig« haben muss, um es auszuführen, ist eine Frage, die heute sehr kontrovers beurteilt wird. Die oben erwähnten Stellungnahmen von Mozart und Beethoven sprechen natürlich dafür, aber etwa die heutige experimentelle Kunst geht zum Teil ganz andere Wege. (Man denke auch an den Zufallseinfluss bei der zum Teil fraktalischen Kunst Laramées, s. o. S. 260.)

Kant sagt, die produktive Einbildungskraft, die er auch »*dichtend*« nennt (ebd., 167), sei keineswegs »so *schöpferisch*, als man wohl vorgibt« (ebd., 178, § 32, s. auch ebd., 168, § 28). »Wir können uns für ein vernünftiges Wesen keine andere Gestalt als schicklich denken, als die Gestalt eines Menschen. Daher macht der Bildhauer oder Maler, wenn er einen Engel oder Gott verfertigt, jederzeit einen Menschen« (ebd., 178). »Jede andere Figur« ist für diesen also nicht als das vernünftige Wesen darstellbar. Und auch das ist natürlich problematisch: Es betont für Kant insbesondere die Notwendigkeit, dass die Einbildungskraft sozusagen ein *Material* haben, einen »*Stoff* von den Sinnen hernehmen« muss (ebd., 168), mit dem sie spielt und das sie dann dem Verstande vorlegen kann. (Man muss nebenbei bemerken: Alles das sind natürlich in gewissem Sinne selber beschreibende Metaphern; denn weder die Einbildungskraft noch der Verstand ist ein Aktionszentrum oder ein kleiner Homunkulus im Gehirn, der etwas tut, der selber *handelt*: Der Verstand ist ein erkenntnistheoretisches Interpretationskonstrukt, er *handelt* nicht, wie etwa eine Person handelt (vgl. Verf. 1993, 1998 a). Das sind Umschreibungen von Konstrukten, Aktivitätskonstrukten oder Konstrukten von Aktivitätsbereichen, die eigentlich nur erfunden worden sind, um Differenzierungen einzuführen und eine Erkenntnistheorie verzweigter Art aufstellen zu können.

Die Einbildungskraft unterlegt dem Verstande also einen Stoff, um den Begriffen desselben Inhalt zur Erkenntnis zu verschaffen, meint Kant. Das heißt, dieser Stoff kann empirisch nur aus der Anschauung kommen, also aus der Wahrnehmung, und er wird in der angeeigneten, wirklich gesehenen oder gehörten oder sinnlich tatsächlich im echten Sinne perzipierten oder bewusst apperzipierten Wahrnehmung dann gleichsam erst gestaltmäßig dargestellt, wobei der Verstand produktiv ist, durchaus unter bestimmten kategorialen Formen, den reinen Verstandesformen.

Die produktive Einbildungskraft, erkennt Kant, ist »empirisch in der Apprehension«, in der Aufnahme von Stoff; aber dabei kann es sich natürlich auch um inneres Material handeln, einen Stoff, der aus der Phantasie kommt, also der inneren Sinnlichkeit unterliegt und etwa der unwillkürlichen Einbildungskraft entspringt.

Zweitens, sagt er, ist die produktive Einbildungskraft unter Umständen auch »rein, aber sinnlich in Ansehung eines Gegenstandes der reinen sinnlichen Anschauung«. Es gibt also auch eine »reine« Einbildungskraft, das heißt für Kant eine erfahrungsunabhängige. Diese zweite, reine Einbildungskraft ist zwar auch sinnlich, auf sinnliche Darstellung ausgerichtet und auf ein Anschauungsvermögen gegründet, aber eben auf *reine* Intuition, »reine[63] sinnliche Anschauung«.

Kant glaubt, es gebe noch eine dritte Form der produktiven Einbildungskraft, und diese ist ähnlich wie beim Erkenntnisvermögen eine *transzendentale* Form. Das ist diejenige, welche die Formen der Präsentation eines Gegenstandes oder der Erfahrung »überhaupt« betrifft – eine Art, die von den beiden anderen Varianten vorausgesetzt wird. Sie ist die Fähigkeit, überhaupt eine formale Einheit der Erkenntnis der Produktionen der Einbildungskraft und dann auch derjenigen des Verstandes zustande bringen zu können: »Die reine Synthesis der Einbildungskraft ist der Grund der Möglichkeit der empirischen in der Apprehension, also auch der Wahrnehmung. Sie ist a priori möglich und bringt nichts als Gestalten hervor. Die transzendentale Synthesis der Einbildungskraft geht bloß auf die Einheit der Apperzeption

---

63 Eine solche ist für Kant zum Beispiel auch mathematische Intuition, die synthetisch-apriorische (erfahrungsunabhängige, aber gehaltvolle) Strukturen erfaßt. Reine Mathematik ist für Kant eben ein Bereich, der nur durch reine Anschauung zu erfassen ist und sich in synthetisch-apriorischen Aussagen darstellt. Es ist natürlich problematisch, ob das heutzutage vertreten werden kann, wie überhaupt seine These von der synthetischen Erkenntnis a priori, das heißt der gehaltvollen Erkenntnis von reiner und erfahrungsunabhängiger Art. Sind diese Erkenntnisse wie in der Mathematik tatsächlich in dem Sinne reine Erkenntnisse? Sie müssen es ja eigentlich sein, deswegen, weil sie Notwendigkeit haben. Aber sind sie gehaltvoll? Das ist sehr die Frage. Oder sind es nur konditionale Formzusammenhänge zwischen Operatoren, also Beziehungen zwischen begrifflichen Strukturen, die sich der Mensch selbst entworfen hat? Das ist die große Frage, die auch bis heute noch die Philosophie der Mathematik mit beschäftigt (vgl. zum Beispiel auch Verf. 1979, 110 ff., 118 ff.).

in der Synthesis des Mannigfaltigen überhaupt durch die Einbildungskraft. Dadurch wird ein Begriff vom Gegenstand überhaupt gedacht, nach den verschiedenen Arten der transzendentalen Synthesis. Die Synthesis selbst geschieht in der Zeit.« (Nachlass: *Lose Blätter* B12, N228, 312-351, zit. n. Eisler, *Kantlexikon*).

Das bedeutet: Die transzendentale Einbildungskraft, die produktive Einbildungskraft, ist so etwas wie eine formproduktive Interpretation dessen, was in dem Stoff vorliegt, bloß unter dem Gesichtspunkt formaler Einheit. Ähnliches ist dann entsprechend auch im ästhetischen Urteil zu finden – also hinsichtlich der Bewertungsaussage, was »schön« ist oder eben nicht. Nach Kant wird »im Geschmacksurteil die Einbildungskraft als »produktiv«, erfahrungsunabhängig und »selbsttätig (als Urheberin willkürlicher Formen möglicher Anschauungen)« aufgefasst. Die Urteilsfunktion besteht darin, dass formale Harmonie, Zweckmäßigkeit oder Gesichtspunkte des Formalen diskutiert, bewertet oder beurteilt werden. Dazu ist »*Urteilskraft*« notwendig. Die Urteilskraft ist also ein anderes Vermögen – eine Bewertungsfähigkeit, die Kant neben dem Verstand und der Vernunft einführt. Natürlich ist sie eine Unterform der Vernunft. Die Urteilskraft ist für Kant genauer die Fähigkeit, etwas Besonderes unter allgemeinen Gesichtspunkten zu sehen und einzuordnen. Er definiert die Urteilskraft in seiner *Kritik der Urteilskraft* in der Einleitung schon im IV. Abschnitt (AA V, 179):

»Urteilskraft überhaupt ist das Vermögen das Besondere als enthalten unter dem Allgemeinen zu denken. Ist das Allgemeine (die Regel, das Prinzip, das Gesetz) gegeben, so ist die Urteilskraft, welche das Besondere darunter subsumiert (auch wenn sie als transzendentale Urteilskraft *a priori* die Bedingungen angibt, welchen gemäß allein unter jenem Allgemeinen subsumiert werden kann), *bestimmend*.«

Die bestimmende Urteilskraft fungiert in der Weise, dass man etwas Besonderes unter einen allgemeinen Begriff unterordnet, sie ist also deduktiv, einordnend, klassifizierend.

Wenn umgekehrt das Besondere gegeben ist und die Einbildungskraft dann das Allgemeine dazu sucht – durch weitergreifendes Reflektieren könnte man sagen –, wenn man also induktiv vorgeht, dann ist die Urteilskraft für Kant bloß »*reflektierend*«. Er nennt das Vermögen die »reflektierende Urteilskraft«. Die bestimmende Urteilskraft »ist nur subsumierend« (ebd.), die reflektierende ist dagegen verallgemeinernd, induzierend; sie »bedarf also eines Prinzips«, das nicht aus der Erfahrung stammen kann, »weil es eben die Einheit aller empirischen Prinzipien unter ... höheren Prinzipien und also die Möglichkeit der systematischen Unterordnung derselben untereinander begründen soll« (ebd., 180). Man braucht ein transzendentales Prinzip, das die Suche nach gesetzlicher Allgemeinheit, die dort eine Rolle spielt, leiten kann und formale Einheit und Unterordnung erst ermöglicht.

In der Wissenschaftstheorie hat man heutzutage eine ähnliche Unterscheidung – seit Peirce übrigens schon –, nämlich nicht nur diejenige zwischen Deduktion und induktivem Vorgehen, sondern auch wenn etwas Besonderes und das zu Erklärende gegeben ist, man eine erklärende Hypothese sucht und diese Hypothese unter den bestimmten Randbedingungen zur Erklärung verwendet. Die Suche bzw. die Konzipierung der Hypothese nennt man nach Peirce ›Abduktion‹ oder ein abduktives Verfahren. So ähnlich könnte man sich auch die kantische reflektierende Urteilskraft vorstellen. Insbesondere bilden beide natürlich keine logischen Verfahren, sondern stellen allenfalls ein heuristisch-methodologisches Verfahren dar. Nach Kant ist das Prinzip, das man dazu braucht – insbesondere im ästhetischen Bereich –, jenes Prinzip, das ein Besonderes unter formalen Zweckmäßigkeits- oder Gesetzmäßigkeitsgesichtspunkten betrachtet – so als ob es einem Verstande gegeben und von diesem bearbeitet worden sei. Die Zweckmäßigkeit als bloß »formale«, die Zweckmäßigkeit der Form nach, meint er, ist das Prinzip der Urteilskraft, natürlich insbesondere der *reflektierenden* Urteilskraft, und diese betrachtet dann dasjenige, das dem Urteil – etwa dem Ästhetischen oder dem Urteil in Bezug auf die Naturorganisation (»Schönheit« der Naturformen) – unterliegt unter eben diesem Gesichtspunkt der formalen Zweckmäßigkeit. Die Natur ist für Kant so verfasst, *als ob* ein Verstand, ein Schöpfer sie so geschaffen hätte, und man kann als beobachtender und erlebender Mensch heuristisch-*subjektiv* die Prinzipien der Zweckmäßigkeit und der Gesetzmäßigkeit anwenden, ohne sie objektiv anwenden zu können. Die Zweckmäßigkeit der Natur ist also ein besonderer Begriff, sagt Kant, ein Begriff a priori, der lediglich in der reflektierenden Urteilskraft seinen Ursprung hat. Als Überschrift bekräftigt er sogar, »*Das Prinzip der formalen Zweckmä-*

ßigkeit ist ein transzendentales Prinzip der Urteilskraft«, weil es nämlich eigentlich nur die allgemeine (formal verfasste und zu erfassende) Bedingung für die subjektive Erkenntnis darstellt, wie wir Gegenstände der Natur wahrnehmen können, ohne irgendwelche objektiven Aussagen über die Gegenstände der Natur selber machen zu können und diese zu differenzieren. Das Letztere wäre dann ein unzulässiger metaphysischer Gebrauch.

Die Urteilskraft ist also das entscheidende Vermögen. Sie stellt sich dar als die *bestimmende*, die einfach subsumierende, unterordnende, oder als die *reflektierende*, die verallgemeinernde, welche vom Besonderen zum Allgemeinen überleitet. Das ist bei Kant der Stand der Diskussion. Aber wird dadurch das kreative Verfahren, das wir zu umschreiben versucht haben, überhaupt schon zureichend erfasst? Geht es hier eigentlich bloß um Verallgemeinerungen oder Subsumtionen? Offensichtlich nicht! Viel eher gilt, dass wir selbst die intellektuelle Gymnastik, von der wir im Zusammenhang mit der Kreativitätsforschung gesprochen haben, erst durch andere Verfahren erarbeiten, die weit über das Induzieren und Abduzieren hinausgehen (die in ihrer quasilogischen Form immer noch auf das subsumierende Erklären und dessen Vervollständigung ausgerichtet sind), das Übertragen auf andere Gebiete, auf andere Schichten, Perspektiven, Kombinations*bereiche*, die nicht nur deduktiv oder induktiv gegeben sind bzw. erarbeitet werden; das heißt also, das Konzept der Urteilskraft als dieses Vermögen, bloß unter Regeln zu subsumieren, insbesondere als Subsumtion des Besonderen unter das Allgemeine, ist bei Kant zu eng gesehen. (Bei ihm bleibt selbst die reflektierende Urteilskraft noch darauf bezogen, weil sie eben so sehr, zu sehr ans *Urteilen* im engeren Sinne des Erklärens bzw. Subsumierens gebunden ist.) Wir müssen dieses Vermögen daher ausweiten. Wir können das erweiterte durchaus auch als ein Vermögen der *Regel(unge)n* verstehen, ohne bloß zu subsumieren. Wir könnten also zum Beispiel sagen, die »Urteilskraft« in diesem weiteren Sinne ist ein methodisches Vermögen oder ein von Prinzipien der kreativen Produktion geleitetes Vermögen, das nicht nur deduktiv bestimmend oder induktiv reflektierend in diesem kantischen Sinne vorgeht, sondern »reflektierend« in einem viel allgemeineren Sinne ist. Zum Beispiel im Sinne der *Reflektapher* – also dergestalt, dass man Analogien, Vergleiche bildet, das Reflektieren als ein vagierendes, frei schwebendes, tentatives auf andere Gebiete überträgt und auf diese Weise – das ist ja weder Deduktion noch Induktion – neuartige Gesichtspunkte gewinnt bzw. erzeugt. Wir könnten also – in Erweiterung des kantischen Prinzips oder der kantischen Urteilskraft – von einer *reflektaphierenden* oder *reflektaphorischen* Urteilskraft (besser: Phantasiekonkretisierungskraft) sprechen, die diese Gesichtspunkte der freieren, nicht subsumtions*urteils*orientierten Kreativität viel stärker in den Vordergrund rückt. Es ist eigentümlich, dass die bisherige Diskussion des Kant'schen Ansatzes diese Problematik offenbar überhaupt noch nicht aufgeworfen hat, sondern ebenso einfach wie schlicht und unkritisch nur dieses deduktive subsumierende (»bestimmende«) und das induktive Prinzip für die reflektierende Urteilskraft angenommen hat.

Um noch etwas bei Kant zu bleiben, obwohl hier natürlich nicht seine umfassende Theorie der Urteilskraft nachgezeichnet werden kann: Er sagt, dass dieses Beurteilungsvermögen die Einbildungskraft und deren Produkte in gewissem Sinne unter Beurteilungsgesichtspunkte stellt – in der Weise, dass etwas als Gegenstand der Natur oder als Gegenstand des Geschmacksurteils, das heißt der Ästhetik oder der Schönheit,[64] unter den Gesichtspunkten der *Zweckmäßigkeit*, oder der *Form* nach, und zwar allein der Form nach, beurteilt wird. »Geschmack« ist »ein Beurteilungsvermögen eines Gegenstandes in Beziehung auf die freie *Gesetzmäßigkeit* der Einbildungskraft«, sagt Kant (AA V, 240, Allgemeine Anmerkung § 22). Das Geschmacksurteil bezieht sich also auf eine »Gesetzmäßigkeit der Einbildungskraft«, die gleichsam frei, »produktiv«, »selbsttätig« (als Urheberin willkürlicher Formen möglicher Anschauung eben) entwickelt wird, nicht bloß »reproduktiv« ist, sondern ein »freies Spiel« darstellt. Kant spricht explizit auch vom »freien Spiel«. Ähnlich wie beim Dichten, meint er (ebd., 240 f.), lässt sich wohl begreifen,

»dass der Gegenstand ihr [der Einbildungskraft, H. L.] gerade eine solche Form an die Hand geben könne, die eine Zusammensetzung des Mannig-

---

[64] »*Schön* ist, was ohne Begriff als Gegenstand eines *notwendigen* Wohlgefallens erkannt wird« (AA V, § 22, 240), das dem Seelenvermögen »Gefühle der Lust oder Unlust« – wenn auch eigeninteresselos – entspricht. Jedoch kann ein nicht selbstisches, »*unmittelbares*«, ein »*freies*«, »*intellektuelles Interesse*« an Schönheiten der Natur und der Kunst existieren (§ 42, ebd., 298 ff.), das angesichts der Naturschönheit gar quasi moralische Qualität annehmen würde.

faltigen enthält, wie sie die Einbildungskraft, wenn sie sich selbst frei überlassen wäre, in Einstimmung mit der *Verstandesgesetzmäßigkeit* überhaupt entwerfen würde. Allein dass die *Einbildungskraft* frei und doch *von selbst gesetzmäßig* [also gesetzesförmig, H. L.] sei, d. i. dass sie eine Autonomie bei sich führe, ist ein Widerspruch. Der Verstand allein gibt das Gesetz. Wenn aber die Einbildungskraft nach einem bestimmten Gesetze zu verfahren genötigt wird, so wird ihr Produkt der Form nach durch Begriffe bestimmt, wie es sein soll; aber alsdann ist das Wohlgefallen, wie oben gezeigt, nicht das am Schönen, sondern am Guten (der Vollkommenheit, allenfalls bloß der formalen), und das Urteil ist kein Urteil durch Geschmack. Es wird also eine Gesetzmäßigkeit [Gesetzesförmigkeit, H. L.] ohne Gesetz, und eine subjektive Übereinstimmung der Einbildungskraft zum Verstande, ohne eine objektive, da die Vorstellung auf einen bestimmten Begriff von einem Gegenstande bezogen wird, mit der freien Gesetzmäßigkeit des Verstandes (welche auch Zweckmäßigkeit ohne Zweck genannt worden) und mit der Eigentümlichkeit eines Geschmacksurteils allein zusammen bestehen können« (ebd., 241).

An anderen Stellen spricht Kant geradezu vom »freien Spiel der Vorstellungskräfte« bzw. vom *»freien Spiel* der Erkenntnisvermögen«, in dem die Einbildungskraft und der Verstand zusammenwirken (ebd., 217, § 9). »Die Regelmäßigkeit, die sich als Zwang ankündigt«, wie er schreibt (ebd., 242, § 24), müsse »so viel möglich vermieden« werden, obwohl dennoch der Form nach so etwas wie eine Art von Gestalt, Struktur, Form, Zweckmäßigkeit, Gesetzmäßigkeit auftritt. Man fühlt sich also durchaus ein wenig an moderne fraktale Ästhetik erinnert, wenn Kant sagt, dass in Absonderung von allem Zwange der Regel eben der Geschmack in Entwürfen der Einbildungskraft seine »größte Vollkommenheit« dann »zeigen« kann und dass das »Steif-Regelmäßige« vermieden wird, das nur »Langeweile macht« (ebd., 242 f.) In der Tat ist Kants Ästhetik besonders passend für die von ihm natürlich noch nicht vorausgesehene abstrakte Malerei!

An einer anderen, ganz zentralen Stelle (AA V, § 9) spricht Kant von den Erkenntniskräften, die in einem *freien Spiel* der Vorstellungskräfte tätig werden, wobei Einbildungskraft und Verstand zusammenwirken müssen:

»Nun gehören zu einer Vorstellung, wodurch ein Gegenstand gegeben wird, damit überhaupt daraus Erkenntnis werde, *Einbildungskraft* für die Zusammensetzung des Mannigfaltigen der Anschauung, und *Verstand* für die Einheit des Begriffs, der die Vorstellungen vereinigt. Dieser Zustand eines *freien Spiels* der Erkenntnisvermögen bei einer Vorstellung, wodurch ein Gegenstand gegeben wird, muss sich allgemein mitteilen lassen: weil Erkenntnis als Bestimmung des Objekts, womit gegebene Vorstellungen (in welchem Subjekt es auch sei) zusammen stimmen sollen, die einzige Vorstellungsart ist, die für jedermann gilt. Die subjektive allgemeine Mitteilbarkeit der Vorstellungsart in einem Geschmacksurteile, da sie, ohne einen bestimmten Begriff vorauszusetzen, stattfinden soll, kann nichts anders als der Gemütszustand in dem freien Spiele der Einbildungskraft und des Verstandes (sofern sie untereinander, wie es zu einem *Erkenntnisse überhaupt* erforderlich ist, zusammen stimmen) sein: indem wir uns bewusst sind, dass dieses zum Erkenntnis überhaupt schickliche subjektive Verhältnis ebensowohl für jedermann gelten und folglich allgemein mitteilbar sein müsse, als es eine jede bestimmte Erkenntnis ist, die doch immer auf jenem Verhältnis als subjektiver Bedingung beruht. Diese bloß subjektive (ästhetische) Beurteilung des Gegenstandes, oder der Vorstellung, wodurch er gegeben wird, geht nun vor der Lust an demselben vorher, und ist der Grund dieser Lust an der Harmonie der Erkenntnisvermögen ...« (ebd., 217 f.).

Das bedeutet: Im Grunde geht es nach Kant bei Geschmacksurteilen und ähnlich auch bei teleologischen Urteilen über eine Harmonie der Natur um strukturhafte Gesetzesförmigkeit, Harmoniegesetzesförmigkeit und formale Zweckmäßigkeit. »Schönheit«, so definiert Kant (ebd., 236, § 17), »ist Form der *Zweckmäßigkeit* eines Gegenstandes, sofern sie ohne *Vorstellung eines Zwecks* an ihm wahrgenommen wird«, denn »schön« ist nach Kant – so heißt es später (ebd. 240) –, was »ohne Begriff«, (quasi formal) »*notwendig*« subjektiv allgemeingültig mit »Wohlgefallen anerkannt wird«. Nach Kants berühmter Formel ist es ja das »interesselose Wohlgefallen«, welches das subjektive, bloß formal allgemeingültige ästhetische Urteil, das Schönheitsurteil, kennzeichnet. Da wird der Geschmack in Bezug auf die freie »Zweckmäßigkeit ohne Zweck«, die freie »Gesetzmäßigkeit ohne Gesetz« als Produkt der Einbildungskraft gesehen (ebd., 241): In diesem Sinne ist die Tätigkeit der Einbildungskraft einerseits »frei«, bloß dem freien Spiel der Vorstellungsvermögen und -kräfte unterworfen, befindet sich aber natürlich auch im Spiel mit dem Verstande, dem ordnenden Streben nach den Formen des Verstandes, der andererseits doch wiederum eine Art von Regelförmigkeit – eben »Gesetzmäßigkeit«, wie Kant sagt – aufdrängt, jedoch eine bloß formale Gesetzes*förmigkeit* ohne wirkliches Gesetz. Es ist, *als ob* die von der Einbildungskraft produzierten Gehalte vom Verstande wie in der Erkenntnis geformt sind; sie besitzen aber eben keine *objektive* Gültigkeit, sondern nur eine subjektive, obzwar quasi gesetzesförmige »Verbindlichkeit«.

Das ist *in nuce* eine Kurzform der Kant'schen Ästhetik, die sich besonders auf das Spiel der Einbildungskraft – insbesondere natürlich der produktiven, aber zum Teil auch der reproduktiven – bezieht und doch eine Art von bloß subjektiv-*formaler* Allgemeingültigkeit oder zumindest einen Anspruch auf allgemeine, wenngleich subjektive Akzeptanz erhebt. Das jedoch kann nur in der bloß *formalen* Harmonie oder »Zweckmäßigkeit ohne Zweck«, »Gesetzmäßigkeit ohne Gesetz«, also der Gesetzesförmigkeit, Zweckförmigkeit im *Formalen* geschehen. Ästhetische Urteile und Naturuerteile sind also in diesem Sinne *Form*urteile; sie beziehen sich auf Strukturen und Strukturzusammenhänge des Wohlgefallens, und sie werden von den Vorstellungskräften in einem »*freien Spiel*« erbracht, ohne dass ein »bestimmter Begriff« diese »auf eine besondere Erkenntnisregel« einschränkt (ebd., 217). Es ist also eine bloß formale Zweckmäßigkeit, die in diesem Spiel der Erkenntniskräfte die ästhetische interesselose, also nicht-egoistische »Lust«, das heißt ein Wohlgefallen, vermittelt, das eben das Ästhetische bedeutet. Und das ist im Grunde eine Auffassung der *spielerischen Repräsentation der kreativen Fähigkeiten*. Die »freie Kunst« sieht man nach Kant »so an, als ob sie nur als Spiel ... zweckmäßig ausfallen (gelingen) könne« (ebd., 304, § 43). Spielen ist nach Kant eine »Beschäftigung ..., die für sich selbst angenehm ist« (ebd.). Das Gesagte wird variiert in Bezug auf die Naturästhetik, auf den Umgang etwa mit dem Naturschönen, das bei Kant ja auch eine Spezialform des Ästhetischen darstellt, und schließlich dann auch beim Umgang mit dem Naturerleben, das man nicht nur unter ästhetischen Gesichtspunkten und etwa solchen des »Erhabenen«, sondern auch unter Gesichtspunkten der Ordnung der Welt sehen muss.

Das »Spiel«, das dabei stets eine große Rolle spielt, wird in diesem Zusammenhang natürlich allgemeiner aufgefasst. Es ist nicht nur das Spiel von Personen, das wir kennen, sondern eine Art von Weltkonstruktionsprinzip. Insbesondere stellt es ein Prinzip der Repräsentation dar, nämlich wie wir etwas erkennen, etwas entwickeln, etwas erleben – und es ist nach dieser Ansicht natürlich etwas besonders Schönes, besonders Angenehmes, besonders Menschliches.

Kreativspiele

Man kennt die berühmten *Ästhetischen Briefe* Schillers von 1793 und 1794, der sich ja philosophisch häufig an Kant angelehnt hat. Er sieht den Spieltrieb als den Trieb des Menschen an, der sich insbesondere auf »*lebende Gestalt*« richtet, ja im Grunde lebende Gestalt erst zu repräsentieren und vorzustellen in der Lage ist, und der »eine Gemeinschaft zwischen Formtrieb[65] und Stofftrieb« (1967, 127)[66] leistet, die in gewissem Sinne den Menschen besonders auszeichnet. Er meint ja im 15. Brief an den bekannten Stellen, »dass unter allen Zuständen des Menschen gerade das Spiel und *nur* das Spiel es ist, was ihn vollständig macht und seine doppelte Natur auf einmal entfaltet« (ebd., 129). »Durch das Ideal der Schönheit, welches die Vernunft aufstellt, ist auch das Ideal des Spieltriebes aufgegeben, das der Mensch in allen seinen Spielen vor Augen haben soll« (ebd., 130). »Man wird niemals irren«, schreibt Schiller (ebd.), »wenn man das Schönheitsideal eines Menschen auf dem nämlichen Wege sucht, auf dem er seinen Spieltrieb befriedigt.« Die berühmteste Formulierung ist natürlich: »Der Mensch soll mit der Schönheit *nur* spielen, und er soll *nur mit der Schönheit* spielen.« (Das ist natürlich etwas pointiert und extrem.) Dann schreibt er: »… um es endlich auf einmal herauszusagen, der Mensch spielt nur, wo er in voller Bedeutung des Worts Mensch ist, und *er ist nur da ganz Mensch, wo er spielt*« (ebd., 131). Schiller meint, das sei nicht nur – »längst schon« – in der Kunst so, sondern auch zum Teil in der Wissenschaft. Natürlich ist es problematisch, das Spielen als *das* (einzige) Charakteristikum des Menschen anzusehen. Junge Kätzchen sind ja nun einmal keine Menschen; sie spielen aber ziemlich viel. Das bedeutet: Das Spiel(en) ist zweifelsohne *ein* wichtiges Moment,

---

[65] Schiller bezieht das auch auf das Ästhetische, schreibt er doch (in den *Horen*): »Je nachdem sich der Spielstrieb entweder dem Sachtriebe oder dem Formtriebe nähert, wird auch das Schöne entweder mehr an das bloße Leben oder an die bloße Gestalt grenzen …« (1967, 130, Anm.).

[66] Etwas später heißt es (ebd., 131, Anm.): »der Spieltrieb soll nicht bloß Sachtrieb, und soll nicht bloß Formtrieb, sondern beides zugleich … sein«.

aber nicht ein eindeutig und allein kennzeichnendes, entscheidendes Element. Das Spiel ist sicherlich nötig für den Menschen, insbesondere für den kreativen Menschen, aber es ist wohl nicht hinreichend zu seiner Kennzeichnung *als* eines Menschen. Allenfalls ist es ein Teil von vielen Kennzeichnungen (s. o. S. 13 ff.), also ein notwendiger Bestandteil. *Ohne* Spiel, ohne sich überhaupt spielerisch zu verhalten, wird ein Mensch nicht Vollmensch, im Sinne des dem Idealismus vorschwebenden Vollkommenheitsideals, sein. Er wird verrohen und insofern kein eigentlicher, kein echter Mensch im vollen Sinne sein. Der echte Mensch muss eben auch spielen. Aber es ist natürlich nicht so, dass das Spiel allein ausreiche, um zum Beispiel den Menschen von allen höheren Tieren abzugrenzen.

Eine berühmte Theorie des Spiels und der Spiele der Menschen stammt von Caillois, der diese Fragen der Charakterisierung von Spielen in seinem Buch *Die Menschen und die Spiele. Maske und Rausch* (1958, dt. 1982) aufgegriffen hat. Er meint, dass die Spiele sich nach bestimmten differenzierten Merkmalen unterscheiden, die diese allgemein und natürlich auch das Kreative daran kennzeichnen. Callois benennt vier Dimensionen, die er mit treffenden lateinischen und griechischen Ausdrücken bezeichnet, welche besonders charakteristisch für bestimmte Spielmerkmale und Spielgattungen sind: »*agon*« zum Beispiel (griechisch = Wettkampf) ist eine Form des Spiels, die den geregelten Sportarten und Sportspielen gemäß ist – oder auch generell Wettbewerben, zum Beispiel wirtschaftlicher Konkurrenz. Examina fallen bei Callois ebenfalls unter »Agon«. Die zweite Art stellen die Spiele des Glücks, der Zufallschancen dar; folglich ist »*alea*«, der Würfel, hier das Signet. Die dritte Form sind die Verkleidungs- und Verstellungsspiele, »*mimicry*«; und die vierte Sorte ist der »Rausch«, also das Schweben, das »Schwindeligwerden« sozusagen, »*ilinx*« (dies bedeutet lat. »schweben«, »schwindeln«, »rauschhafter Zustand«).

Caillois hat versucht, alle Spielformen dieser Einteilung unterzuordnen und die Beziehungen zwischen *bestimmten* Formen von Spielen sodann nach dem Gesichtspunkt des mehr Spielerischen im lockeren Sinne (»*paidia*« = griech. Kinderspiel) oder des mehr geregelten Spiels (im Sinne von lat. »ludus«[67]) zu un-

---

67 Im Lateinischen gibt es noch den Begriff »lusus« (= Scherzen oder scherzhafte Spielerei).

terscheiden. Doch meines Erachtens reicht das alles nicht aus. Vielmehr gibt es zahlreiche Formen, die Verbindungen aus diesen Grundarten darstellen, und darüber hinaus auch ganz andere Aktivitätsformen, die durchaus auch genuin spielerisch oder gar Formen des Spiels sind und Merkmale von diesem haben, die aber nicht direkt unter die bisherigen Kategorien fallen. Man könnte fragen: Ist der Tanz, *saltatio*, oder sind Rhythmusspiele notwendigerweise rauschhaft? Caillois meint das, aber meines Erachtens muss das nicht so sein. Ordnungsorientierungsspiele und besonders Geschicklichkeitsspiele sind weder notwendig Wettkämpfe noch Zufall, noch Verkleidung, noch Rausch. Fähigkeiten, Geschicklichkeit könnte eher unter dem lateinischen Begriff(ssignet) *dexteritas* stehen. Viele nicht vorrangig wettkampforientierten Sportarten – und das sind meiner Ansicht nach die zukunftsträchtigsten (Sport-)Spiele (vgl. die New-Games-Bewegungen) – fallen zum Beispiel nicht unter *agon*. Neugierspiele (etwa unter *curiositas*) lassen sich auch nicht leicht in diese vier Kategorien einfügen. Nicht vergessen werden sollte eine Spielsorte, die für die meisten Menschen ganz besonders wichtig ist, die bei Caillois auch nicht erwähnt wird: das Liebesspiel. »Das Juwel der Spiele«, wie es die Hindus in Sanskrit nennen: Das Liebesspiel ist ja auch nicht schlicht unter Wettkampf, Zufall, bloße Verstellung oder Rausch einzuordnen, obwohl natürlich gewisse Verstellungen und rauschhafte Zustände gelegentlich dabei vorkommen.

Man kann weiterhin »Machtspiele« unter den Signa »*potestas*« oder »*potentia*« fassen, je nachdem, Bemächtigungsspiele des Sich-Durchsetzens, Herrschaftsspiele, könnten freilich auch nicht schlechthin unter »Wettkampf« figurieren. Wettkampf ist ein geregelter Wettbewerb. »Herrschaftsspiele« wären demgegenüber oft die ungeregelte oder die willkürlich Regeln setzende[68] Ausübung von und der Genuss am Umgang mit Macht. Dies kann ja unter Umständen »Spiel«qualitäten, vielleicht auch im Sinne einer bestimmen Abweichung, bekommen, fällt aber dann schon gar nicht unter *agon*.

Kreativspiele, im Sinne des *creare*, des Kreierens, Etwas-Neues-*Schaffens* (nicht nur des *Erkennens*), sind auch nicht in Cal-

---

[68] Wie heisst es doch so schön in einer Rasthütte an einer Interstate-Autobahn in Colorado: »Think of the Golden Rule: He who has the gold, makes the rule!«

lois' Aufstellung zu finden. Gerade das eigentlich Kreative, auch übrigens die Kreativspiele der Einbildungskraft à la Kant, ist hier nicht zu finden. Die Kreativspiele müssten also mit einem anderen Merkmal charakterisiert werden: »*creativitas*« ist allerdings kein klassischer Ausdruck im Lateinischen, sondern höchstens ein neuklassischer. »*Creans*«, das Kreierende, könnte man anführen – und das ist natürlich zu unterscheiden von dem, was geschaffen ist, dem *creatum*, darauf komme ich später nochmals im Zusammenhang mit Whitehead zurück.

Sind etwa Wittgensteinsche »*Sprachspiele*« oder Spiele der Schematisierung, wie wir sie uns gleichsam in unseren Vorstellungen machen, also *Schemaspiele*, wie ich das in Verallgemeinerung der Wittgenstein'schen Sprachspielkonzeption nenne, Kreativspiele? Oder repräsentieren sie wiederum eine weitere Form? Sie müssen ja nicht unbedingt kreativ, sondern können in der Regel äußerst konventionell sein. Wittgenstein sagt ja bekanntlich von seinem Ausdruck des »Spiels« (*Philosophische Untersuchungen*, § 71), dass dieser ein sehr vager Ausdruck sei, der offene Begrenzungen, verschwommene Ränder hat. Man kann sehr »vieles« als »Spiel« bezeichnen – und es gibt keinen einheitlichen, durchgehenden Zug, meint Wittgenstein (ebd.). Um zuletzt anzuschließen an das, was im vorangehenden Kapitel diskutiert wurde: Das Spiel an und mit den Grenzen des Chaos, der chaotischen Phänomene fehlt ebenfalls. Zum Beispiel gerade auch angesichts der Diskussion darüber, ob fraktale Computergrafiken ästhetischen Wert haben, ob sie Kunst darstellen oder ob sich große Kunst fraktal- und chaostheoretisch (vollständig) erfassen lässt. »Chaosspiele« oder »Selbstorganisationsspiele« in diesem Sinne, Spiele an den Grenzen des Chaotischen, gehören vielleicht zu den Ordnungsspielen, sicherlich zählen sie aber nicht zum »Wettkampf«, zu den »Zufallsspielen«, zur *mimicry* oder zum Rauschhaften; also auch das Spielen am Rande des Chaos oder mit den Übergängen zum Chaos oder aus dem Chaos müsste man eigentlich noch als eine eigene Spielart anfügen.

Das Spiel ist jedenfalls offensichtlich ein sehr *umfassendes* Phänomen im menschlichen Leben. Häufig wird die Idee auch so verallgemeinert, dass das Spiel fast zum umfassendsten Phänomen überhaupt wird. Das gilt zum Teil selbst für Naturwissenschaftler: So haben etwa Manfred Eigen und Ruthild Winkler in ihrem Buch *Das Spiel* (1975, 17) geschrieben: »Das Spiel ist ein

Naturphänomen, das von Anbeginn den Lauf der Welt gelenkt hat: die Gestaltung der Materie, ihre Organisation zu lebenden Strukturen wie auch das soziale Verhalten der Menschen« (i. O. kursiv).

Eigen und Winkler meinen: »Zufall und Regel sind die Elemente des Spiels«; und es sei »nicht der Mensch, der das Spiel erfand«, wohl aber war er es, der »das Spiel, nur das Spiel« betreibe, um zum »vollständigen Menschen« zu werden. (Hier zitieren sie Schiller, s. o. S. 293.) Wenn man das Erste behauptet, dann ist natürlich der Spielbegriff schon sehr weitgehend *verallgemeinert* worden; es sind dann gar nicht zwei oder mehrere Spieler, die gegeneinander spielen, sondern es handelt sich um ein prozessuales regelmäßiges, ja unter Umständen durchaus im ebenfalls erweiterten Sinne kreatives Sich-Entwickeln von Elementen in einem strukturierten Gesamtprozess oder in einem komplexen Prozesszusammenhang. Und das geht natürlich weit über das Spielen im üblichen Sinne hinaus. Selbst Huizinga, der die berühmte Monographie *Homo ludens* (dt. 1956) geschrieben hat und die Kultur als Tochter, als Abkömmling des Spiels ansah, und das Spielerische als das Grundlegende, bezog das Spiel natürlich nicht auf Naturkreationen und auf die Prozesse der Selbstorganisation in der Natur. Eigen und Winkler (1975, 88) aber meinen, dass alle Gestaltbildung in der Natur, in der anorganischen wie auch in der lebenden, organischen Natur, im Grunde diesem Spielprinzip folgt, wobei »Gestalt« »auf Ordnung in Raum und Zeit« beruhe. Sie unterscheiden im Wesentlichen zwei Formen (ebd., 116, 89 ff., 110 ff.): nämlich erstens die konservative Form der Morphogenese oder das konservative energie- und kräfteerhaltende sowie durch Gleichheit der Kräfte und Nicht-Energieverbrauch nach außen charakterisierte Prinzip der Gestaltbildung – und zweitens, mit Prigogine, das dissipative Prinzip, bei dem immer Energie zugeführt werden muss, damit eine dynamische Ordnung entsteht. Diese Prinzipien sind unterschiedlich; doch insbesondere für lebendige Strukturen oder für Kreatives im engeren Sinne stehen die dissipativen Formen der Gestaltbildung im Vordergrund. Hier gibt es eine Art von Abstammung, eine Art von Übersummenhaftigkeit und Übertragbarkeit (»Transponierbarkeit«) – das sind ja die Prinzipien der Gestaltpsychologen in Bezug auf Gestaltkriterien –, die eine entscheidende Rolle spielen und vermittelt werden durch einen Energiefluss bzw. Stoffwechsel, der überhaupt erst diese dynamischen, relativ stabilisierten Ordnungszustände, wie sie für das Lebendige charakteristisch sind, ermöglicht. Auch die dissipativen Strukturen, insbesondere am Lebendigen, »resultieren« – sagen Eigen und Winkler (ebd., 118) – »in Form räumlicher Muster – ähnlich wie stehende Wellen – aus der Überlagerung von Materietransport und synchronisierter, periodischer Umwandlung und sind als solche nicht in additiver Weise aus den Unterstrukturen zusammensetzbar«; sie sind »übersummenhaft«, also nicht mehr linear. Gestaltbildung erfordert die »Kooperativität« der Entwicklung verschiedener Komponenten und ihrer »statistischen bzw. dynamischen Wechselwirkungen« und meistens, insbesondere natürlich im dissipativen Modell, auch autokatalytische Faktoren, die den Prozess in Gang halten, verstärken und in gewisser Weise überhaupt erst ermöglichen. Es gibt eine Reihe von weiteren strukturellen Gemeinsamkeiten mit der konservativen Gestaltbildung, etwa beim Anorganischen und eben beim Dissipativen, aber auch die *Unterschiede* werden hervorgehoben. Diese sind hier nur kurz zu nennen: In einem dissipativen Modell »entwickelt sich ein stationäres Muster, ohne dass die Materieteilchen reproduzierbar im Raum fixiert sind«. »Die dissipative Form ist im Gegensatz zum konservativen Modell nicht allein durch die zwischen den materiellen Trägern wirksamen Wechselwirkungen bestimmt, sondern wird entscheidend von Randbedingungen, Begrenzungen des Systems beeinflusst«, steht stets in Wechselwirkungen mit bzw. ist von anderen Umgebungssystemen abhängig usw. Dann das Entscheidende: Eine ständige Zufuhr von Energie ist nötig, die die Energieverluste durch »die ständige Dissipation von Energie« ausgleicht, welche zur Aufrechterhaltung des Stoffwechsels des Systems, seines »Metabolismus«, und auch der relativ stabilisierten Formen der Gestalten notwendig sind. – Zwar »verfügen« »konservative Strukturen ... über einen höheren Grad an ›absoluter‹ (das heißt von Nebenbedingungen unabhängiger) Stabilität, Reversibilität und Superponierbarkeit«, also Überlagerbarkeit, aber »dissipative Muster können wegen ihrer Abhängigkeit von den Nebenbedingungen nicht unbeschränkt kombiniert bzw. einander überlagert werden« (ebd., 119). Mit anderen Worten: Es ist also ein Muster, das geordnete, lebendige Strukturen in ihrer Entwicklungs- und Erhaltungsdynamik und in der relativen Stabilisierung ihrer Formen als eine Art von Spiel zu erfassen sucht, insbesondere auch im zeitlichen Ablauf, zum Beispiel in der Generationen- und Artenbildung, deren Abwechslung und Veränderung usw. Es ist eine Art von natürlichem »Spiel« mit einfachen Grundelementen, die dann unter bestimmten Gesichtspunkten selektiert werden, im Darwinismus, aber nach Eigen auch schon auf der elementaren molekularen und prämolekularen Ebene. Symmetrie spielt dabei stets eine große Rolle; diese ist allerdings auch erst ein *nachträgliches* Produkt der Selektion und keineswegs von dieser vorausgesetzt. Das Gleiche gilt freilich (ebd., 151) für *»viele symmetrische Strukturen in der Biologie«*, die *»ihren Vorteil effizienter zur Bildung zur Geltung bringen konnten«*, weil sie sozusagen als symmetrische *»die Selektionskonkurrenz gewannen«* oder Symmetrie ausbildeten. Die Funktionalität ist also das Entscheidende und nicht die zugrunde gelegte Symmetrie. Diese These gilt sicherlich nicht gleichermaßen für die rein physikalische Grundlage der Weltformierung. Bei den Elementarteilchen dürfte sich die Sachlage anders darstellen.

Von Eigen und Winkler wird also eine Idee eingebracht, die das »Spiel« in einem sehr erweiterten Sinne als das Grundprinzip der Kreation von lebendigen Formen ansieht – fast in dem goetheschen Sinne: »geprägte Form, die lebend sich entwickelt«: spielerische Kreationen als Produkte des Selektionsprinzips auf einer sehr verallgemeinerten Stufe.

Meines Erachtens muss man hier aber differenzierte Unterscheidungen vornehmen. Das Spiel zwischen unmittelbaren, bewussten menschlichen oder auch höheren tierischen Partnern ist etwas anderes als dieses »Spiel« der Elemente in einem dissipativen, dynamischen System. Entsprechend steht es mit der Kreation als Selektion – und auch mit dem Begriff der Kreativität. Darauf komme ich noch zu sprechen. Beim Darwinismus, bei der darwinschen Selektion handelt es sich ja um eine Reproduktion und bei den Arten, wie Darwin sagte, um *»descent with modification by natural selection«*, also um Abstammung mit Abänderung durch natürliche »Zuchtwahl« oder Auswahl, eben um Selektion im spezifisch naturbiologischen Sinne. Dabei tritt die Variation oder Modifikation jeweils zufällig ein – man kann wohl kaum wirklich sagen, dass sie vom Zufall »gesteuert« wird; und deswegen könnte man hier auch eher von *»Zufallsselektion«*, von *»random modification«* o. ä. sprechen. Demgegenüber steht aber dann eine intentional-*produktive* strategische Kreation, die beispielsweise dem üblichen Begriff der »Kreativität« viel eher entspricht. Dabei findet nicht eine »*selection with random modification*« statt, sondern eine »*election with strategic modification*«, also eine Auswahl unter strategisch geplanten, intentionalen Variationen. Und diese Variantenerzeugung ist natürlich viel eher charakteristisch für die *künstlerische* Kreativität. Deswegen sollte man meiner Ansicht nach idealtypisch zwischen der *Zufallskreativität* im darwinistischen Sinne und einer *Designer-* oder *Designkreativität* unter diesen strategiegeleiteten Gesichtspunkten unterscheiden. Ich denke, es ist recht wichtig, die beiden Formen auseinander zu halten (s. a. u. S. 315). Die meisten Theoretiker, auch die Metaphysiker, welche die Kreativität als Grundprinzip der Weltentwicklung ansehen, wie beispielsweise Bergson und Whitehead, unterscheiden überhaupt nicht in dieser Richtung. Und dann wirft man natürlich viel zu leicht die unterschiedlichen Begriffe in einen großen Topf. Das gilt sowohl für den Begriff des »Spiels« als auch für die Begriffe »Selektion« oder »Entwicklung«, »Fortentwicklung« oder »Auswahl« und auch für den Begriff der »Kreativität« selber.

Kreative Naturdynamik

Einer der Philosophen, die besonders die Kreativität oder die schöpferische Entwicklung in den Mittelpunkt stellten, war Henri Bergson. Sein Buch *Schöpferische Entwicklung* (1907, dt. 1912) setzt den »Intellekt« und den »Instinkt« als die treibenden – und einander ergänzenden – Kräfte der schöpferischen Entwicklung voraus. Insbesondere gilt ihm als »natürlich« der Instinkt, der, seiner Meinung nach, insbesondere das Prinzip der organischen Entwicklung oder des organischen Entwicklungsdrangs ist. Der Instinkt ist »organisch«, während »der Intellekt alle Dinge mechanistisch behandelt« (ebd., 170), etwa nachmodelliert, manipuliert. Während der Instinkt, »der vollendete Instinkt das Vermögen der Anwendung, ja des Aufbaus organischer Werkzeuge« ist, ist »vollendeter Intellekt ... das Vermögen der Verfertigung und Benützung anorganischer Werkzeuge« (ebd., 145, i. O. gesperrt). Das bezieht Bergson natürlich auf den Werkzeuge herstellenden Menschen, den *homo faber*, insbesondere – das hat er von Franklin übernommen – auf den Werkzeuge zur Herstellung von Werkzeugen herstellenden[69] Menschen (ebd., 144).

Bergson identifiziert den Instinkt mit der »Sympathie«. Die Intuition sei, wie er meint, »der uninteressierte, der seiner selbst

---

[69] Das Werkzeugeherstellen ist ja für Franklin das Merkmal, das den Menschen (»*the tool making animal*«) auszeichnet – übrigens fälschlich, wie wir mittlerweile wissen; denn Schimpansen können das auch. Solche haben, wie kürzlich in der freien Wildbahn der Japaner Sukiyama festgestellt hat, durchaus die Fähigkeit, Werkzeuge zu benutzen, um Werkzeuge herzustellen, mit denen sie unterschiedliche Funktionen ausüben können. Zum Beispiel benutzen sie, um Termiten zu angeln, einen Stein, um einen entsprechend langen Stab, an der einen Seite spitz, an der anderen flach, zu einer ausufernden Bürste zurechtzuklopfen. So können sie mit der spitzen Seite bohren; und mit der flachen Seite holen sie die Insekten aus ihrem Bau heraus. Das heißt also, dieses angeblich kennzeichnende Merkmal des Menschen, dieses Anthropikon oder Anthropologikum ist allein nicht so ganz kennzeichnend (s. o. 20, 13 ff.), obwohl in der Tat, wenn wir an das Ausmaß der Verfeinerung von Werkzeugen denken, geradezu riesige Unterschiede zwischen Menschen und Schimpansen zu finden sind.

bewusst gewordene Instinkt«, der also gleichsam eine theoretische reflektierende Haltung einnimmt, fähig, »über seinen Gegenstand zu reflektieren und ihn ins Unendliche zu erweitern« (ebd., 181). Die Intuition ist gleichsam *die* Quelle des Schöpferischen. Sie vertrete »in jedem System, was wertvoller ist als das System« (ebd., 243). Bergson meint (ebd., 274), es sei die Aufgabe der Philosophie, all diese Verhältnisse und Erscheinungen des Intellekts letztlich wieder in die Intuition zurückzuholen. Alles dynamische Variieren und jede schöpferische Entwicklung wird für Bergson angetrieben vom *élan vital*, der »Lebensschwungkraft«, einem »Verlangen nach Schöpfung« (ebd., 255) oder dem eigentlichen kreativen Moment, das sich »der Materie« »bemächtigt«, diese strukturieren, durchwalten will. »Derart«, schreibt er, »erscheint das gesamte tierische und vegetabilische Leben seinem Wesen nach als eine Anstrengung, Energie aufzuhäufen, und diese dann in biegsame, umformbare Kanäle ausfließen zu lassen, an deren Endpunkt sie unendlich mannigfaltige Leistungen vollbringt. Dies ist es, was die *Lebensschwungkraft* beim Durchwalten der Materie auf einen Wurf durchsetzen möchte« (ebd., 258). Diese Lebensschwungkraft ist für ihn also der Motor, der allerdings sozusagen zirkulär gefordert wird – ähnlich wie die Erklärung der Müdigkeit eines Menschen durch die Schlafkraft bzw. -neigung, die *vis dormativa*. Natürlich ist auch die Erklärung der Vitalität eines Menschen oder des Schwunges durch die Hypostasierung einer Lebensschwungkraft nicht sehr informativ, sondern beruht auf einem Zirkelschluss. Aber Bergson glaubt (ebd., 265), der *élan vital* sei auch die Grundlage für den »Aufstieg zur Reflexion«. Denn es »ist ... das Bewusstsein – oder besser Überbewusstsein, das am Ursprung des Lebens steht«. Das »Bewusstsein, das selbst ein *Verlangen nach Schöpfung* ist«, ist allein jenes, das am Anfang von kreativen Aktivitäten, also von Schöpfungen, sei es der Natur, sei es des Menschen, steht. »Das gesamte Leben« ist für Bergson »eine ungeheure, von einem Zentrum her sich ausbreitende Woge, die fast auf ihrem ganzen Umkreis zum Stillstand kommt und sich in Pendelbewegungen an der Stelle umsetzt« (ebd., 270). Es ist also gleichsam ein ewiges Spiel zwischen Instinkt und Intellekt, zwischen Intuition und Intellekt im Kreativen, das Entwicklungen ermöglicht und vorantreibt. Und die Philosophie hat die »Anstrengung« zu machen, »den Intellekt in die Intuition zurückzunehmen« (ebd., 274). Diese Philosophie der schöpferischen Entwicklung beruft sich übrigens weitgehend auf Spencer, weniger auf Darwin.

Es ist leicht festzustellen, dass diese rein hypostasierende geisteswissenschaftliche Philosophie des *élan vital* oder der schöpferischen Entwicklung nicht viel erklärt, vordergründig bleibt und sich auf zu wenige charakteristische Merkmale oder Funktionen des Lebendigen bezieht, um eine überzeugende und umfassende Philosophie der Kreationen und des Kreativen sein zu können, obwohl viele Gesichtspunkte, die ich bereits diskutiert habe, hierin auch vorkommen.

Eine Philosophie, die ebenfalls stark metaphysisch ausgerichtet, sehr allgemein, allerdings auch recht spekulativ ist, ist die des berühmten Mathematikers und Logikers Alfred North Whitehead, der in seiner Prozessphilosophie der kreativen Prozesse die Kreativität geradezu als das ultimative Urprinzip der Weltgestaltung auffasst. Dieser Philosophie möchte ich mich im Folgenden etwas ausführlicher zuwenden.

Kreativität als Grundprozess bei Whitehead

Eine Kreativitätsphilosophie, die zwar etwas unorthodox im philosophischen Mainstream liegt – wie diejenige Bergsons oder eher noch die Nietzsches –, aber doch in diesem Jahrhundert beträchtlich weitergewirkt hat, ist die einheitliche Natur- und Erkenntnis- sowie Handlungsphilosophie von Alfred North Whitehead. Whitehead, ursprünglich Logiker und Mathematiker, hat sich später der Ontologie des Werdens und der Prozessphilosophie zugewendet, die er in mehreren Büchern vorstellte, beginnend mit *The Concept of Nature*, 1920. Es folgten zumal *Process and Reality*, 1929 (PR, dt. 1979), und *Adventures of Ideas*, 1933 (AI, dt. 1971). Sein Hauptwerk ist sicherlich *Process and Reality*, und darauf werde ich mich im Wesentlichen auch stützen. Es geht um die Entwicklung einer Philosophie der Kreativität, der schöpferischen Aktivität, des »Schöpferischen« (AI 331) – oder genauer: der Kreativitätszentren. Sie ist eine Philosophie, die in vielerlei Hinsicht anderen, traditionellen, klassischen philosophischen Entwürfen entgegengesetzt ist oder diese prozessualistisch variiert. Zum Beispiel denkt man bei Kreativitätszentren etwa an Leibniz' Monadentheorie: In der Tat ist Whiteheads Grundintuition auch eine Art von Monadentheorie, nur dass nicht wie bei Leibniz die Monaden in sich geschlossene Einheiten sind, die parallel zueinander und unabhängig voneinander in einer statisch prästabilierten Harmonie[70] die Welt zustande bringen, sondern es geht um eine Art von *dynamischem Prozess*zusammenhang *aller* Kreativitätszentren, die miteinander nicht nur korrelieren, sondern koproduzieren – koevolvieren und sich natürlich beeinflussen, miteinander wechselwirken – ganz im Gegensatz zu den Leibniz'schen Monaden. Man könnte hier also gleichsam von »Dynamomonaden« oder kurz »*Dynamonaden*« sprechen. Es ist jedoch auch eine Theorie, die sich von Nietzsches Philosophie der Wille-zur-Macht-Zentren unterscheidet. Bei Nietzsche herrscht ja die Grundidee, dass einzelne

---

70 Whitehead (ebd. 72 f.) spricht von einer »*subjektiven Harmonie*«, einer »prästabilierten Harmonie im Konkretisierungsprozess jedes einzelnen Subjekts«, also einer Prozessharmonie, die durchaus auch »antizipatorisches Empfinden« umfassen kann.

Aktivitätszentren immer versuchen, sich das Umgebende einzuverleiben, ihre Macht über dieses und möglichst alles auszudehnen. Die Entwicklung der Aktivität in der Welt ist im Wesentlichen der Drang zur Erweiterung der eigenen Macht, zur herrschenden Ausdehnung des Ich, zur Einverleibung oder auch nur symbolischen Einvernahme der Welt. Nietzsches Philosophie lebt vom quasi-darwinistischen Konkurrenzkampf. Das ist bei Whitehead ganz anders. Bei ihm läuft die Grundintuition eher harmonistisch darauf hinaus, dass durch eine Art von Zusammenspiel, von Kooperation der Zentren sich eine kreative oder auch stufenweise Synthese konkretisiert oder genauer: »konkresziert«.

Die Grundkategorie bei Whitehead ist die der *actual entities*, also der »wirklichen«, wirkenden »Einzelwesen«. »Die letzten Tatsachen« seien eben solche möglichen Einzelwesen, die »ineinandergreifende Erfahrungströpfchen« darstellen, Erlebniströpfchen oder die Einheiten der Aktivität, der Kreativität. Sein Hauptprinzip, das ontologische Prinzip, besagt: »Wo kein wirkliches Einzelwesen« ist, da ist auch keine Möglichkeit zu verstehen, zu erklären, »kein Grund«, keine Ursache, »*no reason*« (PR 58). (»*Reason*« wird hier offenbar in einem sehr weiten Sinne gebraucht.) Die *actual entities* haben, sind bzw. nehmen an den anderen *actual entities* teil. Sie »erfassen« diese, sie »reproduzieren« sich an den Charakteristika der anderen wirklichen Einzelwesen und weisen gleichsam ein vektorielles Gerichtetsein auf (ebd., 59). Das impliziert also auch so etwas wie Wahrnehmen und »Erfassen«.[71] »Gefühl«, Zwecksetzung, Wertung, Verursachung – alles das ist auch charakteristisch für die Reproduktion, für die kooperative, koevolutive, koreproduktive Tätigkeit der Kreativitätszentren. Daraus entsteht eine »werdende« Kombinationseinheit, eine Aktionseinheit, die sich *relativ* in einer bestimmten Zeit erhält, aber ständig wechselt und weiterentwickelt. Dieses »Erfassen« ist, wie Whitehead (ebd., 443) andeutet, eine Verallgemeinerung der humeschen Abhängigkeit von Sinnesdaten. Es ist aber auch etwas anderes als das »Cogito« bei Descartes, wo das Denken alles mit bedingt und bestimmt und

---

71 »Prehension« ist nur schwer zu übersetzen: »empfinden« wird in der deutschen Übersetzung verwendet. Doch ist auch das nicht sehr treffend, sondern es geht eher um ein *Er*fassen und *Um*fassen zugleich.

das Denken die Hauptlast der Aktivität, der Vernunftwesen jedenfalls, trägt. Bei Whitehead spielen also Gefühl, Erfahren, Leiden usw. wesentlich mit hinein. Er erweitert – sowohl gegenüber Hume als auch gegenüber Descartes – die traditionellen philosophischen Ansätze für das Erkenntnisgeschehen dahingehend, dass wirklich *physische* Erfassungen,[72] *physical prehensions,* in Zusammenhang mit der Aktivität dieser kreativen wirklichen Einzelwesen eine entscheidende Rolle spielen. Diese Einzelwesen sind also, wie gesagt, miteinander verbunden – eben auf diese Weise des wechselseitigen »Erfassens«, des Wechsel- und Zusammenwirkens, des Kooperierens, des Koevoluierens, des Zusammen*wachsens,* des sich »Konkretisierens« (ebd., 390 f.)[73] auf verschiedenen Stufen. Es geht also nicht nur um einen »Zusammenhang« im Sinne der Wechselabhängigkeiten oder Gemeinsamkeit, also um (ebd., 60; vgl. auch 69, 419 ff.) einen »*Nexus*«, von dem er auch redet, sozusagen eine *soziale* Verfassung aller Einzelwesen, die sich in hierarchischen und gegliederten Strukturen anordnen und darstellen, sondern es geht auch um eine *wachsende Komplexität* auf verschiedenen Stufen. Die Aufgabe der Philosophie besteht darin, meint Whitehead (ebd.), »das Hervorgehen der abstrakten« und der höheren Stufen aus den unteren, »konkreteren« Aktivitätsstufen zu entwickeln und gleichsam aus der Vielheit der Einzeltatsachen und der wirklichen Einzelwesen des Universums dann alle möglichen Strukturen, »zeitlosen Gegenstände, Aussagen« (einschließlich Wissenschaft, Theorien) und »Nexus« zu entwickeln (ebd., 410) sowie durch diese Konkreszierungsprozesse deutlich zu machen oder darauf zurückzuführen: »Die wahre philosophische Frage ist: wie kann eine konkrete Tatsache Einzelwesen hervorbringen, die ihr gegenüber abstrakt sind, an denen sie aber gleichwohl kraft ihrer eigenen Natur teilhat?« (ebd., 60).

Die Vergangenheitsentstehung jeweils ist die Fixierung des Fortschreitens oder der Aktivität. Eine Aktivität der Einzelwesen, wenn diese sich zusammentun, geht in die Vergangenheit

---

72 Auch »*begriffliches* Erfassen« »hybridisiert« mit physischem (PR 554; s. a. 500 ff., 484 ff.).

73 Was in der deutschen Fassung mit ›Konkretisierung‹ übersetzt wird, heißt beim Autor ›*concrescence*‹. Das Wort ist ein Kunstausdruck und heißt eigentlich ›zusammenwachsen‹. In welchem Sinne es gemeint ist, wird sogleich noch deutlicher werden.

über und ist damit dann verewigt, fixiert. Der Fortschritt führt dann zu, realisiert sich in neueren, komplexeren Einheiten eben durch diese »Konkretisierung« (oder »Konkreszierung«) auf einer höheren Schicht, und damit ist jeweils eine höhere Einheit entstanden, die Whitehead nun nicht nur »Subjekt« nennt, sondern sie hat auch gleichzeitig objektiven und »konkreszierenden« Charakter. Deswegen redet er von »Subjekt-Superjekt« (ebd., 76) – auch im Unterschied zur traditionellen, klassischen Philosophie. Er nennt kurz »Superjekte« (ebd., 175, 310, 406 u. a.) diejenigen entstehenden Einzelentitäten, welche die Subjekt- und Nexuseigenschaften in dieser Vereinigung jeweils verbinden.

Doch die Grundkategorie ist die der »*Kreativität*«. »Kreativität ist die Universalie der Universalien, die den elementaren Sachverhalt charakterisiert« (ebd., 62). Sie verbindet die verschiedenen Dinge, Tatsachen und anderen Einzelwesen letztlich und ständig weiterwirkend, fortschreitend[74] (ebd., 86) zu einer Einheit, zu einer komplexen Werde-Einheit:

74 Übrigens hat Whitehead den Begriff des kreativen Fortschreitens, *creative advance*, schon 1920 in seinem Buch *Concept of Nature* (1920, 178) so verwendet und auch als eine Verzweigungsstruktur – darauf komme ich noch zu sprechen – verstanden, die nicht einfach lineares Fortschreiten bedeutet. Er spricht da von einem nicht-seriellen Fortschreiten. In *Prozess und Realität* (PR 70) umschreibt er das in Entwicklungsphasen ablaufende »Konkreszieren« wie folgt: Er betont immer wieder, »dass diese Selbst-Bewirkung die reale innere Beschaffenheit eines wirklichen Einzelwesens ist. Sie macht seine ›Unmittelbarkeit‹ aus. Ein wirkliches Einzelwesen wird als das ›Subjekt‹ seiner eigenen Unmittelbarkeit bezeichnet […] Die Wirkungsweise eines wirklichen Einzelwesens in der Selbsterschaffung eines anderen ist seine ›Objektivierung‹ in diesem anderen. Die Wirkungsweise eines zeitlosen Gegenstandes in der Selbsterschaffung eines wirklichen Einzelwesens ist sein ›Eintreten‹ […] Die letzte Phase in dem Konkretisierungsprozess, der ein wirkliches Einzelwesen begründet, ist *ein* komplexes, vollständig bestimmtes Empfinden. Diese letzte Phase wird ›Erfüllung‹ genannt. Sie ist vollständig bestimmt (a) hinsichtlich ihrer Genese, (b) hinsichtlich ihrer objektiven Bedeutung für die transzendente Kreativität und (c) hinsichtlich ihres – positiven oder negativen – Erfassens jeder Einzelheit in ihrem Universum […] Jedes Element im Entstehungsprozess eines wirklichen Einzelwesens hat eine in sich folgerichtige Funktion für die abschließende Erfüllung, wie komplex diese Funktion auch immer sein mag […] In einem Konkre-

»Die Kreativität ist das Prinzip des *Neuen*. Ein wirkliches Ereignis ist ein neues Einzelwesen, das sich von jedem unter den vielen unterscheidet, die es vereinigt. Daher führt die ›Kreativität‹ etwas Neues in die Natur der vielen ein, die das Universum als trennendes verkörpern. Das kreative Fortschreiten ist die Anwendung dieses elementaren Prinzips der Kreativität auf jede neue Situation, die es hervorbringt« (ebd., 62).

Das »ultimative« – in der deutschen Übersetzung heißt es: »elementare« – »metaphysische Prinzip ist das Fortschreiten von der Getrenntheit zur Verbundenheit« (ebd., 62 f.). Das hatte ich ja schon angedeutet: Durch kreative Synthese, Konkreszenz, Zusammenwachsen, Vereinigung, durch Kooperation, Koevolution und Koreproduktion wird ein neues Einzelwesen höherer Stufe in Gestalt einer neuen Gemeinsamkeit erwachsen. Das Prinzip der Einzelwesen ist also das eines Werdensprozesses im Sinne einer kreativen Synthese, eines Zusammenwachsens im Sinne dieser »Konkreszenz«. Die formale Beschaffenheit der Einzelwesen gliedert sich in drei Phasen:

1. »die reaktive Phase« – Reaktion auf die anderen Einzelwesen;
2. »die ergänzende Phase« – das Einzelwesen arrondiert sich; und
3. »die Erfüllung«, wie Whitehead (ebd., 392) sagt, die »der Höhepunkt« ist, »der das Verschwinden aller Unbestimmtheit markiert«. Dieses bezeichnet das Übergehen eines untergeordneten Einzelwesens in die Fixierung der Vergangenheit, während das neue Einzelwesen entstanden ist.

Das Angedeutete könnte und müsste man natürlich im Einzelnen weiter ausführen, was hier nicht möglich ist. Das »Weitergeben« von Einzelwesen zu Einzelwesen, Übergeben der Formeinheit auf die höhere Stufe ist also ein Grundcharakteristikum der Kreativität für Whitehead: So »wird ›Weitergeben‹ zu Kreativität ...« Er führt das auf die Bedeutung des Wortes ›creare‹ im Lateinischen zurück, nämlich ›hervorbringen‹, ›erzeugen‹, ›produzieren‹, und meint, dass »kein Einzelwesen losgelöst vom

> tisierungsprozess findet eine Abfolge von Phasen statt, in denen erfasste Informationen früherer Phasen integriert werden. In diesen Integrationen tragen die ›Empfindungen‹ ihre ›subjektiven Formen‹ und ihre ›Daten‹ zu der Herausbildung neuer, umfassender Informationen bei, aber die ›negativ erfassten Informationen‹ bringen nur ihre ›subjektiven Formen‹ ein. Dieser Prozess dauert an, bis alle erfassten Informationen Bestandteile in der einen, bestimmten, umfassenden Erfüllung sind.

Begriff der Kreativität gedacht werden« kann (ebd., 393). Das ist die grundlegende Hauptaussage bezüglich der Grundkategorie ›Kreativität‹. Kreativität wird in der Tat als die letzte oder oberste aller Kategorien[75] verstanden. »Kreativität« kann demgemäß, meint Whitehead, »nicht definiert«, »nicht charakterisiert werden« (ebd., 80). Aber dennoch versucht er sie zu »de-finieren«, zu um-grenzen oder zu umschreiben, indem er sagt: »Das Wort ›Kreativität‹ drückt die Konzeption (»notion«) aus, dass jedes Ereignis ein Prozess ist, der in Neuheit resultiert« (AI, 303, übersetzt von H. L.). »Kreativität« drückt also die Vorstellung aus, dass jedes Ereignis ein Prozess ist, der zu Neuem führt, sich in Neuem und Neuartigem »konkresziert«, stets sich im Neuen realisiert: Indem immanente Kreativität oder Selbstkreativität bei dieser Entstehung des Neuen entscheidend sind, wird die Unterstellung eines seinerseits unveränderlichen transzendenten Schöpfers vermieden. Es gibt also keinen von der Welt getrennten Schöpfer der Kreativität, sondern diese ist eine Art von innerer Eigenschaft der evolvierenden Welt selber und der Zentren. Sie ist Selbst-Kreativität, immanente Kreativität. Deswegen entwickelte Whitehead auch eine eigene Theorie der Schöpfung und eines stets »werdenden« Gottes, die im Gegensatz zu der traditionellen christlichen Auffassung der Kreation steht, wie sie insbesondere in der thomistischen Philosophie vertreten wird. Kreativität ist für Whitehead nicht eine Relationsbeziehung zwischen einem Schöpfer und dem Kreierten; sie ist keine »*interne*«,[76] sondern eine »*extrinsische*« Beziehung. So meint Fetz, die

---

75 Ich werde allerdings zeigen, dass es sich eigentlich nicht um *Kategorien* handeln kann, sondern eher um eine Art von *Reflektaphern* – in dem Sinne, wie wir es bisher verstanden haben.

76 »Intern« heißt nach Fetz (1986, 214 f.), dass die Eigenschaft konstitutiv, essentiell, wesentlich ist – eben im »*Wesen*« eines entsprechenden Dinges, des kreierten Wesens, liegt. Man könnte vielleicht besser sagen: »intraessentiell«; der Gesichtspunkt oder die Eigenschaft ist intraessentiell im Gegensatz zu einer extraessentiellen oder, traditionell verstanden, akzidentellen, wenn etwas einem Ding äußerlich hinzukommt. »Extrinsisch« dagegen nennt Fetz die Beziehung zwischen Dingen, die einander »äußerlich« zukommen, wenn sie nachträglich wie begrifflich und wesensmäßig von unabhängigen Relata aufeinander bezogen werden. Dagegen sind »*intrinsisch*« diejenigen Beziehungen, bei denen die Relata zu den gleichen Dingen oder Realwesen gehören. Zum Beispiel sind die Farben der Flossen eines Fisches zwar

Originalität Whiteheads liege darin – und da ist sicherlich etwas Wahres daran –, dass er einen zugleich intrinsischen *und* internen (intraessentiellen) Schöpfungsbegriff habe – im Gegensatz zum traditionellen christlichen und thomistischen einen *extrinsischen* (einen äußeren Kreator annehmenden) Begriff der Schöpfung. Zweifellos gilt, dass Whitehead einerseits die traditionelle Auffassung des »*creatus*« gegenüber dem »*creans*« teilt, dass er sich aber andererseits geradezu im Wesentlichen auf ein »*semper creans*« ausrichtet, indem er das Kreieren in dem Sinne, wie die Kreativitätszentren dies leisten, als *eine interne und gleichzeitig intrinsische Relation* auffasst (1986, 215; i. O. nicht hervorgehoben). Es gibt keinen *externen* Schöpfer, sondern die Dinge oder wirklichen Einzelwesen erschaffen sich innerlich selbst und konstituieren sich gleichzeitig, und alles, was sie schaffen, ist als Geschaffenes, als Relat der Kreativitätsrelation innerlich auch aufeinander bezogen, kommt am selben Ding vor. Diese Auffassung der Selbstkreation, der sich selbst erschaffenden Kreaturen, der immanenten Kreativität der Selbstrealisierung (vgl. PR 69 f., 407 u. a.) in dieser Kreativitäts- und Konkreszensaktivität ist ganz anders als die Kreativitätsauffassung der Schöpfung aus dem Nichts durch Gott in der thomistischen Philosophie: »Die Kreativität ist keine äußere Instanz mit ihren eigenen jenseitigen Zielen«, es gibt keine externe Agentur, kein externes Handlungszentrum, das die Kreativität zustande bringt, sondern ein jedes aktuelles Einzelwesen realisiert, verursacht sich selbst, indem es sich selber kreiert. »Alle Einzelwesen teilen dieses Charakteristikum der Selbstverursachung mit Gott« (ebd., 406). Insofern werden Seinsprinzipien bei Whitehead als Prozess- und Kreativitätsprinzipien intrinsischer Art verstanden: »*Sein ist kreativ sein!*« ›Sein‹ bedeutet für Whitehead nach Hartshorne (zit. n. Fetz 1986, 218) das »Schöpferisch-Sein und am Schöpferisch-Sein« der anderen Einzelwesen »zu partizipieren« und zu schöpferischen Synthesen zu gelangen. »Damit ist das Universum ein kreatives Fortschreiten ins Neue« (ebd., 407). Ein Wesen kann aus »sich« selbst »heraus kreativ werden«, so schreibt Fetz (zit. n. ebd.,

> intrinsisch, aber extern zu den bestimmten »Schwimmeigenschaften«, während die Flossenform eine intrinsische und interne Beziehung zu den »Schwimmeigenschaften des Fisches« ist. Die Schwimmeigenschaften hängen definitiv vom Vorhandensein und der Funktionsweise der Flossen ab, aber nicht von der Farbe.

218); aber es gelte auch: »Nur weil ein Wesen aus sich heraus kreativ werden kann, darf ihm überhaupt ein Schöpferisch-Sein zugesprochen werden. Weil es aber in diesem Schöpferisch-Sein auf die andern angewiesen bleibt, ist seine Kreativität Partizipation an der Kreativität der andern.« Es ist die Vorstellung, dass Kreativität ein kooperativer, gleichsam ein sozialer Akt der Kreativitätszentren ist, der gleichzeitig Fortschritt erzeugt: eine Evolution und auch erst die ständige Erzeugung des Neuen. Immanente Kreativität erlaubt das »Sich-selber-Schaffen«, das Entstehen von ganz Neuem, das nicht nur Kombination des Alten ist. Deswegen spricht Whitehead ja auch von dem »*creative advance into novelty* (PR 222, dt. 407). Das ist in Kürze die Grundidee.

Man muss wohl sagen, dass, wie der Belgier van der Veken nachgewiesen hat, Whitehead den Begriff der Kreativität in unterschiedlichen Weisen gleichzeitig benutzt: Diese Konnotationen gehen ein wenig durcheinander, zum Beispiel auch die ontologische und die epistemologische Ebene. Erstens ist Kreativität, wie schon erwähnt, eine Aktivität, und zwar die zentrale Aktivität, die *»allesumgreifende Aktivität«* (Veken 1986, 202). (In *Science and the Modern World* spricht Whitehead (1925, 220, dt. 1945, 215) noch von »subtantial« oder »general activity« bzw. »substantieller Tätigkeit« oder »synthetischer«.) Die erste »Funktion« ist also, dass Kreativität eine »generelle Aktivität« ist. Zweitens gibt es eine »Funktion«, nach der »Kreativität«, genauer der *Begriff* der Kreativität gleichzeitig ein Prinzip der Begründung (*reasoning*) ist, ein »*Erklärungsprinzip*«, der »›Grund‹ für den Ursprung der endlichen aktuellen Entitäten« (ebd., 202) – »der elementare Begriff von allerhöchster Allgemeinheit, auf dem die Wirklichkeit basiert« (PR 80). Drittens ist Kreativität ständig »*aktiv*« (Veken 1986, 202). Viertens ist ihr Konzept die reine »Vorstellung der Aktivität, die auf der objektiven Unsterblichkeit der wirklichen Welt beruht« (PR 79 f.). Fünftens, »Kreativität ist etwas *Reales*«, etwas in der Welt Stattfindendes, es ist »*real wie wirkliche Geschehnisse*« (Veken 1986, 203),[77] eine effiziente Ursache, Ursache von anderen Ereignissen

---

77 In *Abenteuer der Ideen* (AI 331) »kennzeichnet« Whitehead als »›real‹ die wirkende schöpferische Aktivität«, in der »das Schöpferische« »die Aktualisierung« der »realen Potentialität« »bewirkt«, welche in der jeweiligen »Ausgangssituation« »als Faktor« enthalten ist, deren

oder Reaktionen, und hat dennoch erklärende Bedeutung. Das bezieht sich dann auch auf die zweite Funktion, hier ist es aber mehr epistemologisch gemeint. Die Beschreibung des kreativen Fortschritts in dieser jeweiligen kreativen Synthese der verschiedenen Kreativitätszentren ist letztlich dann eine Erklärung für die Aktivitäten und Entstehungsweisen in der Welt. Sechstens sagt van der Veken noch, Kreativität sei für Whitehead »Grund«, wobei dieser insbesondere versuche, die verschiedenen Erklärungsfunktionen in einer nicht ganz durchsichtigen Art zusammenzufassen. Schließlich müsste man siebentens wohl noch das sich selbst (re)produzierende »uranfängliche Superjekt der Kreativität« hinzunehmen, das Formprinzip, auf dessen Aktivität und Selbstfortgestaltung die Entwicklung des Kosmos und die »Abstimmung der Gemeinsamkeit von zeitlosen Gegenständen« basiert, »auf der die kreative Ordnung beruht« (PR 81).

Die ultimative Rolle der Kreativität oder des Kreativitätsbegriffs bei Whitehead ist umfassend und wird überall deutlich. Er betont ständig den »Selbsterschaffungsprozess«, die »Selbst-Gestaltung«, die Selbstschaffung (zum Beispiel PR 69 f.) der verschiedenen kreativen Zentren, die dann zu einem nichtseriellen kreativen Fortschreiten führen: Selbstverursachung ist eine Art von Überschreiten von jeweiligen Schichten und Stufen der Entwicklung, ist einprogrammierte Selbsttranszendenz der Kreativität, die sich in diesem Sinne jeweils dann ständig »werdend« realisiert und trotz Verursachung »inhärente Freiheit« im Universum erlaubt. Die Verursachung ist eben »Selbst-Verursachung« (PR 175). In diesem Sinne stellt sein Ansatz, (den er auch »organistische Philosophie« nennt) letztlich eine Umkehrung der Kant'schen Philosophie dar – insofern, als hier nicht mehr »die subjektiven Daten« die Erscheinungen der Welt erklären, »in« diese »übergehen« oder die Naturgesetze der Welt aufgeprägt werden, sondern umgekehrt: das objektive Geschehen, objektive Daten, seien es, die auf dem Wege über die Widerspiegelung in den aufnehmenden und sich in Gemeinsamkeit entwickelnden Kreativitätszentren, durch diese Relation des wechselseitigen »Erfassens«, in die »subjektive Erfüllung übergehen«. Es ist also nach Whitehead so, dass das Subjekt (besser »Subjekt-

»Aktivität« der »Grund« für das »Entstehen« von je neuen Erlebnisprozessen und Entwicklungen ist.

Superjekt«) jeweils in und aus der Welt als ein Subjekt-Objekt-Zusammenhang, als ein »Superjekt« entsteht. Dieser Selbsterschaffungsprozess ist von ganz besonderer Bedeutung und funktioniert umfassend – nicht nur auf der organischen Ebene – als Selbstgestaltung, Selbstverständnis, Selbstbewirkung, Selbsterklärung.

Whitehead bezieht hier sogar Gott selbst ein: Er meint, dass *Gott* selbst im Grunde durch die Kreativität »definiert« ist, sich ebenfalls entwickelt, »Folgenatur« besitzt (PR 174 u. a.). Er ist anwesend, wirkend, gegeben *in jedem kreativen Prozess*. *Gott* ist *das Kreative* in der Welt, das Schöpferische, das allem zu Grunde liegt. Das Göttliche ist die uranfängliche Prozess-Prinzip-»Substanz«, aber gleichzeitig auch dasjenige, das in jedem schöpferischen Prozess implizit anwesend ist:

»Die Funktion der Wirklichkeit besteht darin, die Kreativität zu charakterisieren, und Gott ist der zeitlose uranfängliche Charakter. Aber natürlich hat die ›Kreativität‹ keine Bedeutung ohne ihre Gebilde, ›Gott‹ hat keine Bedeutung ohne die Kreativität und die ›zeitlichen Gebilde‹, und diese wiederum sind bedeutungslos, abgesehen von der ›Kreativität‹ und von ›Gott‹« (PR 412).

Die einzelnen Kreativitätszentren haben die Möglichkeit, »Spontaneität« nicht nur weiterzutragen und sich selber damit zu dynamisieren und zu entwickeln, sondern verfügen auch über eine »Originalität der Entscheidung«, die zum Wesen »jedes realen Vorgangs gehört« (AI 451). Whitehead hatte in seinem frühen Buch *Science in the Modern World* den häufig zu findenden Trugschluss einer unangebrachten Konkretisierung (»*fallacy of misplaced concreteness*«) kritisiert (1949, 66), indem er (mit Blick auf Bergson) meinte, wir würden die Natur dadurch verzerren, dass wir die Dinge immer verräumlichen. Hier nun unterläuft ihm selbst ein Fehlschluss. »Originalität der Entscheidung« – Entscheidung kennen wir ja nur als *bewusste* Entscheidung; wenn wir eine solche allen Kreativitätszentren zuschreiben, dann bedeutet das doch wohl eine *fallacy of misplaced generalisation or abstractness*. Whitehead verwendet die Formulierung vielleicht eher als *Reflektapher* (s. o. S. 260, Anm. 56, 264).

Ich denke, dass damit der »dynamische« Ansatz, den Whitehead im Auge hat, im Wesentlichen geschildert ist. Man müsste natürlich zu kritischen Gesichtspunkten noch im Einzelnen Stellung nehmen. Das kann hier jedoch nicht detailliert geschehen.[78] Hier gilt es eher zu fragen, inwieweit solche Entwürfe für eine neuere Naturphilosophie der Kreativität und, allgemeiner, eine Philosophie der Kreativität generell übernommen werden könnten bzw. inwieweit sie »überholt« werden müssten, um nicht als gänzlich »überholt« zu gelten.

Es ist sicherlich richtig, dass man zwischen dem Prozess des bewussten Kreierens eines schöpferischen Aktes und der ständigen kreativen Entwicklung in der Natur, wie sie in den Objek-

[78] Kritisch ist u. a. insbesondere zu vermerken, dass Whitehead die verschiedenen Konnotationen seines Kreativitätsbegriffs bzw. die Ebenen zwischen Begriff und realem Bezeichneten terminologisch und systematisch durcheinander wirft. Erstens ist Kreativität ein Grundzug der Wirklichkeit, zum Zweiten eine Grundkategorie der Wirklichkeitsbeschreibung, zum Dritten ein epistemologisches Strukturkonzept, das naturphilosophisch bzw. metawissenschaftstheoretisch noch als ein Klärungsinstrument benutzt wird. Die ontologischen und epistemologischen Ebenen geraten hier geradezu vorsätzlich durcheinander. Dies kann ein sauberes, begrifflich differenzierendes Denken natürlich nicht zulassen. Die Projektionen bzw. Zuschreibungen von anthropomorphen Begriffen wie »entscheiden«, »wählen« usw. sind begriffliche, demgegenüber stellen prozessual-natürliche »Aktivität« und entsprechend »Kreativität« (»Schöpferisches«) natürlich etwas ganz anderes dar. Es kann selbstredend für philosophisch-analytische Präzisionsansprüche der Methodologie und Terminologie nicht hingenommen werden, dass solche Ebenenverwechslungen, Konfundierungen von Prozessen und deren Beschreibungen, Verwechslungen von Begriffen und Prozessen vorkommen. Solches In-einen-Topf-Werfen führt zu einem – von Whitehead zwar wohl bewusst insinuierten, aber nichtsdestoweniger – trugschlüssigen »Doppelcharakter« des Aktes und der Aktivität des Schöpferischen, des »nicht-zeitlichen Aktes allumfassender, ungefesselter Wertung« (PR 80), welche »zugleich ein Produkt der Kreativität und deren Bedingung« ist. Einerseits geht es um die grundlegende Erfassung prozessualer Grundphänomene durch Verwendung von sprachlichen – und das heißt immer künstlich kristallisierenden, verfestigenden und ihrerseits konventionell fixierten Begriffen –, andererseits um die uralte Problematik der heraklitischen Einsicht des Werdens und Gewordenseins von allem im Gegensatz zur Seinsauffassung der Eleaten. Das Problem, das Platon bewegte, lässt auch Whitehead und alles Philosophieren über natürliches Werden und Sein nicht los. Insofern meinte Whitehead wohl mit einem gewissen Recht in einer sehr bekannt gewordenen Bemerkung, die abendländische Philosophie bestehe nur aus einigen Fußnoten zu Platon.

ten und Dingen, die wir vorfinden, gesehen werden kann, unterscheiden muss. Das Letztere ist allenfalls ein Kreieren im erweiterten Sinne. Es handelt sich um eine erweiterte Begriffsverwendung, wie auch Kanitscheider (1994, 28; 1993, 206 f.) insbesondere in seinem Buch *Von der mechanistischen Welt zum kreativen Universum* (1993, 7) meint: Der Begriff »Kreativität« stamme zwar aus der Psychologie, aber er werde im naturphilosophischen Zusammenhang mit »einer Bedeutungsverschiebung« angewendet, weil dabei die »absichtliche Planung fehlt«. Das gilt sicherlich auch in Bezug auf die weitere »prozesshafte« Verwendung des Ausdrucks und Begriffs bei Whitehead, jedenfalls für die Anwendung des Kreativitätsbegriffs auf Naturprozesse. Jedoch ist diese Feststellung meines Erachtens noch nicht ausreichend oder nicht ganz zutreffend; denn ich denke, dass man eher – wie oben bereits erwähnt (s. S. 300) – zwischen »Kreativität als Zufallskreativität« im Sinne einer biologischen oder biologieanalogen *Selektion* und der Kreativität als Design-Kreativität im Sinne einer bewussten, geplanten oder zielorientierten beziehungsweise gar zweckorientierten *Elektion* unterscheiden müsste und dass beiderlei Arten von Prozessualitäten auf diese Weise einander gegenübergestellt werden könnten oder miteinander verglichen werden könnten. Auch dann kann man im weiteren Sinne durchaus sagen, dass im ersten Sinne der zufallsgenerierten Kreativitätsprozesse von einer »kreativen Natur« und einem »kreativen Universum« (Kanitscheider) gesprochen werden kann. Aber ich denke, es handelt sich hier nicht bloß um eine Bedeutungsverschiebung, sondern man kann die Rede von »Kreativität« hier verstehen als eine Reflektapher. Wir hatten die Reflektapher mit Briggs als eine Metapher oder ein schöpferisches Mittel der Darstellung definiert, das seine Wirkung daraus bezieht, dass im Betrachter/Zuhörer eine »unauflösliche Spannung« zwischen Ähnlichkeiten und Unterschieden der Bestandteile entsteht. Dadurch versetzt ihn die Reflektapher in einen Zustand von neugieriger Spannung, Zweifel und Ungewissheit, bereit zur Wahrnehmung von Nuancen, insbesondere neuen Nuancen. Es handelt sich also um ein anregendes Spiel mit der Spannung, ein *Kreativspiel*. Briggs hat ja besonders betont, dass die Bestandteile einer Reflektapher sich *gegenseitig* »reflektieren«, besser: spiegeln oder sich wechselseitig fordern bzw. ergänzen.

Bei Whitehead nun hat das den Anstrich, dass Gegenstände Kreationsprodukte sind, Ergebnisse von kreativen Prozessen, die im Grunde jeweils nur Phasenergebnisse der konkreszierenden Entwicklung sind. (Man könnte bei den Produkten der Kreation vielleicht von »*Kreaten*« sprechen.) Sie sind freilich nur zeitweilig als fixierte herausgehoben – und als solche in die Vergangenheit »verfestigt«; sie sind Prozess(zwischen)ergebnisse des superjektsystemischen Konkreszierungsvorgangs. Man kann das aber durchaus so auffassen, dass Whitehead *reflektaphorisch* zwischen den beiden erwähnten Bedeutungen der Kreativität hin- und herspielt, indem er einerseits die Entstehung der Naturprodukte und -gestalten als kreative Produkte auffasst, andererseits die Entstehung von Kreativität im Menschlichen als eine Art natürlicher Entwicklung auf dieser selben Basis der kooperierenden kreativen Synthesen, des kreativen Fortschreitens der symbolisch und psychisch (v)erfassten Subsysteme des jeweils sich entwickelnden Superjekts versteht. Das ist auch angesichts neuerer Ergebnisse der Hirnforschung verständlich, über die oszillatorische Etablierung und das Miteinandereinschwingen von Neuronenassemblies (vgl. Singer 1990; Engel/König/Singer 1993; Lenk, *Schemaspiele*, 1995, 29 ff.). Aber der Vorgang kann nur dann funktionieren, wenn beispielsweise nicht der Akteur, der denkende Mensch allein der Schöpfer seiner Gedanken ist, sondern wenn eine unbewusste Selbstorganisation quasi naturkreativer Art stattfindet. Wenn das der Fall ist – und es scheint sehr viel dafür zu sprechen –, dann lässt sich die Reflektapher auch nutzen. Man kann dann in beiderlei Sinn von einer Prozessualität sprechen und muss trotzdem versuchen, nach Möglichkeit zu differenzieren.

Die Naturkreate sind also nach Whitehead immer selbst in kreativer Entwicklung, sie »konkreszieren« und »kreatisieren« sich und die sich entwickelnden höherstufigen Superjekte weiter; sie haben nur einen zufälligen und zeitweiligen Stand aus dem Blickwinkel des statisch sich heraushebenden Beobachters. Man könnte fast sagen, sie »kreatistieren«, weil sie relativ sistierte »Kreate« herausprofilieren und in die Vergangenheit fixieren. (Das Vergangene ist sozusagen in die ›Absolutheit‹, in das Losgelöstsein vom aktualen Prozessgeschehen, entlassen.) Fundamental ist eigentlich nur das *Prozessuale jedes Kreierens* und »Kreats«. *Sein* »*Werden*« *ist sein* »*Sein*« *allein; sein* »*Sein*« *ist rein sein Werden.* Das ist das Entscheidende bei Whitehead. Er benutzt offensichtlich die Kreativität, obwohl er sagt, es sei die »ultimative«, letzte (oberste oder »elementare«, je nachdem) Kategorie, eigentlich wohl als *Reflektapher*, als eine spannungserzeugende Metapher, die neben den Ähnlichkeiten auch die Unähnlichkeiten und Abweichungen zwischen den beiden Arten von Kreativität, Natur- oder Zufallskreativität, Designer- oder Strategiekreativität hervorhebt und zur ständigen weiteren Reflektionsanregung nutzt. Dasselbe gilt dann entsprechend für die anderen Einteilungen, zum Beispiel für die methodologisch unklare, aber in gewissem Sinne ebenfalls »kreative« (»kreataphorische«, s. S. 264, 336 ff.) Spannung zwischen einer ontologischen ungeplanten Naturkreativität gegenüber der Produkt-Design-Kreativität – und zwar sowohl im methodologischen Sinne als auch im evolutionslogischen Sinne. Die Naturkreativität wird durch den Erlebenden dadurch erfasst, dass er die Möglichkeit und die Fähigkeit eines kreativen Nacherlebens besitzt, quasi eine Nachschöpfung oder sekundäre Erzeugung vornimmt, indem er gleichsam das Prozessuale selbst unter filternder und phasentaktender Prozessualität wahrnimmt. »Kreativität« ist somit ein Reflexionsbegriff, der als spannungs- und entwicklungsanregende Reflektapher und zum Übergang auf höhere Organisations- und Repräsentationsebenen – als »Kreatapher«, wie ich sagen möchte – aufgefasst bzw. verwendet wird.

Natürlich müsste man Whiteheads Ansatz detaillierter vom Standpunkt einer interpretationistischen Methodologie und Philosophie (Verf. 1993) hinterfragen. Er liefert ja im Grunde eine Perspektive, die wir an die Natur *herantragen*, wenn wir sie unter dem Gesichtspunkt der miteinander kooperierenden und koevoluierenden, konkreszierenden Kreativitätszentren sehen. Mit anderen Worten: Man muss das nicht zu realistisch nehmen. Whitehead hat ein wenig zu naiv ontologisiert. Doch in Zeiten ökologischer Systemtheorien, angesichts der Vernetzungen von Ökosystemfaktoren ist das Konzept der Kreationszentren eine sehr anregende Grundidee. Sie stellt einen sehr fruchtbarer Ansatz dar, wenn man diesen als einen perspekt(iv)is(ti)schen *Deutungs*ansatz versteht. Kreativität ist als Reflektapher dann letztlich so etwas wie ein fruchtbares Interpretationskonstrukt.

Paul Weiss' Dynamis-Theorie der menschlichen Kreativität als Metaphysik des Herausragens

Ein unmittelbarer Schüler Whiteheads, nämlich der Metaphysiker Paul Weiss, hat sich sein Leben lang mit Aktualitäten und Grundfaktoren des Seins und der dynamischen Entwicklung befasst. Er hat 1992 unter dem Titel *Creative Ventures* eine Theorie der menschlichen Kreativität als einer Metaphysik des dynamischen Produzierens von Neuem auf der Basis von Vorstellungen Bergsons, Peirce' und des (nun auf das Arbeiten des Menschen beschränkten) Whitehead'schen Ansatzes entworfen, wobei aber aristotelische Potentialitäten dynamisiert und in Anspruch genommen werden, zugleich aber doch platonsche Ideale die bestimmenden Leitideen für die Differenzierung von kreativen Gebieten und deren Aktivitätsweisen abgeben. Weiss wählt einen ontologischen und zugleich dynamischen Ansatz, der sich von Whiteheads Grundidee der Kreativität als eines kosmischen Faktors dadurch unterscheidet, daß jetzt ein menschlicher Schaffender, ein »Kreator«, zu Grunde gelegt wird. Es handelt sich also um eine Theorie der *menschlichen* Kreativität und nicht um Kreativität der Natur oder des göttlichen Schöpfers.

Die Grundidee ist die folgende: »Ein kreatives Werk verwandelt prospektives Herausragen (*excellence*) in eine einzigartige Vereinigung einer Pluralität von getrennt erzeugten Teilen. Anfangs unbestimmt, wird der Ausblick (*prospect*) mehr und mehr bestimmt, bis er am Ende nicht mehr [vom Werk, H. L.] unterscheidbar ist« (Weiss 1992, 1). Der Akzent wird auf den kreativen Akt und die Individualität (bei Weiss *privacy* genannt) gesetzt, die auch durch maximale Freiheit der Entscheidungen, der Einstellungen und Verhaltensweisen gekennzeichnet ist, welche ganz neue Entwicklungen gestattet. Kreativität ist besonders charakterisiert durch die »Exzellenz«, das Herausragende und das einzigartig Neue, das der Kreator in seinem vollendeten Werk zu verwirklichen hofft, das allerdings in den früheren Stadien der Werkschaffung nur schwach und andeutungsweise (»faint«) sowie variierbar enthalten sein kann und erst gegen

Ende oder im Endstadium dann die entsprechende Charakterisierung (zum Beispiel der Schönheit in einem Kunstwerk) bestimmt, erlangt bzw. zu erkennen gestattet (ebd., 8, 34, 93). Die Qualitäten, die das Herausragen charakterisieren, sind also einerseits vorgreifend-prospektiv und durch einen entsprechenden Grundfaktor angelegt, kommen andererseits erst am Ende des Schaffungsprozesses oder des kreativen Aktes in Gestalt des geschaffenen Werks zum Ausdruck bzw. zu ihrer Bestimmtheit. Ein kreativer Akt bzw. ein kreatives Resultat oder Werk ist dementsprechend das Ergebnis einer fortschreitenden Differenzierung und eines ständig weitergreifenden Bestimmens, das nicht notwendig von einem finalen Konzept teleologisch gesteuert sein muss, das aber durch Antriebsfaktoren und letzte Bedingungen (»*ultimates*« oder »*conditions*«) sowie deren Wechselwirkungen wesentlich mit geprägt wird bzw. ist.

Weiss postuliert einen wesentlichen dynamischen Faktor bzw. einen primären pulsierenden »Grund« (ebd., 4 f. u. a., 311 ff.), der mit dem griechischen Wort »*dynamis*« (engl. »*dunamis*«) bezeichnet wird, jedoch keine rein theoretische bzw. logische Möglichkeit oder bloße Disposition zur zeitlichen Veränderung darstellt, sondern einen antreibenden und »pulsierenden« Faktor, der in Wechselwirkung mit fünf anderen Grundaktualitäten oder »Ultimata« (ebd., 5 ff.) bzw. Bedingungen zur Erzeugung von kreativen Werken, das heißt zur Initiierung und zum Ablauf von kreativen Akten, führt.

Die charakteristische Neuigkeit der Weiss'schen Kreativitätstheorie gegenüber herkömmlichen ist die notwendige und konstitutiv-interne Wechselwirkungsrelation beziehungsweise das Zusammenwirken der Dynamis mit den anderen Grundfaktoren oder »Ultimaten«, die erst zusammen die »prospektiven« Aspekte des »Herausragens« konstituieren und figurieren sowie fortschreitend bestimmend dokumentieren.

Die anderen ultimativen Faktoren sind »das Voluminöse« (ebd., 5 f.), besser: das extensiv Konkretisierte (wie zeitliche, räumliche und dingliche Ausprägung, ja, Auskonkretisierung, etwa eines Kunstwerks; ebd., 82 ff.), ferner »das Rationale«, das die Kreativität (etwa in den theoretisch-systematischen Formalwissenschaften, zumal in der Mathematik; 109 ff.) charakterisiert, das Schichtende (*the stratifier*; ebd., 174 ff.), das »Bindende« oder »Angliedernde« (*the affiliator*; ebd., 225 ff.) und das

Koordinierende (*the coordinator*; ebd., 282, 288 f., 299 ff.). Diese letzten drei Faktoren sind charakteristisch für kreative Akte, Prozesse und Resultate in der Ordnung und Einschätzung von Macht (einschließlich der Selbstbeherrschung, der Bildung eines hervorragenden Charakters – das gilt zumal für das »Schichtende«) wie für die kreative wechselseitige Unterstützung und Wechselbeziehung kreativer Führungspersönlichkeiten und bei der Schaffung von Staaten bzw. Gesellschaftsformationen (das Koordinatorische). Diese Faktoren sind also auf *soziale* Kreativität gerichtet, während die ersten eher auf *künstlerische* oder *intellektuelle* Kreationen zutreffen.

Die »Dynamis«, der in der Interaktion mit den genannten Letztfaktoren agierende Grundfaktor, ist zweifellos am charakteristischsten. Diesem Begriff wird auch ein ganzes Anhangskapitel (ebd., 311 ff.) in Weiss' Buch gewidmet. Die »Dynamis« selbst ist nicht nur (pro)pulsierender Grund und notwendiger Letztfaktor jeglicher schöpferischen Werkaktivität, jedes kreativen Schaffens, sondern zugleich der aktivierende Grundantrieb bzw. die energetische Grundkraft bzw. Disposition der auf Neuigkeit und (*prospektives*) Herausragen gerichteten Aktivität überhaupt. Die »Dynamis« ist ähnlich wie Bergsons *élan vital* das individuierende dynamische Prinzip, das »flüssig«-prozesshaft, unbegrenzt (»ozeanisch«), pulsierend und differenzierend in sich, selbstbezüglich und selbstbeharrend, sich selbst abschattend und differenzierend ist und die anderen Grundbedingungen sowie die Individualität (*privacy*) vermittelt. Sie zeigt Aspekte des Pulsierens und Vibrierens, der Beharrlichkeit, Synthese, Flexibilität, Angleichung und Verbindung; sie hat Tiefe und bedingt, dass Aufschichtungen (»Schicht über Schicht«) existieren, das heißt, dass je »eine intensivere und mehr als ihre Vorgängerschicht nach innen gerichtete Schicht fortschreitend unterschieden werden kann, während sie dennoch sich in ungetrennten Dimensionen einer einzigen pulsierenden ungeteilten Intensität fortsetzt« (ebd., 76, 311 ff.).

Ähnlich wie bei Whitehead und schon Bergson ergibt sich eine Unklarheit der Zuordnung: Die »Dynamis« ist offensichtlich nicht nur ein beschreibendes – oder besser: interpretatorisches – Konzept zum Verstehen von kreativen Akten, Prozessen und Resultaten (Werken), sondern zugleich ein *ontologischer*, antreibender Grundfaktor, ein »Ultimatum« der Realität, das in gewisser Weise Kreativität an sich nicht nur beschreiben soll, auch nicht naturwissenschaftlich erklären kann, sondern in einen Gesamtinteraktionszusammenhang setzt, der Kreativität erzeugt bzw. antreibt, ohne dass eine spezifische Zielorientierung detaillierte Bestimmung oder Determinierung bereits zu Anfang vorliegt: Bestimmtheit kann immer nur am Ende beurteilt werden, ergibt sich sozusagen nur im Rückblick, obwohl das kreative Geschehen grundsätzlich auf zunehmende Bestimmung bzw. Bestimmbarkeit im Prozess der Interaktion zwischen den ultimativen Faktoren ausgelegt ist, aber nicht in spezifischer Weise auf ein »determiniertes« Fixziel ausgerichtet ist. Offensichtlich sind in kreativen Prozessen Differenzierungsfaktoren wie bei der darwinistischen Evolution am Werk, obwohl diese von Weiss nicht in Anspruch genommen werden, wie es nahe gelegen hätte – im Anschluss an James und andere Theoretiker, besonders Psychologen der Kreativität, deren Ansätze bereits diskutiert wurden (s. o. S. 76 ff., 82 ff.). »Dynamis« wird als realer Faktor, als konkret wirkende Wirklichkeit verstanden (»Aktualität«, so nannte Weiss das in früheren Hauptwerken, jetzt spricht er nur von »*ultimate*«). Dieser Konzeptfaktor hat trotz seiner zugeschriebenen Fülle doch ein wenig den Geruch des Bergson'schen *élan vital* und birgt die Gefahr, zu tautologischen Zirkelerklärungen zu führen: Die »Dynamis« treibt als Antreibende und fortwährend Energisierende kreative Prozesse und Akte an, ist aber zugleich als das definiert, was das Bestimmung-Schaffende des kreativen Prozesses ist.

Können die prospektiven Exzellenzfaktoren, die in bestimmten Gebieten eben spezifischere Potentialitäten bzw. reale Möglichkeiten der Entwicklung darstellen, die nicht schon »determiniert« sind, aber doch generell als Leitorientierungen oder sozusagen Rahmenrichtlinien des dynamischen Prozesses dienen, diese Zirkularitätsgefahr bannen? Wichtig ist – und das wurde wohl zum Teil von Peirce, zum Teil von Whitehead übernommen –, dass es sich hier um *reale* Entwicklungsmöglichkeiten ohne deterministisch oder detailliert finalistische Ausrichtung handelt, die bei Weiss allerdings keine kosmische Teleologie voraussetzen, sondern eher als dynamische Dispositionen, eben als reale Möglichkeiten und Tendenzen aufgefasst werden. Auch hier wieder hätte es nahe gelegen, darwinistische Evolutionsgedanken heranzuziehen, was weder Weiss noch sein Kommentator Hausman, der die dynamische Struktur von kreativen Akten nachweist, analysiert und kommentiert, tun. Wie können bloße Dispositionen, die in keiner Weise vorbestimmt oder determiniert sind, ihrerseits real determinierend oder differenzierend wirken? Wie kann eine dynamische Antriebsstruktur Neues erzeugen, ohne in einer irgendwie vorausbestimmten Weise die Erzeugungen zu entwickeln bzw. zu determinieren? Es muss ein Begriff der emergenten Entwicklung bzw. des Auftretens von Neuem gefunden werden, der über den bloßen, eher als theoretischer Begriff auftauchenden Dispositionsansatz hinausgeht, ohne zu einer Reduktion des Kreativen auf rein Göttliches oder bloß Mechanisches hinauszulaufen. In der Tat soll das Weiss'sche System dazu führen, dass kreative Entwicklungen und Werke angemessen verstanden werden können (ebd., 2 f.), ohne im wissenschaftlichen Sinne erklärt oder auch bloß phänomenologisch oder phänomenal beschrieben zu werden und ohne auf göttliche Kräfte (göttliche Schöpfung oder den »göttlichen Wahn«, den Platon für den Schöpfer in Anspruch nimmt) oder auch auf einen mechanischen Prozess zurückgeführt zu werden.

Durch seine Einführung des Dynamis-Konzepts versucht Weiss die Möglichkeit von radikal Neuem und der von Hausman (1995, 597) so genannten »radikalen Kreativität« einzufangen, die weder durch rationalistische Strukturdetermination im Voraus noch bloß durch Rückgriffe auf irrationale Faktoren oder Verweis auf Geniales, das unerklärbar bleibt, noch »neo-hegelianisch« durch Rekurs auf bloße Praxis, Geschichte, Sprache oder kulturelle Konventionen erklärt werden kann (Weiss 1992, 311 f.). Dynamis soll zwischen den Ansätzen der Rationalisten und Irrationalisten sowie zwischen dem passiven Geschehenlassen (à la Heidegger) und dem aktiven Vorantreiben vermitteln und dennoch sich von bloßer konventionalistischer Auffassung des Verstehens von radikal Neuem im Sinne des Neo-Hegelianismus unterscheiden.

Hausman (1995, 597 f.) sieht hierin ein Paradox, insofern als die Dynamis einerseits innere Spannung und bestimmende Kraft aufweisen bzw. entwickeln muss, andererseits aber keine direktive Faktorwirksamkeit darstellen kann, da sie ja nicht zielgerichtet ist, sondern nur schiere Entwicklungskraft bzw. Energetisierung des Prozesses ist. In der Tat könnte auch hier die Analogie zum darwinistischen Prozess nahe liegen, der freilich normalerweise in der philosophischen Auffassung der neo-darwinistischen Biologen als ein quasi-»mechanischer« Selektionsprozess auf der Grundlage von zufälligen Variationen gesehen wird (Mutation und Selektion sowie Rekombination von zufällig kombinierten Anlagen). Es wäre in der Tat möglich, die oben erwähnten chaostheoretischen Einsichten über die Möglichkeit des Entstehens von Neuem, von nicht Vorhersagbarem, selbst in deterministisch verfassten Systemen auch für die Entwicklungsdynamik im Sinne der Weiss'schen Interaktionen der Letztwirkfaktoren heranzuziehen. Aber wie dort schon diskutiert, würde sich hier ein die Entstehung von Neuigkeiten erlaubender Ansatz ergeben, der – abgesehen von der Einspeisung von zufälligen Anregungen (etwa im Darwinismus oder durch Serendipität, s. o.) – eben durch nicht detailliert voraussagbare, aber dennoch »mechanistisch-deterministisch« bewirkte Entwicklungen charakterisiert wäre, was der radikalen Kreativität im Sinne des absolut Neuen und Herausragenden widersprechen würde.

Die *Radikalität der Kreativität*, das radikal Neue im Sinne auch der je absolut neuen Exzellenzfaktoren, spielt in der Tat eine entscheidende Rolle für Weiss' Begriff der Kreativität, der sich von der bloßen Zusammenstellung von Spontaneität, Neuigkeit und auch Originalität insofern unterscheidet: Kreativität umfasst errungenes Herausragen (»*achieved excellences*«). Es ergibt sich etwas radikal Neues aufgrund einer Orientierung an besonders herausragender schöpferischer Leistung. Schöpfungen der Kreatoren »machen etwas radikal neu, indem sie Grundfaktoren (»*ultimates*«) unter der leitenden Steuerung eines allmählich verwirklichten Herausragens (»*gradually realized excellence*«) erzeugen, auch schon in Weiss' *Philosophy in Process* (1986, IX, 155). Das »Herausragen« ist für Weiss (1992, 261) nicht auf andere Faktoren zurückführbar, sei es im Sinne der Erklärung oder des Zustandekommens durch bloße Kombination oder Abarbeitung: »Etwas völlig Neues wird erzeugt werden, das in Bezug auf irgendeinen der verwendeten oder in Anspruch genommenen Faktoren nicht reduzierbar oder explizierbar ist« (ebd., 199). Somit ist es, wie Hausman (1995, 593) deutlich und zu Recht hervorhebt, zugleich auf die Einbettung in jene benutzten Faktoren sowie auf Emergenz des radikal Neuen angewiesen. Das Verstehen radikaler Neuigkeit bleibt auf die Verwirklichung absolut neuer Exzellenzfaktoren des Herausragens ausgerichtet. Die

Entstehung des absolut Neuen wird auf das Wechselspiel zwischen den Letztfaktoren, den Ultimaten bezogen – aber unter der besonderen Aktivität der Dynamis gesehen: Die Funktionen dieser Wechselwirkungen mit anderen Letztfaktoren nennt Weiss »Bedingungen« (»*conditions*«).

Das Prinzip der Exzellenzfaktoren und des Bestehens auf der das Werk zustande bringenden kreativen Leistung weist, wie Desmond (1985, 549) betont, eine »aktivistische Bemühtheit« des Ansatzes aus, der nicht genug die im kreativen Akt auch mögliche »göttliche Leichtigkeit der Entstehung, der Gnade des Schaffens« berücksichtigt. Der Kreator ist stets suchend um Vollkommenheit bemüht, die sich erst am Ende ausweisen wird: Ist er der ewig Strebende, ewig Aktive, geradezu möglicherweise der neurotizistisch Leistende, der zwangsneurotisch ewig leistende Aktivist? Ein Zwangskreator?

Nicht ohne Grund hat Weiss in seinem Buch zur Sportphilosophie (1969) und in anderen Artikeln wie »Records and the Men« (1972) als Prinzip des Sports das Ausgerichtetsein auf ein Herausragen (*concern for excellence*, hier: »bodily excellence«) herausgestellt, das den Athleten, insbesondere den Rekordathleten, kennzeichnet. Insofern vertritt er mit seiner Kreativitätstheorie sozusagen eine versportlichende Version der kreativen Aktivitäten und Erzeugungen, wenn auch hier das Herausragen als Leitorientierung der kreativen Dynamis herausgestellt wird. Sportliche Rekorde sind aber meist gerade nicht in dem Sinne »kreativ« zu nennen, als sie eine *neue* Form, Struktur, Stilrichtung, Schicht der Aktivitäten oder der Aktivität eröffnen – es sei denn, ein Sportler erfindet eine neue Technik oder Variante oder gar eine neue Sportart (wie zum Beispiel im Hochsprung den Fosbury-Flop oder den – wieder verbotenen – baskischen Drehspeerwurf.). Zwar ist die athletische Höchstleistung ein besonders ins Auge stechendes Herausragen oder dokumentiert ein solches, doch wird man hier nicht von Kreativität oder höchster Kreativität im allgemeinen Sinne sprechen können (s. u. Anm. 79). Das bedeutet, dass bei der echten Kreativität neben dem Prinzip des bloßen Herausragens ein anderes Prinzip eine Rolle mitspielen muss, nämlich jenes der Neuartigkeit von Gehalt, Stil, Darstellungsweise oder Perspektive bzw. Deutungsschicht – kurz: Ein Prinzip der Einzigartigkeit und Neuartigkeit im Sinne der Strukturierung und Gesamtverfassung der entsprechenden werkschaffenden Aktivität. Ein Prinzip der Originalität im höheren Sinne ist also involviert, das bei Weiss für die Ermöglichung radikaler Kreativität unverzichtbar ist.

Die Prinzipien des Herausragens und der Originalität sind zwar einerseits zu kombinieren, aber systematisch und analytisch zu unterscheiden.[79] Andererseits müssen Kreativität und Herausragen auch nicht notwendig kombiniert werden: Kreativität würde man, wie bereits erwähnt, auch Aktivitäten und deren Ergebnissen zuschreiben, die nicht im höchsten Maße herausragend sind bzw. höchste Originalität aufweisen. Man muss also offensichtlich *Stufen* der Originalität und des Kreativen unterscheiden. Die prospektiven Exzellenzfaktoren einer herausragenden Leistung allein reichen nicht zur Kennzeichnung originaler Kreativität, sondern die Verwirklichung von Handlungsresultaten, die wirklich neuartig sind, neue Formen, Strukturen, Stile, Deutungsweisen, Perspektiven und Schichtungen zeigen, sind notwendig für Kreativität, insbesondere für radikale Kreativität.

Weiss' Ansatz leidet ein wenig unter der Unklarheit der Abgrenzung zwischen Realfaktoren und begrifflichen Konzepten – ähnlich wie Whiteheads Begriff der Kreativität. Hätte Weiss einen konsequenten interpretationistischen Standpunkt (mit unterschiedlichen Interpretationsebenen) eingenommen, so hätte er das Dilemma vermieden, dass der Begriff »Dynamis« zugleich ein Konzept zum Verstehen und Beschreiben kreativer Akte und Prozesse ist wie auch ein realer Antriebsfaktor in der Welt, der kreative Evolution – wenn auch in Interaktion mit den anderen Letztfaktoren – in Gang setzt. Zwar behauptet Weiss in seiner Antwort auf Hausmans entsprechende Kritik, dass »die Dynamis nicht eine Quelle« ist, die »grundlegender als andere Letztfaktoren« sei, sondern sie »spielt mit allen diesen zusammen«, und sie sei »immanent im intelligiblen Strukturieren« (obwohl dies nicht rationalistisch oder »vorrangig rational« zu verstehen

---

[79] Sporthochleistungen sind nicht originell oder original im Sinne der künstlerischen Kreativität, sondern eher ein originäres, vom Akteur selbst zustande gebrachtes Resultat *konventionellen* Herausragens. Der Akteur im Sport ist kein Kreator im ursprünglichen Sinne (allenfalls im sekundären, übertragenen Verständnis einer neuen Rekordleistung, die aber nur der Quantität, nicht der Art oder Form nach neu wäre).

ist): »Die Dynamis spielt wechselwirkend (*interplays*) mit all den (anderen, H. L.) Letztfaktoren, qualifiziert diese und wird von diesen qualifiziert«; sie ist ein »operativer Faktor« (Weiss 1995, 609). Weiss betont nochmals: »Es gibt ein Drängen, ein Streben, ein Bemühen zu erzeugen und [das Erzeugen wie den Vorgang selbst, H. L.] hoch zu schätzen«, Tendenzen, »die sich in allen kreativen Akten ausdrücken«. »Menschliche Kreativität« wird von ihm nochmals definiert als »eine Verwirklichung eines unbestimmten Herausragens (*indeterminate excellence*) durch das Werken [*work* hier wohl nicht im üblichen Sinne von ›Arbeit‹ zu verstehen, H. L.] engagierter Menschen, die unterschiedliche Letztfaktoren in jeweils dominierenden Rollen verwenden, in Abhängigkeit von der Art des Herausragens, das sie mit Hilfe des körnigen [widerspenstigen, H. L.] Materials (*graining material*) zu verwirklichen suchen« (ebd., 611).

Weiss gibt zu, dass Spekulation über Induktionen, Verallgemeinerungen, Hypothesenbildungen hinausgeht (ebd., 612), also kreative Züge aufweist, eigentümlicherweise aber hält er die Philosophie bzw. das Philosophieren selbst *nicht* für ein »kreatives Wagnis«, weil von diesem Philosophieren nur »ausgelegt« bzw. analysiert wird, »was Wirklichkeiten (*actualities*) im Wesentlichen sind« bzw. was diese konstituiert. »Ein Philosoph ist kein Schöpfer – ganz gleich, wie neu sein Ansatz und wie spektakulär die Leistung« sein mag (ebd., 558). Philosophen beziehen sich auf das, was als Aktualitäten oder Realitäten bereits »vorausgesetzt« ist – und sei es von ihnen »auf bessere oder kühnere Weise« verstanden: »Kein Versuch, etwas Neues zu erzeugen, wird unternommen; im Idealfall wird nichts behauptet, wenn es nicht gerechtfertigt werden kann« (ebd., 559). – Dies scheint mit eine Auffassung von Philosophieren zu sein, die einem verwissenschaftlichten Ideal dieser Aktivität entspricht und nicht genügend dem Kreativ-Interpretatorischen gerade auch der *philosophischen* Konzeptbildung Rechnung trägt. Wir können nicht die Welt als eine an sich seiende, als vorgegeben, wohlgegliedert in für uns erkennbare Aktualitäten voraussetzen, auffassen, die im Sinne des absoluten metaphysischen Erkennens von Außenweltfaktoren – eben nur genereller Art, über die Einzelwissenschaften hinaus – zu einer philosophischen Erkenntnis der Welt führte, die unabhängig von unseren strukturierenden Entwürfen, perspektivischen Interpretationsgesichtspunkten, biologisch geprägten Aktivitätsmustern und -dispositionen sowie Reaktionsweisen und konventionellen, kulturell bzw. sozial eingebetteten Formen und entsprechenden Einstellungen existierte und davon abzutrennen wäre. Eine konsequente interpretationistische Methodologie, wie ich sie seit zwei Jahrzehnten vertrete (vgl. Verf. 1993, 1993a, 1995, 1998a), muss sich auch auf die Konzept- und Theoriebildung des Philosophen beziehen. Kreativität kennzeichnet gerade auch *philosophische* Tätigkeit, die dem theoretischen Entwerfen, dem konstruktiven Hypothetisieren, ja, gar dem dichtenden Spekulieren oft näher ist als schlichte Beschreibung experimenteller Tatsachen oder sinnlicher Wahrnehmungen. (Die Letzteren sind ihrerseits, wie sich in der Wahrnehmungspsychologie und -physiologie zweifelsfrei ergeben hat, weitgehend interpretativ bzw. in gewissem weiten Sinne »Konstruktionen unseres Gehirns«.) Kreativität gerade der philosophischen Tätigkeit zu verweigern,[80] sie für alle andersartigen Spekulationen zuzulassen, aber auch dem Mathematiker und Logiker zuzuerkennen – das ist ungefähr so paradox wie Wittgensteins Auffassung, die Philosophie könne nur alles schlicht beschreiben und müsse es so lassen, wie es ist, ohne irgendetwas zu ändern (was er inkonsequenterweise in seinem eigenen Philosophieren nicht befolgte). So scheint mir auch, dass Weiss' eigener spekulativer philosophischer Entwurf über kreative Aktivitäten, seine Philosophie der Kreativität generell und speziell das Ergebnis einer *kreativen* Spekulation ist, die keineswegs nur vorgegebene ontische Faktoren, Tatsachen und Entwicklungen be-

---

[80] Weiss selbst (1995, 633) schreibt: »Ein Platonismus in der Mathematik spricht den Mathematikern eine echte Kreativität ab.« Dies betrifft natürlich ebenso den Philosophen. Ist Weiss zwar kein ontologisch-idealistischer Platonist, aber ein Platonist der Ultimatfaktoren und Letztwirklichkeiten (»*actualities*«), der sich auf vorgegebene »Realitäten jenseits« (ebd.) bezieht? Hat diese eingeschränkte Sicht der Aktualitätenmetaphysik, wenn es sich auch nicht um eine *statische Entitäten*philosophie handelt, dazu geführt, dass Weiss die Tätigkeit des Philosophen zu stark wissenschaftsähnlich (und noch zudem nach einem traditionellen, inzwischen als falsch erwiesenen Bild von der Verfassung der Naturwissenschaft) aufgefasst hat? Wenn er selbst behauptet (ebd., 635 und *passim* in *Philosophy in Process*), dass Philosophieren immer in Prozess und Wandlung begriffen ist, dann kann er nicht dem Philosophieren den kreativen Impuls verweigern, den er in jeglicher kreativen Aktivität instantiiert sieht (ebd., 634).

schreibt. Sein Entwurf *ist kreative* Konstruktion, kreative Konzeption und Ausarbeitung eines Deutungsentwurfs, der weit über quasiwissenschaftliche oder pseudowissenschaftliche Tatsachenbeschreibung bzw. Widerspiegelungserkenntnis hinausgeht. Weiss' philosophische Entwürfe – einschließlich seiner Philosophie der »kreativen Wagnisse« – sind kreativer, als er selber denkt. Weiss selber ist ein kreativer Philosoph. Kreatives Philosophieren ist möglich – genau in dem Sinne, wie wir es eingangs dieses Buches und im Laufe der detaillierteren Ausführungen zum schichtenüberbrückenden transzendierenden Interpretieren und Metainterpretieren ausgearbeitet haben.

Kreataphern schaffen

Wirkliches Philosophieren ist kreativ, kreatives schichten- und grenzenübersteigendes Interpretieren und begriffliches Entwerfen. Selbst philosophisches Re-flektieren ist stets auf neue Sichtweisen angewiesen, ist in diesem Sinne kreativ. Philosophieren ist nicht nur Widerspiegeln (im Sinne eines passiven Reflektierens), nicht nur Wiedergeben oder Abbilden von Vorgegebenem, sondern Philosophieren ist interpretierend, Perspektiven wandelnd aktiv, neue Sichtweisen und Grenz- wie Schichtenüberschreitungen schaffend. *Philosophieren als transzendierendes Interpretieren ist notwendig kreativ*. Zudem ist es in beachtlichem Maße abhängig vom Kreator, vom entwerfenden Denker oder Philosophen, der keineswegs in quasi naturwissenschaftlicher Weise nach traditioneller und falscher Auffassung nur Tatsachenbeschreibungen ohne Eigenentwürfe ohne schöpferische Intuitionen, ohne konzeptuelle Präparationen und Konstruktionen theoretischer Art vornehmen würde. (Im Zeitalter der Quantenphysik und der methodologischen Wende in der Erkenntnistheorie auch der Naturwissenschaften kann ein solches traditionelles Konzept der naturwissenschaftlichen Weltabbildung nicht mehr vertreten werden.)

Philosophieren ist also in der Tat kreatives transzendierendes Interpretieren, Transinterpretieren und Metainterpretieren im oben erwähnten Sinne. Ähnlich wie in anderen kreativen Bereichen und bei anderen kreativen Wagnissen ist auch der Philosophierende auf kreative Entwürfe, auf kreative Aktivität und kreative Akte angewiesen.

Wir sollten generell die Anregung von Weiss aufnehmen und nach einem charakteristischen »einzigartigen« kreativen Impuls, der sich in jeglicher kreativen Aktivität verkörpert (*instantiated*) (Weiss 1992, 634) suchen – weit über die traditionell üblichen Bereiche des kreativen Schaffens (wie die Künste) hinaus. Der kreative Grundimpuls kann natürlich nur als Interpretationskonstrukt erfasst und wohl nicht als ontologische Wirkentität an sich beschrieben werden. Es gilt, eine kreative Philosophie der Kreativität selbst zu entwickeln, die modernen methodologischen Gesichtspunkten Rechnung trägt, wie zum Beispiel jenem von der konstruktiv-interpretatorischen Verfassung aller Erkenntnisse und Handlungsstrukturierungen, also aller »Erfassungen« (vgl. Verf. 1993, 1993a, 1995, 1995a).

Als Anregungs- und Ausgangspunkt kann man die darwinistische Evolutionsmetapher nehmen und diese mit Schichtenüberschreitungen und symbolischen Metainterpretationen verbinden. Es gibt offensichtlich eine Strukturierungstendenz im Universum, wo sich Selbstorganisationsprozesse zu bestimmten Systemen mit emergenten Eigenschaften zusammenfinden, welche die Grundlage aller Struktur- und Formenbildungen sind, die auf Prozessen der Interaktionen und Entwicklungen sowie Zufallsbegegnungen und Einsprengseln beruhen. So weit kann Whiteheads Grundmuster – in darwinistischer Perspektive gesehen – durchaus aufrechterhalten werden, ohne dass hierfür bereits Kreativität in Anspruch genommen werden muss. Kreativität würde erst dann – so der terminologische Vorschlag – gegeben sein, wenn nicht nur eine gewisse zielgerichtete Aktivität von einem Kreator aufgenommen und durchgeführt, sondern wenn eben auch grundsätzlich Neues, eventuell nicht final Angestrebtes, im Sinne der prospektiven Exzellenzfaktoren und vor allem des Originalitätsprinzips Wirkendes (wie bei Weiss impliziert), involviert ist. Insofern ist Kreativität in der Tat eine Sache der *creative ventures* (kreativer Wagnisse). Es ist aber hinzuzufügen, dass es nicht nur um das Ausleben eines Kreativitätsimpulses, eines Schaffensdranges in Werken geht, sondern dass auch begriffliche Entwicklungen wie Theorien, neue Perspektiven, Ansätze und – last but not least – philosophische Entwürfe kreativ sein können. Kreativität ist eben auch möglich und besonders wichtig im Überschreiten von Grenzen und Schichten der Perspektive. Das Kreative der Philosophie besteht im transzendierenden Metainterpretieren, wie oben vielfach betont wurde. Gerade das Schichtenüberschreiten ist nur durch Symbolisierung und Metaphernbildung bzw. -abwandlung möglich. Die ebenfalls behandelten Kreataphern als spannungserhaltende, stets weiter anregende Metaphern sind Kreativitätszentren der kreativen Prozesse und Akte. Kreativität ist dabei nicht nur durch Neuigkeit, eventuell (aber nicht immer) Zielorientierung, (prospektives) Exzellieren und Originalität gekennzeichnet, sondern auch durch eine ständige exploratorische Aktivität des Dynamisch-Neugierigseins. (Und dies gilt besonders auch für kreative Philosophen, die ständig weiterdenken, stets neue und mehr Probleme sehen und finden, als sie je lösen können, tiefere Fragen und Perspektiven eröffnen und zu höheren Interpretationsschichten bzw. Verallgemeinerungen aufsteigen.)

Der Mensch als das metainterpretierende, ständig symbolisch transzendierende Wesen ist *das kreative Wesen par excellence*. Menschliche Kreativität ist per se *semper creans*. Ausdrücke wie ›kreative Wagnisse‹ und ›kreative Aufstiege‹ zeigen dies.

Unter dieser generellen Deutung darf man natürlich die spezifische *Förderung* hoher Kreativität nicht vernachlässigen. Im Gegenteil: Es gilt, gerade dem Kreativseinkönnen in unserer zu sehr von Institutionen und Vorschriften gegängelten und formierten Zeit eine Gasse zu bahnen, nein, Felder, Entwicklungsbereiche und Spielräume zu eröffnen und zu erhalten: *Homo semper interpretans, ludens, creans*.

Das Mustererkennen bereits ist das quasi naturhafte Vermögen, das Prozessual-Schöne in unserer Welt durch einen spezifischen und »speziellen« Filter zu erkennen, meint auch Cramer (in Cramer/Kaempfer 1992, 371; s. a. Cramer 1989; 1994): Die Ordnung, das geordnete Wahrnehmen ist so etwas wie ein dynamischer *Kreativfilter*. Man muss das sicherlich ergänzen und erweitern auf die Fähigkeit, zu erschaffen und nachzubilden, das heißt, künstlerisch kreativ zu werden; denn die Kunst, so behaupten Cramer und Kaempfer (1992), ist dann im Wesentlichen gerade die Fähigkeit dieser Nachbildung. »Kunst«, schreiben sie (ebd., 115), »ist autonome Mimesis, ihre Konstrukte fungieren als selbständige Übersetzungen der inneren und äußeren Erfahrung, Impressionen, Regungen in das ihnen adäquate Medium«. Etwas später heißt es (ebd.): »Kunst ist Nachahmung des *Prozedierens*, nicht der *Faktizität* der Natur, und sie bedarf daher weder des idealen noch des realen ›Vorbildes‹.« Diese Art von Kunsttheorie ist letztlich auch eine dynamische Theorie der Kreativität, die im Wesentlichen auf Nachahmung, Nachbildung, Beteiligungsakte, »mimetische Akte baut« (ebd., 373 u. a.; vgl. zur Mimesis Gebauer/Wulf 1992). Wir hatten ja davon gesprochen, wie Cramer die Entwicklung der Kunst und des Schönen, des Kunstschönen als eine »Gratwanderung« zwischen der Ordnung und dem Chaos versteht – in dem Bereich, wo geordnete, periodische Prozesse in chaotische Phänomene übergehen und umgekehrt. Insofern kann man sagen, dass diese prozessdynamische Art von Naturauffassung à la Whitehead eine recht enge Entsprechung hat zu der Kreativitätsauffassung in der modernen Kunst, nur dass in der Kunst eine größere Freiheit oder geringere Regelgebundenheit vorhanden ist als in den (durchaus noch deterministisch zu verstehenden) Verzweigungen des Naturgeschehens. Die beiden Autoren meinen aber, dass sowohl in der Natur wie in der Kunst der kreativen Entwicklung letztlich dieselben Prinzipien zu Grunde liegen. Das könnte tatsächlich von Whitehead übernommen sein, denn die Abschlusskapitel in *Adventures of Ideas* (1933) beziehen sich gerade auf das Kunstschöne, auf die Kooperation oder Korrelation von Schönheit und Wahrheit – freilich hier in geradezu traditioneller platonischer Weise, nur eben ins Dynamisch-Prozessuale gewendet. (Ähnlich bleibt die Ästhetik der Kunstformen bei Cramer und Kaempfer in diesem Sinne auch eher orthodox, weil sie die Kunst allein am Leitfaden des ästhetischen Naturerlebens deuten.)

Jedenfalls beschließen Cramer und Kaempfer (ebd., 394 f.) ihr Buch mit der folgenden Feststellung (von Cramer):

»Wissenschaft und Technik, Physik, die Welt der Sachen kann und muss man ohne Affekte betreiben, das ist das Dogma der klassischen Physik, die Praxis unseres technologisch geprägten Alltags.« (»Nüchternheit ist unser Los«.) »Dagegen liegt es im Wesen des Schönen, dass es unser ›Gemüt affiziert‹, um die Wort Kants zu benutzen. Diese grundsätzliche Dichotomie konnten wir nicht auflösen. Mit der Hereinnahme der wissenschaftlichen Erkenntnis über das deterministische Chaos erweist sich, dass nicht nur das Schöne, das Erhabene offen ist und in jedem Augenblick neu geschaffen wird, sondern dass auch die Welt der Sachen einen offenen Ausgang hat, dass sie sich durch ›Sprünge‹, durch ›Kippen‹ erneuern kann, dass sie grundsätzlich kreativ ist. Es scheint, wir sind damit an einem bemerkenswerten Kreuzungspunkt von Natur- und Geisteswissenschaften angelangt. Die *Schönheit der Natur* und die *Natur der Schönheit* können als konvergent bezeichnet werden.«

Wenn man das Zitierte an die Whitehead'sche Auffassung anschließt, entsteht dabei freilich ein Problem: nämlich das bereits angedeutete über die gleichzeitige Prozessualität einerseits und das fixierte Gestalthafte, »das Arretierte«, »das arretierte, das ›vorgezeigte‹ Da-Sein«, wie Cramer und Kaempfer (zum Beispiel ebd., 67) sagen, andererseits. Es gibt also das Problem, dass das »Lebendige« immer »im Fluss« ist und erst zu Gestaltbildungen tendiert, die dann ein arretiertes Dasein darstellen. Das ist für viele Bereiche charakteristisch, die als kreativ gelten oder in ständiger Entwicklung begriffen bzw. eingebunden sind. Es kennzeichnet nicht nur die so genannten »kreativen« Metaphern, die ja zwischen der Analogie und der Disanalogie hin- und herschwingen, zwischen Syn(me)tapher und Dia(me)tapher (s. o. S. 270 ff.), bevor das »Bild« etwa in der Sprache so eingewöhnt sein kann, dass es eine »tote Metapher« (MacCormac 1985, 56, 58 f.) wird. Eine Metapher, die überraschend ist, wird zu einer toten Metapher, wenn sie als die (oder als wesentlicher Teil der) Bedeutung des Wortes tatsächlich fixiert wird und – etwa durch Aufnahme ins Lexikon – allgemein akzeptiert ist. Das ist eine These, die für viele Bereiche der kulturellen Entwicklung aller kreativen Bereiche vertreten werden kann.

In gewissem Sinne ist sie auch verbreitet in der Tradition der beschreibenden Philosophie, wo sie etwa auftritt als die Problemspannung zwischen dem heraklitischen Ansatz des ewigen Werdens und den eleatischen Fassungen von ewigen Seinsformen. Platon hat ja zeit seines Lebens mit dieser Frage gerungen: Wie kann die Sprache, die immer nur statische Zeichen oder auf Statisches projizierte Erläuterungen benutzt, *Werden* darstellen? In der Mathematik war das herkömmlicherweise ebenfalls ein großes Problem: Wie kann man Werdensprozesse durch statische Axiomen- und Begriffssysteme erfassen? Bei der Sprache spielt das eine eklatante Rolle: In ihrer Entwicklung wird gleichsam ein »flüssiges« Vorstellungserfassen erlebt, erfahren, das Erleben wird dann kristallisiert und auf, in eine ›Form‹ projiziert. Doch in der kristallinen Form ist es dann fixiert. Das hat Kurthen in seinem Buch über *Neurosemantik* (1992, 417 ff.) recht schön beschrieben.

Dieses Problem spannt sich also auf zwischen dem Im-Fluss-Sein, das als Prozess aufgefasst wird, zwischen der dynamischen Verfassung des Kreativen einerseits und der Fixierung in Formen, Gestalten andererseits, die ja erstrebt werden, aber stets »notwendig« wiederum zur Sistierung des Prozessualen führen, dazu, dass eigentlich die wirkliche prozesshafte Kreativität dann schon wieder im Fixierten »verloren« ist: Das Kreative gerinnt in eine endgültige Gestalt, führt zu einer – wie Friedlaender sagte – Konservenform: »Stil in Konservenform« (zit. nach Cramer/Kaempfer 1992), das ist das vollendete Produkt von Kreationen im dichterischen Bereich. Das Gleiche ist im Bereich der bildenden Kunst sehr häufig zu finden, wenn etwa ein neuer Stil sich entwickelt und zu einer »toten« Routine, Masche oder Moderichtung gerinnt. Das galt beispielsweise selbst in der Renaissance: Kaempfer (ebd., 67) spricht von einer »*immobilisazzione della forma*«.

Wenn Neuigkeiten allgemeine Mode werden, überall übernommen werden, dann sind sie als kreative Spiele bzw. Prozessanregungen schon quasi »tot« oder jedenfalls nicht mehr im eigentlichen, Neues und Neuartigkeit kreierenden Sinne fruchtbar. Die *Kreativität ist im Prozess*, und sie wird notorisch dadurch getötet oder zumindest vermindert, dass Verfestigungen der entsprechenden Gestaltungen eintreten, die dann zu Fixierungen führen. Kreativität ist darauf angewiesen, ständig über alle Versteinerungen und Verstarrungen, über alle Fixierungen und Gestaltverfestigungen immer wieder hinauszudrängen. Das »Wie« und das »Weiter« scheint an ihr eigentlich auch das besonders Interessante zu sein.

Dieses Weiterdrängen ist freilich etwas, was sowohl der Zufalls-Naturkreativität im darwinistischen Sinne als auch der künstlerischen Designerkreativität zukommt. Die »kreative« Entwicklung in der Natur im weiteren Sinne ist vielfältig, differenziert sich scheinbar bis ins Unendliche, ist jedenfalls »unglaublich«. Entsprechendes gilt, so vermuten wir, für die Unerschöpfbarkeit bei der Kunstkreativität – zumal bei »großer Kunst« (s. o. S. 264 ff.). Es scheint ein oberstes Charakteristikum der Kreativität zu sein, dass sie immer über alle Verfestigungen und Fixierungen hinausdrängt. Das Kreative verlangt das ständige Kreieren, greift stets über sich – über den Status quo – hinweg. Das ist das Prinzip der kreativen Eigenaktivität: der ständige Drang zum weiteren Schöpferischsein, über alle Fixierungen hinaus. Das gilt für die Diversifizierung selektiver Art in der Natur, wenn man an die Evolution der Arten denkt, aber auch an die Ausgestaltung von Ökosystemen, an die Vielfalt und die exklusive Tendenz des Lebens, alle Öko-Nischen zu besetzen. Und das gilt ebenso für das Fortschreiten der durchaus strategisch ausprobierenden und unter dem Gesichtspunkt von Gewichtungen und Wertungen operierenden Kreativität in der Kunst oder in anderen kreativen Bereichen wie zum Beispiel der Wissenschaft.

Hierin ist auch eine gewisse Plausibilität dieser These von Cramer und Kaempfer zu finden, dass die Prozessualität der schönen Kunstform und der schönen Naturform »gleich« seien – obwohl die eine, wie wir sahen, der Zufallskreativität, die andere der Designerkreativität zuzuordnen ist: Kunstform wie Naturform würden, meinen die beiden Autoren (ebd., 387 ff.), in dem entsprechenden jeweiligen Augenblick der Entscheidung, beim Übergang von Ordnung ins Chaos oder umgekehrt, ins Auge springen. Der »Bifurkationspunkt« im chaostheoretischen Sinne ist der Augenblick, in dem »die Prozessualität der Schönen Kunstform und der Schönen Naturform gleichzeitig kulminiert« (ebd., 398).

Allerdings ist auch hier *eine fallacy of misplaced abstractness* gegeben – wie bei Whitehead (s. o. S. 313) –, wenn man nämlich »Entscheidungen« und »Entscheidungsmöglichkeiten« (ebd., 386 f.) in Bezug auf Naturentitäten annimmt. Nur rein formal gesehen mag das durchaus sinnvoll und richtig sein: Es ereignen sich Verzweigungen, Bifurkationen der Entwicklungsprozesse. Insofern hat die Kreativität durchaus einen solchen übergreifenden, wenigstens (aber insoweit auch lediglich) *strukturell* verständlichen Charakter. Und daher kann man durchaus im Sinne einer solchen Reflektapher, einer Metapher, die hin und her gelesen werden kann und die ständig Spannung aufbaut, von einem »kreativen Universum«, von »kreativer Natur«,[81] von »kreativen Prozessen« in der Natur sprechen, wie es Whitehead getan hat. Dabei muss man sich aber im Klaren sein, dass man den Ausdruck »Kreativität« hier in einem weiteren, unspezifischen Sinne benutzt – oder ihn eben bewusst als Metapher versteht, um Anregungen zu neuen Einsichten zu gewinnen. Ich denke, dass das zweite das fruchtbarere Verständnis ist – fruchtbarer für das Verständnis gerade der Kreativität.

Wenn wir noch weitergehen und das hier in Bezug auf Kreativitätsperspektiven Gesagte auf das beziehen, was wir eingangs über das Schichtenaufsteigen bei kreativen Prozessen erarbeiteten, so können wir sagen, dass besonders *kreative* Reflektaphern darin bestehen, dass man Ähnlichkeiten und Unähnlichkeiten eben aus verschiedenen Perspektiven oder auf verschiedenen

---

81 Wobei, wie Kanitscheider (1994, 16, vgl. 1993, 189 ff., 196 ff.) ausführt, es gerade »der kreative Aspekt des Chaos [ist], der die höheren Lebensformen der Natur betrifft« und diese Erweiterung des Kreativitätskonzepts rechtfertigt.

Ebenen und einander überformenden Schichten sieht. Wenn die Anregungen zu Neuentwicklungen gerade aus der Transposition auf andere Schichten oder in andere Perspektiven bestehen, dann handelt es sich um eine besonders kreativitätsanregende Reflektapher. Wir hatten dafür ein neues Wort vorgeschlagen: »*Kreatapher*«. »Kreataphern« sind also Perspektiven übergreifende, Schichten überbrückende oder überspringende spannungserzeugende und -erhaltende Metaphern, die anregungsreich zwischen Ähnlichkeiten (Homöotaphern, Syntaphern) und Unähnlichkeiten (Dia[ta]phern, Dissonanzen) spielen. Kreataphern konstituieren Kreativspiele – wie umgekehrt. Es ist also ein »kreataphierendes« Verfahren oder eine »kreataphorische« statt einer nur metaphorischen oder reflektaphorischen Aktivität, die hier zur Diskussion steht. Ich denke, dass dies eine recht interessante Idee ist, die auf das zurückgeführt werden kann, was wir eingangs dieses Buches über die Eigenarten und Beschaffenheiten des Menschen und seiner Fähigkeiten erkannt haben. Man könnte diese Fähigkeit, nicht nur Metaphern, sondern *kreative* Reflektaphern, also Kreataphern, zu schaffen, als eine besonders herausragende Eigenschaft des metainterpretierenden Wesens verstehen. Mit anderen Worten: Das oben erarbeitete metainterpretatorische Moment ist es, das die besonderen Fähigkeiten des Menschen zur Repräsentation und schöpferischen Gestaltung kennzeichnet – im Gegensatz zur bloßen Symbolverwendung oder bloßen Deutung im Sinne einer bereits eingenommenen Perspektive. Es handelt sich also um die Fähigkeit, über einzelne Perspektiven hinauszusteigen – zu höheren Perspektiven, abstrakteren Interpretationsschichten –, oder auch um die Fähigkeit, den Gesichtspunkt auf derselben Ebene zu wechseln. Das alles lässt sich im Zusammenhang sehen mit dieser Fähigkeit, Kreataphern zu bilden und zu anderen symbolischen, reflektatorischen Beziehungen und Schichten überzugehen.

Kreativität ist zudem symbolische Eigenaktivität. Eine solche Philosophie des Kreativseins wäre zugleich eine Philosophie der erweiterten und durchaus auch als Reflektapher zu verwendenden »Eigenaktivität« aller möglichen Aktivitätszentren, seien es natürliche, seien es menschliche oder subjektive, seien es soziale, künstlich zustande gebrachte. Im Grunde ist eine Philosophie des Kreativseins oder der Kreataphern etwas, was ich schon seit zwei Jahrzehnten betreibe, zwar unter ganz anderen Gesichtspunkten, unter einem ganz anderen Terminus, nämlich unter dem Gesichtspunkt der Eigenaktivität, der »Eigenhandlung«, der »Eigenleistung« (1989). Dies alles lässt sich einbetten in eine solche Philosophie der Kreativität.

Der Wissenschaftstheoretiker Jonathan Cohen hat 1958 von einem metaphorischen Bewusstsein gesprochen, das beim Menschen eine große Rolle spielt, und MacCormac hat in seinem Buch über *The Cognitive Theory of Metaphor* insbesondere die kreative Funktion der Metaphernbildung ausgewertet. Er sagt ausdrücklich (1985, 148):

»Kreativität liegt in der Auswahl der geeigneten Bezugsgegenstände, indem genügend Ähnlichkeit für das Wiedererkennen und genug Unähnlichkeit – und die richtige Art von Unähnlichkeit – erzeugt wird, um eine [neue, H. L.] hypothetische Möglichkeit hervorzubringen. Der Schöpfer einer Metapher wählt gerade jene Bezugsglieder aus, deren Gegenüberstellung die neue Möglichkeit insinuiert, die er oder sie vorschlagen möchte.«

Das heißt, MacCormac sieht in der Fähigkeit des Menschen, neue Metaphern mit hinreichenden Ähnlichkeiten, aber auch mit Unähnlichkeiten zu bilden, so etwas wie einen Grundstock auch für die Entwicklung neuer Theorien, Interdisziplinen, neuer Möglichkeiten der künstlerischen, wissenschaftlichen und philosophischen Darstellung, der Weltauffassung. Er sieht diese Fähigkeit als ein Charakteristikum des Menschen überhaupt an: Es ist ein Anthropologikum, gilt einzig für den Menschen, dass er nicht nur Analogien zu entdecken, sondern eben in Metaphern diese Analogien mit Disanalogien, also die Syntaphern oder Synphorien mit den Diaphorien und Diataphern zu verbinden vermag, um neue kreative Metaphern zu bilden, die unser Wissen in den Bereich des bisher Nichtgewussten weiterzutreiben erlauben. (Zu ergänzen wäre nach den hier dargelegten Einsichten, dass diese Fähigkeit auch auf beliebig viele höhere Darstellungs-, Symbolisierungs- und Abstraktionsschichten zu beziehen ist.)

Es handelt sich um eine Art von *Kreativspiel mit Metaphern*, und zwar reflektaphorischen Metaphern oder kreativen reflektatorischen Metaphern, also mit *Kreataphern*. Man könnte sogar so weit gehen, dass man den Menschen als mit einem kreataphorischen Bewusstsein versehen ansieht, in Spezifizierung des erwähnten metaphorischen Bewusstseins à la Cohen, also den Menschen als das Wesen versteht, das fähig ist, Kreataphern zu schaffen: *das »kreataphorisierende« Wesen*. Das metainterpretierende Wesen ist das kreative, *kreataphorisierende Wesen*.

Das alles schließt im Grunde an die wesentlichen Merkmale an, die ich zu Anfang des Buches als die den Menschen kennzeichnenden Fähigkeiten und eben als für ihn charakteristisch skizziert habe: Nur er ist in der Lage, Stufen, Schichten, Perspektiven immer wieder zu übersteigen. Dieser Drang, immer weiter zu schaffen, immer weiter Grenzen und Schichten symbolisch zu transzendieren, ist gerade für das Kreativsein charakteristisch, wie wir einsahen. Menschsein ist nur möglich, wenn man über Versteinerungen hinaus in ständiger Kreativität lebt oder diese übt, in der Lage ist, kreative Metaphern und Reflektaphern zu schaffen und zu verwenden. Der Mensch ist also das Kreataphern schaffende Wesen, man könnte fast von einem *Homo crea(ta)phoricus* sprechen, statt von einem *Homo metaphoricus,* wie es ansatzweise MacCormac tut. Kreativität ist das ständige Weiterschaffen, das Sich-selbst-Überholen der Kreataphern, die Fähigkeit und der Antrieb, über das ständige Risiko des Absterbens der Lebendigkeit von Metaphern und Reflektaphern hinauszugehen, indem man das Kreativspiel weiterspielt. *Semper creans, semper creativus.*

Ein früher christlicher Theologe, Gregor von Nazianz, hat einmal gesagt – wie ähnlich schon Heraklit –: »Der Logos« (er meint den göttlichen, erhabenen Logos), »er spielt. Mit buntesten Bildern schmückt er, wie's ihm gefällt, auf jegliche Weise den Kosmos« (zit. n. GEO-Wissen 1990, 69). Dieses »Spielen« kann man ersetzen durch das »Kreativspiel«, indem man sagt: Der Logos kreativiert. Oder: der Mensch kreataphorisiert – das heißt, er »reflektaphorisiert« bewusst, symbolisch, schichtenübergreifend und metaperspektivisch.

Liebe zur Kreativität und zur Kreataphernschaffung – das wäre vielleicht ein Wort, welches das platonische Bekenntnis zur Philosophie ersetzen könnte. Der Philosoph wäre dann derjenige, der die Kreataphern begeistert analysiert, sich mit ihnen ständig befasst, neue schafft, also die Disziplin der Analyse oder die Wissenschaft der Kreataphernverwendung sowie die quasidichterische »Kunst« der Kreataphernbildung betreibt. (Die letzte Tätigkeit teilt er mit dem Dichter: Was kre(ativ)iert wird, stiften die Dichter …) Der Philosoph bleibt insofern Metakreataphoriker, und zwar sowohl in Bezug auf kreative Prozesse in der Natur, in der Welt, im Kosmos wie auch hinsichtlich solcher Phänomene in der menschlichen, der symbolischen Welt, in der Kunst, in der Kultur, als er auf höheren theoretischen und sprachlichen Metastufen des »Erfassens« kreiert und argumentiert. Die Philosophie kann jedenfalls die Prozesse der Kreativität nicht länger vernachlässigen, wie sie es allzu lange traditionell getan hatte. Und sie hat auch keinerlei Veranlassung dazu, angesichts der Problematik, die entsteht, wenn man versucht, gewisse übergreifende formale Strukturen, Muster sowohl beim Zustandekommen der Naturprozesse als auch bei sozialen und kulturellen Gestaltungen sowie geschichtlichen Prozessen zu verstehen.

Der Dichter-Philosoph ist dann derjenige, der dieses aus Leidenschaft und mit Begründungen sozusagen konstitutionell tut und dann auch zu (s)einer Profession macht. Für Platon gilt, dass der Philosoph allein aus Liebe zur Wahrheit und zur Schönheit Philosoph ist: Eros ist Philosoph, sagt er: »Denn Weisheit(sliebe) (Philosophie) gehört zu dem Schönsten, und Eros ist die Liebe zu dem Schönen; so dass Eros notwendig weisheitsliebend (Philosoph) ist und also als philosophisch zwischen den Wissenden und Unverständigen mitteninnen steht« (204 b, Übers. Schleiermacher, Paranthesen ergänzt). Und umgekehrt: Liebe, so heißt es im *Gastmahl*, ist Zeugen in Schönheit für Schönheit, »*Zeugung im Schönen*«, »eine Geburt in dem Schönen, sowohl dem Leibe als der Seele nach« (ebd., 206 b). Das kann man durchaus auch auf die Kreativität und den Eros zum Kreativen und zum Kreieren beziehen. Dann ist die Vision vielleicht sogar heute noch eher glaubwürdig, denn in der Kunst und in vielen Bereichen ist die Schönheit nicht mehr das Allumfassende.[82]

Nicht nur »den Schönen Formen des Lebendigen ist ihre ›Herkunft‹ aus der Erotik meistens noch anzusehen« (F. Cramer, in: Cramer/Kaempfer 1992, 375), sondern dies gilt mit mindestens ebensolcher Berechtigung auch für die kreativen Prozesse und Gestaltungen des »lebendigen« Symbolischen. Kreativsein, Kreativität ist eine wesentliche Form des Eros; denn dieser ist die enthusiastische Kreativität selber, ist kreative Begeisterung: *Logos erotikos, enthusiasmos. Creativitas erotica et enthusiastica.*

---

[82] Es gibt ja auch eine Ästhetik des Hässlichen, die Cramer und Kaempfer zu schaffen machen würde; denn das Hässliche können sie in ihre Auffassung des Naturschönen bzw. das nach der schönen Naturform stilisierte Kunstschöne eigentlich gar nicht einbeziehen.

Literatur*

Amabile, T. M.: *The Social Psychology of Creativity*. New York 1983.
Anderson, D. R.: *Creativity and the Philosophy of C. S. Peirce*. Dordrecht 1987.
Armbruster, B. B.: Metacognition in Creativity. In: Glover/Ronning/Reynolds 1989, 177-182.
Atkinson, J. W. (Hg.): *Motives in Fantasy, Action and Society*. Princeton 1958.
Baker, L./Brown, A. L.: Metacognitive Skills and Reading. In: Pearson, P. D. (Hg.), *Handbook of Reading Research*. New York 1984, 353-394.
Barron, F.: *Creative Person and Creative Process*. New York 1969.
– Putting Creativity to Work. In: Sternberg (Hg.) 1988, 76-98.
Bartlett, C. F.: *Thinking*. New York 1958.
Bauer, M.: *Raum-zeitliches Chaos in neuronalen Netzwerken*. Frankfurt 1984.
Baur, F. C.: *Symbolik und Mythologie oder die Naturreligion des Altertums*. 2 Bde. 1824/25.
Beck, B. E. F.: The Metapher as a Mediator between Semantic and Analogic Models of Thought. In: *Current Anthropology* 19 (1978), 83-97.
Becker, P.-R.: *Werkzeuggebrauch im Tierreich*. Stuttgart 1993.
Bergson, H.: *Schöpferische Entwicklung*. (1907), (dt.) Jena 1912.
– *The Creative Mind*. New York 1946.
Boden, M. A.: *The Creative Mind: Myths and Mechanisms*. London/New York 1990. (2., überarbeitete Auflage: London 1992) (deutsch: *Die Flügel des Geistes*, München 1992).
– Summary of Boden 1990/1992, with peer reviews. In: *Behavioral and Brain Sciences* 17/3 (1994).
– Creativity and Computers. In: Dartnall, T. (Hg.) 1994, 4-26.
– (Hg.): *Dimensions of Creativity*. Cambridge, MA 1994 a.
– Understanding Creativity. In: Götschl, J. (Hg.): *Revolutionary Changes in Understanding Man and Society*. Dordrecht/Amsterdam 1995, 75-82.
Braitenberg, V./Schütz, A.: Cortex: hohe Ordnung oder größtmögliches Durcheinander? In: N. N. *Gehirn und Kognition* 1990: Heidelberg: *Spektrum*, (Sonderheft) 1982-194.
Briggs, J.: *Chaos. Neue Expeditionen in fraktale Welten*. (1992) München/Wien 1993.
– /Peat, F. D.: *Die Entdeckung des Chaos* (1989). München 1993.

---

* Das Manuskript wurde 1996 abgeschlossen; deshalb konnte später erschienene Literatur im Text nicht mehr berücksichtigt werden.

Bruner, J.: The Conditions of Creativity. In: Gruber, H. E./Terrell, G./Wertheimer, M. (Hg.), *Contemporary Approaches to Creative Thinking*. New York 1962.

Caillois, R.: *Die Spiele und die Menschen: Maske und Rausch*. (Paris 1958), deutsch: Frankfurt/Berlin 1982.

Campbell, D. T.: Methodological Suggestions from a Comparative Psychology of Knowledge Processes. In: *Inquiry* 2/1959), 152-182.

– Blind Variation and Selective Retention in Creative Thought and in Other Knowledge Processes. In: *Psychological Review* 67 (1960), S. 380-400.

– Evolutionary Epistemology. In: Schilpp, P. A. (Hg.): *The Philosophy of Karl Popper*. Bd. I. Lasalle, IL 1974, 413-463.

Cannon, W. B.: *The Way of an Investigator*. New York 1945.

Carey, L. J./Flower, L.: Foundations for Creativity in the Writing Process. In: Glover/Ronning/Reynolds 1989, 283-303.

Cassirer, E.: *Versuch über den Menschen*. (1944) Deutsch: Frankfurt am Main 1990.

Clark, A. C.: *Association Engines: Connectionism, Concepts and Representational Change*. Cambridge, MA 1993.

Clark, A.: Connectionism and Cognition Flexibility. In: Dartnall (Hg.) 1994, S. 63-79.

Clement, J.: Learning via Model Construction and Criticism: Protocol Evidence of Creativity in Science. In: Glover/Ronning/Reynolds 1989, 341-382.

Cohen, J. L.: The Semantics of Methaphor. (Orig. 1958) In: Ortony, A. (Hg.): Metaphor and Thought. Cambridge, UK 1979, 64-77.

– *The Diversity of Meaning*. London 1966.

Cramer, F.: *Chaos und Ordnung*. Stuttgart 1989.

– Das Schöne, das Schreckliche und das Erhabene: Eine chaotische Betrachtung des lebendigen Formprinzips. In: Bien, G./Gil, Th./Wilke, J. (Hg.): ›Natur‹ *im Umbruch*. Stuttgart-Bad Cannstatt 1994, 259-282.

– /Kaempfer, W.: *Die Natur der Schönheit*. Frankfurt am Main 1992.

Crutchfield, J. P./Farmer, J. D./Packard, N. H./Shaw, R. S.: Chaos. In: Jürgens/Peitgen/Saupe 1989, 8-21.

Csikszentmihalyi, M.: *Das Flow-Erlebnis*. (Original 1975) Stuttgart 1985.

– Motivation and Creativity. In: *New Ideas in Psychology* 6 (1988), 159-176.

– Society, Culture, and Persons: A Systems View of Creativity. In: Sternberg 1988, 325-339.

– *Flow*. Das Geheimnis des Glücks. (Orig. 1990) Stuttgart ^{4}1996.

D'Arcy Thompson: *Über Wachstum und Form*. (Orig. 1917) Frankfurt am Main 1983.

Dartnall, T. (Hg.): *Artificial Intelligence & Simulation of Behaviour. Quarterly, Special Issue on AI and Creativity*, No. 85, Autumn 1993.
- AI, Creativity, Representational Redescription, Intentionality, Mental Life: An Emerging Picture. In: Dartnall (Hg.) 1993.
- Creativity, Combination and Cognition, Peer Review of Boden 1990/92. In: *Behavioral and Brain Sciences* 17/3 (1994).
- Redescribing Redescription, Peer Review of Karmiloff-Smith 1992. In: *Behavioral and Brain Sciences* 17/4 (1994).
- (Hg.): *Artifical Intelligence and Creativity*. Dordrecht u.a. 1994.
- Creativity, Thought and Representational Redescription. In: Dartnall (Hg.) 1994, 43-62.

Davies, P.: *Prinzip Chaos: Die neue Ordnung des Kosmos*. München 1988.
- Chaos Frees the Universe. In: *New Scientist* 6. 10. 1990, 48-51.

DeBono, E.: *Laterales Denken*. Reinbek 1971.

Dennett, D.: *Brainstorms: Philosophical Essays on Mind and Psychology*. Brighton 1978.
- Philosophie des menschlichen Bewusstseins. (Orig. 1991) Hamburg 1995.

Dennis, W.: Creative Productivity Between the Ages of 20 and 80 Years. In: *Journal of Gerontology* 21 (1966), 106-114, und in *Science* 123 (1966), 724-725.

Desmond, W.: Creativity and the Dunamis. In: Hahn, L. E. (Hg.): 1995, 543-557.

Dretske, F.: The Intentionality of Cognitive States. In: *Midwest Studies in Philosophy* 5 (1980).
- *Knowledge and the Flow of Information*. Cambridge, MA: MIT 1981.

Dreyfus, H.: *What Computers Can't Do:* The Limits of Artificial Intelligence. New York ²1979.

Dutton, D./Krausz, M. (Hg.): *The Concept of Creativity in Science and Art*. Den Haag 1981.

Edelman, G.: *Unser Gehirn/ein dynamisches System*. Die Theorie des neuronalen Darwinismus und die biologischen Grundlagen der Wahrnehmung. (Orig. 1987) München 1991.

Ehrenwald, J.: *Anatomy of Genius:* Split Brains and Global Minds. New York 1984.

Eigen, M./Winkler, R.: *Das Spiel*. Naturgesetze steuern den Zufall. München/Zürich 1975.

Engel, A. K./König, P./Singer, W.: Bildung repräsentationaler Zustände im Gehirn. In: Singer, W. (Red.) 1994, 42-47.

Feldman, DAS HEISST: Creativity: Dreams, Insights, and Transformations. In: Sternberg 1988, 271-297.

Fetz, R. L.: Kreativität/Eine neue transzendentale Seinsbestimmung? In: Rapp, F./Wiehl, R. 1986, S. 207-225.

Feyerabend, P. K.: *Wissenschaft als Kunst*. Frankfurt am Main 1984.
Fiedler, C.: *Schriften über die Kunst*. (1896) Köln 1977.
Findlay, C. S./Lumsden, Ch. J. (Hg.): *The Creative Mind*. London u. a. 1988.
Finke, R. A./Ward, Th. B./Smith, St. M.: *Creative Cognition:* Theory, Research and Application. Cambridge, MA. 1992.
Flanagan, O.: *The Science of Mind*. Cambridge, MA/London 1984, ²1992.
– *Consciousness Reconsidered*. Cambridge, MA/London 1992.
Freeman, W. J./Skarda, C. A.: Spatial EEG Patterns, Non-linear Dynamics and Perception. In: *Brain Research Review* 10 (1985), 147 ff.
Gardner, H.: *So genial wie Einstein*. Schlüssel zum kreativen Denken. Stuttgart 1996.
Gebauer, G./Wulf, Ch.: *Mimesis*. Reinbek 1992.
GEO-Wissen: *Chaos und Kreativität*. In: *GEO-Wissen*. Hamburg 1990.
Gero, J. S.: Creativity and Design. In: Dartnall (Hg.) 1994, 259-267.
Ghiselen, P. (Hg.): *The Creative Process*. Berkeley, CA 1952.
Gleick, J.: Chaos: *Die Ordnung des Universums*. (Orig. 1987) München 1990.
Glover, J. A./Ronning, R. R./Reynolds, C. R.. (Hg.): *Handbook of Creativity*. New York 1989.
Gordon, W. J. J.: *Synectics* (1944). New York 1961.
Gould, S. J./Eldredge, N.: Punctuated Equilibrium Comes of Age. In: *Nature* 366 (1993), 223-227.
Gruber, H. E./Davis, S. N.: Inching Our Way Up Mount Olympus: The Evolving-Systems Approach to Creative Thinking. In: Sternberg (Hg.) 1988, 243-270.
Hadamard, J.: *The Psychology of Invention in the Mathematical Field*. New York 1954.
Haefele, J. W.: *Creativity and Innovation*. New York 1962.
Hahn, L. E. (Hg.): *The Philosophy of Paul Weiss*. Chicago/LaSalle, IL 1995.
Hall, D. L.: Process and Anarchy: A Taoist Vision of Creativity. In: *Philosophy East and West* 28 (1978), 271-285.
– Praxis, Karman and Creativity. In: *Philosophy East and West* 30 (1980), 57-64.
Hansfield, R. S./Busse, T. V.: *The Psychology of Creativity and Discovery*. Chicago 1981.
Hardy, G. H.: *A Mathematician's Apology*. Cambridge 1940.
Hartmann, E.: *Philosophie des Unbewußten*. (1868) 3 Bde. Leipzig ²1904.
Hausman, C. R.: Paul Weiss's Account of the Dynamic Structure of Creative Acts. In: Hahn, L.E. (Hg.): 1995, 591-607.

Hayes, J. R.: Cognition Processes in Creativity. In: Glover/Ronning/Reynolds 1989, 135-145.

Heelan, P.: *Space-Perception and the Philosophy of Science*. Berkeley, CA 1983

Heer, F.: *Das Wagnis der Schöpferischen Vernunft*. Stuttgart u. a. 1977.

Heidegger, M: Einführung in die Philosophie. Vorl.-Ms. (WS 1928/29) von Simon Moser.

Hildebrandt, St.: *Wahrheit und Wert mathematischer Erkenntnis*. (1922) München, C. F. von Siemens-Stiftung. München 1995.

Hildesheimer, W.: *Mozart*. Frankfurt am Main 1977.

Hodgson, P.: Understanding, Computing, Cognition and Creativity. Master of Science-Arbeit, University of West England (zit. in Boden 1995).

– Modelling Cognition in Creative Musical Improvisation. (Arbeitstitel Diss. phil. University of Sussex (zit. in Boden 1995).

Holton, G.: *Themata*. (Orig. 1973) Wiesbaden 1984.

Hübner, K.: *Die zweite Schöpfung*. Das Wirkliche in Kunst und Musik. München 1994.

Huizinga, J.: *Homo ludens:* Vom Ursprung der Kultur im Spiel. (1938), Hamburg 1956.

Hutchinson, E. D.: Materials for the Study of Creative Thinking. In: *Psychological Bulletin* 28 (1931), 392-410.

James, W.: Great Men, Great Thoughts, and the Environment. In: *Atlantic Monthly* 46 (1880), S. 441-459.

Joas, H.: *Die Kreativität des Handelns*. Frankfurt am Main 1992.

Jürgens, H./Peitgen, H.-O./Saupe, D. (Hg.): *Chaos und Fraktale*. Heidelberg: Spektrum 1989.

Kanigel, R.: *Der das Unendliche kannte*. Das Leben des genialen Mathematikers Srinivasa Ramanujan. (Orig. 1991), Braunschweig/Wiesbaden 1993, ²1995.

Kanitscheider, B.: *Von der mechanistischen Welt zum kreativen Universum*. Zu einem neuen philosophischen Verständnis der Natur. Darmstadt 1993.

– Philosophische Reflexionen über Chaos und Ordnung. In: Peitgen/Jürgens/Saupe 1994, 1-33.

Kant, I.: *Kants Werke*. Akademie Textausgabe. Berlin 1968, Band V, VII.

Karmiloff-Smith, A.: From Metaprocess to Conscious Access: Evidence from Children's Metalinguistic and Repair Data. In: *Cognition* 2/Nr.: 3 (1986).

– Constraints On Representational Change: Evidence from Children's Drawing. In: *Cognition* 3:4 (1990).

– *Beyond Modularity: a Developmental Perspective on Cognitive Science*. Cambridge, MA 1992.

– Is Creativity Domain-specific or Domain-general? Clues from Normal and Abnormal Development. In: Dartnall, T. (Hg.) 1993.
Kaye, B.: *Chaos and Complexity*. Weinheim u. a. 1993.
Keane, M.: On Retrieving Analogues when Solving Problems. In: *Quarterly Journal of Experimental Psychology* 39 (1987), 29-41.
Keller, W.: Philosophische Anthropologie/Psychologie/Transzendenz. In: Gadamer, H.-G./Vogler, P. (Hg.): *Neue Anthropologie*. 7 Bände. Stuttgart/München 1972-74, Band 6 (1974), 3-43.
Klages, H.: *Rationalität und Spontaneität*. Innovationswege der modernen Großforschung. Gütersloh 1967.
Koestler, A.: *Der göttliche Funke*. (1964) München 1966.
Kosslyn, S. M.: *Image and Mind*. Cambridge, MA/London 1980.
– Image and Brain. Cambridge, MA 1994.
Krause, R.: *Kreativität*. Untersuchungen zu einem problematischen Konzept. München 1972.
Küppers, B.-O. (Hg.): *Ordnung aus dem Chaos*. München 1987.
Küster, K.: Der neue Wolfgang Amadé. In: *Bild der Wissenschaft* 1991, Nr. 6, 26-30.
Kurthen, M: *Neurosemantik*. Stuttgart 1992.
Landau, E.: *Psychologie der Kreativität*. München/Basel ²1971.
Lange-Eichbaum, W./Kurth, W.: *Genie, Irrsinn und Ruhm*. (1947) München ⁶1979.
Langer, S. K.: *Philosophie auf neuem Wege*. Das Symbol im Denken, im Ritus und in der Kunst. (Orig. 1942, rev. 1957, 1982) Frankfurt am Main 1965 (zit. n. 1982).
– *Mind*. An Essay on Human Feeling. 2 Bände. Baltimore 1967.
Langley, P./Simon, H. A./Bradshaw, G. L./Zytkow, J. M.: *Scientific Discovery*. Computational Explorations in the Creative Process. Cambridge, MA 1987.
LaViolette, P. A.: Thoughts About Thoughts About Thoughts: The Emotional-Perceptive Cycle Theory. In: *Men and Environment Systems* 9 (1979), No. 1, 15-45.
Leary, T.: The Effects of Tests, Feedback and Creative Performance and of Drugs and Creative Experience. In: Taylor, C. W. (Hg.): *Widening Horizons in Creativity*. New York 1964, 94-96.
Lenk, H.: Zu Wittgensteins Theorie der Sprachspiele. Kant-Studien 58 (1967), 458-480.
– War der späte Wittgenstein ein Essentialist? In: Man and World 3 (1970), 16-25, (wiederabgedr. in Lenk, H.: *Metalogik und Sprachanalyse*, Freiburg 1973, 82-87).
– (Hg.): *Handlungstheorien interdisziplinär*. 4 Bände (+ 2 Halbbände). München 1977 ff.
– *Pragmatische Vernunft*. Stuttgart 1979.
– Wie philosophisch ist die Anthropologie? In: Frey, G./Zelger, J. (Hg.):

Der Mensch und die Wissenschaften vom Menschen. Band 1. Innsbruck 1983. 145-187.
- Können Informationssysteme moralisch verantwortlich sein? In: *Informatik-Spektrum* 12 (1989), 248-255.
- *Zwischen Wissenschaft und Ethik.* Frankfurt am Main 1992.
- *Interpretationskonstrukte.* Frankfurt am Main 1993.
- *Philosophie und Interpretation.* Frankfurt am Main 1993 a.
- Das metainterpretierende Wesen. In: *Allgemeine Zeitschrift für Philosophie* 20 (1995), 39-47.
- *Interpretation und Realität.* Frankfurt am Main 1995.
- Metaphysics, Interpretation, and the Subject. In: Hahn, L. E. (Hg): 1995, 55-63.
- *Schemaspiele.* Über Schemainterpretationen und Interpretationskonstrukte. Frankfurt am Main 1995.
- *Konkrete Humanität.* Vorlesungen über Verantwortung und Menschlichkeit. Frankfurt am Main 1998.
- *Einführung in die Erkenntnistheorie.* Interpretation/Interaktion/Intervention. München 1998a.
- /Poser, P. (Hg.): *Neue Realitäten/Herausforderung der Philosophie.* XVI. Deutscher Kongress der Philosophie 1993: *Vorträge und Kolloquien.* Berlin: Akademieverlag 1995.

Lichtenberg, G. Ch.: *Aphorismen.* (Sudelbücher). (Hg.: Promies/Herrsching) o. J.
- *Schriften und Briefe.* I, II (Hg.: Promies, W.): München/Wien ³1991. 2 Bände.

Lohmeier, F.: *Bisoziative Ideenfindung.* Erforschung und Technisierung kreativer Prozesse. Frankfurt am Main/Bern u. a. 1987.

Lombroso, C.: *Genie und Irrsinn.* Leipzig 1887 (Orig. 1864).

Lorenz, K.: *Die Rückseite des Spiegels.* Versuch einer Naturgeschichte menschlichen Erkennens. München/Zürich 1973.

Lumsden, Ch. J./Wilson, E. O.: *Genes, Mind, and Culture.* Cambridge 1981.

MacCormac, E. R.: *Metaphor and Myth in Science and Religion.* Durham N. C. 1976.
- Metaphors and Fuzzy Sets. In: *Fuzzy Sets and Systems* 7 (1982), 243-256.
- *A Cognitive Theory of Metaphor.* Cambridge, MA 1985.
- Die semantische und syntaktische Bedeutung von religiösen Metaphern. In: Noppen, J.-P. van: *Erinnern, um Neues zu sagen.* Frankfurt am Main: Athenäum 1988, 84-175.
- Die Geographie und die Geometrie des Gehirns: Modifikation unserer Begriffe von Geist und Bewußtsein. In: Lenk, H./Poser, H. (Hg.) 1995, 210-221.
- Fuzzy Computational Images in Cognitive Science. (zit. n. Xeroko-

pie). zum Teil gedruckt in ders. »Neuronal Process of Creative Metaphors«. In: Redman(n), Z. (Hg.): *From a Metaphorical Point of View*. Berlin/New York 1995 a, 149-164.
- /Stamenov, M. (Hg.): *Fractals of Brain, Fractals of Mind: In Search of a Symmetry Bond*. Philadelphia, PA 1996.
- Images and Fuzzy Neural Networks. Unpubliziertes Manuskript, (i. Dr. zit. n. Xerokopie).

Macrae, N.: *John von Neumann*. Mathematik und Computerforschung. Facetten eines Genies. 1994.

Mainusch, H.: *Skeptische Ästhetik*. Stuttgart 1991.

Malsburg, Ch., von der: Am I Thinking Assemblies? In: Palm, G./Aertson, A. (Hg.): *Brain Theory*. Heidelberg/New York 1986, 161-176.

Martindale, C.: Personality, Situation, and Creativity. In: Glover/Ronning/Reynolds 1989, 211-232.

Matthäus, W.: Kreativität (Stichwort in: *Historisches Wörterbuch der Philosophie*). Basel. Band 4, 1976, 1194-1204.

Matussek, P.: *Kreativät als Chance: Der schöpferische Mensch in psychodynamischer Sicht*. München/Zürich 1974.

Mauthner, F.: *Beiträge zu einer Kritik der Sprache*. 3 Bde. (Orig. 1901) Frankfurt/Berlin/Wien 1982.

Mayr, E.: *Eine neue Philosophie der Biologie*. München/Zürich 1991.
- *Darwin hat doch recht*. München/Zürich 1994.

McClelland, D.: *Die Leistungsgesellschaft*. Stuttgart 1966.

McClelland, J. L./Rumelhart, O. E. (Hg.): *Parallel Distributed Processing*. 2 Bde. Cambridge, MA 1986.

Meichenbaum, 1975. Zit. in: Amabile, T. M. 1983.

Merton, R. K.: *Social Theory and Social Structure*. Glencoe, IL [2]1957 (Orig. 1949).
- *The Sociology of Science*. Chicago/London 1973.

Moshman, D./Lukin, L. E.: *The Creative Construction of Rationality*. In: Glover/Ronning/Reynolds 1989, 183-208.

N. N.: *Gehirn und Nervensystem*. Heidelberg: Spektrum 1987.

Neumann, E.: *Der schöpferische Mensch*. Frankfurt am Main 1995.

Nietzsche, F.: *Sämtliche Werke*: Kritische Studienausgabe (Colli/Montinari). München 1980, Band 1, 3, 4.

Ogden, C. K./Richards, I. A.: *Die Bedeutung der Bedeutung* (Orig. 1923). Frankfurt am Main 1974.

O'Looney, J. A./Glynn, S. M./Britton, B. K./Mattockes, L.: Cognition and Writing: The Idea Generation Process. In: Glover/Ronning/Reynolds 1989, 305-321.

Osborne, A.: *Applied Imagination* (Orig. 1938). New York [2]1953.

Peat, F. D.: *Der Stein der Weisen: Chaos und verborgene Weltordnung*. München 1994.

Peitgen, H.-O./Jürgens, H./Saupe, D.: *Bausteine des Chaos: Fraktale.* Berlin u. a. 1992.
Peitgen, H.-O./Jürgens, H./Saupe, D.: *Chaos: Bausteine der Ordnung.* Berlin u. a. 1994.
Pepper, St.: *World Hypotheses.* Berkeley, CA 1942, ²1970
Perkins, D. N.: *The Mind's Best Work.* Cambridge, MA 1981.
– The Possibility of Invention. In: Sternberg (Hg.) 1988, 362-385.
Perner, J.: *Understanding the Representational Mind.* Cambridge, MA 1991, ²1993.
Platner, E.: *Philosophische Aphorismen.* 1793: I. 1800: II.
Poincaré, H.: *The Foundation of Science.* New York 1921.
– *Wissenschaft und Methode.* (Orig. 1909) Darmstadt 1974.
Polet, S.: *Der kreative Faktor:* Kleine Kritik der kreativen (Un-)Vernunft. Bensheim/Düsseldorf 1993.
Popitz, H.: *Wege der Kreativität.* Tübingen 1997.
Prigogine, I.: *Vom Sein zum Werden.* München/Zürich 1979.
Rapp, F./Wiehl, R. (Hg.): *Whiteheads Metaphysik der Kreativität.* Freiburg/München 1986.
Rawls, J.: *Eine Theorie der Gerechtigkeit.* Frankfurt am Main 1975 (Orig. 1971).
Rechenberg, I.: *Evolutionsstrategie.* Optimierung technischer Systeme nach Prinzipien der biologischen Evolution. Stuttgart-Bad Cannstatt 1973.
Révész, G.: *Talent und Genie.* München 1952.
Roe, A.: A Psychologist Examines 64 Eminent Scientists. In: Scientific American 87 (Nr. 5, 1952), 21-25.
Rosner, S./Abt, L. E. (Hg.): *The Creative Experience.* New York 1970.
Rothenberg, A.: *The Emerging Goddess.* Chicago 1973.
Rötzer, F.: *Französische Philosophen im Gespräch.* München 1987.
Runco, M.: *Problem Finding.* Norwood, NJ 1992.
Sagan, C.: *The Dragons of Eden.* New York 1977.
Schank, R. C.: Creativity as a Mechanical Process. In: Sternberg (Hg.) 1988, 220-238.
Schiller, F.: *Über die ästhetische Erziehung des Menschen.* (1793-94) München 1967.
Schmidt, J.: *Die Geschichte des Genie-Gedankens in der deutschen Literatur, Philosophie und Politik 1750-1945.* Band 1: Darmstadt 1985, Band 2: *Von der Romantik bis zum Ende des Dritten Reichs.* Darmstadt ²1988.
Schroeder, M.: *Fraktale, Chaos und Selbstähnlichkeit.* Heidelberg u. a. 1994.
Schuster, H. G.: *Deterministisches Chaos.* Weinheim u. a. 1994.
Simonton, D. K.: *Genius, Creativity, and Leadership.* Cambridge, MA 1984.

- Creativity, Leadership and Chance. In: Sternberg (Hg.) 1988, 386-426.
- Multiples, Chance, Genius, and Zeitgeist. In: Jackson D. N./Rushton, J. P. (Hg.): *Scientific Excellence.* Beverly Hills, CA 1987, S. 98-128.
- Scientific Genius: A Psychology of Science. Cambridge 1988, New York 1989.

Singer, W. (Red.): *Gehirn und Kognition.* Heidelberg: *Spektrum* (Sonderheft) 1990.
- (Red.): *Gehirn und Bewußtsein.* Heidelberg: *Spektrum* (Sonderheft) 1994.
- Hirn, Entwicklung und Umwelt. In: Singer (Red.) 1990, S. 50-65.

Sinnott, E. W.: The Creativeness of Life. In: Vernon 1970, 107-115.

Springer, S. B./Deutsch, G.: *Linkes/Rechtes Gehirn:* Funktionelle Asymmetrien. Heidelberg 1987.

Sternberg, R. J. (Hg.): *The Nature of Creativity.* Cambridge, UK u. a. 1988.
- A Three-facet Model of Creativity. In: Sternberg, R. J. (Hg.) 1988, 125-147.

Storr, A.: *Die schöpferische Einsamkeit:* Geheimnis der Genies. Wien/Darmstadt 1990.

Tardif, T. Z./Sternberg R. J.: What Do We Know About Creativity? In: Sternberg (Hg.) 1988, 429-440.

Taylor, C. W./Barron, F. (Hg.): *Scientific Creativity/Its Mission and Development.* New York/London/Sidney 1963.
- Various Approaches to and Definitions of Creativity. In: Sternberg, R. (Hg.). 1988, 99-121.

Taylor, I. R.: The Nature of the Creative Process. In: Smith, P. (Hg.): *Creativity.* New York 1959, 51 ff.

Thomas, H./Leiber, T.: Determinismus und Chaos in der Physik. In: Mainzer, K./Schirmacher, W. (Hg.): *Quanten, Chaos und Dämonen.* Mannheim 1994, 147-207.

Torrance, E. P.: The Nature of Creativity as Manifest in Its Testing. In: Sternberg (Hg.) 1988, 43-75.

Van der Veken, J.: Kreativität als allgemeine Aktivität. In: Rapp, F./Wiehl, R. 1986, 197-206.

Vernon, P. E. (Hg.): *Creativity.* Middlesex 1970.

Voss, J. F./Means, M. L.: Toward a Model of Creativity Based upon Problem Solving in the Social Sciences. In: Glover/Ronning/Reynolds 1989, 399-410.

Wallas, G. F.: *Creative Process in Arts and Thoughts.* London 1926.

Wallas, G.: The Art of Thought. In: Vernon 1970, 91-97.

Weinert, F. E.: Der aktuelle Stand der psychologischen Kreativitätsforschung und einige daraus ableitbare Schlußfolgerungen für die Lösung praktischer Probleme. In: Hofschneider, P. H./Mayer, K. U. (Hg.): *Generationsdynamik und Innovationen der Grundlagenforschung.*

Max-Planck-Gesellschaft: Berichte und Mitteilungen. Heft 3, 1990, 21-44.

Weisberg, R. W.: *Creativity: Genius and Other Myths*. New York 1986 (deutsch: *Kreativität und Begabung*. Heidelberg 1989).
– Problem Solving and Creativity. In: Sternberg (Hg.) 1988, 148-176.
– The Myth of Scientific Creativity. In: Richardson, J. G. (Hg.): *Windows on Creativity and Invention*. Mt. Airy, MA 1988, 39-61.
– *Creativity/Beyond the Myth of Genius*. New York 1993.

Weischedel, W.: *Der Gott der Philosophen*. 2 Bände.

Weiss, P.: *Modes of Being*. Carbondale, IL 1958, ²1968 (TB).
– *Sport/A Philosophic Inquiry*. Carbondale, IL 1969.
– Records and the Man. In: *Philosophic Exchange* 1 (1972), 89-97.
– *Beyond all Appearances*. Carbondale, IL 1974.
– *Philosophy in Process*. Band 9. Albany, NY 1986.
– *Creative Ventures*. Carbondale, IL 1992.
– Reply to Carl R. Hausman. In: Hahn, L.E. (Hg.): 1995, 608-614.
– Reply to Robert E. Wood. In: Hahn, L.E. (Hg.): 1995, 630-635.
– Reply to William Desmond. In: Hahn, L.E. (Hg.): 1995, 558-564.

Wheelwright, Ph.: *Metaphor and Reality*. Bloomington, Indiana 1962.

Whitehead, A. N.: *Wissenschaft und moderne Welt*. (Orig. 1925), Zürich 1949.
– *The Concept of Nature*. (1920), Cambridge, Engl. 1955.
– *Abenteuer der Ideen*. (1933), Frankfurt am Main 1971, (AI).
– *Prozess und Realität*. (1929), Frankfurt am Main 1979, (PR).

Whyte, L. L.: *The Unconscious Before Freud*. New York 1960.